社会的葛藤の解決と
社会科学における場の理論

クルト・レヴィン

ドゥウィン・カートライト——編

猪股佐登留——訳

社会科学における
場の理論

Kurt Lewin
Field Theory in Social Science
Selected Theoretical Papers

ちとせプレス

Copyright © 1997 by the American Psychological Association (APA)
This Work was originally published in English under the title of: *Resolving Social Conflicts and Field Theory in Social Science* as a publication of the American Psychological Association in the United States of America. Copyright © 1997 by the American Psychological Association (APA). The Work has been translated and republished in Japanese language by permission of the APA. This translation cannot be republished or reproduced by any third party in any form without express written permission of the APA. No part of this publication may be reproduced or distributed in any form or by any means, or stored in any database or retrieval system without prior premission of the APA.
Japanese translation rights arranged with the American Psychological Association through Japan UNI Agency, Inc., Tokyo

パブリッシャー注記

クルト・レヴィン（Kurt Lewin: 1890-1947）は間違いなく，心理学の歴史上最も創造性にあふれ，論争を呼んだ人物の1人であった。レヴィンが残した学術的な業績は，学習，発達，退行，達成動機，社会化，認知的不協和，グループ・ダイナミックス，そして実験室，学校，産業におけるグループ・ダイナミックスの応用といった広範な研究に，はっきりと残されている。

1948年に，クルト・レヴィンによる2巻本の論文集の1冊目『社会的葛藤の解決』（ゲルトルード・ヴァイス・レヴィン編）が，ハーパー・アンド・ローから刊行された。2冊目の『社会科学における場の理論』（ドゥウィン・カートライト編）は，1951年に刊行された。2巻ともレヴィンがアメリカに住んでいた15年間に著した論文を，読みやすいように編纂したものだった。その後，2巻とも品切となったが，1976年に『社会科学における場の理論』がシカゴ大学出版局からミッドウェイ再版シリーズの1冊として刊行された。その後，その再版も品切となってしまった。

クルト・レヴィンが現代の社会心理学に対して，どのように知的に貢献したのかを広く知ってもらうために，アメリカ心理学会はクルト・レヴィンの娘であるミリアン・レヴィン博士の協力を得て，2つの書目を1冊にまとめた形で再刊することにした。1冊として再刊することにしたのは，ドゥウィン・カートライトが序で記しているように，この2つは統合的に関連したレヴィンの業績だからである。『社会的葛藤の解決』にまとめられているレヴィンの論文は，社会的葛藤の性質や原因への実践的な関心や，社会的葛藤の予防や解決法に関するレヴィンの調査など，応用心理学者としての業績が反映されている。一方，『社会科学における場の理論』においてレヴィンは，社会科学者として，個人や社会を理解するための概念的・方法論的ツールに関心を寄せている。

レヴィンのアイデアは，当時支配的であった単純な行動主義とは異なっており，物議をかもしつつも，新鮮なものだった。個人に対するレヴィンの心理学的な理論は1940年代以降それほど進展しなかった。というのも，レヴィンの

関心が，場の理論の社会科学への応用，特に集団過程やアクション・リサーチに移ってしまったためである。これらの2巻を1冊にまとめることで，読者はレヴィンの思索を幅広く知ることができるだろう。現代の学生たちが，レヴィンの業績に新たに関心をもってくれることを，アメリカ心理学会は期待している。

ゲイリー・R. ファンデンボス，Ph. D.
パブリッシャー　アメリカ心理学会

目　次

パブリッシャー注記　　i
訳者まえがき　　vii
1951年版へのまえがき　　ix
1951年版への序　　xviii

第1章
心理学における定式化と進歩 …………………………………… 1

第2章
場の理論における構成概念 …………………………………… 31

第3章
一定時における場の定義 …………………………………… 45

第4章
場の理論と学習 …………………………………… 63

第5章
退行，後もどりおよび発達 …………………………………… 87

第6章
場の理論と社会心理学における実験 …………………………… 129

第7章
社会心理学における研究法の問題 ………………………………… 155

第8章
心理学的生態学 171

第9章
集団力学の開拓線 189

第10章
全体事態の関数としての行動と発達 237

付録
全体，分化および統一性の概念分析 297

参考文献　　329

訳者あとがき　　343

I『社会的葛藤の解決』目次

　第1部　文化の変更に関する諸問題
第1章　アメリカとドイツとの2, 3の社会心理学的差異
第2章　文化の再建
第3章　ドイツの特殊例
第4章　行為，知識，および新しい価値の受容
　第2部　対面集団における葛藤
第5章　社会的空間における実験
第6章　結婚における葛藤の背景
第7章　時間的展望とモラール
第8章　産業における慢性的葛藤の解決
　第3部　集団間の葛藤と集団所属性

第 9 章　少数集団の心理社会学的諸問題
第 10 章　危機にのぞんで
第 11 章　ユダヤの児童の養育
第 12 章　ユダヤ人の自己嫌悪
第 13 章　アクション・リサーチと少数者の諸問題

訳者まえがき

　生活体の示す行動は，生活体と環境との関数関係として表示しうるもので，クルト・レヴィンはこのような関数関係を明らかにしたものが心理学的法則であるとした。そして，生活体と環境とが相互連関している1つの場の構造を考え，これを生活空間と呼んだ。すなわち，それは一定時の行動を規定する条件の総体であり，個体的条件と環境条件とをともに含んでいる。

　レヴィンは，観察事実と選ばれる概念との間に一義的関係を操作的に保ち，かつ観察事実に対応して条件発生的に見出された力学的概念（力，緊張など）に数学的構成概念（通路，方向，距離および位置など）を対位し，このような構成概念によって行動の場すなわち生活空間を表現しようとした。1つの構成体から他の構成体を論理的に導出してそれら相互の経験的関係を定め，構成体の概念的次元またはタイプを決定し，かつ観察事実と照合して構成体を測定し，観察事実の間の関数関係を定めるというのがレヴィンのやり方であるが，こうしたやり方は因果関係を分析し，科学的構成概念を樹立する**場の理論**的方法であった。レヴィンにあっては現在の行動に効果を及ぼしうるもののみがその場における実在であり，この書に集められた論文においてレヴィンは，理論的立場および概念の定式化の意義を確立し，情意の領域を出発点として人の構造，学習，発達，社会心理学の問題にいたるまで彼のいわゆる場の理論的見地からみごとに解明している。この書は彼のこうした論文10編をその門下カートライトが編集したものである[1]。

　ことにレヴィンは社会生活も1つの力動的全一体であり，このような全一体の構造的特性すなわちその構成部分の間の関係を強調し，構成要素の特性をつきとめるとともに，場そのものすなわち**諸々の社会力の力動的「関係」**を明らかにすべきことを主張した。ここで個人心理学における生活空間にあたるものは社会的場として定立された。レヴィンはこのような社会生活における各種の力の働き合う相互関係の研究により社会科学の統合を目指すのであった。

　社会心理学では，社会成員の示す行動の顕型によらずに条件反応型に基づき法則が求められ，社会現象の説明は歴史的因果によらずに体系的因果に基づい

てなされる。このようにして社会体の特性は成員相互の依存関係により規定され，このような社会的場全体の特性，その集団領域の分化度，集団領域の特性すなわち流動性や弾性，雰囲気，および境界の固さなどにトポロジー概念が対位され，その場でいかなる事象が可能か不可能かの静態から始まって，現実に一定の社会現象の生起する因果関係の究明すなわちベクトルの動態が扱われ，しかも特定の社会的場の差異相が検討された。

ところで社会的場の特性はその場の大きさよりもその型にいっそう根本的に関連する点から，この型の特性を移調すれば小集団でもその構造を究明しうるとして，最初にはこのような小集団を実験的に設けて考究が進められた。

また，生活空間の境界域にふれる物理的社会的事象は，心理学的要因と非心理学的要因の交差する問題として彼のいわゆる**心理学的生態学**の見地から分析され，食習慣のような例をとって経路説を例証し，社会的変化は経路の特定部分における力の布置を変化することにより招来されることを指摘した。

レヴィンの**集団力学**の取り扱いは，この方面の出発点とされており，これは積極的に民主的な集団活動を増進し，能率的に協同作業を実現するにはいかにすべきかを研究し，それに基づいて実践し，実践を反省して再度理論を推進しようとするものであるが，それは場の理論から当然要請される問題であった。

この書はレヴィンの概念体系の総仕上げともいうべく，レヴィン心理学の概論書と見てよかろう。このような意味でできるだけ広く日本の読者に伝えられるようにレヴィンのいうところを忠実に跡づけてみたのがこの訳書である。

　　1956年6月

　　　　　　　　　　　　　　　　　　　　　　　　猪 股 佐 登 留

注

[1] 原著に明白な誤植と思われる箇所が散見された。訳者はできるだけレヴィンのオリジナルと照合し，カートライト氏にその意見を尋ね，訳文には訳者の訂正訳を用いた。

1951年版へのまえがき

　20世紀の知性史が書かれるとき，社会科学の発展の最も危機的な時期に，そのコースを根本的に変えるような仕事をした幾人かのうちの1人として，クルト・レヴィンのあげられることは確実であろう。僅々約30年間の彼の学究生活中に，思弁的体系を樹立する段階から，事実そのものの興味に基づいてそれを簡単に収集する極端な経験主義の時期を通って，体系的理論にあてはめたとき経験的材料の有しうる意義に基づいてその材料を求めるように，社会科学はさらに円熟した発展を遂げた。社会科学はこのような第3の発達段階にやっと入ったばかりであるが，レヴィンの業績はその発展の速度を非常に早めた。彼は最初心理学者であり，この領域で大きな貢献をしたけれども，その業績の影響は伝統心理学の範囲を越えて広がった。その影響がこのように広まった1つの理由は，彼の仕事の多くのものが人間行動の成熟した科学のための方法論的概念的必要条件を決定することに関連していたということである。ベルリンにおける彼の最も初期の仕事は，科学の比較理論を取り扱ったものであるが，それは発展した人間科学の形式的特性は何であるべきかを明らかにすることを，若者である彼に可能にさせた試みであった。こうして彼はその残りの生涯を通じて，このような科学を建設する方向に体系的に仕事を進めた。科学的進歩の必要条件について初期に関心を抱いた結果，心理学および社会学の広範囲にわたる特殊な論題について，彼はその後仕事をしているが，それは社会科学一般に対して矛盾のない方向づけと直接の効果とを与えた。

　レヴィンの仕事の十分に体系的な叙述が，その生涯中に受容されやすいような形式で総括して書かれたことがなかったために，社会科学に及ぼした彼の影響はすこぶる顕著である。たいていの英語を語る社会科学者は，その『パーソナリティの力学説』や『トポロギー心理学の原理』によって彼を知っている。彼の仕事のあらましをこれら両書はみごとに描いているけれども，『物理学，生物学および発達史における発生の概念』『心理学的力の概念的表現と測定』，彼の共働者の一連の出版物に対する若干の緒言や付録および種々の雑誌中に散見される論文のような比較的知られない出版物に表明される比較的体系

的なタイプの発展を，これら両書はただそれとなく述べたものにすぎない。さらにこれら2つの比較的広く知られた書物は，彼がアメリカへ渡来したあと非常に多産な仕事をした数年の結果をまったく包含していない。その体系的位置に関して生じた多くの論争は，彼の仕事がわずか一部分だけ窺知されたという事実に端を発したのである。

　この書物に集められた論作は，心理学や社会科学に対するレヴィンの貢献の体系的本質を明らかにするためにおおいに助けとなるであろう。これらのものは彼の人生のうち比較的短期間に（ここ約10年で）書かれたけれども，彼の偉大な貢献をきわめて包括的に叙述したものである。個々の章を熟知している人々でも，諸章を一緒に順序よく再読すれば，このような銘記すべき仕事の十分な意義が新しく洞察されより深く理解されると思うであろう。この書物の論題は次のような質問に対する完全な注意深い答えとして展開される。すなわち社会科学における場理論とは何であるかということである。このような問題は第3章で簡潔に答えられる。すなわち「場の理論は方法としておそらく最もよく特色づけることができる。すなわち因果関係を分析し，科学的構成概念を樹立する方法である」と（p. 47）。しかしながらこのような質問に対する答えは多くの異なった領域からの特殊な例証によって，数多の異なる仕方で，全巻を通じて取り扱われている。場の理論家が信ずる見地からも，なすことの見地からも，この答えは叙述されている。場の理論は一領域の材料についての理論であるというよりもむしろ，科学的課題に対する研究法であるということを明らかにしている。

　こうしてレヴィンは彼の理論的方向づけを無視して，生産的な社会科学者の作業方法を特色づける大きな属性を，比較的広い意味においてこの書物で分析している。あるいはその考えをいっそう明確に表現するために，すべての社会科学者が直面しなければならない科学的方法の多くの基礎的問題を取り扱い，そして絶対的な"正誤"に基づくというよりもむしろ，何が科学者を最も生産的にするかという見地から解決を試みている。

　科学とは"真実"へ継続的に接近し，未知のものへとささやかな周遊を果てしなく続けることによって進歩するところの連続的企図である，というのが彼の確信である。きわめて生産的な科学者であれば科学的生産性（productivity）の問題におおいに関与せねばならないことはいうまでもない。科学的生産性に

対するあらゆる政治的および社会的影響を，彼自身の個人的経験はあまりにもおおげさに脚色して表しているけれども，科学の哲学の領域において科学者自身の信念から発している生産性についての浸透した影響の再確認を主張せざるをえないと彼が特に感じたこともまた有意義である。たいていの経験的科学者さえも一種の形而上学的および認識論的仮定をなさざるをえなかったし，またこのような仮定がその使用する記述概念やその観察する現象やその材料を集める仕方の本質を必然的に形成するということを，彼は明らかに知った。

　この書物の論文は多くの論題にふれているけれども，すべての議論を通じて，ある原理によって時にはまったく明瞭に時には暗々裡にこれら論題の発展が指導されている。このような比較的基礎的な成果のうち，3つのレヴィンの取り扱いを簡単に吟味することは有効であろう。第1は社会科学における構成概念の本質と概念化の過程を取り扱う。第2は根本的概念である"場"の定義に関係する。第3は厳正なる形式的体系の構成と，正確さの少ない比較的親しみ深い概念との間の，科学的発展段階における適当なバランスに関して問題の方略を導入している。

社会科学における構成概念の位置

　レヴィンにとっては，科学者の仕事の重要な特質とは，現象から概念へと適当な翻訳をすることである。彼の信ずるところによれば，このような**概念化**過程のうちにこそ科学者が直面する最も決定的な問題が含まれている。十分な概念体系を発展させるためには，その概念を発展させる仕方について科学者は特に注意深くあらねばならない。ある理論体系がまったく有用なものとなりうるためには，その中の概念が次のような仕方で限定されねばならない。①現象の"質的"，"量的"両側面の操作が単一体系の中で可能であること。②現象の条件発生的（あるいは因果的）属性を的確に表現する。③これらの属性の測定（あるいは操作的定義）を容易にする。そして④一般法則の定立およびそれによる個々の場合の具体的な取り扱いができること。

　いかにしてこのような強力な概念が産み出されるのであろうか？　レヴィンは数学において最初に発展した"構成法"に着眼した。

　　質的に異なった幾何学的実体（円，正方形，放物線等）を，一定の"構成要素"

(例えば点とか運動のような)の一定の"結合"の産物として考えることは，ギリシア時代以来この方法の秘訣であった。これは時々"発生的定義"の方法とも呼ばれる。この方法は同時に連結したり分離したりすることができ，質的差異を軽視するものではなくして，さらにまた一般的量的変数に対する質的差異の関係をも切り開いている。"構成の要素"が，数学的に記述された経験的実体(例えば力，イオン，アトムのようなもの)である経験科学において，この方法が有益であることをカッシーラーは指摘している(第2章，p.33)。

　適切な"構成の要素"やこのような要素を概念体系に結合する仕方を発展させる点では，心理学と社会諸科学とは必然的に類似している。
　第2章でレヴィンはこのような過程に包含される問題の鋭い論議を展開する。この章における構成概念の**概念的次元**の取り扱いは，概念体系の発展に向かって仕事をする人々には特に助けとなる。なぜならば構成概念がいかにして他の構成概念と結合されうるか。またいかにしてそれが測定されうるかを決定するものは，構成概念の次元的特性であるからだ。このような議論の意義と実際的価値は，人間科学におけるたいていの学説によってなお十分に利用されなければならない。
　このような概念化の本質の分析は非常に抽象的であるけれども，レヴィンの仕事の理解には大切である。なぜならこのような原理を具体的に適用して，彼はその最も意義ある貢献のいくつかをなしたのであるから。彼の最も輝かしい仕事の多くのものの精髄は，以前にはただ親しみ深いレッテルをもっていた現象の"本質"を概念的に分析することである。再三再四レヴィンは，葛藤，フラストレーション，学習のような親しみ深い考想を，構成要素を確かめるための概念的分析に委ねた。一度その構成要素が決定されると，科学的に操作されにくいと長い間考えられていた現象も，実験的研究の豊穣な論題となった。そしてレヴィンが第9章で指摘するように，その現象の本質の継続的概念的分析の結果として，科学者が現象に付与する"実在性"すらも変化した。このような過程の例はこの書物を通じて繰り返されるけれども，"意図"(第1章)，"フラストレーション"(第2章)，"学習"(第4章)，"退行"(第5章)，"青年期"(第6章)，"変化への抵抗"(第9章)および"葛藤"の古典的分析(第10章に再現)の取り扱いが特に注目される。

場の定義

　レヴィンにとって最も根本的な構成概念は，もちろん"場"の概念である。すべての行動（動作，思考，希望，努力，評価，成就等を含めて）は，一定の時間単位における場のある状態の変化（dx/dt）として考えられる。個人の心理学を取り扱うために，科学者が取り扱わなければならない場は個人の"生活空間"である。このような生活空間は，人とその人にとって現存する心理学的環境とからなっている。集団心理学や社会学を取り扱う際にも，同様の公式が提出される。個人心理学において個人の生活空間のことが述べられるのとまったく同じ意味で，集団や制度の存在する場のことが述べられる。したがってある集団の生活空間は，集団と集団にとって現存するその環境とからなっている。一定時間における一定の生活空間の特性を特徴づけるのに十分な構成概念，および観察と測定の技術を発展させ，これらの特性の変化を支配する法則を述べることが科学者の仕事なのである。

　このような仕事を実行する際に，特定時における一定の生活空間の表現（representation）において，いかなるものが含まれるべきであるかを特に規定することが必要である。このような問題は現象に科学的"存在"や"実在"を付与するための基準を決定することと等しい。この問題はまた特殊科学の境界を限定する問題に密接に関係づけられている。なぜならばそれは"心理学的事実とは何であるか，経済的事実とは，政治的事実とは等々"のような問題を提起するからである。一定の場や生活空間を定義する際には，その諸部分の相互依存関係が存分に取り扱われうるようにその場や生活空間を特徴づけることもまた重要である。最後にその位置（location）と時間的深さを明瞭にする問題がある。

　存在：生活空間は，一定時に存在するすべての事実を包含し，そして**研究中の個人や集団に対して**存在意義のないものをすべて除外するように限定される。"個人または集団に対する存在"は実用的定義を与えられる。レヴィンにとっては，論証可能な効果をもつものはいかなるものでも存在なのであった。その人によって意識的に知覚されるような環境と人とは，個人心理学では普通生活空間に包含される。しかしながら加うるに，科学者の直接の観察や推論によって効果があると決定される範囲内で，無意識状態もまた生活空間に包含される。心理学の偉大な"発見"の多くのものが，本質的には以前に包含されなかった

影響が生活空間に存在するということの証明から成立していたということを注目するのは興味あることである。注目すべき例は，フロイトの無意識の影響の"発見"であろう。

　第3，8および9章でレヴィンは相当完全な程度に，いかなるものが個人の生活空間内に包含されるであろうかということを吟味している。欲求，目標，認知構造等々のような数多のものを含め，遠距離で生起して個人には何ら直接の効果をもたないところの物理的および社会的事象のような他の多くのものを除外するように規定するのはたやすいことだと彼は指摘する。しかしながら普通物理的，経済的，政治的，法律的等々と考えられるけれどもそれにもかかわらず，個人の行動に直接の効果をもつところの事象や過程の境界地帯がある。広大な領域の決定諸要素が，単一の相互依存的場の部分として取り扱われなければならないし，また伝統的に別々の"科学"（disciplines）に分割される諸現象が，単一の筋の通った構成概念の体系として取り扱われなければならないということ，このことを人間行動の理解に関するレヴィンの貢献の多くが示している。動機づけの心理学的理論から除外されるのを普通とするところの集団の成員であること，人格能力，経済的および政治的資源，社会的経路やその他の影響のような決定要素を比較的大きく強調するために，死亡前数カ月では，彼は"欲求"を比較的わずかに強調し，動機づけの概念を相当作り直すようになった。

　相互依存：一定の生活空間の種々の部分がある程度相互依存しているということは，場の理論の基礎的主張であり，この点で形態（ゲシュタルト）心理学と密接な関係にあることは明白である。一定の生活空間で存在の基準を満足させるすべてのものが，同じ生活空間の他のものと完全に独立しているわけにいかないことは確実であろう。このような部分の相互依存は，研究方法や概念化に関して多くの特殊な問題を提出する。両方のタイプの問題にレヴィンははなはだ興味を抱いた。ある一組の相互依存的事実は，ただ数学的な空間の概念や，緊張と力の力学的概念によって十分に概念的に取り扱われうるということを，彼は強く信じた。この点はある程度，この書物の事実上すべての章で発展させられる。生活空間の諸部分の相互依存に関する方法論的結論は第3章（そこでは観察される単位の大きさと時間的単位の長さとの必然的関係が探究される），第7章（そこでは社会的事象の観察および分析の問題が論ぜられる），および第10章（そこでは相互依存的

全体の特性と見なすべき多くの現象が，詳細に記述される）で精細に述べられる。

　同時性：一定時における行動の唯一の決定要素は，そのときの場の特性であるというレヴィンの主張は，彼の他の体系的原理のいずれよりも多くの論争を惹起した。生活空間は時間的に接続し，出来事によって修正させられ，しかも歴史の産物であるけれども，**同時の体系**（contemporaneous system）**のみがそのときに効果をもちうる**ということをこの原理は主張する。因果関係の同時性の原理は，早期の子ども時代が後の人格に対して極端に重要であると主張する精神分析的理論に対しての攻撃であって，しかも学習の効力の否定であるように多くの者には考えられている。実際はこのような意味のいずれのものも意図されていなかった。第3章の議論は本質的問題が2つあることを示している。すなわち1つは概念を厳密に保つことであり，いま1つは適切な研究技術を工夫することである。第5章の退行の議論は，時間次元に関しての概念的な厳密さから誘導される利得について，卓越した例を提供している。そこで退行（regression）と後もどり（retrogression）との間に有効な区別がなされているが，それはこうした関心の結果なのである。同時性の原理の方法論的結論は，個人の現在状態を決定する方法としての既往症によるものの抽象的議論において（第3章），また集団文化と歴史に関して研究をする上の諸問題の，比較的詳細な取り扱いにおいて（第7章）明白になる。

定式化と進歩

　科学的構成概念の形式的特性に対するレヴィンの非常な強調と，人間行動の決定要素が厳密な数学的術語で表現しうるという主張とは，レヴィンが人間科学における定式化に付与した意義を誇張し誤解させるに至った。彼が"ホドロジー"空間（『心理学的力の概念的表現と測定』に現れる）の発展のような仕事や，分化した全体（wholes）の数学的取り扱いに非常なエネルギーを消費したことは事実である。彼の仕事のこうした部分は，その比較的経験的に関係づけられた研究の多くのものに比べていっそう永続的な意義をもっているということを，事実は彼が信じていた。しかしながら科学に対する彼の最も基礎的な態度は，常識に満ちた実際的なものであって，彼のおそれたのは形式的体系に対する熱狂が，経験的な記述理論に対して単なる言語表現上の代用品になるかもしれないということであった。

第 1 章の科学的進歩における定式化の位置を論ずるところで，彼の仕事は主として自然の呈する難問を解決する際に次の可能な歩みを進めたものであると見なされていることが，最もよく明示されている。まだ発展していない大陸に"公道または超公道"を建設する企図と科学的企てとを，彼は強いて対比した。なぜなら，種々の可能な建設道具の全体を完全に試行し，したがっておのおのの価値と機能を知った熟達した建設者によってその企てが書かれるということはきわめて明白だからである。もし定式化と数学化が早まってなされるならば，その結果われわれは"どこへも行きつかない死せる目的"となるような論理的超公道の建設に導かれるかもしれないということを彼は主張する。経験を積んだ生産的科学者の本質的叡智は，次のような総括的な叙述に表れる。すなわち"理論に対する熱狂であろうか。そうだ。心理学は多くの理論を使用することができる。しかしながら，数学化と定式化とは，調査中の材料の成熟と相俟って，一定時に許容される程度にのみなされるべきであるということを忘れるならば，われわれは空虚な定式主義を産み出すにすぎないであろう"（第 1 章, p. 1)。

　逐次的漸近法は科学的生産性の鍵であると彼は主張する。彼はまれにしか学生に忠告しなかったけれども，若い研究者には躊躇することなく忠告した。"諸君の使用しうる技術に関して，諸君が答えうる研究においてのみ質問せよ。諸君が問題を不問に付することを学びえないならば，諸君は確実に答える準備をしていないのであり何も答えられないであろう"。

　厳密な概念化に向かって控え目の歩みがわずかに踏み出され，しかも数多くの研究を鼓舞した"親しみ深い"概念がいくつも導入された結果，このような態度が生まれたのである。このような類の例は，要求水準，集団決定および門番の概念である。類似の性質をもつ他の術語をフロイト（およびその他幾人かの学者）から借用し，次の比較的高い水準の正確さへと洗練していった。このような類の例は彼の代償，葛藤および退行の取り扱いである。

　実際の経験的な直観的なものから，抽象的な厳密な形式的なものへといかに容易にまた自発的に彼が移動したかが，彼と共に緊密に働いた人々には繰り返し劇的な仕方と思われるほどに見せつけられた。集団間の関係に関する実行的研究（action-research）計画のための面接を構成する技術的諸問題を論じた，その死直前の彼との会話を私ははっきりと思い出す。

問題を述べる最中，急に彼は非常に熱狂して次のように言って中断した。"来年中に，われわれは心理学的力を測定することが本当にできるであろう"。彼は常に厳密さと正確さとに向かって努力していた。そして利用可能な形式的構成概念をたえず使用したけれども，定式化をそれ自体で終わらせることを彼は拒否した。

クルト・レヴィンを知る多くの人々は，どれだけその豊富な生産性が彼の理論や信条から誘導され，どれだけそれが彼の鋭い感受性と臨床的な洞察から簡単に由来したかを尋ねた。彼が珍しい感受性をもっていたということは否めない。彼の温かい抱擁力のある人格がその生産性に貢献したということもまた問題ない。しかしながら，この書物に含まれる労作に唱導した科学的思考と方法論の原理を，彼が真面目に受け取って，たえず実用化したがゆえに，彼は著しく生産的であったということ，これが彼との数年の密接な交際から得た私の結論である。

彼が多大な学問的恩義を感じているエルンスト・カッシーラーの仕事を記述している次の章句のうちに，科学的建設に向かうクルト・レヴィンの基本的態度がおそらく最もよく表現されているであろう。

> 特殊時において科学的に受容しうると見なされるものを越えていこうとする永続的企図として，科学の基礎的性格を彼は明らかにしている。次の大きな進歩の基礎となるものだとあとでわかるまさにその方法や概念が，"非科学的"とか"不合理"だと断言するような方法論的タブーを，一定の知識水準の制限を越えて進むために，研究者は一般に打破しなければならない[1]。

D. C.

注

[1] Kurt Lewin: Cassirer' Philosophy of Science and the Social Sciences, in Paul Arthur Schilpp (Ed.): *The Philosophy of Ernst Cassirer*, p. 275, Evanston, Ill.: Library of Living Philosophers, 1949.

1951年版への序

　合衆国に居住中の15年間にクルト・レヴィンが出版した多数の論文を読む便宜のために編集を試みた2巻の論文集中のこれは第2番目のものである。この2巻はレヴィンの仕事全体にとって不可欠の連関部分をなすものであるが、両書の強調するところは対照的である。最初の『社会的葛藤の解決』は社会の実際問題に向けられているが、この第2巻はいっそう論理的な結果を取り扱う。第1巻ではよりよき世界の建設に強調点がおかれているけれども、第2巻では人や社会を理解するために科学的体系を構成する科学者の企図に関心がある。さらに特にとりたてていうと、ここに掲載された論文は社会科学者の作業問題(working problems)を論じ、その概念的および方法論的手段を研究目的とする。

　この書物はむしろおのずと3つの大きな部分に分かれる。最初の3章は、科学の哲学における若干の基礎的問題を吟味するものである。次の章のさらに特殊な問題がなぜそのように取り扱われるかを、理解するための基礎として役立つような指導原理をこれら3章は構成している。次の6章はこのような原理を取り上げ、学習、発達や退行、社会心理学や集団力学の領域における研究、および文化人類学、社会学、経済学の選抜された問題に関する研究にそれらが適用されることを立証した。最後の章は彼の直接監督下になされた研究から誘導された偉大な理論的かつ実質的所見の、簡潔ながら卓越した総括である。

　この2巻は『パーソナリティの力学説』『トポロギー心理学の原理』および『心理学的力の概念的表現と測定』と共に、いまや英語の読者にはクルト・レヴィンの主要な著作の完全な全貌を提供するものとして容易に利用される。しかしながら若干のドイツで出た重要文献が翻訳されないままであるが、それも間もなく利用しうるようになると思われる。

　彼の寄与するところが明白なその学生や仲間の研究を掲載している多くの雑誌や専攻論文の中に本当の意味で彼の仕事が多く散見される。彼は控え目の態度に出てこのような出版物の共著者として名前をあげていないが、それはこれらの研究の多くのもので彼の役割が完全に反省されなかった結果でもある。レヴィンの仕事を十分に研究しようとする人は各章（特に第10章）の終わりにあ

る参考文献，彼が『心理学研究』(*Psychologische Forschung*) のために編集した長系列の諸研究，およびアイオワ大学児童福祉研究に包含される専攻論文シリーズである『トポロジーおよびベクトル心理学研究』(*Studies in Topological and Vector Psychology*) を参照されたい。

　この書物を編集することは喜ばしい仕事であった。ここに集められた種々の論文のもつ本質的な筋を発見することは，はなはだ面白い学問的経験であった。直接連続的に読まなくても，長く親しみ深い出版物を単に一緒にすることによって生ずる体系的な成全した構造を看取することは，文字通りスリルに富んでいた。たいていの部分において編集上の修正を加えることなしに論文をそのまま残すことができた。多少の重複がそこここでオミットされ，多少の過渡的な節が補われなければならなかった。しかしながらあたかもそれが単一の書物で出版するために意図されたかのように，ほとんどの材料が書かれていた。形式的な本質的修正はただ第2章，第7章および第8章に見られる。第7章の"社会心理学における研究法の問題"は社会問題の心理学的研究協会でのレヴィンの会長演説の抄録と"心理学における構成概念と心理学的生態学"（その大半が第2章である）という論文の一部とである。第8章"心理学的生態学"では，レヴィンの社会的経路の理論が示されている。彼はこの理論を3つの別々の箇所で展開しているから，これらの根拠からこの理論の単一にしてかつ完全な叙述を総合することが編集上の問題であった。"食事習慣の背後にある力と変化の方法"のようなずっと長い取り扱いから，首尾一貫した叙述を摘出することが可能であるとわかった。簡単に部分的には"心理学における構成概念と心理学的生態学"および"集団力学における開拓線，II"にも包摂されている（これらの出典に関するさらに特定の文献は次にあげられる）。

　われわれはここにこれらの論文を印刷する許可を得るにあたって，原論文の出版者に負うところが大きい。以下各章の原典をあげよう。

　第1章　心理学における定式化と進歩

　　　Formalization and progress in psychology, *University of Iowa Studies in Child Welfare*, 1940, 16, No. 3, 9-42.

　　　アイオワ児童福祉研究所の許可を受け複刻。

　第2章　心理学における構成概念と心理学的生態学

　　　Constructs in psychology and psychological ecology, *University of Iowa Studies in Child Welfare*, 1944, 20, 1-29.

　アイオワ児童福祉研究所の許可を受け複刻。

第3章　"一定時における場"の定義

Defining the "field at a given time", *Psychological Review*, 1943, 50, 292-310.

　心理学評論および米国心理学会の許可で複刻。

第4章　学習の場理論

Field theory of learning, *Yearbook of the National Society for the Study of Education*, 1942, 41, Part II, 215-242.

　協会の許可を受け複刻。

第5章　退行，後もどりおよび発達

Regression, retrogression, and development (Chapter I), *Frustration and regression* by Roger Barker, Tamara Dembo, and Kurt Lewin, *University of Iowa Studies in Child Welfare*, 1941, 18, No. 1, 1-43.

　アイオワ児童福祉研究所の許可を受け複刻．レヴィン博士がこの章と付録の作者であることを共著者は編集者に知らせた。

第6章　社会心理学における場の理論と実験——概念と方法

Field theory and experiment in social psychology: Concepts and methods, *American Journal of Sociology*, 1939, 44, 868-897.

　シカゴ大学印刷部の許可を受け複刻。

第7章　心理学と集団生活の過程

Psychology and the process of group living, *Journal of Social Psychology*, 1943, 17, 113-131.

　雑誌印刷部の許可により複刻。

心理学における構成概念と心理学的生態学

Constructs in psychology and psychological ecology, *University of Iowa Studies in Child Welfare*, 1944, 20, 23-27.

　アイオワ児童福祉研究所の許可により複刻。

第8章　食事習慣の背後にある力と変化の方法

Forces behind food habits and methods of change, *Bulletin of the National Research Council*, 1943, 108, 35-65.

　国際研究会の許可により複刻。

心理学における構成概念と心理学的生態学
　　Constructs in psychology and psychological ecology, *University of Iowa Studies in Child Welfare*, 1944, 20, 17-20.
　　アイオワ児童福祉研究所の許可を受け複刻。
集団力学の開拓線，II
　　Frontiers in group dynamics, II, *Human Relations*, 1947, 1, 143-153.
　　人間関係の許可を受け複刻。
第 9 章　集団力学の開拓線
　　Frontiers in group dynamics, *Human Relations*, 1947, 1, 2-38.
　　人間関係の許可を受け複刻。
第 10 章　全体事態の関数としての行動と発達
　　Bahavior and development as a function of the total situation. Reprinted by permission from *Manual of Child Psychology*, by L. Carmichael, published by John Wiley & Sons, Inc., copyright 1946.
付録　全体，分化および統一性の概念分析
　　Analysis of the concepts whole, differentiation, and unity, *University of Iowa Studies in Child Welfare*, 1941, 18, No. 1, 226-261.
　　アイオワ児童福祉研究所の許可を受け複刻。

　私はここで，この書物の編集の全部面において測り切れないほど援助を受けたアルバート・ペピトーン（Albert Pepitone）博士に負うところが大きいことに対し，謝意を表したい。

ドォウィン・カートライト

ミシガン州アナーバーにて
1950 年 6 月 15 日

第 1 章

心理学における定式化と進歩 (1940 年)

I

　近年アメリカ心理学の態度にははなはだ顕著な変化が見られた。1920 年の初期には，心理学者たちは全体としてむしろ理論に反対であった。素朴な形而上学的信条に支配されて，彼らは"事実発見"を科学的心理学の唯一の課題と考えがちであった。そして欲求，意志および情緒の領域では，すなわち知覚や記憶以外の他の領域では，心理学的法則のアイデアについて特に懐疑的であった。

　今日では，2，3 人の心理学者（特に動物心理学者のトールマンやハル）の努力に基づいて，心理学的理論に対する興味がある程度出現した。心理学の種々の分野をさらに密接に融合するための必要から，よりよく統合可能な手段が要求される。精神衛生や教育の実際的課題は，予言の可能な概念的手段を要求する。いずれの要求も理論なしには応じられないものである。

　しかしながらいまや，理論のもつ危険性を指摘することが必要であるように思われる。それは理論に対する熱狂であろうか。そうだ。心理学は多くの理論を使用することができる。しかしながら，数学化と定式化とは，調査中の材料の成熟と相俟って，一定時に許容される程度にのみなされるべきであるということを忘れるならば，われわれは空虚な定式主義を産み出すにすぎないであろう。

　哲学的には"あれかこれか"ということだけが存在すると考えられる。すなわちもし科学的"事実"や特にすべてのいわゆる力学的事実が，単に"所与の

材料"ではなくして，理論的仮定と分かち難く織りなされているとすれば，心理学におけるあらゆる叙述はこの理論的仮定に基礎をおく以外に，何ら選択の余地はないと考えられる。

　経験科学者としての心理学者に対しては，事態はむしろ異なった様相を呈している。不思議な出来事に満ちた，豊かな広い土地の真ん中に心理学者は位置を占めていることを知る。すなわち自殺する人々がある。子どもが遊んでいる。その最初の言葉を言おうとして，唇をかたどっている子どもがある。恋におちいった人，不幸な事態に囚われて通路を見出そうとせず，また見出すこともできないような人がある。1人の意志が他人を支配するように思われるところの催眠状態と呼ばれる神秘的な状態がある。より高い，より困難な目標に到達しようとする場合がある。集団への忠誠，夢，計画，世界探険等々このような場合が果てしない。それは魅力と力とに満ちた巨大な大陸であり，誰もかつて足跡を印したことのない，広々とした土地に満ちている。

　心理学の目的はこの大陸を征服し，その宝の隠されている場所を見出し，その危険な場所を調査し，その膨大な力をマスターし，そのエネルギーを利用することである。

　いかにしてこの目標は達せられうるであろうか。最初の"思弁的な時期"と呼ばれるものでは，土地深く掘り込むような試みがなされた。エネルギーの隠された源泉として，特殊なあるものが根底に存在すると報告された。人はそれに"連合"という名前を冠した。新しい調査者は，多少異なった場所でその鋒先を打ち込んだ。彼らは"本能"と呼ばれるところの異なったものを見出した。第3の研究者グループでは別の実体すなわち"リビドー"を報告した。そして皆，この土地の背後にあるところの**その**基礎を見出したと主張した。その頃までに，心理学者等はいろんな主張にむしろ倦怠してきた。大陸は最初考えられたよりも，はるかに大きいということが明らかになった。エネルギーの源泉は，おそらく1つではないということがわかった。白日の下で視るために表面まで自分の材料を掘り出しえないとどの探究者も考えるようになってから特に，全体的な深層過程はむしろ疑惑に晒されるようになった。想像上根底にある実体と，表面上進行しつつあるものとの間の現実の結びつきを，いかにして人はかつて証明することができたであろうか。そこにあらゆる人の眼前に公開されて，確かな興味ある現象が台頭してきた。心理学者はいまや新しい現象を

発見し，それらを正確に記述し，それらを計算し測定し，その成長を記載しようと，熱心に大陸の表面を広く旅行するような傾向になった。

しかしながらこれらの手続きは，いずれも十分に満足のいくものとは思われなかった。結局心理学者が観察したものは人間であった。子どもたちは援助と教育とを必要とした。不良の人々はガイダンスを必要とした。苦しんでいる人々は治療を欲した。その悲しみを計量し，測定し，分類することが諸問題を多分に援助することにはならなかった。明らかに，われわれは"背後"や"表面以下"の事実に赴かねばならなかった。思弁的な時期の失敗に陥らないで，いかにしてこのことを成就すべきであろうか。これがその"ガリレオ的時期"の発端にあたって，今日では心理学の有力な方法論的問題である。

その答えは次のようなものである。すなわちこのような広大な科学的大陸の力に精通するために，われわれはむしろ特殊な課題を履行しなければならない。ある重要な点を他の点と容易に連結しうるように，公道や超公道の網状組織を作ることが究極の目標である。このような公道の網はその国の自然の地勢に適用されねばならないであろうが，このようにすればそれ自体はその構造の鏡になり，その資源（resources）の位置の鏡になるであろう。

公道組織の構成は，その基礎の一部を十分に正しいとは考えられない仮定に置かざるをえない。鉱床を探索する場合の試掘は必ずしも信頼しうる結果を招来しないであろう。その上新しい大陸の征服には特殊な逆説を伴い，新しい科学的領域の征服ではなおさらそうである。適切なテストをするためには，ある器具が運搬されねばならない。そしてこのような運搬のためには，その造成はテストのなりゆきに左右されるような元と同じ道が多かれ少なかれ前提となる。換言すれば，知りたいものを見出すためには，人は何らかの方法ですでにそれを知っていなければならない。

このような逆説を解決するために，科学は何をなすべきであろうか。もし科学が賢明であれば，新しい土地の資源の組織的な探索に使用されるのと同じ手続きに，科学は従うものである。すなわち未知のものの領域で，小さな通路が押し広げられる。簡単な原始的な手段で，測定がなされる。多くのことが仮定に残され，うまく思いついた直覚に委ねられる。漸次確かな通路が広められる。推量と運の代わりに，漸次経験とさらに精巧な手段をもって組織的に探索されるようになる。きわめて整備した論理をもつ近代的な媒介手段により，迅速か

つ有効に，一定の軌道に乗ってあらゆる重点に到達できるような公道が，最後に建設される。

　科学の現実の発展は，やがてこのような一般的な型に従うように思われる。しかしながら往々にして，ある重要な宝の横たわっている場所を知っていると考えて，その国の自然の構造とは関係なしに，このような点にまっすぐに超公道を敷設しようとする者もある。このような路の建設に多大の熱意と仕事とが注がれるけれども，このような超公道はどこにも行きつかない死せる目的であるということが，ほど経て明らかになる。

　もし定式化と数学化とが心理学において早まってなされるならば，このような論理的な超公道の建設にわれわれを逢着させるかもしれない。もし心理学が受容しうる科学になるべきであるとすれば，定式化は成就されねばならないもので，心理学はいまやその方向に確たる歩みを踏み出すことができるし，またそうしなければならない。しかしながら哲学や論理学の最近の傾向から一部生じているある危険性が，あからさまに論議されずに回避されるとすれば，このような試みに対するはじめの見込みとか興味の増大も間もなく消失するに至るであろう。

　私は多少この問題を取り上げる義務があると考えている。というのは，私の書物[1]の2つのものが主として心理学の概念的手段を取り扱っているからである。このような概念的手段が種々の領域で多くの調査において数年間使用されてきたことを知らないで，心理学における私の主要な興味は定式化かまたは数学化であると批判家のある者は結論したように思われる。これ以上の誤りはないのであって，心理学者としてのわれわれが興味をもつのは，心理学的過程について新しい知識を見出すこと，その過程に対するより深い洞察を見出すことである。これが指導原理であり，常にそうであった。理論と数学化と定式化はこのような目的のための手段である。これらが心理学に対して価値をもつのは，それが心理学の主題における実りある進歩への手段として役立つ限りにおいてである。そして複雑な手段は常にそうであるように，進歩を援助し妨害しないときおよびそうしたところにおいてのみこれらは適用されねばならない。

II

"厳密な論理的誘導"に興味をもつある心理学者たちは，われわれの実験的な仕事が次のような形式で書かれなかったことに対して批判した。すなわちⓐ定義，ⓑ仮定，ⓒ結論という順序である。他方フレンチ[2]は次のように書いている。

> 50年を経て〔精神分折学は〕科学的概念の広範な体系を発展させた。しかしながら誰も以前には理解することのできなかった当惑させるような渾沌とした心理学的諸事実の中に，フロイトが自分の方針を決めようとする試みの必然的な避けられない産物として，その諸概念は徐々に成長してきた。このような新しい概念を諸事実と密接に接触させるように，一組の概念が一組の事実を説明するために案出され，新しい問題がまったく新しい組の概念を生み出すであろう……。トポロジー心理学は他方，自己矛盾のない数学的科学から出発して，それに適合する諸事実の探究に向かっている。(p. 127)

その答えとして，私は現実の歴史的発展を概観すればよいであろう。心理学における私の仕事は，連合と**決定傾向**[3]に関する実験で始まった。その意図は連合主義を批判することではなくして，むしろアッハによって展開された"意志の強さ"の測定を洗練することであった。その当時の彼の仕事は私の信ずるところでは，意志および連合の領域で最も理論的に正確なものであった。数百の無意味綴り系列による実験の3年後，また数千の反応時間の測定後に（その当時われわれは1000分の1秒で測定しなければならなかったが），私はこのような測定の正確さを改良する点はないと確信するに至った。これらの試みはすべて，例えばG. E. ミュラーによって述べられたような，古典的な連合法則の仮定に基づいている。しかしながら私の期待に反して，この仮定は放棄され，また決定的に修正されなければならないということを，実験が結論的に立証するように思われた。むしろ2つの異なったタイプの習慣（連合）を区別することが必要であった。すなわち"欲求の習慣"（アルコール中毒のような）と"処置の仕方についての習慣"（レバーを引き下げるよりもむしろ引き上げるような）とであ

る。第1のタイプは"緊張"（エネルギーの源泉）を表現し，飢餓のような欲求であるが，それは直接のまたは代償による満足を必要とする。他方処置の仕方についての習慣はそれ自体動作の源泉ではない。一定の通路を限定している規整力の型に等しい。欲求または準欲求なくしては，処置の仕方についての習慣は動作を生み出さない。

第1次世界大戦のための中断後，このような連合法則の批判から生ずる積極的仮定をテストするために，体系的な試みがなされた。第1の段階はさらに正確な概念的分析を成し遂げる試みであった。力学的には"連合"は鎖の環のようなものであり，すなわち変化を生み出すような本質的傾向をもたない規整力の型である。他方動作を生じさせる傾向は欲求に基づいている。欲求や準欲求のこのような特性は，"緊張体系"（system in tension）にそれを対位して表現される。このような構成概念を真面目に受け取ることによって，またある操作的な定義を使用することによって，特に"緊張の解消"を"欲求の満足"または"目標の到達"に関係づけることによって，また"緊張の成立"を"意図"や"飢餓状態の欲求"に関係づけることによって，数多のテスト可能な結論が出された。

このような基礎的結論が確証された後に，主としてゼイガルニーク[4]やオヴシャンキナ[5]の実験を通じて，心理学的飽和，現実や非現実水準および遊戯事態における代償動作，代償価の測定，要求水準，成功失敗後のその推移，心理学的力の強さに対する目標からの距離の効果のような諸問題を包含するように，われわれの理論は拡大されてきた。簡単にいえば，目標と欲求の型，それらの相互関係，それらを満足させる仕方が研究された。今日では人格や人格の発達，認知構造，社会的文化的諸関係をふくむ多数の諸問題が，一組の関係概念で研究されている。

それらが出版された順序に従ってわれわれの出版物を通観するならば，種々の理論的仮定と構成概念がむしろ徐々に一歩一歩発展させられたということに，皆同意してくれると私は考える。最初はむしろ暫定的にしかもかなり躊躇して仮定がなされた。経験的諸事実が実験によって規定されることが多ければ多いほど，それにつれて理論は厳密に受容しうるものとなり，そしてさらに特殊な叙述が出現した。

経験的事実と多様な実験に基づいてこのように漸次苦心を重ねていくことは，

理論の数学的側面に特に妥当する。われわれが単に教育的手段を取り扱わねばならないか，それとも現実の科学的表現を取り扱わねばならないかを公開しておく仕方として，トポロジーおよびベクトル概念は最初に適用された。問題を定式化する際に，また実験的にテスト可能な誘導を許す際に，これらの概念的手段が価値をもつとわかった程度にのみ，それらは理論およびその力学的構成体の必須の部分となった。

フレンチの『トポロギー心理学の原理』の批判は，われわれの研究において使用された概念的手段の組織的な概観をしているが，それらに関して数年間経験的な仕事をした後までは，その最初の適用はなされなかったという事実を看過している。心理学的事実から精神分析の概念が漸次成長したことについて，フレンチの言うところは，場の理論におけるトポロジーおよびベクトル概念の使用に関しても言われる。事実問題として，むしろ緩徐で注意深い理論化が必要であるという感情が，あの初期の実験的研究における厳密な，いわゆる公式的な誘導を使用させないようにするところの主な理由であった。そのために，このような誘導は十分に厳密なものではないと私が考え，あるいは科学の比較理論の問題を取り扱う場合に非常に助けになるように思われた数学的論理的言語の価値を，私が尊重しなかったというのではない[6]。しかしながらよく規定された数学的記号で，方程式の形式や類似の関数的依存の表現形式で表すことができないのに，いわゆる形式的定義仮定，および演繹を並べて**さらに幾何学的に**(more geometrico)，ある着想を示すことは早まったことであろう。もし人が"フラストレーション""欲求""学習"のような日常の言葉の術語に，数学的実体を対位しえないままでそれらを使用するならば，普通の推理形式を使用することも可能である。非数学的構成体を使用して"**さらに幾何学的に**"叙述を示すことは，それら構成概念のタイプではおそらく一般に到達不可能な誘導の正確さの程度を示唆していることになる。概念的にどちらかといえば不明瞭なこれら構成体が，操作的にはよく定義されている場合でも，これは思い当たることである。われわれはこの点に後で触れるであろう。

われわれはさらに一歩進めることもできる。例えばゼイガルニークの研究において使用された力学的構成体は，厳密な数学的表現に容易に役立つようなタイプをすでにもっていると言える。しかしながら，このような構成概念は経験的に実り豊かなものだといっそう完全にわかるまで，公式的表現を待つのが賢

明であろうとわれわれは感じた。あまりにも高度の定式化は，このような可塑性を危険に晒しそうである。

　心理学は連合，本能，ゲシュタルトのような単一の構成概念で，あらゆるものを説明しようとすることはできない。多様な構成概念が使用されなければならない。これらはしかしながら論理的に正確な仕方で，相互に連関させねばならない。さらに，ある経験的材料を説明するために導出されたあらゆる理論的叙述は，このような材料に照らしてのみならず，経験的材料や心理学の理論的叙述の全体に照らして，注意深く吟味せねばならない。換言すれば，1つの**場合に対する特殊理論**（ad hoc theories）は避けねばならない。心理学の全体領域を，論理的に矛盾のない仕方で総合することは，われわれの研究の基礎目的の1つであると，たぶん見なされるかもしれない。構成体の概念的特性に関する新しい正確さの水準の要求は，厳密に数学的な表現への見地と共に，究極においてこのような目的への手段にすぎない。他方このような数学化なくしては，矛盾のない科学的心理学の発展は結局不可能であるということが知られた。

III

　たまたまわれわれの実験のいくつかのものの被験者数が十分でないという批判がなされた。いろいろ実験しているうちに，ケースの数が多くなればなるほどおそらく信頼度を増すであろう。もちろん付加的な確認は常に望ましいことである。しかしながら他の調査で十分な仕方でわれわれの実験を反復したところでは，われわれの結果は全体として非常によく維持された。さらに，異なるタイプの問題の場合には，相違するタイプの確定が最も望ましい。例えば再開始の頻数は，1つの活動の中断された点にどれだけ依存するかを見出したいと思うならば，信頼しうる結果を得るために，われわれは比較的多数のケースを使用しなければならないであろう。何となれば，そこに包含されている問題は，1つの事態内で1つの要因の漸次の量的変化が，どれだけ他の要因を量的に変化するかということである。このような場合には測定の正確さの問題が最も重要であり，したがって多数のケースが必要である。

　他方意図の効果が連結（連合）の効果であるか，準欲求（緊張体系に等しい）の発生であるかのような問題をとってみよう。もし後の理論が正しければ，中

断後にかなりの数の再開始が期待されるであろう。オヴシャンキナによる約100回の中断を試みた研究では，実際80％の再開始を示す。他の集団で100回の中断を試みるならば，ある値が認められる。ところでこのような集団が再び約80％の再開始を示すならば，われわれは2つの線に沿うことができる。できるだけ正確に再開始の本当のパーセンテージを決定しようとするか，それとも意図の効果が緊張体系の成立として適切に理解されうるかどうかという問題に主として興味をもつ。後の問題に対して，再開始のパーセンテージが75，80，あるいは85であるということは，現在のところあまり重要ではない。なぜならこのような数字のいずれも一般的な仮定と一致しているであろうから。緊張体系の理論を証明しまたは反証するためには，相互にできるだけ異なっているところの多様な誘導を，この理論から見出すことがはるかに重要であると考えられる。たとえその検証がはじめはむしろ量的に粗野なものであるとしても，このような誘導についてできるだけ多く検証することは，はるかに重要であると考えられる。

IV

完了および未完了動作の再生について1924年から1926年まで実行された上述の系統の最初の実験的研究すなわちゼイガルニークの実験を，詳細に概観して前記の点を例証するのがよいかもしれない。しかしながら実験の中ほどで展開された記号や方程式の形式的装置を利用して，ゼイガルニークの誘導のいくつかを繰り返そう。

基礎的仮定と主なる誘導

先述の連合や"意志力の測定"についての臨界実験は，意図の効果が人の内的緊張の成立に等しいという理論を暗示した。ゼイガルニークの実験目的は，このような理論の最初の実験的テストを提供することであった。この理論は2つの基礎的仮定を含んでいる。

（A 1）**仮定1**：ある目標に達しようとする意図（Gに至る1つの動作を実行すること）は，$t(S^G) > 0$という形で，人の内部のある体系（S^G）における緊張（t）に対応する。このような仮定は，一般に"意図"と呼ばれるところの観察可能な徴候群

(syndrome) に関して力学的構成概念（緊張体系）を対位している。

 （A 2）**仮定 2**：$t(S^G)$の緊張は，もし目標Gが達せられるならば解消する。

 もし$P \subset G$ならば$t(S^G) = 0$〔⊂に包含される〕

 ゼイガルニークは緊張の存在を示す徴候として，緊張体系に対応するところの活動の再生傾向を使用する。このような体系の存在の期待は，次のようなものに基づいている。すなわち，

 （A 3）**仮定 3**：Gに対する欲求には，人に作用しかつGに向かう移動傾向を惹起する力$f_{P,G}$が対応する。

 もし$t(S^G) > 0$ならば$f_{P,G} > 0$

この仮定は，欲求と移動との間の関係を決定する。換言すればそれは，人における緊張の構成概念と，環境における移動のための力の構成概念とを意味する。

仮定（A 1）（A 2）および（A 3）はどちらかといえば本質的に一般的であり，多数の演繹と実験とに対する基礎的仮定として仮定された〔（A 3）をある程度除くことが可能であり，それを（A 1）と（A 2）の結合によって取り換えることが可能である。移動のための力の構成概念を形式的に導入しないでも，もし$t(S^G) > 0$であれば，(A 2)によって$t(S^G) = 0$になるように生活空間を変化する傾向が生ずるであろうといえよう。しかしながらわれわれは，分離した仮定として（A 3）を述べることをより好む〕。

 （A 3a）**仮定 3a**：欲求は目標領域に向かう現実の移動傾向のみならずしてまた，このようなタイプの活動についての思考を招来する。換言すれば力$f_{P,R}$は，行為（現実）の水準においてのみならずしてまた，思考（非現実）の水準においても存在する。

 もし$t(S^G) > 0$ならば$f_{P,R} > 0$

 そこでRは再生を意味する。

ゼイガルニークのこの最後の仮定は，性質上比較的特殊なものである。それは（A 3）を特殊化したものと見なされる。ゼイガルニークの誘導に関しては，（A 3）よりもむしろ（A 3a）の特殊形式が必要とされる。

 3つの仮定（A 1），（A 2），および（A 3a）から次のことが出てくる。

 （D 1）**誘導 1**：中断活動を再生しようとする傾向は，完了活動を再生しようとする傾向よりも比較的大きい。この誘導は，次のようになされる。完成された課題をC，未完了の課題をU，それに対する体系をそれぞれS^cおよびS^uによって指示する。

そこでわれわれは次のように述べうる。
  (a) $t(S^u) > 0$ （A 1）によって
  (b) $t(S^c) = 0$ （A 2）によって
  したがって　(c) $f_{RU} > f_{RC}$ （A 3a）によって，思考水準において。
　換言すれば完成された課題よりも，未完了の課題を自発的に再生する傾向の方が比較的大きい。

　実験的証拠：ゼイガルニークの最初の目的は，このような結論を実験的にテストすることであった。そこで指数，

$$\frac{再生された未完了の課題}{再生された完了した課題} = \frac{RU}{RC}$$

は約 1.9 であることが正しいとわかった。ある課題が一度中断されて，後になって完了することを許された実験では，中断なくして完成された課題の場合と再生頻度が同じであったが，上記の結果の出る原因は中断それ自体に関連した経験ではなくして，目標に到達したかしていないかであるということを証明している。

　このような主要な結論ののちに，2つの手続きが開けていることが確実であるとわかった。われわれは主なる仮定の証拠を十分にあげたと感ずることもできるし，また，さらに正確な量的測定に入っていくこともできる。あるいはわれわれは，基礎的仮定から新しい独立の演繹をなし，それらを確証する目的で実験的に検証しようとすることもできる。ゼイガルニークは主として第2の選択方向に乗り出していく。

"緊張" という構成概念の場理論的意味

　心理学的欲求を表現するために，"緊張体系" の構成概念を使用することは，まったく場の理論を前提とするものである。概念的にいえば，緊張とは周囲の諸体系の状態に相対的に考えられる1つの体系の状態のことである。このような構成概念の本質と目的は，それに隣接する体系の状態と等しくなるような方向に変化する傾向を包含することである。したがってこの構成概念は，人の幾何学的表現および相互に一定の位置をもった人の内部における機能的下位部分や "体系" を選定することを前提とする。このことは緊張という構成体においてすでに意味されているところの概念的特性の綿密な仕上げにすぎない。公式的には，隣接緊張体系間の基礎的関係を次のような仕方で表現することができる。

(C1) もし $t(S^1) \neq t(S^2)$ かつ $b_{s1} \cdot b_{s2} \neq 0$ ならば，$t(S^1) = t(S^2)$ となるような変化への傾向が存在する。この公式で b_{s1} と b_{s2} は体系 S^1 と S^2 の境界を指示し，$b_{s1} \cdot b_{s2}$ はその共通部分を表す。

緊張という構成概念はさらに，このような場の力学的特性に関して一定の仮定を予想させる。すなわちもし種々の欲求や準欲求に対応する体系がある期間中種々の量の緊張を維持することができるならば，このような場はあまり流動的でないと仮定せねばならないであろう。もしそれが非常に流動的な場であれば，種々の体系の緊張水準間の勾配は非常に短時間で消失するように思われよう。というのは局部的緊張から由来する水準化の傾向が，何ら抵抗にあわないという事実のせいである。換言すれば，もし相当な時間間隔にわたってもその効果を表しうる緊張体系に準欲求が対位されるならば，力学的にその人 (person) は完全に流動的であると考えられない，ということを仮定せねばならない。他方人は完全に硬い (rigid) ものと考えることはできない。そうでなければ，1 つの欲求が他の欲求に対して，または人全体の緊張に対してもっている効果は説明されない。したがってその緊張体系の相互交通に関して，人は中間度の流動性をもっていると考えなければならない。この程度の流動性は，同一人の場合に，人から人へ，事態から事態へと変化しうるということは明白である。体系群の構造的関係の恒常性を仮定すれば（そして群全体を取り巻く，一時浸透不可能な境界を仮定すれば），このような叙述を次のような仕方で表現することができる。

(C2) 2 つの隣接体系 S^1 および S^2 の緊張 $t(S^1)$ と $t(S^2)$ との間の絶対的勾配を示すと，あるときの緊張は $|t(S^1) - t(S^2)|^0$ であり，あるときからの時間の経過が Ti であればこのときの緊張の勾配は $|t(S^1) - t(S^2)|^{Ti}$ で表される。流動率 (fluidity) を fl とすれば，
$$|t(S^1) - t(S^2)|^0 - |t(S^1) - t(S^2)|^{Ti} = F(Ti, fl)$$
といえる。この場合，F は単調増加関数を示している。

これは次のような意味である。隣接する体系の緊張勾配における変化は，時間間隔と流動性に依存する。このような体系の緊張が，例えば目標の到達による緊張の解消のような他の要因によって変化させられないときにのみ，もちろんこのことは妥当する。

私の知りうる限りでは，(C1) と (C2) は緊張という構成体のもつ必然的な概念的要素である。したがってこの緊張という構成体に，欲求と準欲求を対位

すれば，最初に研究した問題からむしろ離れていると考えられるかもしれない多数の事実が，誘導可能なものとなる。この特殊な力学的理論なしには，このような予言はほとんど不可能なことである。したがってそれらが証明されうるならば，理論の確認のために特殊な価値をもってくる。

場の流動性と緊張体系間の交通に関する誘導

（D 2）未完了および完了した課題に対応する体系間の緊張における勾配は，緊張体系の発生後時間が経つにつれて弛緩する。

誘導：方程式（C 2）の右側から，（A 1）および（A 3a）によってすぐ結果として出る。

実験的証拠：ゼイガルニーク指数は 24 時間後の再生では約 1.9 から 1.2 に低下する。

個人の部分的体系間の緊張勾配の維持が，媒質の十分な硬度に依存すると仮定して，それが正しければ，人が流動的であればあるほど，緊張は比較的早く低下する。このような結論を実験的に証明するために，ゼイガルニークは流動性（fl）の増大として合理的に特徴づけられる状態を見出さねばならなかった。疲労の一般的徴候は，次のことを正当化するように思われる。

（A 4）**仮定 4**：$fl(P が疲労したとき) > fl(P が疲労していないとき)$

（D 3）ゼイガルニーク指数 $\frac{RU}{RC}$ は，疲労していない被験者よりも，疲労した者に対して比較的小さい。

誘導：これは（A 1），（A 3a）および（A 4）によって，（C 2）の等式全体からすぐ結果として出る[訳注1]。

実験的証拠：被験者が作業時および再生時に疲労しているときは 0.7，作業時のみに疲労しているときは 0.6，再生時のみに疲労していれば 1.0 という値が得られた。人の流動の状態は相当な緊張勾配の成立を妨害するがゆえに，この3つの変数が現れた。たとえ緊張が疲労していない状態で成立したとしても，もし被験者が再生時に疲労すれば，指数は比較的小さくなるということを最後の変数表す（指数が1より小さくなるのは，ここで論ぜられない要因の結果として説明される。それはゼイガルニークの論文で論ぜられている）。

比較的大きい非現実水準（希望や夢の水準）は，現実水準（動作の水準）よりもさらに流動的であると考えねばならないことは，若干の実験的材料およびその他の観察から暗示されている。このようなさらに非現実的な水準に関係づけ

られた欲求と準欲求は，比較的迅速に拡散する緊張の解消を示すという結果になる。

（A 5）**仮定 5**：$fl = F$(非現実の程度)

（D 4）ゼイガルニーク指数の低下率は，一定の時間間隔内で，そこに包含される活動の非現実の程度と共に増大する。

$$\left(\frac{RU}{RC}\right)^0 - \left(\frac{RU}{RC}\right)^{Ti} = F(非現実の程度)$$

誘導：(D 4) は (A 1)，(A 3a) および (A 5) と結びついて，(C 2) からすぐ結果として出る。

実験的証拠：ブラウン[7]は，中断"非現実"活動の再生能力は，さらに"現実的"なものの再生能力よりも比較的早く低下するということを示した（ブラウンの実験は，現実度における差異を扱うものではなくて，ほとんど同じ現実水準で，比較的中心的な活動とは反対の比較的周辺的な諸活動間の差異をおそらく取り扱うものであろう。この場合彼の実験は，人の領域が周辺的であればあるほど，さらに流動的なものと見られねばならないことを示すであろう）。

人の内的領域の種々の体系において，緊張の勾配を破壊する1つの方法は，高度の情緒的緊張の喚起か，またはもっと特殊な言い方をすれば，強い情緒的緊張の迅速な変転であると思われる。このような実験で成立した比較的弱い準欲求に対応するところの情緒的緊張とは異なった程度の量まで，人の内部に一般的な情緒的緊張を招来すれば，このような緊張を水準化し，あるいは少なくともそれらの勾配を事実ネグリジブルにするであろうと期待されよう。このように急激な量的な上下変動が起これば，諸体系間の多数の隔壁（walls）はまったく破壊され，あるいはそれらの分化の減退というような別の過程を招来して，緊張は水準化するであろう。"可透性"（permeability）と"弾力性"（elasticity）の構成概念は，現在のところ公式的な表現が保証されるほど精巧なものではないために，このような叙述を言語的形式で提供することは望ましい。

（A 6）**仮定 6**：情緒的緊張の強い震動は比較的表面的な欲求に対応する緊張勾配を破壊する。

（D 5）情緒的興奮や"失望"後のゼイガルニーク指数$\frac{RU}{RC}$は，実行と再生との間にそのような過程の介在しない場合よりも小さい。

誘導：(A 6)，(A 1) および (A 3a) からそれが続起する。

実験的証拠：実験的に喚起された情緒的震動のあとで，ゼイガルニーク指数は .6

まで低下する．同様に被験者がその一般的な生活事態の結果として，実験時に情緒的興奮状態にあれば.75 である．

諸体系間の空間的関係やその交流度に主として基づくところのこのような誘導群の最後の例として，われわれは次のように述べる．完了および未完了の課題に対応する体系間に勾配の見られる条件は，実験における個々の課題に対応する体系がはじめから人の内部で明確に分節するように設定されているということである．というのは，もしこのような体系群が明確な分節をもたず，1つの包括的な単位の下位部分であるならば，緊張の大きな勾配は存続しない．このような場合に，比較的大きな単位の緊張水準には勾配があるかもしれないが，比較的大きな単位の内部で，種々の下位単位間の勾配はない．体系間の充分強固な境界は，緊張の持続する必要条件であるということはすでに（C1）および（C2）に包含されている．

（D6）もし S^u および S^c が充分に孤立していないとすれば，ゼイガルニーク指数 $\frac{RU}{RC}$ は約 1 である．

誘導：（A1）および（A3a）と関連して，（C1）および（C2）から直接結果する．

実験的証拠：各課題がさらに高度の統一系列の諸部分と見なされるような認知構造を実験のはじめに構成すれば，完了課題であろうと未完了課題であろうと，各課題があまり孤立していない比較的大きな単位が創造される．このような仕組みでは指数は約.97 であるとわかった．

準欲求の強度に関する誘導

欲求の強度に緊張の強度を相関させることによって，心理学的欲求と緊張体系との関係について，われわれの基本的仮定（A1）を展開しうる．

（A1a） **仮定（A1a）**：$t(S^G) = F(n^G)$ そこで n^G は目標 G に相関した欲求の強度を意味する．

これに応じて移動や想起率に対する緊張と力との関係について，われわれは基本的仮定（A3）と（A3a）を展開しうる．

（A3b） **仮定（A3b）**：$|f_{P,G}| = F|t(S^G)|$ そこで $|f_{P,G}|$ は移動や再生の方向における力の強さを意味する．

（D7）$\frac{RU}{RC} = F(n^u)$

誘導：（D7）は（A1a），（A3a）および（A3b）から由来する．

実験的証拠：特に野心的な被験者は，普通の被験者よりも比較的大きな強度の準

欲求を示すと考えられよう。一方その活動への関与（involvement）が特に弱い被験者は，特に弱い準欲求をもつであろう。ゼイガルニークは実験におけるその一般的行動によって，（ゼイガルニーク指数に関係なしに）"野心的"だと考えられる被験者を別に群化した。普通群の被験者の指数 1.9 に対して，2.75 という高い値を示すことを彼女は見出した。他方その仕事に本気に打ち込んで人格的に関与するというのではなしに，"実験者が彼らに命じたこと"を忠実に行った被験者群は，平均よりもはるかに小さく指数 1.03 を示した。ゼイガルニークによれば，その仕事に熱意をもって没入し最も真面目に関与した被験者群は子どもたちであった。事実上彼らの指数はいっそう大きく現れ，2.5 の値を示している。しかしながらこのような結果の生ずる別の要因があるかもしれない。マロウ[8]は特に注意深い仕方で欲求の強度とゼイガルニーク指数との間の関係の問題を研究した。彼は被験者の統御群を競争状況におけるもう 1 つのグループと比較している。彼はさらに，賞罰を課してこの競争を激化する。種々のタイプの活動を使用しているけれども，統御群のゼイガルニーク指数はやはり 1.9 であり，一方競争状況では被験者の欲求が非常に強化されていて，ゼイガルニーク指数は決定的に上昇した。激励の場合には 2.17 となり，非難の場合には 2.10 となった。実験者による賞罰の経験ののちにそれに続いて与えられる課題に対しては，ゼイガルニーク指数は特に高いことをマロウは示した。

課題の非心理学的特徴と対比されるその心理学的特徴に関する誘導

"客観的な"社会的または物理的カテゴリーよりもむしろ心理学的なものを使用するように注意せねばならないということは，心理学的場の理論の一般的前提である。1 つの活動が中断されたように分類されても，被験者の見地からは完了されているかもしれないという場合が，実験によっては存在する。他方被験者に対しては心理学的に未完了であって，外見上完了した活動がある。

（A 2）によれば，緊張の解消は目標の到達に対位されるが，このような目標の到達は心理学的に理解しなければならない。このことから次のように述べることができる。すなわち，

（D 8）もし"中断"の際に $P \supset G$ であれば $\frac{RU}{RC} = 1$（⊃ を包含する）

誘導：これは（A 1）および（A 3a）と関連して，（A 2）から直接由来する。

実験的証拠：ゼイガルニークは外見上未完了で，心理学的には完了した活動の特殊なケースを多数報告している。その場合指数は約 1 であった。マロウは特殊な実験的組み立てを用いた。その場合被験者が課題を実行しうるか否かを見つけることだけに実験者は興味をもつということ，このような印象を受け取ればすぐ"実験者は

中断するということを，被験者に告げた。このようにして中断された課題はここで心理学的に完了したと見なされる。この場合ゼイガルニーク指数が.74であることをマロウは事実見出した。

われわれはここで連続的課題と完結課題（end tasks）との間の差異を述べることができる。粘土で椅子を作ることや作詩のような完結課題は，むしろよく限定された終末をもっている。したがって中断の際に確実に目標に到達しなかったとしても，完了することによって被験者は目標に到達した。この場合ゼイガルニーク指数は決定的に 1 よりも大きく，すなわち 1.8 であった。しかしながら糸にビーズをつなぐというような連続的課題の場合には，被験者は"完了"後も一定目標に到達しないし，またもし"中断される"としても目標領域の外部へ確実に出ることはない。したがって両者の場合の緊張は極度に相違してはいないだろう。事実上ゼイガルニーク指数は 1.1 である（R_u および R_c 両者の値が低いことがゼイガルニークによって発見されたが，連続的課題はたとえ外見上中断されまたは完了していても，心理学的にはいずれも完了していることを示している）。

（D 9）"完了"の際にもし $P \subset G$ であれば，$\frac{RU}{RC} = 1$

誘導：この場合に緊張 $t > 0$ は，体系 S^u と S^c の両者共に残っている。というのは課題のいずれも心理学的に完了していない。（D 9）は（A 1）および（A 3a）と関連して，（A 2）から直接結果する。

実験的証拠：興味ある課題についていえば，ゼイガルニーク指数は 1 に等しく完了・未完了両者の再生数に差等が現れない。興味ある作業は，たとえ特例が解決されてもなおこのようなタイプの活動に復帰する欲求があり，さらにそれを継続しようとする緊張を残す。

付加的な場の力に関する誘導

一般的な場の理論によれば，現実の行動はそのときに人に働く合成力（the resulting force）に連関している。したがって特に実験において設定されたものとは別に，いかなる他の要因が行動に影響しうるかということを知るのは常に重要である。ゼイガルニークの実験で，再生の方向における力は 2 つの源泉に由来する。すなわち実験者によって与えられた再生のための教示は，準欲求とそれに対応する緊張 $t(S^R)$ および力 $if_{P,R}$ を成立させる（記号 if は人"自身"の欲求に対応する力というよりもむしろ，"誘発された"力を示す）。これは再生活動に関して，（A 1）および（A 3）をさらに適用したにすぎない。加うるに（A 3a）によれば，

中断された仕事に対応するところの緊張 $t(S^u)$ による自発的再生方向の力 $f_{P,R}$ がある。

したがって，完了課題の再生は力 $if_{P,R}$ のためであり，一方未完了課題の再生は $if_{P,R} + f_{P,R}$ のためである。

このことから次の結果が出てくる。すなわち，

　(D 10) 再生がその自発性を失い，実験者の教示に基づくことが多ければ多いほど，ゼイガルニーク指数は1に近づく。すなわち，

$$\frac{RU}{RC} \to 1$$

誘導：われわれは普通 $|if_{P,RU}| = |if_{P,RC}|$ であると仮定しうる。(A 1)，(A 3) および (A 3a) から次のようにいえる。

$$f_{P,RU} > 0 : f_{P,RC} = 0$$

諸力の付加を支配している一般的法則はわからないけれども，これらの関係から次のことを演繹するのは安全のように思われる。

$$|if_{P,RU} + f_{P,RU}| > |if_{P,RC} + f_{P,RC}|$$

そこでわれわれは，次のように記述しうる。

$$\frac{RU}{RC} = F\left(\frac{if_{P,RU} + f_{P,RU}}{if_{P,RC} + f_{P,RC}}\right)$$

そしてこの分数は，もし自発的力が恒常であり，誘発された力が増強されるならば，1に近づく。

実験的証拠：記憶テストとしての実験を経験し，したがって比較的高い $if_{P,R}$ をもった被験者の指数が，集団全体の平均 1.9 に対し 1.5 であるということを，ゼイガルニークは見出した。一方"報告する"という自発的な気分で再生した被験者は，非常に高い 2.8 の指数を示した。

V

経験科学における構成概念と理論の価値は，究極において既知の事実を"説明し"，未知の事実を予言する際の実り豊かさ如何によることに関しては，心理学者の間で意見が一致している。既知の事実を単に説明する理論は，特別の価値をもたないということが縷々述べられた。私はこのような見地に同意することはできない。特に，以前別々の諸理論によって取り扱われねばならなかった既知の事実が，もし1つの論理的体系に理論によって結合されるならば，それは組織的計画として一定の有利な立場に立つであろう。その上に既知の諸事

実との符合は少なくともある程度，この理論が充分なものであることの証明となる。しかしながらもし人がその理論から予言をなし，このような予言を実験的に証明することができれば，その理論は充分なものであるといっそう明瞭に検証されることは確かである。経験的材料が一般にまったく範囲の異なる解釈と分類を許容するということと，したがって普通それらのデータに行きわたる多様な理論が案出されやすいということが，このような相違を生ずる理由であると考えられる。

　表1は，ゼイガルニークの研究で使用された証拠の多くのものが，未知の事実を予言する性格をもっていたことを示す。このような事実は一般に，日常の経験から期待される性質をもつものではない。事実上実験のなされたそのときには，その当時受容された連合と情緒の法則に従うところの主な実験とは反対の結果が，予言されねばならなかったであろう。しかもこのような予言は広範囲の心理学的材料を処理するがゆえに，さらに有意義である。すなわち疲労の問題，瞬間的な情緒的状態，一般的に人格の領域に属すると考えられる野心のような態度，知覚的な構造化（課題を別々にあるいは1つの系列として見るような），あるいは発達や人格の恒常性の問題と記憶の問題とを，このような予言が結びつけている。心理学の種々の領域における各種実験的研究で，若干の構成概念と定理によって，比較的多数の実験的に検証可能な予言が考察されているであろうか。

　私見によればゼイガルニークの研究は連続的研究を立証するための構成概念と理論の実り豊かさを，充分に表した。飽和，要求水準，成功と失敗，代償動作，習慣，情緒，環境的構造と力，社会的力の場，社会的圧力，精神遅滞，発達と退行などについて，それ以後多数の研究があるが，それらはすべてこのような場の理論的研究に基づいていた。それらは一部私の協力者によって実行されたけれども，相当な程度まで独立の研究者によって実行された。彼らはこれらの結果を確実にし洗練し，こうして使用される構成概念の価値を間接的に示した。このような実験のほとんどすべてが，今日心理学で使用される意味で性質上量的（quantitative）であった。もちろん困難は生起し，さらに重大な困難が今後残るかもしれない。しかしながらいままでのところ，矛盾は最低限で一般にまったく簡単に明瞭化することができた。これらの構成概念や理論なくしてもこのような結果はすべて予言しえたのだということを支持するのは論理的に

表1 若干のゼイガルニークの構成概念，仮定および誘導の総括と検証

術語	構成概念 操作的定義	概念的特性 (C)	基礎的定理，仮定 (A)	誘導された定理 (D)	検証
心理学的 緊張 (t)	"欲求"を指示する経験的徴候群	隣接体系に拡大する傾向 (C 1)	意図と欲求との間の関係（緊張）：(A 1), (A 1a), (A 2)	ゼイガルニーク指数 = RU/RC = 1 (D 1); (A 1), (A 2), (A 3a) より	予言された
心理学的 力 (f)	心理学的移動	ベクトル (C 3)	緊張と力との間の関係：$f_{P,G} = F|t(S^G)|$ (A 3), (A 3b) 思考の水準における緊張と力との関係（再生への傾向）：$f_{R,R} = F|t(S^G)|$ (A 3a)	欲求の発生後時間が経つにつれて，ゼイガルニーク指数は低下する (D 2); (A 1), (A 3a), (C 2) より	予言された
流動性 (fl)	隣接体系と緊張を等しくする速度を規定する要因 (C 2)	疲労の関数としての流動性 (A 4)	疲労した被験者に対してゼイガルニーク指数は比較的小さい (D 3); (A 1), (A 3a), (A 4), (C 2) より	予言された
		非現実度の関数としての流動性（反求心傾向）(A 5)	比較的周辺的な体系に対してはゼイガルニーク指数は比較的小さい (D 4); (A 1), (A 3a), (A 5), (C 2) より	J. F. ブラウンによって予言された
		情緒的震動による種々の体系の緊張の水準化 (A 6)	情緒的に動揺したあとで，ゼイガルニーク指数は低下する (D 5); (A 1), (A 3a), (A 6) より	予言された
			完了および未完了課題に対応する体系が分離されていない場合，ゼイガルニーク指数 = 1 (D 6); (C 1), (C 2), (A 1), (A 3a) より	説明された
			ゼイガルニーク指数は欲求の強度と共に低下する (D 7); (A 1a), (A 3b) より	説明された；マロウによって予言された
			"未完了"課題が心理学的に完了した場合ゼイガルニーク指数 = 1 (D 8); (A 1), (A 3a) より	説明された；マロウによって予言された
			"完了"課題が心理学的に未完了である場合ゼイガルニーク指数 = 1 (D 9); (A 1), (A 3a) より	
			ゼイガルニーク指数は一定の順序の再生に対する教示によって創造された付加傾向と共に低下した (D 10); (A 1), (A 2), (A 3a) より	説明された

は可能であろう。ところが現に最初予言に導いたのは，これらの構成概念であった。その上私の知る限りでは，このような結果の総体を事実上説明するところの他の定式化された理論はまだ存在しない。

しかしながら数学的に規定された構成概念や理論に基づいて，場の理論を展開しようとする試みは，非常に初期の段階にある。こうして，驚くべきほど広範囲に矛盾なく適用されると思われるにもかかわらず，われわれは大幅な修正のための備えをしなければならないであろう。ハル[9]が最も適切に指摘するように，後になって誤謬に変わるかもしれないような一定の仮定を作ることを差し控えないというのが，経験的理論の徳であろう。大幅な修正がいままでなされる必要はなかったということを，われわれの方法論的手続きの一側面すなわち逐次接近の方法（the method of gradual approximation）に主として私は帰着させる。われわれは精巧な"モデル"を発展させることを避けようとした。その代わりわれわれは心理学的事実の間の力学的関係を，十分に一般的な水準にある数学的構成概念によって表現しようとした。

私見によればこのような逐次接近の方法は，使用される構成概念や実験における技術的測定に関して，きわめて慎重で"経験的"である。このような仕方で最小限の仮定がなされる。

数学者もまた，心理学における数学の問題は応用数学の1つであるということを忘れやすい。新しい数学的命題を展開することやあるいは特に複雑な数学的法則を探すことが心理学者の仕事ではありえない。その代わり心理学者は，簡単な数学的手段をできるだけ使用することに興味をもたねばならないであろう。加うるに，経験的領域に数学的概念の体系を適用するには，このような体系の基礎的な数学的公理は充分なものであることを1つひとつ直接証明する必要はないということを，数学者は認識しなければならない。問題領域の経験的特性を表現するために，このような数学的体系の誘導されたある命題が実り豊かなものであることを証明するのは，賢明なことである。その公理（空間の部分が**無限**に分割できることのような）が物理学的空間にも妥当すると1つひとつ証明されるまで，物理学の空間的関係をユークリッド空間によって表現することが許容されなかったとすれば，物理学はけっしてユークリッド幾何学を使用することはできなかったであろう。すべての人が言えるのは次のことである。もしある物理学的過程がある幾何学的実体に対位されるならば，人はある物理

学的予言をなしうる。別種の幾何学的実体よりもむしろ一種の幾何学的実体にある物理学的過程を対位することが，このように実り豊かなものであることは，ある種の幾何学が物理学的空間に妥当するか否かを述べることによって意味されるものを，すべてつくしている。もしある心理学的過程（社会的移動のような）が，トポロジーおよびホドロジー幾何学のある実体（通路のような）に対位されるならば，正しく同様な手続きがとられる。このような対位に基づいた予言の実り豊かさ以外に，心理学にこのような幾何学を適用する可能性の別の意味と証拠はありえない。

　他方インテリ的な数学的あるいは物理学的概念の使用について，非数学者はわれわれを譴責した。若干の箇所で，空間的な幾何学的概念を使用することは，物理学的概念を使用することを必ずしも意味しないことが説明された。論理－数学的演繹（logico-mathematical deduction）に関しては，数的概念と幾何学的概念との間に原則として差異はない。あまりにも早い定式化に対してわれわれに警告を与え，心理学のような経験科学における数学化の目的を比較的正確に記述する助けとなるかもしれない2つの点を，強調することが必要であると思われる。

VI

　近年特にハルおよびその学徒によって，心理学的理論は定義，仮定および結論の形式で提示されねばならないということが非常に強調された。その論理的正確さをくわしく調べやすいように，このような議論は一歩一歩実行に移されねばならぬ。われわれもまたほんのわずか，心理学が厳密な論理的誘導に依存しなければならないということ，このような方向に歩みを進めることが現在の最も緊急な課題の1つであるということを強調した。私見によればハルは，主として伝統的条件反射の諸概念を保持しつつ，定義，仮定および結論の順序にそれらを仕上げ提示することによって，この課題を遂行しようとした。

　このような厳密なシェマの形式で心理学の議論を展開する価値をわれわれは認めなければならない。というのは，比較的形式的でない推理の欠点を発見する助けとなるかもしれないからである。しかしながらよく規定された構成概念に基づくところの論理的誘導を使用する科学に向かって，心理学は発展すると

いう最も本質的側面を，そこで取り扱っていないということをわれわれは感得する。このような誘導において使用されるところの条件反射，禁止，昂奮傾向，フラストレーション等の術語は，操作的には多かれ少なかれよく定義されている。しかしながらこのような構成体の概念的特性を明らかにしようとする試みは，ほとんどなされていなかった。このような構成概念のいずれが数学的にベクトル（vector），スカラー（scaler）ないしテンソル（tensor）の特性をもっているか，それが場の領域であるか，領域の型であるか，それとも領域内で生起している変化であるかどうかが探究されていない。物理学では，構成概念の次元と呼ばれるものを研究しようとする何らの試みもない。つづめていえば，構成概念の概念的特性すなわち実験によって発見されるところの経験的相互連関と対立しているその論理的相互連関は，まったく曖昧なままで残されている。顕著な例は**知能**（intelligence）という構成概念であって，それは操作的には非常によく定義されているけれども，実際には何ら論理的誘導が可能であるとは思えないほどに貧弱な概念的定義しかもたない。結局，心理学において満足のいく論理的水準に接近し，しかも同時に誘導の枠の中で顕著な役割を演じている力学的構成体を概念的に曖昧なままにしておくことは，やむをえないことかもしれない。

　心理学の必要な概念化は，条件反射や精神分析学のようなそこに存在する心理学派の叙述をさらに定式的な仕方で単に繰り返すことによって達せられるものではない。論理的な形式と内容が，経験科学では密接に織りなされている。定式化は構成概念の発展を包含せねばならず，そしてその構成体のいずれも最初から，形式的な意味の担い手としてまた経験的材料の充分な表現として考えられる。このことは操作的および概念的定義が，任意に関係させられるのではなくして，内的なまとまりを示すということを意味する。（すなわち心理学的力を操作的に移動に，概念的にベクトルに対位する可能性は，主としてその方向性の共通な特徴に基づいている）。1つの論理的に矛盾のない経験的に適切なシステムの部分であるような仕方で，種々の構成概念が樹立されねばならないということをさらにこのことは意味している。

　このようなタイプの力学的構成体の発展を俟たずして，伝統的構成概念を単に定式化するということは，それによって正確さを獲得することができても，心理学における進歩が妨害されるかもしれない。連合は何か現実的なものであ

るが，リビドーやゲシュタルトは魔法的な言葉にすぎないということを，ある心理学者は信じている。他の者は等しく，リビドーとか本能が何か現実的なものであることを確信している。いずれの心理学的構成概念が樹立され，いずれが否認されるかは，個々の心理学者が思考するように教えられてきた体系的言語如何によって主に決まる。このような言語を込み入った体系に定式化することが，凍結するような効果をもちやすいことは明白である。概念的によく規定された概念が発見されたあとでも，それらの経験的な実り豊かさがよく樹立されるまで，定式化を延ばすのがよいかもしれない。

　ゼイガルニークの演繹とその結果のもとの呈示が，定式的体系でなされなかった理由はここにある。実験的社会心理学のような新しい心理学的領域では，同様な注意を払うのが当を得た事柄である。概念的発展が心理学全体において進めば進むほど，新しい領域にも定式的表現を適用することがより早く可能になるであろう。

VII

　トポロジーとベクトル概念で，心理学的関係を表現することによって成就されることは何であり，次の目的は何であろうか。もし私がこのような問題について，私自身の感情を表現することができるとすれば，それはもちろん心理学の未来の発展によってのみ適当に答えられるであろうが，私は次の点を強調するであろう。

　1. 動作や情緒や人格の領域で，場の理論の可能性は確かに樹立される。基礎的な場の理論の叙述は次の如くである。すなわちⓐ行動は共在する事実の総体から誘導されねばならない。ⓑこのような場の部分的状態が場のあらゆる他の部分に依存する限り，これら共在する事実は"力学的場"の性格をもつ。空間の概念なくしては表現しえない相互関係を多種多様に心理学でも取り扱わねばならないという叙述を，命題ⓐは含む[10]。暗々裡にその描写において，接近とか逃避，社会的位置のような概念を使用することによって，事実上すべての心理学派がこのような叙述に同意している。なおいくらかの期待は残っているけれども，心理学的材料の空間的関係を充分に物理学的空間によって表現しえないで，少なくとも心理学的空間のような時間的存在として取り扱わねばなら

ないということは，徐々に認められている。このような"生活空間"が，人や心理学的環境を包含するということはあらゆるところで受容されている。

命題ⓑに関しても事情は同様である。もともと孤立した反応に孤立した刺激を対位することに基礎を置いている理論ですら，少なくともⓑに非常に密接にその理論を運ぶ方向へと発展した。このことに対するよい例は，ハルの理論であって，これは光学的なもののような単一の刺激に，反応を相関させるのではなくして，目標や衝動刺激（drive stimli）を含む"刺激の型"に相関させる。行動（B）が人（P）と環境（E）の関数であり，$B = F(P, E)$，そしてこの公式の P と E とは相互依存の変数であるということは，原理的にどこでも受容されている。

2. 心理学的場の科学的表現に対する第1の必要条件は，心理学的事実の空間的関係を表現するのに充分な幾何学を発見することである。われわれは物理学の歴史から，経験的空間は種々の幾何学によって表現しうるということを知っている。最初物理学はユークリッドの幾何学を使用し，さらに最近ではリーマンの幾何学を使用した。心理学に対してもまた1つ以上の幾何学が役立つことを期待しなければならない。今日では少なくとも心理学的に無意味でないように，"接近"とか"逃避"のような術語の数学的解釈を許容するような1つの幾何学を発見して，われわれは満足している。ホドロジー空間 [11] （hodological space）は，このような幾何学であると思われる。ホドロジーの空間ははっきりと構造化された空間であり，すなわちその部分は無限に分割されないで，ある単位や領域からなっている。方向と距離は"特選的通路"（distinguished paths）によって規定され，そしてこの通路は容易に心理学的移動に対位しうる。このような幾何学により多くの心理学的過程の段階的（step-by-step）性格を充分に表現することができる。同じ物理的方向における移動に，その移動の目標が違っていれば，異なった心理学的方向を帰着させるというような，まごつかせる要請にもこのような幾何学は充分答えうる。このことは特に廻り路の問題で重要である。ホドロジー空間を使えば心理学的環境と同様に，人の内部における構造的関係の記述ができる。例えば人の分化度と周辺的および中心的層がこうして定義される。ホドロジー空間は集団の構造とその変化とを記述するためにはあまり有用ではない。しかしながらその最大の価値は，われわれが力学（dynamics）の問題を取り扱う際に明白となる。

3. 科学的心理学における力学的概念の発展は，"目的論の形而上学"に堕すという恐怖が前世紀の後半に支配していた。未来ではなくして過去が，行動の"原因"と見なされねばならぬという着想は，連合主義を発展させる大きな動機の1つである。その当時，方向の概念と結合しているあるものは，目的論的研究であると考えられた。目標の概念が疑われ，方向の概念を意味しないあるものによって代置されなければならなかった。少なからざる疑惑をもって眺められた目的論の他の側面は，障害を避けることのできる"先見"(foresight)であった。また全体的結構を考慮に入れる"意識"(consciousness)であった。連合主義はこのような自称の非科学的な要素をできるだけ避けようとした。それは方向という論理的要素を欠いた連合の概念を発展させようとした。連合は"盲目"でなければならず，まったく過去に基づかねばならない（このことは連合の理論が，反復の概念に基づかねばならないということを意味した）。

もちろん目標，欲求および意志の事実は，あまりにも重要であって，簡単に無視されるものではない。"目的論"と"過去による因果関係"との両分に魅せられている心理学の場合には，目標追求や方向性の重要さに心を捉えられた心理学者にとっては，一定の目的論的理論に訴えるほかはないように思われた。マクドゥーガルはこのような研究の古典的代表者である。連合主義者もまた，目標に向けられた有意義の行動を無視することはできなかった。彼らは目標，意図および意志をその体系に取り入れようとする。そしてこのようにすれば，連合主義理論の性格がどのように変化するかを見ることは興味がある。ソーンダイクの効果の法則およびアッハの**決定傾向**(determinierende Tendenz)の概念は，目標のある側面（目標に到達すること，または意図を設定すること）と結びつけられる反復の類型に，特に強い連合の成立を帰着させている。ハルは反応の原因として仮定される"刺激の型"に，重要な要素としての目標－刺激と欲求－刺激を包含させているが，これは目標と欲求の重要性を承認したからであった。連合主義の理論（条件反射理論）は，方向づけられた力学的要因を仮定しないで方向づけられた活動を誘導しようとする試みによって，徐々に影響された。

場の理論によれば，行動は過去にも未来にも依存するものではなくして，現在の場に依存する（このような現在の場はある時間的深さをもっている。現在の場は"心理学的過去""心理学的現在"および"心理学的未来"を包含し，それらは一定時に存

在する生活空間の次元の1つを構成する)。これは未来が行動の原因であるという目的論の信条にも，過去が行動の原因であるという連合主義の信条にも対照的である。さらに方向づけられた要因の仮定を目的論の特色と見なすことは誤りである。物理学で因果の説明をしても，物理学の力は方向づけられた実体すなわちベクトルであるという仮定を避けるものでないことは確実である。心理学的力のようなベクトルの性格をもつ構成概念に訴えても，心理学もまたけっして形而上学的なものになることはない。それによって，方向づけられた動作の問題に，直接の研究が向けられる。加うるに，ホドロジー空間の術語で方向を定義すれば，目的論のある至当な要請のうち有意義であったものに関して，充分な表現が可能となる。目的論では神秘的な性格を帯びていたところの知識と力学との間の混乱した関係が，少なくとも1つの根本的な点で理解されうるようになる。すなわちなぜ知識の欠如が障壁の効果をもつかということが明らかになる。廻り路をしようとする動物の神秘的能力と，ホドロジー空間における平衡状態は場における諸関係の全体に依存するという事実とは，合理的に関係づけられる。

4. 私の感ずることであるが，多様な心理学的過程が，手近な概念的道具で比較的充分に取り扱われうる[12]。それには**欲求**の基礎的な**特徴**と，代償をも含む欲求の満足の種々の仕方とが包含される。他の活動に対する1つの活動の**代償価**が測定されうるし，代償価に対する一般的条件が誘導されうる。代償 (substitution) は**新しい目標を設定すること**や，**要求水準**の基礎的問題を包含する。この領域で重要な前進段階は，困難な目標を容易なものよりもより好むという多少逆説的な傾向（"節約の法則"を否定するように思われる傾向）の誘導であった。**一定の目標を獲得しようとする**過程に関係づけられた多くの問題が研究されうるし，特に**認知構造**（学習，洞察，廻り路）と心理学的力の方向および強さとの関係が研究されうるということに関しては，すでに述べた。同じ事情は，**葛藤事態**と結びついた多くの問題にも妥当する。**雰囲気**の問題の取り扱いが特に取り立てて述べられよう。時期的な**人格の分化**度に対する，異なった程度の圧力の効果を誘導することが可能である。**生産性**と**退行**に対する**フラストレーション**の効果についての予言は，実験によって結実した。人の下位部分間の**硬度**あるいは力学的交通度（人の分化度の外に，人格の基礎的要因の1つである）が，測定された。最後に重要な結果であると私には思われる1つは次のことである。

すなわち**生活空間**の未分化**単位**の性格を一定時にもっている諸領域の大きさが，少なくともある場合には測定可能となった[13]。動物の行動に対するこれら諸単位の大きさの効果については，多数の予言が実証された[14]。

次の課題に関しては，心理学的力の量的測定が間もなく成就されるであろうと期待される。これは，諸力の合成（合力）の法則に対する答えおよび緊張の測定における助けとなる。最も至急に改良を必要とする領域の1つは，社会心理学である。私見によれば，今日**集団**や集団の目標を，操作的にかつそれに関与する構成概念のタイプで定義することが可能である。集団生活におけるある**社会的雰囲気**（social atmospheres）の効果について，これら構成概念の助けによって予言がなされ，実験的に確定されてきた。しかしながら社会心理学における多数の基礎的構成概念は，誘発的場（**支配力の場**；power fields）の概念も含めて，洗練を必要とする。

心理学の概念的発展におけるこのような非常な進歩は，多くの楽天主義を生む。希望とか友情のような現象が，幾何学的または他の数学的概念によって必ず表現されうるという着想は，2，3年前には何か現実的な期待を越えているように思われたであろう。今日このような表現は可能であり，このような現象を取り扱う大きな助けとなっている。トポロジーやホドロジー空間の概念または類似の性質の概念が，心理学のあらゆる領域において，表現と予言に対し実りあるものであることが証明されるだろうということに関しては，私は疑いを抱いていない。他方いずれの科学にあっても，その確固たる進歩に対する最も重要な要因の1つをなすものは，いずれの問題が研究に対して準備ができており，いずれの問題がその科学のさらに成熟した状態の達せられるまで保留された方がよいかを決定する場合におけるよき判断そのものである。

注

[1] *Principles of Topological Psychology* (New York: McGraw-Hill Book Co., 1936) （邦訳『トポロジー心理学の原理』）; The conceptual representation and the measurement of psychological forces, *Contr. Psychol. Theor.*, 1938, 1, No. 4, Duke University Press. （邦訳『心理学的力の概念的表現と測定』）

[2] Thomas M. French: A review of *A Dynamic Theory of Personality* and *The Principles of Topological Psychology*, by Kurt Lewin. In *Psychoanalytic Quarterly*, 1937, 6, 122-128.

[3] Kurt Lewin: Die psyichische Tätigkeit bei der Hemmung von Willensorgängen und das

Grundgesetz der Assoziation, *Ztschr. f. Psychol.*, 1917, 77, 212-247.

［4］ B. Zeigarnik: Über das behalten von erledigten und unerledigten Handlungen, *Psychol. Forsch.*, 1927, 9, 1-85.

［5］ M. Ovsiankina: Die Wiederaufnahme von unterbrochenen Handlungen, *Psychol. Forsch.*, 1928, 11, 302-389.

［6］ Kurt Lewin: *Der Begriff der Genese in Physik, Biologie, und Entwicklungsgeschichte* (Berlin: Springer, 1922).

［7］ J. F. Brown: Über die dynamische Eigenshaften der Realitäts und Irrealitätsschichten, *Psychol. Forsch.*, 1933, 18, 143-190.

［8］ A. J. Marrow: Goal tensions and recall (I & II), *J. Gen. Psychol.*, 1938, 19, 3-35; 37-64.

［9］ C. Hull: The problem of intervening variables in molar behavior theory, *Psychol. Rev.*, 1943, 50, 273-291.

［10］ 第6章を見よ。

［11］ Kurt Lewin: The conceptual representation and the measurement of psychological forces, *Cortr. Psychol. Theor.*, 1938, 1, No. 4, Duke University Press. （邦訳『心理学的力の概念的表現と測定』）

［12］ ここに述べられた研究のさらに詳細な記述としては第10章を見よ。

［13］ Dorwin Cartwright: Relation of decision-time to the categories of response, *Am. J. Psychol.*, 1941, 54, 174-196.

［14］ Claude Buxton: Latent learning and the goal gradient hypothesis, *Contr. Psychol. Theor.*, 1940, 2, No. 2. Duke University Press.

訳注

［1］ 原著に from the denominator in (C 2) とあるが, from the entire equation (C 2) の誤植であろう。カートライト氏もこれに同意された。

第2章

場の理論における構成概念 (1944年)

心理学における質と量

　ウェーバー，フェヒナーの時代以来，心理学には量化と数化の傾向が見られ，このような傾向は漸次強力になってきた。しかしながら，いかにして数化を成就することができるかという点については，多くの論争が繰り返しされた。当初，心理学は質的科学であって，量化は知覚心理の狭い領域に限定しなければならないという"原理"に対しては多くの異論があったが，今日では動機づけの心理のような，以前に除外された領域でも，数学的に取り扱わなければならないといわれている。

　E. カッシーラー[1]は物理学や化学の発展途上における質的および量的研究間の論争を詳細に歴史的に叙述している。心理学における現在の理論的問題のうち若干のものは，歴史的には数世紀のへだたりがあるが，このような論争に方法論的に酷似している。カッシーラーによれば数学自体および物理的材料の数学的取り扱いにおいて，このような論争を解決するに至った基本的着想は，量的および質的研究は相互に反対のものではなくて，必要欠くべからざる相補的なものであるということであった。

　カッシーラーは再度，数化は量化ではないと述べているが，数学は質も量も取り扱うのであって，このことは位置や他の幾何学的関係について，非量的 (nonquantitative) ではあるけれどもなお，数学的に"精密な" (exact) 記述をなす幾何学の部門においても明らかに見られることである。

　心理学もまた，数学は質的および量的問題を共に取り扱うことができるとい

う事実に気づくならば，収穫は大きい。正確な質的分析が十分な量的取り扱いに対して必要条件であるということは，心理学的統計においてよく認められることである。ただし質的差異そのものが数学的に研究可能であり，また研究しなければならないということは比較的不明瞭なままで残された問題である。

場の理論的な見地から思考する心理学者と刺激-反応の見地から思考する心理学者とは，心理学的な説明には"構成概念"（constructs）を使用しなければならず，心理学的な理論は本来数学的であることを必要とするという点で，一致している。数化とはいかなる意味であるか。理論を発展させるにはいかにして今後進むべきであるかという点では，なお両者の間に相違があるように思われる。

われわれはフラストレーションの問題の概念的発展を例として使用することにする。

日常の概念と科学的構成概念

フラストレーションの概念はフロイトによって提出されたものである。彼はフラストレーションを性，文化，昇華，夢その他精神病理学の全体領域における基礎的諸問題と結びつけている。このような概念は厳密な実験や量的手続きに対して基礎的なものとして役立つとは考えられなかった。これらのものは日常の言葉からとられてきたものであるが，精神分析のシステムにその位置を占めていたために，多少その意味が明確になり，特殊なものになっていた。

1920年までアカデミックな心理学は，感覚・知覚や記憶の"純粋な科学的空気"（pure scientific air）を呼吸して，科学者がこのような"比較的暗い神秘的な人生の側面"を考えることを適当とは思わなかった。このような問題が起こったときにはいつも慎重な態度がとられた。実験心理学でフラストレーション，代償，攻撃，愛等を問題にすることは，今日ある心理学者が"集団的雰囲気"（group atomosphere）という術語はまさに非科学的研究を示すものであると考えるように，当時では科学の領域外の議論が存在することのしるしであると見られた。最初からフラストレーションの場理論的議論は非常に分析的であって，多様な事態を区別している。罰の脅迫下におけるフラストレーションと対比すべき報酬の場面組織におけるフラストレーション。活動領域から逃れるものに

対して，そこに向かう希望のフラストレーション。障壁がすべての側面から人を囲んでいるような牢獄様の場面組織に対して，制限された領域のみ達しがたいフラストレーション。

　このような区別は本質的に質的であるということができる。しかしながら，ⓐ各場面を量的な取り扱いに連関させ，ⓑこのような質的に異なった場面をまったく分離した実体として取り扱わないで，ある量的な変動または力の分布の変動の結果と考えるというような仕方で，これらの区別はトポロジーおよびベクトル概念によって表現することができる。

　このような一見逆説的なやり方は構成の方法（method of construction）によって成就されるのであるが，これは最初数学自体において発展したものであった。質的に異なった幾何学的実体（円，正方形，放物線等）を，一定の"構成要素"（elements of construction）（例えば点とか運動のような）の一定の"結合"の産物として考えることは，ギリシア時代以来この方法の秘訣であった。これは時々"発生的定義"（genetic definition）の方法とも呼ばれる。この方法は同時に連結したり分離したりすることができ，質的差異を軽視するものではなくして，さらにまた一般的量的変数に対する質的差異の関係をも切り開いている。"構成の要素"が，数学的に記述された経験的実体（例えば力，イオン，アトムのようなもの）である経験科学において，この方法が有益であることをカッシーラーは指摘している。

　フラストレーションの場理論的分析は，"心理学的な力"（psychological force），"心理学的な領域"（psychological region），"支配力の場"（power field）のような構成概念によって，相似通った質的と量的の特徴づけ，概念的な分離と連結を成就している。このような概念的手段の助けによって，いかなる条件下においてフラストレーションは廻り路（round about route）に陥るか，いかなるときに場を逃避することになるか，いかなる条件下において社会的な攻撃が生起するか，いかなる形式の不安運動が存在するであろうかなどの誘導がなされた。このような予言は一部異なるタイプの場面組織に関してなされ，一部1つの場面組織内での（力の相対的強度のような）量的条件に連結されるものである。

　このような予言が数多くの実験を計画し分析するための基礎となった[2]。フラストレーションの場面組織では，比較的強い情緒や攻撃が生まれた。種々の年齢水準でまた反復されたフラストレーションの条件下で持久力が研究され

た。種々のタイプの遊戯や非遊戯行動の代償価が目標のフラストレーションの場面組織で測定された。遊戯の構成度に対する強度の異なったフラストレーションの効果の研究，1人ひとりの子どもと友達同士に関して退行の程度の測定がなされた。牢獄におけるフラストレーションの効果を決定する要因が研究された。さらに集団の雰囲気に関する実験や体制化されたあるいは体制化されない集団の研究は，集団の場面組織における社会的フラストレーションの効果を取り扱うものであって，特に攻撃，協力，黙従に対する効果を取り扱っている。

このようなフラストレーションの原因や効果の研究は非常に多様な相異なる話題を包含している。すなわち希望と時間的展望，活動のタイプと集団の体制，安定と羞恥，生産性，情緒的緊張，友情と闘志，協力と攻撃，発達と退行，賞と罰，道具と障害，リーダーシップ，他人の目標を受容する程度等であるが，このような多様な現象も比較的少ない基本的概念によって研究される（例えば力の場〔force field〕，支配力の場〔power field〕，緊張，単純なまたは体制化された依存関係等）。このような僅少の概念が"構成の要素"として使用され，質的な現象や量的な問題の広大な領域を，具体的な方法で分析的に取り扱ったり，"発生的に定義"することが可能になる。このようなことが成就されるというのは方法の力とか概念の豊穣性を示していると私には考えられる。

SR（刺激-反応）理論もまた概念的な構成の方法のようなものに従う。ごく最近ではこの研究は機械的暗記学習の問題から，フラストレーションのような一般的問題まで，その適用の領域を広めてきた[3]。ここで次のような質問があるかもしれない。すなわちこのような問題領域において場の理論的研究とSRの研究との間には，いかなる類似性があり，いかなる差異があるであろうか。

フラストレーションとは何か

SR理論によってなされた標準的批判の1つは，場の理論が条件の物理的定義を守っていないということであった。例えば"期待"（expectation）という術語は，"受容の程度"（degree of acceptance）とか"所属の感情"とかの術語と同様にタブー視された。今日ですらSR理論のある老練者は，科学的心理学とは物理学の術語による定義であるという着想をもっているようである[4]。一方フ

ラストレーションと攻撃の研究は，このような立場から明らかに離反することであると考えられる．たいていの術語がフラストレーションや協力と同様に心理学的な術語で定義されるのであって，換言すれば心理学的な定義の方向に進んで，物理学的な定義を脱しようとする傾向が（それは"目標"〔goal〕の概念が合法的なものとして受容されて以来明白になったのであるが）行きわたり，場の理論で表現される側面と完全に一致するようになると考えられる．

　フラストレーションを量的に研究する方向に向かう傾向には何らの相違もないようである．信頼度の問題や技術的性質をもった類似の方法論的諸問題に関しては何ら相違のないことはいうまでもない．心理学的概念の操作的定義の必要性に関しても意見の相違はなく，また厳密な理論や誘導の望ましいことに関しても意見の相違はない．

　重要な相違は次のような方向にあると考えられる．すなわち SR 理論では"フラストレーション"（frustration）は"概念"（concept）として，"構成の要素"として取り扱われる．例えばフラストレーションと攻撃との間の関係について，このような概念を操作的に定義し，そこから量的理論（quantitative theory）へと進むような企図がなされる．場の理論的な線に沿う心理学者が，フラストレーションや学習や希望や友情や攻撃について語る場合には，"人口に膾炙した術語"（populor terms）を使用しているという事実に気づいている．最初はこのような術語がきわめて助けになりかつ必要であるが，それらのものは場の理論の範囲内では，科学的な"構成の要素"という意味の，心理学的概念として考えることはできない．

　その理由としては"フラストレーション"というような術語が，ⓐ数学的概念と対位した概念的定義を欠く，ⓑ 1 つの概念的に定義可能な事態よりは，曖昧な仕方で，多数の異なる場面組織に関係するということである[5]．

　もしもこのことが正しければ，例えばフラストレーションの強度を法則的に何らかの特殊な効果（例えば攻撃のようなもの）と連結することは，科学的な企図として無意味のものであろう．なぜならば一定の誘導をするために，われわれはフラストレーションのタイプを知らねばならないし，また詳細な場面組織を知らねばならないであろう．"フラストレーションが友情を増大し，攻撃をなくする"[6]と述べることは，"フラストレーションは攻撃に至る"と述べることと同様に正しいことが，実際の実験によってわかる．フラストレーション

が生産性の増大あるいは低下を招来するということは正しいし，またフラストレーションが新しい努力あるいは無抵抗に至るということも正しい[7]。

Yale group のごく最近の出版物は種々の場面配置の分化の必要性を漸次認め，しかもそれらがいっそう分析的になりつつあることを認めているのは興味深い。しかしながら"フラストレーション"を1つの確固たる心理学的実体として，それを法則的にある効果すなわち攻撃のようなものと連結しようとする企図はいまだ放棄されていないようである。一般的法則によって期待されるものとはただ見かけの上で異なる現象を，特殊な場合に招来するような"付加的要因"（additional factors）の結果として，攻撃のないケースは取り扱われる。

この点で場の理論的研究はさらに合理的なものである。それは諸概念に関して比較的高度の要求をもっているのであるが，したがってフラストレーションとは心理学的に何であるかという問題に関係すると同時に，フラストレーションの効果にも心理学は関係するというような仕方で，その要求が具体化されている。事実上，フラストレーション，希望，友情あるいは専制主義が心理学的に何であるかということを研究しないでは，フラストレーションや希望や友情や専制主義の法則を研究することが不可能であると，場の理論は考える。

私は対象や事象の"性質"（nature）についての問題が非常に濫用され，科学的に無意味な形而上学的な仕方で問題にされてきたということをよく知っている。心理学が早期の哲学的（philosophical）思弁から脱したとき，知能のような心理学的現象はいったい何であるかという問題を，非常にわかりやすくまた正しく整理した。許容される唯一の答えは，例えば"知能とは知能テストによって測定されるものである"というような"操作的定義"であった。

不幸にしてこのような有り様で未熟のまま投げ出された。科学一般にとってもかつまた心理学にとってもエッセンシャルである事物の"性質"（nature）問題の背後には，1つの意味が潜んでいる。もし科学者がある材料を見出すならば，その見出された場所を指摘し，その色や重さを詳述することによって，彼はこれを操作的に定義することができるかもしれない。この材料を研究する場合に，化学者の最初の問題は次のようなものであろう。すなわち"この材料は化学的には何であろうか"ということである。このような素材が要素とか化合物であり，またその化学的構造は（フラストレーションの心理学的性質がある場合とある場合とでは違うように）断片的に変化することを，化学者は見出すであろ

う。その場合材料はよく操作的に定義されているにもかかわらず，化学者の見地からは "1つのタイプ"（one type）を表現してはいない。この単一性に対するクライテリオンとしては1つの化学方程式によって，"概念的構成の要素"（例えばイオンとかアトムのようなもの）の1つの結合を通じて，その材料を表現しうることである。その対象が何であるかということは，概念的構成体の1つの結合によりそれを特徴づけうるという点で，いまや決定される。

　化学や物理学の歴史は，"火，水，土" のような親しみ深い区別から —— それは容易に観察可能にして "明瞭" ではあるが，"表面的な" 特性に関係づけられている —— 概念的構成の方法に基づいた分類へと緩やかな変化を示している。このような仕方は往々にして "共通の様相"（common appearance）の影をひそめ，1つであるように見えるものを異なっているとし，異なって見えるものを1つのものだと考える。しかしながら化学者は，その外見よりもむしろ材料の化学的行動に興味をもっているのであるから，このような方法を用いるのである。したがって化学者が —— 概念的構成の見地から —— 手近にある材料は任意の混合物タイプであるということを知るならば，共通の法則や共通の効果を探そうとはしないであろう。"記述的なタイプの経験的法則"（empirical laws of the descriptive type）は，"学習" や "フラストレーション" の心理学でも "火や水や土" の物理学でも，（操作的定義だけに基づいて）確立される。

　数多の価値ある材料が，このような水準において適用可能な科学的道具により，収集できるしまた収集されてきた。心理学が新しい領域に迫るときは，常に基礎的な仕事と同時にこのような道具が用意されねばならない。概念的な洗練が心理学の進歩の唯一の側面ではないけれども，心理学はそれ自身の仕方で "火や水" の水準からさらに進歩した概念水準へと進歩しうることを忘れてはならない。というのは，事象の "心理学的性質" が概念的構成体により表現されかつまた特徴づけられるような水準まで，到達不可能であれば，心理学のいずれの部門もまたその応用も，一定の範囲を越えて進歩することはできないからである。

心理学的構成体の概念的次元

　水や火の水準以上の科学的構成体の徴候の1つはその "概念的なタイプ"

(conceptual type) や，究極においてはその"概念的次元"を規定しうるか否かである。物理学から1つの簡単な例をとれば"スピード"や"加速度"は同一の概念的次元をもつものではない。なぜならスピードは距離を時間で割ったものであり（$\frac{d}{t}$），一方加速度は距離を時間の自乗で割ったものである（$\frac{d}{t^2}$）。他方でスピードとして表現されるすべてのものが同一の概念的次元をもっている。同様に物理的な力として（すなわち数学的にはベクトルとして）表現されるすべての物理的現象が同一の概念的次元をもっている。しかしながら力はエネルギーと同一の次元をもつものではない。

構成体の概念的次元が何であるかを知ることは方法論的に非常に重要なことである。①同一の概念的次元をもつ実体のみが量的に比較される。②同一の概念的次元をもつすべてのものが量的に比較される。その量は原理的に同一の判断の標準（測定の単位）で測定される。

心理学における構成体に概念的次元のアイデアを適用することは必要でありかつ可能である。このことは概念的構成の少数の基礎的心理学的要素に，おのおのの構成体を関係づけることによって成就する。

量的等式の系列によって**すべての構成概念を他のものと体系的に連結する**ことが，実現可能なほどの状態に，心理学が発達していないことは明らかである。一方多数の基礎的構成概念を正確な仕方で連結することのできる水準から，心理学はあまり遠く逸脱していないと考える傾向を，私はもっている（SRも場の理論も構成概念のあるものに対しては，このような明白な関係を現に樹立している）。しかしながらわれわれはいまだ，概念的次元の見地または——もっと一般的な，現在の状態に対してもっと適当な術語を使用すれば——"概念的なタイプ"（conceptual types）の見地で思考することに慣れてはいなかった。

各構成概念は量的に測定可能な現象を指示しているような段階まで，心理学が到達するのを待ってこのような研究を始めるのは誤りであろう。なぜなら，すべての心理学的法則を**量的等式**で表現できるようなところに到達するには，等式の両辺が心理学的に同一の概念的次元を有することを前提として，このような等式が成立する点をわれわれは承認せねばならない。こうした側面の重要性にわれわれが気づき，少なくとも諸々の概念的タイプを注意深く区別することを学ぶならば，このような目的に向かって仕事を進めることは，非常に容易になってくるであろう。

心理学的な**測定**の問題が起こるときはいつでも，われわれの測定しようと欲する現象の概念的なタイプは何であり，いかにしてこのような特殊なタイプに測定の手続きが関係づけられるかということを，われわれは問題にする。そうした測定の側面について関心を払うことは，心理学的構成体の概念的定義とその操作的定義（徴候，測定）との間の，縷々不明瞭な関係を明瞭化することになる。この関心は，いまだに測定されない構成概念を測定する方法の発展を，容易にするであろう。

　ある特定のタイプの問題が，ある特定のタイプの構成概念によってのみ答えられる，ということを示す指標がある。例えば"特殊事態における個人の行動の予言"は，"力の場"または概念的にそれと等しい構成体に基づかねばならないと考えられる。もしも他の概念的なタイプ（例えば支配力の場，位置，緊張，力）がいずれもこのような予言に対して不十分であることが正しいとすれば，重要なプラスかマイナスの方法論的帰結が明瞭に出る。

　こうして全体として，概念的なタイプの問題は，心理学的測定および心理学的法則を表現する数学的等式の問題に関係し，すべての心理学的構成体を体系的に関連づける仕事に密接に関係していると，われわれは言うことができる。このような関係から生じた結果は時宜を得たものであり，このような関係はまた，科学的心理学の基礎的にしてかつ永久的な諸問題の1つをわれわれがここで取り扱わねばならないのだということを，示している。

　われわれはここで概念的次元のアイデアを詳細に発展させようと企てるものではない。このような仕事は多くの思考と注意深い苦心とを必要とする。しかしながらわれわれは異なったまたは等しい"概念的タイプ"の力学的または非力学的構成概念の2，3の例をあげてみよう。

　1. 基礎的な心理学的概念の1つは心理学的**位置**（position）である。位置は"領域の空間的関係"である。例えば領域Aの位置は，それがBのうちに含まれていること（its lying in B）によって特徴づけることができる。位置の概念的次元をもっている心理学的概念の別の例は，個人の集団所属性，その職業的位置，活動への関与等である。

　2. **移動**（locomotion）は位置とは異なった次元をもっている。それは"時間の変化に応じた位置の関係"のことである。移動として表現される心理学的現象——たいていの"行動"にあたる現象——は，いずれも同様な概念的次元をも

っている。

 3. **認知構造**（cognitive structure）は，場の種々の部分の相対的位置に関係するものであるから，それは位置と同一の次元をもつものと見なされるであろう。

 4. **力**（force）とか"移動への傾向"は概念的に現実の移動とは異なる性格をもっている。一方で移動は，合力がゼロより大きな力の位置において現れる徴候の1つ（操作的定義）である。SR理論における"ドライヴの強さ"と力という術語とが等しいといわれてきたが，もしもドライヴの強さによって，数学的にはベクトルの性格をもつ心理学的実体が意味されるとすれば，このことは正しいことである。もしも欲求が緊張に関係するとすれば，このような"ドライヴの強さ"は"欲求"の強さとも区別されねばならないであろう（緊張は力と異なった次元をもっている）。SR理論は，この問題の解決される前に，ドライヴの強さがベクトルとして理解されるかどうかを詳細に述べなければならない。

 5. **目標**（goal）。目標と力との間に密接な関係があるという事実が見られるにもかかわらず，目標の概念は力の次元をもたないであろう。目標は**"力の場"**すなわち空間における力の分布という概念的次元をもつ。目標（または場の理論的術語では，プラスの行動価）は特殊構造の力の場であり，すなわち同一領域に向かってすべての力が指向する力の場である。このような仕方で目標を考えることは，力の場の可能な型の全体中に一定の地位を付与することである。1つの領域に向かっていく力の分布の対件は，1つの領域から遠ざかろうとする分布である。これは"嫌悪"の概念と等価である。別のタイプの力の場はいわゆる"困難"とか"障壁"とかに等しい。目標，困難，嫌悪のような日常の概念を異なったタイプの力の場に変型すれば，その機能的類似性や差異を露出するような仕方で，質的に非常に異なった実体の連結が可能になる。

 6. **葛藤**（conflict）は，1つの力の場に関係するものではなくて，**少なくとも2つの力の場の重畳**に関係している。フラストレーションは葛藤と同一次元をもっている。フラストレーションや葛藤の可能なタイプを体系的に概観すれば，強度の等しい相反する力が，場のある点で結果として生ずるというふうな，力の場の重なり合う様相を問題にすることになる。このように分析することによって，葛藤の条件と効果とが体系的に取り扱われる。**平衡**（equilibrium）の概念は葛藤と同じ次元をもっていて，重複している力の場の一定の布置に関係する。

 7. **恐怖**（fear）は嫌悪と同一の次元をもっているように思われる。しかし

ながらたいていの場合，恐怖は心理学的未来に関係づけられている。それは"時間的展望"(time perspective) のある側面を取り扱わなければならないのであって，この点で希望・プラン・期待のような概念に類似している。**期待**(expectation) は心理学的未来の実在水準における心理学的構造および力の分布に関係する。**希望**（hope）は実在水準の構造と心理学的未来の願望水準の構造との間の関係に関連する。**罪業**（guilt）は実在水準の構造と心理学的過去の願望水準との間の関係に関連する。

8. **支配力**（power）は心理学的力（psychological force）と同一の次元をもってはいない。AのBに対する支配力はBのAに対する支配力よりも比較的大きいということは，Aが現にBに圧力を及ぼすということを意味するものではない。支配力の概念は他人に影響するある量の"諸力を誘発する可能性"（posibility of inducing forces）に関係する。したがって**支配力の場**（power field）の概念は，力の場（force field）の概念と同一の概念的次元をもつものではない。攻撃，防御，敵対関係，友好関係のような概念を使用するにあたって，人は概念の異なる次元すなわち支配力の場，力の場，力と行動等に気づかねばならない。

9. **価値**。イデオロギー（ideology）の術語のように，価値という術語は心理学ではむしろ不明瞭な概念である。価値は行動に影響するけれども，目標（すなわち力の場）の性格をもたない。例えば個人は公明正大の価値に"到達"しようとしないけれども，公明正大はその行動を"指導"しつつある。いずれのタイプの活動がある事態においてプラスの行動価をもち，いずれがマイナスの行動価をもつかを，価値は決定する。換言すれば，価値は力の場ではなくして，力の場を"誘発する"。このことは，価値が**支配力の場**と同一の心理学的次元をもつ構成概念であるという意味である。このような見地から，価値は"内在的な"（internalized）両親であるという精神分析の理論を考えることは興味がある。価値の発生に関するこのような考え方が正しいか正しくないかは別として，価値と人とが支配力の場によって表現されうる限りでは，それらは等価であると言って差し支えない。

概　　括

ここで異なる概念の諸タイプ間の関係，すなわち術語を比較的狭義に用いた

概念的"次元"の問題を論ずることは必要でない。しかしながらこのことはある概念については可能であると考えられる。概念的なタイプの問題や構成概念の次元が今日心理学に対して非常に重要なものとなっているという点を，引用の例はよく証明しているであろう。私の経験では，心理学における新しい問題領域を研究するための最も有用な方法論的道具の1つはここにある。新しい領域で価値ある実験を設定する場合にきわめて困難なことは，実験的および理論的問題をわかりよく十分に定式化することができないことである。概念的タイプにおける研究はこのような問題の定式化に向かって，最初の最も有用なステップを踏み出したものである。

例えば価値の概念的タイプは支配力の場のタイプであると述べることは，すべての種類の支配力の場を体系的に概観するという問題を提起することである。それは他の心理学的な構成概念（例えば"力"とか"行動"のような）に正確な仕方で価値を関係づけることになる。いかなる線に沿って価値の効果の測定が進むかということを，それは少なくとも一般的な仕方で指示するものである。そして豊富な実験的諸問題を開拓することになる。例えばもしも価値が支配力の場に等しいとすれば，価値の何らかの変化は，その事態に存在する社会的，政治的，人間的な支配力の場を含めて，支配力の場の全体性に依存する過程として考えられねばならないであろう。イデオロギーの変化と集団内の支配力関係との間の関連についての体系的な実験的研究が，このような基礎に基づけばうまく象られるであろう。

最後に，概念的なタイプまたは次元のアイデアは，心理学的現象が何であるかという問題に科学的意味を付与する。ただ概念の"火や水の水準"においてのみ単位として考えうるところの現象の混合物を心理学的術語は示すものであるか，それとも概念的次元の明らかに規定された構成概念によって成立する心理学にその術語は保留するに足るものであるかどうかを，決定する場合にこのアイデアは助けとなるものである。

注

[1] E. Cassirer: *Substanzbegriff und Functionbegriff, Untersuchungen über die Grundfragen der Erkenntniskritik* (Berlin: B. Cassirer, 1910).

[2] このような実験のさらに詳細な議論としては，第10章を参照のこと。

［3］ J. Dollard, et al.: *Frustration and Aggression* (New Haven: Yale University Press, 1939).
［4］ C. Hull: The problem of intervening variables in molar behavior theory, *Psychol. Rev.*, 1943, 50, 273-291.
［5］ ある研究では"フラストレーション"という術語は，目標に向けられた活動を中断する出来事の名前として使用される。この場合に"フラストレーション"の術語は，"事態"の構造に関係するものではなくして，"事象"すなわち"行動"と同じ概念的次元（あとを参照）をもつものに関係する。若干のフラストレーションのタイプが，一定の法則の定式化されうる以前に区別され分析的に定義されねばならないという結論は，この場合にもまた妥当するであろう。概して，事象の生起する事態とは独立に，このような顕型的に定義された事象を一貫して同一概念に連結することは不可能である。これが基本的方法論的原理の1つであり，科学における"構成概念"の発展の主要な理由である。
［6］ M. E. Wright: Constructiveness of play as affected by group organization and frustration, *Charact. and Pers.*, 1942, 11, 40-49.
［7］ R. Barker, T. Dembo, K. Lewin: Frustration and regression, *Univ. Iowa Stud. Child Welf.*, 1941, 18, No. 1.

第3章

一定時における場の定義（1943年）

場の理論と位相空間

　新しい理論を受容する際の歴史は往々にして次のような段階を踏むものである。第一に新しい構想がかえりみるに値しないまったく無意義なものとして取り扱われる。次に多くの対立する異論の起こる時期が到来する。新しい理論はあまりにも空想的であり，あるいはまた単に新しい用語法にすぎず，実り豊かなものではなく，単なる誤謬である等。最後にこの理論に従うように要求されるときが来る。

　心理学における場の理論に賛成する傾向の増大は精神分析学（カーディナー，ホーナイ）の最近の変化にも表れ，また条件反射理論の内部にも見られる。このような傾向は，場の理論の意味を明確にすることをいっそう重要にするものである。というのは，私自身のように多年場の理論に好意を寄せていた心理学者も，場の理論の本質を明確にする場合には，うまくいかなかったからである。私の唯一の弁解は，私がそのことは簡単なことではないということを知っていることである。物理学や哲学は，心理学者に助けとなりうるような，場の理論の意味についての分析的な仕事をしてきたようには思われない。加うるに，場の理論のような方法は，手仕事と同様な方法でのみ，すなわち実際を通じての学習によって現実に理解され精通しうる。

　ヒルガード（Hilgard）とマーキス（Marquis）[1]，ハル（Clark Hull）の手紙から，次のような文章を引用している。"私の見るところでは，非常に一般的な仕方で，人が，1つまたは多くの変数をもった同時的状態に依存するものとして行

動の種々のポテンシャリティを表現するとき，彼は最近場の理論と呼ばれるものの実態を把握している"と。

いかなる事象といえども種々の要因の結果であるという事実を，場の理論が強調するのは正しい。このような多数の独立の要因の明確な表現の必要性を認めるのは，場理論の方向における一段階である。しかしながら，これでは十分でないのであって，場理論はさらに何か特殊なものである。

例を用いれば，あるスポーツが上手であるということは，筋力，運動速度，判断する能力，距離や方向を見極める知覚の正確さというようなものの結合如何による。これら5つの変数のうちどれか1つに変化が生ずれば，ある程度結果も変化してくる。これらの変数は，5次元の図式として表現することができる。上手，下手に対してのこれらの要因の可能な全体配置の結果は，図式における1点として示すことができる。こうしてこの点の全体が，諸要因の相互依存関係の，換言すれば経験的法則の図式的表現である。

物理学は縷々，1つの事象に影響を与える多数の要因を，このように表現している。温度，圧力，時間，空間的位置等のおのおのに対して，1つの次元が対位している。物理学におけるこのような表現は，"位相空間"（phase space）と呼ばれている。このような位相空間は，20の要因が考えられなければならない場合には，20次元をもつことがある。位相空間は，物体の動く3次元の物理的空間とはまったく異なったものである。同様な意味で，心理学的空間，生活空間，または心理学的場——その中で心理学的な移動や構造の変化が起こるわけであるが——は，その次元が単に事象の特性に応じた等級を意味するような図式とは異なったものである。

このような問題を指導的な理論物理学者と議論した結果，1つの事象を決定する多くの要因を認めたが，それを位相空間として表現することは，必ずしも場の理論を前提とするものではないということにわれわれは一致した。心理学では，サーストンの因子分析が種々の要因の関係を取り扱い，性格プロフィールは多数の要因を認めている。場の理論および非場の理論のいずれも，こうした有用な計画を利用することができるが，しかしながら因子分析法を使用する者は誰でもしたがって場の理論家となるわけではない。

場の理論とは何であろうか？ それは一種の非常に一般的な理論であろうか？ もしも人々が特殊な法則や理論（自由落体の法則のような）から，もっと一

般的な理論（ニュートンの法則），またはなおいっそう一般的な理論（マックスウェルの方程式のような）へと，物理学で辿ろうとも結局場の理論へは到達しないであろう。

換言すれば場の理論は，普通の意味では理論とは呼びがたい。

われわれが理論の正誤間の関係および場の理論としてのその性格を考慮する場合に，こうした事実はなおいっそう明らかになるであろう。物理学や心理学における特殊理論は，場の理論であるかもしれないが，それだけでは正しくない。他方ファイグル（Herbert Feigl）が"最低水準における経験理論"と呼ぶ叙述は，場の理論ではないが正当なものである（比較的高い水準の構成概念の理論であれば，場の理論でなくても，心理学においては正当でありうるということを私は信じないけれども）。

したがって場の理論は，普通の言葉の意味での理論と同様な仕方で，正しいとか正しくないとかいわれない。**場の理論は方法としておそらく最もよく特徴づけることができる。すなわち因果関係を分析し，科学的構成概念を樹立する方法**である。このような因果関係の分析法は，変化の条件の"本質"に関するある種の一般的な叙述という形式で表現される。どの程度までこのような叙述は，"分析的な"（**アプリオリ**に論理的な）ものをもち，どの程度までそれは"経験的な"性格をもっているかは，ここで論ずる必要もない。

同時性の原理と過去および未来の効果

心理学的場の理論の根本的な叙述の1つは，次のように定式化される。心理学的な場における何らかの行動または何らかの他の変化は，**そのときにおける心理学的場にのみ依存する**。

このような原理は，当初から場の理論家によって強調された。往々にして誤解されて，あの理論家は歴史的な問題とか以前の経験の効果に興味を有するものではないということを，この原理が意味するように解釈された。これ以上の誤りはないのであって，事実上場の理論家は発達的な歴史的問題に最も興味をもっていて，古典的な2，3秒続く反応時間の実験から，1時間または1週間の間に体系的に創造されるところの歴史を包含するような経験的な事態へと，心理学的実験の時間的スコープを拡大するように，確かにその役割を果たして

きた。もしも同時性の場理論的原理を明らかにすることができるとすれば，それは心理学におけるいろいろな学派間の理解のために，最も助けとなると私は感ずる。

このような広い原理の意味は，古典的な物理学にそれを適用して考察すれば，むしろ容易に表現することができる。

物理学的世界において点 x における変化は，通常 $\frac{dx}{dt}$ として記される。すなわち微分的時間期間 dt における，x の位置の微分的変化としてである。場の理論によれば，t の時間における変化が，その時 t における事態 S^t にのみ依存するといわれる（図1）。

(1) $\quad \frac{dx}{dt} = F(S^t)$

しかし，この定式は過去や未来の事態に関係しない。換言すれば（1）の公式は正しいが，(1a) の公式は正しくない。

(1a) $\quad dx = F(S^t) + F^1(S^{t-1}) + \cdots + F^2(S^{t+1}) + \cdots$

もちろん物理学においても，1つの変化と過去の事態 S^{t-n} との間の関係を述べることのできる場合がある（そこで $t - n$ は，t に直接先行する時点ではない。$|t - n| > dt$）。換言すれば，次のように技術的に書くことが可能な場合がある。

(2) $\quad \frac{dx}{dt} = F(S^{t-n})$

けれどもこれは後の事態 S^t が，以前の事態 S^{t-n} に依存する仕方がすでにわかっている場合にのみ可能である。換言すれば，もしも次のような等式の関数 F が知られておればよい。

(3) $\quad S^t = F(S^{t-n})$

このような知識は普通，ⓐ両方の事態が発生的起源を同じくする（genidentic）[2]"閉じた体系"であること，ⓑ以前の事態 S^{t-n} のすべての点の変化を処理する法則，および以前の事態 S^{t-n} と後の事態 S との間の諸事態における変化を処理する法則も，既知であることを前提条件とする。

1つの変化を，過去の事態に公式（2）によって連結するという意味は，現在の変化を未来の事態 S^{t+n} に連結して，次のように書くことが同様な仕方で可能であることを指摘するとすれば，最もよく明らかになろう。

(2a) $\quad \frac{dx}{dt} = F(S^{t+n})$

この場合も t から $t + n$ までの時間期間を1つの"閉じた体系"で操作することができ，かつその期間中に生起している変化の法則が既知である場合にの

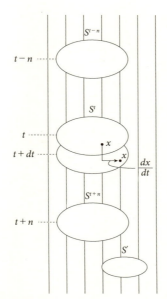

図1 $t-n$ から $t+n$ の間の S は"閉じた体系"である。しかし S は S' と発生起源を等しくするものではない。dx/dt は，x の速度を指示する。

み可能である。

　このような関数方程式が書ける可能性は，未来の事態 S^{t+1} が，現在の変化 $\frac{dx}{dt}$ の"条件"として考察されることを意味するのではない。事実もしも閉じた体系が，時間 $(t+n)$ 以前に破壊されるとすれば，同じ $\frac{dx}{dt}$ が生起するであろう。換言すれば，時点 t における点 x の微分的変化 $\frac{dx}{dt}$ はそのときだけの事態 (S^t) に依存する (それは公式 (1) に照合して考えられる)。この変化を未来または過去の時間の関数として数学的に表現することが技術的に可能であっても，このような事実を変化することにはならない[3]。

　もしもわれわれが行動という術語を心理学的な場におけるいかなる変化をも尽くすものであるように理解するならば，物理学における $\frac{dx}{dt}$ と等価なものは，心理学における"行動"という概念である。

　心理学における同時性の場の理論的原理は，したがって t という時間における行動 b が，t という時間における事態 S (S は人とその心理学的環境の両者を包括するものと考えられる) の関数であって，加うるに過去または未来の事態 S^{t-n}

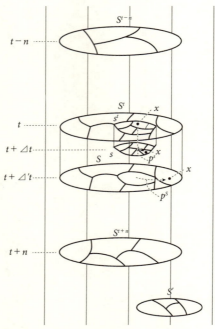

図2 $t-n$ から $t+n$ の間の S は，"閉じた体系" である。しかし S は S' と発生起源を同じうするものではない。$s^{t,t+\Delta t}$ は比較的小さな領域にわたって広がる小さな時-場-単位であり，t から $t+\Delta t$ の比較的小さな時程を包含する。$S^{t,t+\Delta' t}$ は比較的大きな領域にわたる比較的大きな時-場-単位であり，t から $t+\Delta' t$ の比較的長い期間を包含している。p^t と p^s とは大小の時間単位の間の x の位置の変化を示す。

または S^{t+n} の関数ではないということを意味する（図2）。

(4) $b^t = F(S^t)$

ただし行動 b を，過去の事態（S^{t-n}）または未来の事態（S^{t+n}）に間接的に関係づけることは可能である。しかしそれは，これらの事態が閉じた体系でありかつ介在期間における変化が既知の法則によって説明される場合にのみ可能である。心理学者は，徐々にこのような公式の重要性に気づいていると考えられる。

いかにして一定時の場の特性を決定すべきか

　もしもそのときの事態から行動を導き出そうとすれば，"一定時の事態"の性格を**決定する**方法を見出さねばならない。この決定は，心理学的にも哲学的にも興味ある多数の問題を意味している。

　現在の事態の特性を決定するために，あるいは医学的な術語を使用すれば，診断をするためには，2つの異なった手続きが踏まれる。人々は歴史すなわち**既往症**（anamnesis）からの結論に基づいていろいろ叙述することができ，ないしは**現在**の診断的な**テスト**を使用することもできる。

　簡単な例を用いれば，屋根裏部屋の床が，ある重さを載せるのに十分な強さをもっているかどうか知りたいとする。私はその家が10年前造られたときに使用された材料を見出すことによってこの知識を獲得する。よい材料が使用されたということ，また大工は信頼できる男であったという信ずべき報告が得られると，重荷は多分安全であろうと結論する。もしも私がもとの青写真を発見できたとすれば，ある種の正確な見積もりをなし，さらに安全であると感ずるであろう。

　もちろん，仕事をする人が事実青写真を参照しなかったという偶然は常にあり，また昆虫が木の働きを弱くしたというようなこともある。したがって，私は過去の材料からのこのような不確実な結論を避けて，いまやその強さをテストすることによって，床の現在の強さを決定しうると思う。このような診断的なテストは，絶対的に確実な材料を提供しないかもしれない。いかにそれらが信頼すべきものであるかは，そこに利用されているテストの質，およびテストをする注意深さ如何による。しかしながら，現在のテストの価値は，方法論の見地からすれば，**病歴回想**（anamnesis）のものよりもまさっている。**病歴回想**は，論理的には2つの段階を含んでいる。すなわち過去のある特性（木造部の質，大きさおよび構造）のテストおよび未知の何物もその間に影響を及ぼさなかったという証拠である。換言すればわれわれは"閉じた体系"を取り扱わなければならないということを含んでいる。ところがたとえ体系が外部から触れられないままでも，内部の変化は起こるのである。したがって，もしも事態の特性が**病歴回想**によって決定されなければならない際には，このような内部的な

変化を支配している法則が既知でなければならない。

　医学や工学や物理学や生物学は，両方の方法すなわち過去の研究と，現在の吟味とを使用するのが常である。しかしながらこれらの科学は，可能な場合には後者の方を好むものである[4]。

　心理学は特に古典的な精神分析学では，むしろ極端に既往症による診断，および人格の問題に対する他の臨床的研究法を使用してきた。知覚の心理学および記憶の心理学は，比較的歴史的な診断の類型から離れていた。概して実験心理学は現在の事態をテストすることに向かう進歩的傾向を示した。時点 t においてテストして，S^t の事態の特性を決定する仕方は，歴史的な結論の不正確さを避けるものである。とはいえ，この方法が時程を考慮に入れないということにはならない。"一定時の1つの事態"とは，まったく時間的幅のない瞬間の意味ではなくして，ある時程のことである。この事実は，心理学に対して理論的にも方法論的にも重要である。

　ちょっと物理学の手続きに変えることは助けとなるのであろう。もしも図1における水平線が，いわゆる物理的な"世界線"[訳注1]（world-lines）を表すとすれば，ある"事態"は一定時 t におけるこのような線による切断面のことである。このような事態の記述は，①そのときにおける場の諸部分の相対的位置，②そのときに進行している変化の方向と速度とを含むものでなければならない。第1の仕事は，それぞれの実体に，特定のスカラー（scalar）を与えることによって実現される。第2は，それらにあるベクトル（vectors）を与えることによって果たされる。ところが第2の仕事は，次に論述しようとするような難点を含んでいる。

　所与の瞬時に進行している変化の方向と速度とを記述するためには，特定期間にまたがる事象に関説することが必要である。理想的にいえば，微分的時間断面（time-differential）を考慮すれば，それらを決定するためには十分であろう。ところが事実上はこのような微分を決定するために，巨視的な時間間隔，あるいは少なくともその間隔のはじめと終わりの位置を観察しなければならない。最も簡単な場合には一定時における速度が，その巨視的な時間間隔中の平均の速度に等しいように仮定されている。物理学におけるこのような手続きの詳細を追求しようとするものではないが，もしも十分な法則が既知であるとすれば，ドップラー（Dopler）効果[訳注2]に基づくもののようなある間接的な方法で，

いろいろの手続きが許されるであろう。

　しかしながら，瞬時的事態の適切な記述は，一定の時間期間の観察を行わずには不可能である。すなわちこのような期間の観察を〔物理的法則のわれわれの知識や，"一番もっともらしい（most plausible）仮定によって〕，"t という時間における事態"(state of affairs) の叙述に変形されうるような仕方で解釈することによって，その時々の事態の性格を決定するほかはない。

　心理学でも同様な問題が存在する。一定時において人が，"a" と言っている最中であるとする。事実上このような叙述はすでに，一定の時間間隔が観察されるということを意味している。さもなければ，口やからだのただ特定の位置が記録されるだけである。普通心理学者は，そこに進行している過程のこのような特徴をあげるだけで満足しているわけではなかろう。彼はこの "a" が，"can" とか "apple" とかの言葉に属するか，それともどんな言葉にそれが属するか知りたいのである。もしもその言葉が "can" であれば，心理学者はその人が次のように言おうとしているかどうかを知りたいことになる。すなわち "I cannot come back" とか "I can stand on my head if I have to." とかである。心理学者でも，この文章は未来の個人的計画についての会話の一部として，親友に語られているかどうか，またはこの文章は政治的な演説の部分であって，擁護しにくい政治的立場から引退しようとする企ての意味をもっているかどうかが知りたいのである。

　換言すれば，進行している過程の性格と方向は，種々の巨視的および微視的水準で，適切に心理学的に記述することができるし，また記述すべきである。各 "行動の単位の大きさ" には，異なった "事態の大きさ" が対位される。われわれの例でいえば，個人が "a" と言っているということは，その人の環境を多く考慮に入れずに，確かめることができる。文章を政治的な引退の一部として特徴づけるのには，環境の比較的多くのものが考慮されなければならない。

　場の理論の根本的な命題の 1 つとしての，同時性の原理を変えることなしに，行動の心理学的方向や速度（すなわち普通心理学的出来事の "意味" と呼ばれているもの）を決定するには，心理学においても物理学におけるように，ある時程を考慮に入れなければならない。この期間の長さは心理学では，研究事態のスコープの如何によって決まるのである。一般に，記述される事態が巨視的になるに応じて，一定時の行動の方向や速度を決定するために観察されるべき期間は

長期にわたる（図2）。

　換言すれば，われわれは心理学において"事態の単位"を取り扱っているのであり，そしてそれは，場の次元と時間の次元とに関して，特定の広がり（extension）をもつものと考えなければならない。もしも私が誤解していないならば，最近の物理学における量子論にとって非常に重要なものであるところの時空量子の問題は，方法論的に見て（もちろんさらに進歩した水準においてであるけれども），心理学における"時－場－単位"の問題と対応している。

　種々の事態のスコープの概念は，他の点ではむしろ紛糾している数多くの問題を解決する際に，非常に助けとなるものである。トールマン（Tolman）[5]，ミュンジンガー（Muenzinger）[6]およびオールポート（Folyd Allport）[7]は，心理学的記述が巨視的と同じく微視的な事象を包含しなければならないということを強調した。バーカー（Barker），デンボー（Dembo）およびレヴィン（Lewin）[8]は，3つの過程単位の大きさと，それに対応する事態の大きさとを数学的に区別して取り扱う。彼らは広がりをもった期間で，蹉跌（フラストレーション）の強さを測定するようなある種の問題を取り扱い，異なる2つの大きさの時－場－単位の重なり合う事態に言及している。

　リピット（Lippitt）とホワイト（White）[9]は，彼らの社会的雰囲気の研究において，相当に長期にわたる事態の期間を取り上げた。彼らはこのような巨視的な単位のはじめと終わりは，むしろ正確にきわめて十分な信頼度をもって，決定されることを示した。しかしながら，私はこのような問題を，方法論的問題のみに興味をもっているここで取り上げるものではない。

一定時の心理学的場の部分としての心理学的な過去・現在および未来

　一定時に存在する心理学的場はまた，その未来や過去についての個人の見解を含包するという事実によって，過去および未来の問題の解明は非常に引き延ばされてきた。個人はその現在の事態のみを見るものではない。彼はその未来に対するある期待，願望，恐怖，白昼夢をもっている。彼自身の過去についての彼の見解およびその他の物理的または社会的世界についての見解は，縷々不正確なものであるけれども，それにもかかわらず，その生活空間においては，

過去の"実在水準"を構成する。加うるに過去に関する願望水準が縷々観察されることがある。この心理学的過去の願望――または非現実――水準の構造と現実水準との間の食い違いは，罪業（guilt）の現象において重要な役割を演じている。心理学的未来の構造は，例えば希望や計画に密接に関係している。

　フランク（L. K. Frank）[10]の術語に従って，現実水準や種々の非現実水準における心理学的過去および未来を包括するところの"時間的展望"（time perspective）の問題をわれわれは取り扱うのである。ある一定時に存在する時間的展望は，要求水準とか気分とか構成度とか，個人のイニシアティブのような，多くの問題に対して非常に重要であることが示されてきた。ファーバー（Farber）[11]は，例えば囚人の苦痛の量は，現在の仕事の快不快よりも5年後における釈放の期待に左右されることが大きいことを示した。

　心理学的過去や未来は，一定時 t に存在する心理学的場の同時的部分であるということを知るのは大切である。時間的展望は，連続的に変化しつつある。場の理論によれば，いかなる類型の行動も，そのときの時間的展望を包括する全体的な場に依存する。しかしながら，さらに，いかなる過去および未来の場やその時間的展望にも依存するものではない。

　このような場の理論的見地から，条件反射学説の基礎概念の1つ，すなわち"消去"（extinction）の概念と連関した方法論的問題を簡単に考慮することは例証となるであろう。ある刺激の後に，例えばベルが鳴って食物が出るということを，個体が経験したとする。空腹であれば，個体はそれを食べる。このような経験を数多く積んで，食事のベルが鳴るや否や，個体は食事に対するある準備動作をするであろう。このとき個体は，"条件づけ"られているといわれる。さて事態が，実験者によって秘密裏に変化され，食事のベルに食事が伴わないとする。しばらくの後に個体は事情を呑み込んで，ベルが鳴っても食事の準備行動をしないようになる。このような過程は"消去"と呼ばれている。

　一定時の人の"習慣"は，現在の場の部分として取り扱われなければならない。一方認知構造としてまたはその変化への抵抗として，他方行動価の樹立または固定としてそれらが表現されるかどうか，あるいは他の仕方でそれらが概念化されねばならないかどうかは，ここでは問題にならない。動作の習慣は，思考の習慣と同様に，場の理論的研究において取り扱われる。

　トールマン（Tolman）やヒルガード（Hilgard）やマーキス（Marquis）その他が

正しく指摘したように，条件づけも消去も，心理学的未来の実在水準における変化に関係している。場の理論家は条件づけと消去とに関して，2つの類型の問題を区別しなければならない。1つの類型は，一方知覚によって，他方記憶によって，いかに期待が影響されるかの問題を取り扱うものである。心理学的現在の知覚された構造のいかなる変化が，心理学的未来の構造のいかなる変化を招来し，そしていかなるものが，心理学的場のこれら2つの部分の相互依存関係を支配する法則であろうかということである。要求水準の研究は，未来の実在水準の構造に影響する要因についての若干の知識を提供した。エスカロナ (Korsch-Escalona)[12]は，現在の行動を支配する要因についての未来の実在水準の効果を数学的に取り扱う方向に一歩を進めた。さらに要求水準の研究は，心理学的な未来に対する過去（すなわち以前の成功とか失敗）の効果について相当な洞察をわれわれに与えている。このような問題は明らかに，消去と密接な関係がある。

このような類型の問題の方法論的位置は明らかである。すなわちそれらのものは一定時 t において存在する心理学的場の種々の部分の相互依存関係を取り扱っている。換言すれば，それらは $b^t = F(S^t)$ という類型で表されるところの正当な場の理論的問題である。

条件反射理論において取り扱われた問題の第2の類型は，後の事態 S^4 （例えば消去中の）を，学習時における先行の事態 S^1 あるいは数多くの類似したまたは異なった先行事態 S^1, S^2, S^3……に関係づけることである。すなわち過去における数多くの反復に関係づけることによって，現在の行動が説明される場合である。換言すればこれらの問題は，$b^t = F(S^{t-n})$ または $b^t = F(S^{t-n}, S^{t-m}, \cdots)$ という形式をもっている。ここで場の理論は，もっと批判的な，もっと分析的な類型の思考を要求することになる。われわれは少なくとも2つの類型の問題を区別しなければならないであろう。

a) この場合 S^4 が当の個体にとっていかなる仕方で表されるかということは，明らかに，実験者が食物を提供するかしないかおよび同様な外部の物理的または社会的条件に依存する。私見によれば，このような要因は，たとえすべての心理学的法則がすでにわかっていても，以前の時間における個体の心理学的場からは誘導しえないもので，このことは誰でも同意するであろう。したがってこのような要因の処理は心理学の理論とは関係がない。

b）しかしながら，第2の類型の問題の中には，合法的な心理学的問題が残されている。われわれは，生活空間の境界的諸条件を一定に保ち，またはそれらを一定期間の間既知の仕方で変化して，このような条件下で何が起こるかを研究しうる。このような問題は心理学の分野で確かに存在する。その例は記憶痕跡の再構造化の問題である。これらの過程は，S^{t-n}からS^tに至る全体期間中における個体の状態に依存し（図2），例えば眠っている間と，覚めている間とでは異なっている。条件反射の実験は疑いもなく，この類型の問題に関する豊富な知見をわれわれに提供するものであるが，それらは結局，われわれがはじめに論じた仕方で，すなわちS^tの事態と後続事態S^{t+dt}との間の一系列の諸関係として，取り扱われなければならない。

全体として，私は心理学的傾向が，たしかにこのような方向に進んでいると考える。例えば，目標勾配説は，もともと行動と過去の事態間の関係として定式化された。正確な分析的思考によれば，叙述を若干の命題に分けることが要求される。その1つは個体と目標との間の距離の関数として，目標獲得の努力（goal striving）の強度を取り扱わねばならないということである。これは，特定の力の場の叙述と同一であり，おそらく正しいことである。目標勾配説（goal gradient theory）で意味される第2の命題は，現在の行動を過去の事態S^{t-n}に連結することである。私の考えでは特殊な形式では不足であるが，万一それが正しいとしても，それは独立の理論として取り扱わねばならない。ハルの"補強勾配仮説"（Grandient of Reinforcement Hypothesis）の定式化は，このような方向における一段階である[訳注3]。

心理学的生態学

われわれの考察を掘り下げるために，私はブルンスウィクの統計の役割の取り扱いのある側面を論じたい[13]。統計が心理学において使用されてきた特定の方法に対して，私が攻撃したため醸成された誤解をすすごうとは思わない。私は量的測定には統計が必要であるということを常に配慮してきた。そのような叙述はまた"純粋な事例"（pure cases）にも妥当する。すなわちそれは一定の仕方で，理論と観察事実とを結合することが可能であるような事態である。心

理学は徐々に統計目的は不十分だという考えを放棄したのであるから，さらに議論をすることはほとんど実用価値をもたないかもしれない。

しかしながらブルンスウィクは，広範にして新しくまた重要な傾向を取り入れているが，私はその解明が心理学的方法論一般に助けとなるであろうと感じた。

所与時に存在する諸事実の領域内で，われわれは3つの領域を区別することができ，区別内の変化は，心理学にとって興味があり，あるいは興味があるかもしれない。

① "生活空間"すなわち人とその人に対して存在する心理学的環境，われわれが普通欲求，動機づけ，気分，目標，心配，理想等に言及する場合には，このような場を銘記しなければならない。
② 物理的または社会的世界の多数の過程，それらはそのときの個体の生活空間に影響しない。
③ 生活空間の"境界地帯"，すなわち物理的または社会的世界のある部分は，そのときの生活空間の状態に影響する。例えば，知覚の過程はこのような境界地帯と密接に連結されている。なぜなら，何が知覚されるかということは一部分，物理的"刺激"によって，すなわちそのときに感受器官に影響するところの物理的世界の一部によって，決定される。境界地帯に位置づけられる他の過程は，動作の"実行"(execution)である。

ブルンスウィクが次のようにいっているのは正しい。"レヴィンがその内部で予測しうる'場'というのは，言葉の厳密な意味においては，その生活空間における人である"。こうして彼は，"しかしながら生活空間は，物理的刺激の地理的環境と混同されるべきではないし，また現に環境において成就された結果とも混同されるべきではない。それは後－知覚的であり，前－行動的である"と続ける。この陳述は部分的に不正確であり，すなわち私見によれば知覚や行動が心理学の合法的な問題である限りそうである。この見解は場の理論の招く必然的結果であって，場の理論によれば場の境界条件が，その場の本質的な特徴である。例えば境界地帯に関係づけられるべき知覚過程は，部分的には心理学的場の内的部分の状態，すなわち人の性格，その動機づけ，その認知構造，その知覚の方法等々に依存し，また部分的には有機体の外側の物理的過程によって強いられた，網膜やその他の受容器の"刺激分布"に依存する。これ

と同じ理由によって，物理的ないしは社会的動作の問題も，心理学プロパーの合法的な部分となるのである。

しかしながらブルンスウィクが，そのときの人の生活空間に影響しない，物理的または社会的世界の部分を，一定時の心理学的場の一部分としては考えないと仮定しているのは正しい。においも影もわからないように，迷路の端のドアの後ろにある食物は動物の生活空間の一部ではない。ある場合には，個体は食物がそこにあるということを知っているのであるが，このような知識がその生活空間において表現されなければならないことはいうまでもない。というのは，このような知識が行動に影響するからである。個体が現在または未来の事態を見るところの主観的確率を考慮に入れることも必要である。というのは，期待の確実性の程度もまた，その行動に影響するから。

他のときの行動ではないが，そのときの行動に影響するすべてのものを生活空間内で表現するという原理では，知覚されない物理的な食物を包括しない。このような食物は，上述の条件下においては，そのときのその行動に多分影響できない。事実個体はたとえそれが現にそこになくても，食物がそこにあると考えるならば，その探索を始めるのであろう。そして個体は，もしもそれがそこにあることを知らなければ，迷路の端に現にある食物に向かって移行しないであろう。

ブルンスウィクによれば，もしも上述の仕方で心理学的な場を限定するならば，単なる統計的規則より以上の，法則の術語で思考することが可能である。しかしながら，このような利得のためには人は，心理学の一番力学的な側面を現に考慮しないような問題領域に入る，"頬被りをする (encapsulation) という代価"を支払わなければならないであろうと彼は言う。彼は心理学的場に，物理的または社会的世界——それは私見によれば，除外されるべきものであるが——の部分を含めたいのである。このような部分は，統計的方法で研究されるべきで，事象生起の確率が計算されなければならないと彼は言う。

私の考えでは主な問題は"確率"という術語が何に関係しているかである。ブルンスウィクは，人の轢かれる確率についての自動車の運転手の予想を研究したいのか，それともこのような事象の"客観的確率"を告げるところの事故の統計学を研究したいのであろうか。もしも人が天井は落ちてこないと信じて部屋にすわっておれば，その行動の予言のためにはその"主観的確率"だけが

考慮されるかもしれないし，あるいはまた技術者によって決定されるような天井の落ちる"客観的確率"をわれわれは考えねばなるまい。私の考えでは，前者だけが考えられねばならない。

生活空間の部分でもなく，あるいは現在のその境界地帯に影響しないような物理的または社会的世界の領域にすら，なぜ心理学が興味をもつかが私にはわかる。もしも人が来年中子どもの教育を保全しようとし，あるいは人がいかなる事態である動作の結果として自分の能力を知るかを予言しようとすれば，未来を計算しなければならない。このような予想は一部，非心理学的材料についての統計的考察に基づかねばならないことは明らかである。

理論的には，この仕事は，物理的または社会的世界のいかなる部分が，一定の期間中に，生活空間の"境界地帯"を決定するであろうかを発見することとして特徴づけられる。このような仕事は心理学者に興味あるものである。私はこれを"心理学的生態学"と呼ぶことを暗示しておく[14]。

個体の"生活史"のある問題がここに位置づけられる。生活空間の境界的諸条件は長い期間同様に短い期間の間でも，個体自身の動作に一部は規定される。その限度内で，それらは生活空間の心理学的力学に連結されるであろう。しかしながら残りの計算は，心理学的手段以外の手段をもって，なされねばならない。

ある領域の変化を説明し予言する本質となるものは，そのときの場の諸条件に関する連続的変化である。このような基礎的原理によれば，事象の主観的確率は個体の生活空間の一部となる。生活空間から導き出しえないところの性質を異にする諸要因の客観的確率は，このような原理によれば除外される。

注

[1] E. R. Hilgard and D. G. Marquis: *Conditioning and Learning* (New York: D. Appleton-Century, Co., 1940).

[2] K. Lewin: *Der Begriff der Genese in Physik, Biologie und Entwicklungsgeschichte* (Berlin: Springer, 1922).

[3] 往々にして，出来事は"先行条件"によって惹起されるといわれる。この術語は，遠い過去の事態（S^{-n}）のことをいうように，心理学者によって誤解されてきた。しかしながらそれは現在の事態，少なくとも直接先行する事態（S^{-dt}）のことをいうのであろう。われわれはこの問題に立ち帰ることがある。

[4] 歴史的な手続きが好まれる場合もある。例えば，ねずみの空腹は，時間 t における空腹の生理学的または心理学的テストによるよりも，絶食のままにしておいてそれをうまく決定することができる。しかしながら過去から現在へのこのような結論は，（外から加わる影響の存しない）"閉じた体系" が推移する期間中または結構においてのみ可能である。すなわちこのような期間中同量の仕事をして，定量の食餌を与えられている動物に対して可能である。このような類型の統制が困難であるために，スキナー（Skinner）は動因（drive）の強さの問題を現在の飼養条件の特性に連結するに至った。

[5] E. C. Tolman: *Purposive Behavior in Animals and Men* (New York: D. Appleton-Century Co., 1932).

[6] K. F. Muenzinger: *Psychology: The Science of Behavior* (Denver: World Press, 1939).

[7] F. H. Allport: Methods in the study of collective action phenomena, *J. Social Psychol.*, 1942, 15, 165-185.

[8] R. Barker, T. Dembo, K. Lewin: Frustration and regression, *Univ., Iowa Stud. Child Welf.*, 1941, 18, 1-314.

[9] R. Lippitt: An experimental study of the effect of democratic and authoritarian group atmospheres, *Univ. Iowa Stud. Child Welf.*, 1940, 16, No. 3, 44-195.

[10] L. K. Frank: Time perspectives, *J. Social Phil.*, 1939, 4, 293-312.

[11] M. L. Farber: Suffering and time perspective of the prisoner, *Univ. Iowa Stud. Child Welf.*, 1944, 20, 155-227.

[12] S. Korsch-Escalona: The effect of success and failure upon the level of aspiration and behavior in manic-depressive psychoses, *Univ. Iowa Stud. Child Welf.*, 1939, 16, No. 3, 199-303.

[13] E. Brunswik: Organismic achievement and environmental probability, *Psychol. Rev.*, 1943, 50, 255-272.

[14] このような概念のさらに詳細なことは，第8章を参照のこと。

訳注

[1] 世界線：ミンコフスキーの時空世界における世界点の軌跡，世界点が質点を代表する場合に，世界線は質点が各時刻にいかなる空間点を通って運動するかを示す。

[2] ドップラー効果：波を出すもの（音）が，波を受けるものに近づいてくるとき波の振動数が増し，遠ざかる場合に振動数が減る。これは音の波だけに限らず，どんな波でも認められる。この現象をドップラー効果という。

[3] ハルによれば「行為系列の最後にあたる目標反応とその先行刺激とは一番強く，それ以外の反応とそれぞれの先行刺激とはこの目標反応から隔たるに従って漸次弱く条件づけられる」(*Psychol. Rev.*, 39, 1932, p. 25)

目標となる最終事態から正しい反応が固定するように強化され，しだいに遡って先立つ単位事態にそれが移るから，誤りの排除は目標に近い単位事態から行われるようになり，学習の完成は目標に近い単位事態から始まり，しだいに離れた事態へ移っていく。これがハルのいう目標勾配の法則である。

　ハルは『行動の原理』（1943）において補強ごとの習慣の増加量を $\Delta_S H_R$ という記号で示し，これを方程式によって数量化することを試みている。いま，その増加要因の2，3について見ると，次のようなものがあげられる。

　1. 補強に用いられる営力（例えば練習回数）の量の消極的加速度的増加関数になるもの。

　2. 刺激と条件づけられる反応との不同時性の度合が，$\Delta_S H_R$ の量を決定するもの。これが同時的場合には，時間の長さの単純消極的発達関数になる。

　3. 補強を与える事情（G）と反応が起こる間に経過する時間の長さが，補強場面における重要な要因となる。補強に続くところの反応時間がしだいに減少するもの，これは「補強の勾配」と呼ばれる。

　第1と第2との補強原理の混合したものから，ハルは目標勾配仮説を提出している。

第4章

場の理論と学習 (1942年)

場 の 理 論

　場の理論的研究が他の理論的立場と明らかに違う本質的特徴をあげるようにといわれることが縷々あるが，場の理論の主要属性とはどんなものであろうか。この理論の次のような特徴がことに重要であると考えられる。それは，分類法よりも構成法を用いる点，事象の力動的側面に興味を向ける点，物理学的な研究よりも心理学的な研究を重視する点，全体としての事態から出発する分析，体系的問題と歴史的問題との区別，場の数学的な表現である。

1. 構成的方法

　他の科学と同様に，心理学が一般概念および法則を発展させようとするとき，いつも1つの矛盾が起こる。それはもし人々が"個人差から抽象する"ならば，これらの一般性から，個々の事例に還っていく論理的方法が見つからないであろう。個々の子どもから，ある年齢，ある経済水準の子どもたちへと一般化が行われ，またそこからすべての年齢，すべての経済水準の子どもたちへと一般化が行われる。一般化は精神病質な個人から同様な病理の類型に向けられ，そこから一般的な"異常人"というカテゴリーに向けられる。しかしながら"子ども"または"異常人"という概念から，個々の事例に還っていく論理的方法がないであろう (38)[1]。個々の事例に対する予見ができないとすれば，一般的概念の価値はいったいどのようなものであろうか。このような手続きが教師や心理療法家にとって，あまり有用でないことは確かである。

これらの問題は他の科学では切実なもので，ギリシア時代に幾何学は"分類"法（図形を外面的"類似性"によって分類する）から，"構成的"ないし"発生的"方法（図形を製図あるいは合併作図の仕方の可能性に基づいて分類する）へと転じた。そのときから"発生的定義"（genetic definition）が数学を支配した。同様の発展が物理学ではガリレオの時代に見られた（45）。生物学はリンネの体系がダーウィンのものによって克服されたとき，このような方向にその巨歩を踏み出した。

　構成的方法（constructive method）の本質は，個々の事例を若干の構成的"要素"の助けを借りて表現することである。心理学においては，このような要素として心理学的"位置"，心理学的"力"，およびその他これと同様な概念を用いることができる。心理学の一般法則とは，これらの構成要素間あるいはそれらの要素の特質間の経験的関係を言葉で述べたものである。それら諸法則の線に沿って，一定時の個々の事例に対応するところの無数の布置を構成することができる。このようにして一般性と特殊性，法則と個人差との間の間隙の橋渡しができるのである。

2. 力動的接近

　精神分析学は，おそらくは，行動の表面相よりはむしろ深層にまで立ち至ろうとした心理学的研究の顕著な例であった。この点では，それはあらゆる時代の小説家に従ったのである。しかし精神分析学は行動を説明するにあたって，科学的方法というものを常に堅持しようとしなかった。必要なことは，行動の基底に存在する力を取り扱うような科学的な構成概念と方法とであるが，しかしそれを方法論的に健全な仕方で行わねばならない（"力動的"（ダイナミック）というのは，"dynamis"すなわち力を意味し，心理学的諸力の結果として変化を説明するために用いる）。

　以上の項目で述べた諸点は少なくともある程度，他の理論家によっても認められている。しかしながら次の2点は比較的場の理論に固有の特徴である。

3. 心理学的接近

　用いる諸概念を"操作的に定義"する，いいかえれば検定ができるように定義する点からいうと，場の理論は心理学の科学的接近法がいずれもそうである

ように"行動主義的"である (49)。多くの心理学者，特に条件反射説に従う人たちは，このような操作的定義が要求されるのは，心理学的記述を捨て去るのに必要だからだとするが，それは混同である。かれらは，"刺激"という概念を単に物理学の術語で定義しようと主張した。しかし，心理学における場の理論の根本的特徴の1つは，個体に影響を及ぼす場を，"客観的な物理主義的"術語で記述しないで，そのときの個体に対して刺激が存在する仕方で記述することを要求することにある (Koffka の"行動的環境"という概念を参照のこと，32)。教師が個々の子どもの生活する心理学的世界を理解しようとしないならば，子どもを適切に指導することはできないであろう。心理学において事態を"客観的"に記述するということは，事態をその個体の場を形成している事実の，また，ただそれらの事実のみの全体として記述することにほかならない。個人の世界と，教師，物理学者その他の人々の現有の世界とを置き換えるだけでは客観的でなくて，それは誤っている。

　心理学の基本的課題の1つは，個体の行動が誘導できるような仕方で心理学的布置を十分に表現するような科学的構成概念を見出すことである。このことは，心理学で使用される術語の操作的定義の必要性を弱化するものではなくて，それよりも心理学においては心理学的概念を使用すべきことを強調しているのである。

　個体の"生活空間"の特性は，一部は個体の歴史の産物としての個体の状態に，他方では非心理学的——物理的ないし社会的——環境に依存する。後者の生活空間に対する関係は，力学の体系における"境界条件"の関係と同様である。形態理論は，知覚構造と刺激の客観的構造との間の類似を非常に強調し，おそらくはじめは強調しすぎていた。しかしながらこれは，刺激を生活空間の境界条件というよりもむしろ内的部分であるかのように取り扱うことができるというのではない。それは物理主義的行動主義の共通の誤りである。

4. 全体の事態からの分析

　場の理論や形態(ゲシュタルト)心理学は，分析に反対していると縷々いわれるが，それは誤解である。場の理論から見れば，多くの物理的見地に立っている学説では，かえって心理的分析を十分やらないでいると批判することができる（あとの例を参照）。多数の事態が場の理論的研究によって，他の研究よりもはるかに

分析的に取り扱われてきた。場の理論で重要なことは，分析を進める仕方である。事態の内部にある1，2の孤立した要素を拾い出す代わりに，事態全体を考慮に入れないと，大切な事柄が，判断し得られないことになるというのである。普通，事態全体の特徴を調べてから出発するのがよいと，場の理論では主張する。この最初の逐次接近の後にはじめて，その事態の各方面や各部分の特殊事実を細かに分析する。このような方法は事態の1，2の要素にとらわれて，全体としての誤謬に導かれることに対する最善の防衛法であるということは明白である。

　もちろんこのような方法は，場全体の特性ともいうべきものが存在しうること (30)，さらにまた，何時間，何年間にまたがる巨視的事態でさえ，ある特殊の事情の下においては1つの単位として取り扱いうることなどを前提とする (3)。例えば"自由運動の空間の量"や"友好性をもつ雰囲気"のごときはこのような特殊の例であるが，このような特性は物理学の名辞による思考に慣れない人の耳には，非常に非科学的に響くであろう。しかしながらもしもその人が，引力の場，電場，圧力の量が物理的事象に対して根本的に重要であることを暫時考慮するならば，心理学においても雰囲気の問題が同様に重要であることを知って，それは驚くに足らないと考えるであろう。

　事実上心理学的な雰囲気をまったく正確に決定し，測定することができる (42)。子どもは誰でも社会的雰囲気のわずかな変化に対して，すなわち友好性あるいは安定性の程度のちょっとした変化に対しても過敏である。教師はフランス語その他の科目を教える場合に，それがうまくいくかどうかはその創り出す雰囲気如何によることが大きいことを知っている。このような問題が心理学においておそらく取り扱われなかったということは，それが重要でないからでもなく，雰囲気の経験的決定には特殊な困難が伴うためでもなくして，主として物理主義的行動主義の方向における考え方の偏見によるものである。

5. 行動はそれが起こったときの場の関数である

　未来から行動を目的論的に誘導しえないということは，たいていの心理学者の認めてきたところである。場の理論は，過去からの行動の誘導がやはり形而上学的なものであるということを主張する。というのは過去の事象は今日存在せず，したがって現在に効果をもたないからである。行動に対する過去の効

果は，単に間接的なものにすぎない。過去の心理学的な場は，現在の場の"起源"の1つであって，現在の場が今度は行動に影響するのである。したがって過去の場と行動とを連結するということは，過去の事象がそのときの場をいかに変化させたか，またその間に他の事象が場を再度変化させたか否かが既知であることを前提とする。場の理論は歴史的および発達的問題に興味をもっているが，それにはことに連合主義の理論において常套であるよりもはるかに鋭利な仕方で，このような問題を分析的に取り扱わなければならない。

6. 心理学的事態の数学的表現

科学的な誘導ができるように心理学は，論理的に厳密な，しかも同時に構成的方法にのっとった言語を使用しなければならない。1900年頃には，心理学のような"質的"科学においても，数の使用が許されるかどうかに関する議論がなされた。多くの哲学者は，数は物理科学の特徴であるということから，その使用に異論を唱えた。今日心理学的統計における数の使用は，あまねく受け入れられていることである。しかしながら同じ根拠で心理学的事態を表現する場合に幾何学を使用するということには，反対が見られる。事実幾何学は数学の一分肢であり，しかも科学における手段として十分なものである。トポロジーのようなある種の幾何学の類型は，心理学的事態の構造を表現する際に最もよく使用される (39, 40)。トポロジーないしベクトルの概念では，分析の力，概念の正確さ，誘導のための有効性，心理学的諸問題の全体範囲にわたる適合性などが結合されて，私の意見によればこのような概念は心理学の他の既知の概念的手段よりもすぐれたものになろうとしている。

いまのところ場の理論は，心理学者のうちの少数者によってのみ受容されている。しかしながら心理学のすべての分野が，事実上――知覚心理学，動機づけの心理学，社会心理学，児童心理学，動物心理学，異常心理学等――2，3年前期待されていたよりもはるかに早く，場の理論の方向に動いているという徴候は増大しつつある。

学習――多様な意義と混乱した歴史をもつ術語

学習という術語は多少曖昧な仕方で，ある種の改善のことをいう人口に膾炙

した術語である。1910年頃には，心理学の学徒は行動の変化を，学習（速度や質の改善を意味する）または疲労（速度や質の低下を意味する），あるいはその二者の結合によって説明するように教えられた。現に**学習**という言葉は，多数の異なった現象に関係をもっている。"民主主義は学習せねばならない，独裁政治は個人に押しつけられる"等は学習の1つの類型をいうのである。"発作的な子どもは平静になることを学ばなければならない"というのは，別の類型の学習である。両方の類型とも"フランス語を学ぶこと"とか，"スペイン語が好きになること"等とほとんど関係がない。

　われわれは高跳びの学習，アルコールなしに生活すること，他人と親しくすることなどを同じ術語で分類し，このような過程に妥当する同一法則を期待することができるであろうか。

　連合説（The theory of association）およびその後継者である条件反射説は，諸類型の心理学的過程について連合を述べ，心理学的内容とは無関係な連合の法則を仮定する。このような慣例は**学習**という術語を広く用いる傾向を強くした。心理学者によっては，学習を変化と同一視した。往々にしてわれわれの望むところは，近代物理学におけるように若干の非常に一般的な定式化によって，たいていの心理学的現象が誘導されるように，心理学的理論が進歩することである。しかしながら科学というものは，その法則がある類型の過程の本質を表すようないっそう特殊な法則をまず展開しなければ，このような状態に到達しない。

　今日このような広義の学習の法則を見出そうとする企図は，化学者が1つの建築物に包含されるすべての物質に，**1つの化学方程式**を展開させようとする企図と対比される。それはこれらの種々の物質を，その化学的性質によって分類し，各種類型の物質の特性を別々に発見することの代わりになるものである。同様に**学習**という術語は，"以前よりは，よりよくできるようになること"という広い意味において，多様な過程に関係する"実用的"な術語である。心理学者はその過程を，心理学的な本質によって分類し取り扱わなければならない。

　学習と呼ばれるものの中で，われわれは少なくとも次の類型の変化を区別しなければならない。①認知構造（知識）の変化としての学習。②動機づけの変化としての学習（好嫌の学習）。③集団所属性の変化，あるいはイデオロギーの変化としての学習（これが文化内における成長の重要な側面である）。④身体の筋肉

を有意的に統御する意味の学習（これが言語とか自己統御というような技能を獲得する1つの重要な側面である）。

　心理学の歴史はこのような事態を明確化するというよりはむしろ混乱させてきた。連合の古典理論は，G. E. ミュラーのようなすぐれた実験者によって述べられてきたことであるが，次のような定理に基づくものである。もしも2つの経験（または動作）aとbとが，縷々一緒にまたは直接連続して生起した場合，その間に連合が成り立つと。このような連合は，aのみが生起したときのbを生み出す確率として操作的に定義される。この連合の強度は，繰り返しの数の関数である。もともと連合というのは"諸観念"（ideas）の結合，換言すれば知識または知的過程と関係していた。しかしながら連合主義は，暗記学習（rote learning）のみならず，何らかの種類の知的過程，行動習慣，価値および特に方向をもった動作を，1つの法則で説明できると誇るに至るほどに伸展した。換言すれば連合によって動機づけも再認も説明されるように考えられた。

　方向性（directedness）の概念をもっていない個々の諸要因の結果として，方向づけられた行動（directed actions）は起こるとのダーウィンの着想に密接につながったこの説明は特に重要な業績であると考えられた。というのは，その頃行動の目的論的説明と因果論的説明との間の論争は，劇烈なものであったからである。科学的な因果の説明の顕著な特性は，方向の概念を避けることを必要とするものであると考えられたが，これは不正確なことである。この見地は物理学における基礎概念の1つである物理学的力の概念が，方向をもった実体（数学の術語ではベクトル）に関係するという事実があるにもかかわらず支持された。連合主義の発展は，まさにこの問題との闘争として考えられる。アッハの"決定傾向"に関する理論およびソーンダイクの"効果の法則"は，連合主義の根本的立場を放棄しないで，目標とか，欲求とか，その他の"方向"要因が行動において演ずる特殊の役割を認めようとする企図であった。両者共，連合の形成に特に重要な，1つの特殊な類型の経験（目標に達すること，"報酬"と呼ばれるものを手に入れること，意図を設定すること等）を選んだ。その後連合主義および条件反射理論の指導的代表者は彼らの推論において目標に大きな役割を担わせてきた。

　動機づけの問題に関しては，連合主義のもとの位置はほとんど放棄されたといっても今日過言ではない。多少特殊な類型の術語であるために，その事実は

第4章　場の理論と学習　　69

不明瞭になっているけれども，場の理論において受容されたものに非常に似た欲求の理論が引き継がれてきたといいたい。例えば条件反射理論では"欲求の充足"（consumption）という代わりに，"目標反応"という。このような目標反応は，一般に考えられるように目標刺激への反応として定義されるのではない。むしろ欲求緊張を低下させるあらゆる行動およびこのような行動のみが目標反応と呼ばれている（8, p. 6）。他の2点についても，場の理論に向かう変化が明白に見られる。

　a. 条件反射の学説は，物理主義（physicalism）の意味において行動主義的であろうとした。そして非科学的なすべての心理学的術語を廃棄した。議論百出したあとで，"目標"（goal, 53）という概念がついに受容された。今日では"期待"という術語さえも，条件反射の心理学者の語彙であるとされている（19, 23）。換言すれば，心理学的概念に向かう傾向が見られ，そして古典的な物理主義的行動主義が，操作的定義の正しい技術的な必要条件を要求するような研究にまで徐々に変形されつつあると思われる。

　b. 心理学におけるすべての接近法では，理論は一定時に存在する特殊な型(パターン)の要因を含んだものでなければならないということに気づいている。ハル（22）のような指導的な条件反射理論家はこの点を認めている。しかしながら概してこのような認識は，条件反射理論を解明するというよりもむしろ複雑にしている。

　一般に連合主義の歴史およびすべての類型の心理学的過程を1つの法則によって説明しようとする企ては，哲学的考察によって影響されてきた（そのような企てはいずれも，性質上形而上学的なものであることは必然的である）。それは**未来**から現在の行動を演繹しようとする目的論的企図に反対しての正攻法であった。このような説明を因果的な説明に置き換えようとする希望は，行動を過去から演繹しようとする傾向を招来する。このように**過去**を強調するということは，学習の問題を強調しすぎることになった。

　学習心理学の実験的研究の歴史を見るとき2つの主要な発展の線を区別すれば，まだ非常に不明瞭な姿を明確にする助けになるかもしれない。その一方の線では動機づけと関連した学習が取り扱われ，他方では認知（cognition）と関連した学習が取り扱われる。

　a. 連合の古典的法則が認知よりもむしろ動作と連結され，動機づけの力に類

似した性格をもつ心理学的力として解釈されるような概念の原形として，**習慣**という術語は使われる。私見によれば，連合主義のこのような側面のもつ含意を辿る，最も誠実なものはアッハの企図であった(1)。もしも反復が習慣を生ずるとすれば，異なった方向に動作しようとする意図の効果をくつがえすのに必要な，反復数を測定することによって，意志の力を測定することが可能であるということを正確に論じた。しかしながら彼のプラスの結果は擁護されなかった。極端な数の反復によって種々の方向の意図を遂行する際の適度な障害は形成されないと判朋した (36, 37, 46)。種々の現象を理解するために，動機力の性格をもたない"処置の仕方についての習慣"(executive habits) と，欲求または準欲求の存在ないしそのある行動価に対する固定現象を意味する"欲求習慣"(need habits) とを区別することが必要である。換言すれば，動機的問題と認知的問題とを区別することが必要であり，そのおのおのの法則を詳細に研究することが必要である。こうして各種類型の要因の特殊な役割が，いろいろな布置の場合に決定されなければならない。

不幸にして動物についてなされた多くの学習実験は，動機的問題と認知的問題の分離を非常に困難にした (2, 34, 50)。アダムス，トールマンおよびその他の人々は，この点を非常に強調した。潜在学習の研究 (7, 53) は，この種の比較的良い概念的分析をした重要な結果の1つである。しかしながらこのような側面を適切に区別するということは，動物に関する実験では人間におけるよりもさらに困難を伴うことである。

b. 第2の発展の線に従って，認知構造の変化という意味で学習を支配する特殊法則が取り扱われた。洞察の問題，知説獲得の問題，その他の種類の認知構造の変化の問題は，知覚を支配し (27, 30, 32)。知覚の場の構造を決定する法則に密接に関係しているように思われる。このような問題の研究では，偉大な進歩がなされてきた。

動機づけおよび認知に関しての学習論で，明晰を欠くのは主として**記憶**という術語に関連があるようである。記憶は個人自身の過去の見解を意味し，記憶の問題はこの点で時間的展望 (time perspective) の問題の一部である。他方記憶過程については，種々のときに存在する個人の生活空間の間の，構造上の類似性と差異に言及することができる。心理学的場の可塑性および変化を生ずる力の問題は，この種の問題の場合に真っ先に重要である。記憶と学習との間の関

係は非常に複雑である。過去の経験に従うということは，経験からの学習の一法である。しかしながら人は縷々以前に使用されたものと同じ手続きに従わ**ないように学習しなければならない**。その代わりに現在事態の理論的分析のようなものによって先導されるように学習しなければならない。社会生活が徐々に進歩する理由の1つは政治の場において人々は新しい手続きに従うよりも伝統の方法によって進みがちであるということである。

知識（認知構造）の変化としての学習

1. 構造化されない領域の分化

　ある人が新しい町へ引っ越して，徐々に地理的社会的な方角がわかってくるとする。この場合**学習**と呼ばれる心理学的変化はどんなものであろうか。その人ははじめての人として停車場に着く。アパートを予約しておいたので，家の番号を知ってはいるが，町の地図をもっていないので，停車場に立ったままでそこへ行きつくことができない。その事態は図3のようであって，停車場 (St) に対応する領域があり，人 (P) がそこに定位されている。アパート (A) に対応するその生活空間の別の領域があり，この2つの領域間には心理学的に構造化されない性格をもった領域 (U) がある。すなわちこのはじめての人は，どうして停車場からアパートへ行くか，どれだけあるか，アパートの周りはどうなっているかさえも知らない。

　このように不明瞭なことが，その行動には決定的に重要なものである。彼は停車場のまわりにあるどの通りが，アパートに達するものか知らない。換言すれば，停車場からアパートへの"方向"とは何を意味するかが限定されていない。

　このはじめての人は，電車 D に乗れば直接アパートに行けることを尋ねて知った。停車場からアパートにはじめて達することによってある構造化が行われたわけである。すなわち"停車場からアパートへの方向"は，電車 D を使用するものとして規定されるようになった。はじめての人は町の諸点間の距離の印象を獲得したわけである。電車は数回迂回したのであるが，その結果彼は2点の地理的位置について非常に不明瞭である。けれども彼は"通過可能な通路"という意味での方向を知っている（図4）。

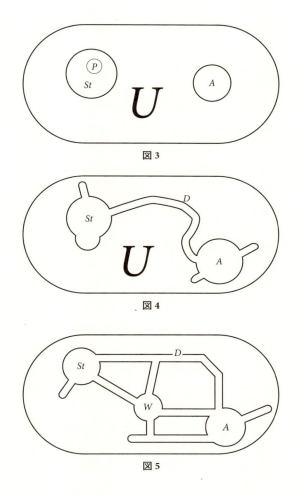

図3

図4

図5

　翌朝仕事に出発しなければならないことがあるかもしれない。この場合彼は，その家とその仕事場との間の"機能的"関係を同様な仕方で学習するであろう。しかしながらなお構造化されていない町のたくさんな領域があるであろう。おそらくまず地理的に家に近い領域が彼に知られる。そして徐々に認知的な構造化は増大し，最後には家から仕事場（W）または駅への1つの通路だけでなしに，いくつかの通路を知るようになる（図5）。どれが直接の路であるかも，しまいには町の一箇所から他の場所への方向もまったくうまく決定できるように

なる。歩いてかあるいは自動車や地下鉄を使用するために，どのような最短路があるかもわかってくる。

以前に分化していない領域が，分化するようなこれと同様な過程は，その町の社会生活についても起こるであろう。特定の人に接近する際に，はじめての人はどんな方向に動けばいいのか最初は不明瞭である。しかしながら漸次その人は，誰が誰であり，町の社会生活はどのように構造化され，どれが直接または間接の道であるか，どんな社会的通路がたやすく，またいずれが使用困難であるかを知るようになる。ギリシア史を研究する学生に見られるところの同様な分化の過程を詳しく述べる必要もないであろう。このようにして以前には曖昧で構造化されていなかった領域が，認知的に構造化され，特殊なものとなってくる。

この種の学習の別の例は，発達中に全体としての心理学的世界が認知的に変化するということである。われわれの知る限りでは，新生児は自分とその環境とを区別することができない。ある領域，例えば食事に関係した領域が，特殊な性格を帯びて徐々に分化してくる。自分の身体の諸部分が相互に，そしてまた外界の (world) 他の部分から分化する。社会的関係も発達し，分化する。欲求，情緒，言語も同様な過程を辿って分化する (3, 6, 31, 53)。

分化の概念は，このような根本的な周知の生物学的過程に関係する概念であり，この過程は卵がさらに特殊な性格をもった比較的小さい単位に両分されるような過程をいうのである。条件反射または連合主義の学説から，分化（あるいは構造上類似の変化）の理論に推移することは，物理学的なアナロジー（すなわち鎖の環の類推のような）から，生物学的な研究へと変化することである。さらに，分化および構造上の多くの変化を，古典理論で使用された概念によるよりも数学的に正確な方法 (3) で，表現することは容易であると考えられる。連合は知識の変化に関する限りでは，構造の変化の比較的簡単な場合として再説明される。

2. 再構造化，心理学的方向，意味

われわれが学習と呼ぶ認知構造の変化は，領域をより小さい単位に細分するという意味における，分化の性格を必ずしももってはいない。時には認知構造の変化は，分化度の増減なくしても起こる。その古典的な例は，廻り路の問題

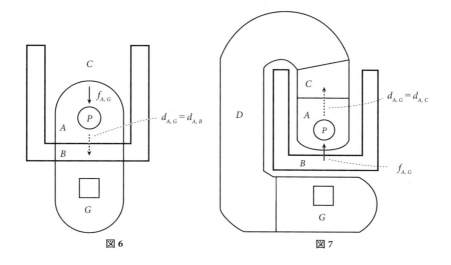

図6　　　　　　　　　図7

(detour problems) である (29)。U 字型の障壁（図6）内に立って，その目標に至る道を見出すことのできない，1歳児の心理学的事態と，何らの困難をも感じない，4歳児との間の差異はいったい何に基づくものであろうか。この問題を異なった形式で述べると，子どもが最初，解決のための"洞察"(insight) をする場合，いかなる心理学的変化が起こるであろうかということである。

　その差異は一部次のように叙述することができる (38)。すなわち解決の前には，子ども (P) のおかれている領域 A から，目標 G に向かう方向 ($d_{A,G}$) は，障壁 B に至る方向 ($d_{A,B}$) と同一である ($d_{A,B} = d_{A,G}$)。C の方向へ動くことは，そのときに子どもが"目標から遠ざかる方向" ($d_{A,-G}$) におもむくことを意味している ($d_{A,C} = d_{A,-G}$)。この目標に向かう方向において子どもに作用する力 $f_{A,G}$ はこのような位置においては，方向 $d_{A,B}$ に移行する傾向を招来する。障壁 B の規整力があまりにも大きいときは，子どもはその目標に到達することができない。

　洞察後には（あるいは子どもが十分年長の場合には），事態の認知構造は変化する（図7）。以前には分離された領域の性格をもっていた A および G という領域が，いまや A, C, D, G という領域の部分として連結される。A から C への移行は，通路 $W_{A,C,D,G}$ の最初の部分と見なされる。これに相応じて，C に向

かう方向 ($d_{A,C}$) は，いまや G から遠ざかる方向よりもむしろ，目標 G に向かう方向 ($d_{A,G}$) に等しくなる ($d_{A,C} = d_{A,G}; d_{A,C} \neq d_{A,-G}$) [訳注1]。力 $f_{A,G}$ は方向の意味の変化と一致して，A から G への移行となる。

この例は心理学的方向が，一定事態の認知構造に依存する仕方を例証するものである。行動は方向をもつ諸力に由来する。したがって，すべての行動は生活空間の認知構造に依存するところが大きい。構造化されないあるいは新しい事態では，人は不安定を感ずるが，それは心理学的方向が限定されたものではないからである。換言すれば，いかなる動作がいかなる結果を招来するかわからないからである。

認知構造の変化としての学習は，実際問題としては行動のあらゆる場を取り扱わなければならない。意味が変化したという場合にはいつでも，このような認知構造の変化が起こったのである。すなわち心理学的領域の新しい連結や分離，分化や分化の減退が起こったのである。心理学において事象の"意味"とは，その事象の心理学的な位置やその心理学的な方向が決定されるならば，知ることのできるものである。トウェイン（Mark Twain）の『ミシシッピ河上の生活』では，船上の乗客は"風景"を享楽するけれども，水先案内にとっては，乗客の嘆賞する V 型の2つの丘は急角度にまわる信号であり，河の真ん中の美しい波は危険な岩を意味している。これら"刺激"と動作の心理学的結合が相違し，したがってその意味も変化したのである。

学習の問題と反復について一言しよう。動機づけと認知構造における変化とに対して，反復の効果は区別される注意が必要である。認知構造の変化は経験の反復の際に起こる。しかしながら学習に本質的なものは反復自体ではなくして，認知構造の変化であるということを知るのが大切である。もしもはじめての人が町の地図をもっていれば，十分な認知構造を作り出すためのその人が家から仕事場へ行く必要数は，2, 3 回でよくなる。クレチェフスキー（Krechevsky）(33) およびその他の人々によれば，動物ですらも"仮説"（hypotheses）と呼ばれる一系列の認知構造の変化によって，迷路を学習する。問題から十分な心理学的距離をとって，比較的広い領域について広範な見解を得ることの方が (29)，普通何回も同じ企図を繰り返すのよりも，仕事の解決に対応する認知構造の変化を作り出すのに助けとなるものであるということの理由が，上述の分析から理解される。最近の実験では，暗記実験でも反復数は 2 次的な重要性を

もっていることが示されている (19)。単なる反復が，もし十分頻繁に行われるとすれば，学習は確かに逆効果をもってくる。混乱をきたし，分化の減退となって，心理学的飽和と呼ばれるものに特有な徴候が現れてくる。飽和の結果としては，有意味なものは無意味となり，既知のことは未学習のことになる。

3. 時間的展望，心理学的現実および非現実

個人の行動は全面的にその現在の事態に依存するものではない。その気分は希望や願望によって深刻に影響され，あるいは自分の過去の見解によって影響される。個人の志気とか幸福とかは，現在事態の快・不快よりも未来の期待に依存するところがいっそう多い。

ある与えられたときに存在する個人の心理学的未来および心理学的過去の見解の総体を，"時間的展望"と呼ぶことができる (15)。さらに心理学的生活空間内では，現実と非現実の次元を区別することができる。心理学的過去，現在，未来の実在水準は，実際にありしところの事態，現にあるところの事態，個人の信ずるところに従って未来に存在するであろう事態に対応するものである。

人の発達中にはこの時間的展望の拡大が起こる。幼児は現在に住んでいる。その時間的展望はただ直接の過去および未来のみを包含する。このように時間的展望が狭小であることは，普通"原始的行動"と呼ばれるものの特徴である。子どもの生活空間の時間の次元は，年齢の増大と共に広がる。遠い未来と過去の事象が，徐々に現在の行動に影響を及ぼすようになる。

正常発達はこのように進行するが，それと共に生活空間の現実−非現実次元 (reality-irreality dimensions) における分化が増大する。幼児は事実と願望，希望と期待とを明瞭に区別することはできない (44)。願望に満ちた考えごとをするのは，確かに成人でも普通のことであるが，比較的年長の者は白昼夢的な願望と実在との間の区別がよくできるといわれる。

先生や教育者は，発達の根本的側面の1つとして，時間的展望の重要性に気づいていた。"生徒の見解を広めること"は常に教育の主目的の1つと考えられた。このような時間的展望の増大は，認知構造の変化の一類型と見なしうる。このような変化の成就されるその仕方に適用可能な実験的資料は，正常発達によるもの以外にはないようである。現実−非現実次元に関して，生活空間が分化することについても，このことは妥当する。

時間的展望が狭められ、現実と非現実の間の差異も狭められるような若干の条件を、ある実験的研究は指摘している。情緒的緊張下における"原始化"（primitivation）は、その顕著な例である。不安定または蹉跌〈フラストレーション〉事態では、5歳半の子どもの生産性は、3歳半の水準に退行する（3）。こうした事情のもとに時間的展望を低下すれば、このような退行は部分的に惹起される。大きな社会的制約を被り、また機会にめぐまれない生活をしている孤児の精神年齢は、より良い条件下に生活している子どもよりも比較的徐々に増大する（その結果IQは低下する）（48）。

行動価および価値の変化としての学習

学習という術語に連関して多様な意味を論じた際に、専制主義は個人に強いられ、民主主義は学習しなければならないという例をわれわれは述べた。この文章の**学習**という術語の意味をさらに詳細に論ずれば、この術語は明確になるかもしれない。

民主主義を学習するということは第1に、自分に賦課された力によって受動的に動かされないで、自分で何かをしなければならないという意味である。第2に民主主義の学習は、ある好嫌すなわちある行動価、価値、イデオロギーを樹立することを意味する。第3に民主主義を学習することは、ある技術例えば集団決定の技術を熟知することを意味する。

最後の点はここで詳細に論ずる必要がない。というのは、技術の学習の問題は（民主主義をもちたいという場合には）、実行（execution）の問題と結合して、知識の獲得の問題（すなわち既述の認知構造の変化）と事実上は同一であるからである。そこで他の2点を論ずることにしよう。

1. 学習と人に賦課された力

進歩的教育とは、子どもがなすように強制される活動ではなくして、"子どもによって推進される活動"（child-driven activities）のことをいうのが例である。それは動機づけの基本的差異を指摘しているのである。先生、両親または社会は縷々、もたなくてもいい一定目標を個人がもち、もたなくてはならない目標を欠如するという問題に直面する。

望ましい変化を招来するための2つの主要な方法がある。その1つは，人自身の欲求または興味の変化である。その他に，多かれ少なかれ欲求とか興味に触れないでおいて，直接の力や他のより強い欲求がはじめの欲求の効果に打ち勝つような布置を設定することによって，望ましくない動作をするように個人に強要する方法がある。

　あらゆる教育において，単なる力が相当な役割を演じている。赤ん坊が小児用寝台から取り出され食物を与えられるとき，母親に問われることはない。学生が最終試験を受ける場合に，その承諾を求められはしない。われわれはこのような非常に基礎的な問題のほんの2，3の側面を述べてみよう。①静かにあるいは力強く，母親がその赤ん坊を抱き上げる程度，または赤ん坊の欲求や希望のちょっとした徴候を母親が敏感に観察する程度には，非常に多くの差異が見られる。民主主義教育が開始されねばならない年齢の問題に，この問題は密接に連関している（35）。②個人がある事態に押し込まれて，その事態に自分を"順応させる"（adapt）場合に，力による"学習"は生起する。このような方法は屡々，政治や教育において使用される。人が立腹することのある行動をさせるために，一歩一歩の方法（step-by-step method）が屡々適用される。これはヒトラーによって巧妙に使用された手続きである。大きな抵抗（resistance）を醸成するほどまで以前のものと違ってはいない事態に，個人は押し込められる。順応後に次の段階が踏まれる。このような一歩一歩の方法は，一度にすべての方法（all-at-once method）よりも，抵抗を打破する際に相当有効であるということを，フランク（Jerome Frank）（14）は大学生についての研究で示した。

　学習において動機づけとして屡々使用される方法は賞罰である。連合理論や効果の法則では，賞罰は本質的に，ある活動と快・不快の調子との間の連鎖（linkage）として取り扱われる。賞罰は心理学的にさらに特殊な何ものかであるということを，現実の行動を予言するためには知らなければならない。例えば罰の脅威をもった典型的事態を分析的に取り扱えば，次のような布置を示す。個人が活動 T を嫌っているとする（図8）。

　個人にこの活動を遂行させるためには，彼がそのうちのどれか1つに直面しなければならないように，2次的なさらに不快な可能性が設定される。換言すれば，個人は特殊な類型の葛藤事態すなわち2つの不快な領域から去ろうとする2つの力（f_{P-T} および f_{P-Pu}）の間で相剋している。このような葛藤の結果，

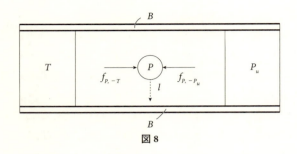

図 8

"場を去り"(1), 2つの活動から去ろうとする傾向を招来するということがわかっている (38, 40)。罰の脅威を効果的にするためには，このような道を塞ぐ障壁 (B) が設立されなければならない。その障壁は，葛藤領域内に個人を保留するのに十分なほど強力なものである。このような障壁は普通，権威によって個人に賦課される社会的力からなっている。罰の脅威の場合には，葛藤から生ずる緊張，権威を相手に戦う傾向，および多様な他の要因を，われわれは場の詳細な分析から誘導することができる。罰の脅威が効果的であるためには，自由運動の空間は十分狭められなければならず，何か牢獄様の事態が創られなければならないということがわかっている。

報酬の約束と罰の脅威とは，必要とされる活動自体の興味の変化と同じような，心理学的力の布置を創り出すものではない。賞と罰との間の差異は，快・不快の調子を活動に付与するということではない。報酬の約束は牢獄様の事態を必要としないし，それは別の方向で個人にさらに自由を許容するものである (38)。さらに障壁は，嫌悪されているけれども要請されている活動によるほかは目標に到達不可能なように，報酬の周囲に維持されるべきものである。目的地の報酬は，興味の現実的変化を招来し，もともと嫌悪されていた活動が好まれるようになる。罰の繰り返しは通常，必要とされる活動を，さらにひどく嫌いなものにするだけである。しかも社会的雰囲気の実験によって示されるように，無関心や言いなりになる状態が現出されるであろう (42)。

2. 行動価および価値の変化

a. 欲求および意味の変化：好嫌に影響を及ぼしたいと思う人は誰でも，行動価の変化に注意しなければならないが，その変化は飽和の過程や発達中に，欲

求の変化と共に生起する。個人は絵を描くことやダンスや映画に行くというような活動によって，引き付けられる。このような希望を長い間追っておれば，魅力は変化してくる。物理的な消耗におけるように，活動の心理学的"衰退"（consumption）によって根底にある欲求は飽和する。飽和点を越えた反復が，変容（variation）となり，不注意（inattentiveness）となり，誤りとなり，疲労となり，ついには完全に体制が崩壊するに至ることが実験によって示された。換言すれば，以前精通した活動を実行することができなくなるという意味で"学習以前"（unlearning）の状態になる (26)。

　ある活動を好みまたは嫌うことの"学習"は，往々にして欲求の長期の変化の結果であり，それは発達中に生起し，特にいわゆる青年期のような危機に目立つようである。過飽和もまた活動を永久に嫌うことになる。

　活動の物理的側面によってのみその性格を記述し，心理学的結構の大きな効果を無視することは，古典的行動主義の錯誤の１つであった。ある線を描いて同一の仕方で腕を動かすことは，その活動の意味に従って，あらゆる異なった心理学的および物理学的効果をもつであろうということを飽和の実験は明示した。例えば４本の線で１つの型を作っていると，線の配列が違ってきて，腕は過飽和のために疲労した。線を異なった型に変えるか，あるいはこれらの線で作図をすれば，疲労の身体的徴候はなくなり，活動の再体制化は完全に行われる。数百の文字を包含する論文を書くことは，反復を意味しないし，したがって早急に飽和に至らない。これは，文章や言葉の学習によって，字を書きまた読む方法は，文字を学習する古い方法にまさっているという理由の１つである。比較的僅少の言葉や要素から成立しているけれども，"進行する"物語を最近の入門書（primer）は使用している。このような仕方で読みを学習すれば，積極的な動機づけが創り出され設定される。活動の行動価は，一部その意味，したがって認知構造に依存する。例えば家である食物を嫌う子どもが，友人の会合で同じ食物を食べるときには，何らこのような嫌悪を示さない。教育で最も頻繁に使用されるところの行動価を変化する仕方は，認知構造に対するこの種の関係に基づいている。例えば母親は，"悪い子だけだよ，そんなことをするのは"といって，ある行動を除去しようとする。母親は，"１片はお父さんに，１片はお母さん，１片は赤ちゃん"と言って気の向かない子どもに食べさせようとする。子どもの食物の偏好は，その嫌いな食物が，物語の英雄に好まれ

ているお話を聞かせて変化することができる (9)。

　子どもたちが幼稚園で同じ食物を食べることは意としないにしても，家で食べる場合にはその食物を嫌悪しつづけるような際には，認知構造と行動価との間の関係は不明瞭である。こうした子どもたちにとっては，家で晩餐のテーブルにやってくることは，母と抗争しにいくという意味を獲得した。もし活動の意味を変化することが可能であれば，このような古い"習慣"は日一日と変化させられる (52)。医学的結構においてまたは心理学実験の被験者として，実験事態以外では確かに拒絶するであろうような事柄を，成人にさせるのは容易である (14)。

　認知構造と行動価との間の関係は，特に"文化の差異"（cultural difference）と呼ばれるもので顕著である。文化は，いかなる価値が認められるかに関して異なっているのみではない。異なった活動が連結されたものとして見られる仕方の相違が等しく重要である。例えばアイオワにおけるメノナイトの子どもたちにとっては，それと比較しうる田舎の地域のメノナイトでない子どもたちにとってよりも，仕事と宗教とはいっそう密接に関係づけられている (25)。欲求および価値そのものを変化することによってではなくて，個人にとって高い価値のある領域の一部またはその手段であるかのように宣伝活動を見せかけるという仕方で認知構造を変化することによって，多くの広告とか宣伝とかは効果のあがるものである。

　普通新しいイデオロギーの学習，換言すれば回心（conversions）は，一部には欲求や認知構造の織り込まれている仕方の所為で生起し難い。イデオロギーおよび社会的行動のうまく変化した例は，バヴェラス（Bavelas, 4）によって実行されたように比較的独裁的なレクリエーションのリーダーを，卓越した民主的指導者に再訓練することである。この指導者たちは 5 ないし 7 年間，集団を操る彼らの方法に拠ってきた。リーダーの変化は 3 週間内に起こった。こうした変化の一部分は，他のリーダーの観察と，集団生活から生ずる多くの事態にリーダーが反応する種々の可能性を詳細に論ずることとによって生起した。このような仕方で，"指導者行動"という場の認知構造はさらに立派に分化して，彼らは鋭敏になった。民主的手続きの懐疑傾向から熱狂へと動機的に変化したことは，ここで詳述しない。こうした変化は他面，民主的集団生活が子どもたちに施せる効果を経験したスリルを通して，またこのような雰囲気が創り出さ

れる実現を通して招来される。この先年はこれらの人々にとって，W. P. A.（失業救済事業企画局）のレクリエーション・ワーカーという不安定な位置にあって，定石の仕事の継続に汲々とした不満の期間であった。このような人々のイデオロギーと志気とは，非常に急激かつ深刻に変化した。というのは，不快な過去，不満な現在からなり，未来に対する積極的な見通しのない時間的展望をもって以前には生活してきた人々に，価値のある目標と広範な見通しとが新しい経験によって提供されたからである。換言すれば，再訓練が成就したのは，悪習が長く続いたにもかかわらずというのではなくて，一部はその悪習のゆえである。

時間的展望の問題は，要求水準に依存して現れる行動価や目標の特定の変化に密接に連関する。

b. 学習と要求水準：要求水準とは人がそれに向かって努力している目標の困難度と，規定される。人がある活動を学習するかどうかは，そうしようと試みるか否かによって深く影響される。したがって，要求水準を決定する要因は学習にとって根本的に重要なものである。

要求水準は一面，過去および現在の成功と失敗に示される個人の能力によって（17, 21, 24），他面ある集団の標準によって（12, 17, 20, 43）影響される。やがて成功および失敗の経験は，個人の能力の境界水準に近い。比較的制限された困難さの領域においてのみ起こる。成功と失敗とは，未来の動作に対する期待に影響し，したがって要求水準を高めたり低めたりする。しかしながらこのような"合理的"な要因はけっして要求水準を規定する唯一のものではない。自分自身のまたは他人の集団標準についての知識が，このような集団標準の受容される程度に対応しつつ，現実水準および願望水準に影響するということが指摘されている（12）。

成績のよい学生は，その過去の業績よりもわずか以上に要求水準を保持しようとする傾向があるが，一方成績の悪い学生はその能力に比して，非常に高くまたは低く要求水準を示そうという傾向がある（47）。換言すれば成績の悪い学生は，彼らの目標設定のために成功と失敗を評価するにあたって，"リアリスティック"であるように学習しなかった。失敗は縷々，合理化，情緒的爆発，過執着あるいは迅速な中止を招来する（17, 28）。中止や合理化や情緒的爆発によって失敗に反応する傾向をもっている子どもたちが，このような失敗に比較的熟慮して反応するように学習しうるということが指摘された（28）。このよ

うな"我慢して学習すること"(learning to take it) は，確かに個人の性格発展の一部として学習の最も重要な側面の1つである。

総　括

　この学習に関する簡単な問題の概観は，運動領域 (motoric) の有意な統制という意味の学習での困難な問題を取り扱おうとするものではない（それは自己統制，言語のような機械的，社会的"手段"の取り扱いおよび"1つの距離を通過する動作"のような事柄を包含している）。後者の重要な研究はハイダー (Heider) の理論に包含される (18)。このような過程の力学は"体制の相互依存"(3) というタイプで導出されるように思われるが，それは指導するものと指導されるものとの間の関係，またはいわゆるより高次とより低次の神経中枢間の関係に類似している。

　比較的力学的な見地からわれわれの議論を総括すれば，次のようにいえよう。すなわち認知構造の変化という意味での学習と，動機づけの変化という意味での学習とが区別される。

1. 認知構造における変化

　心理学的未来，心理学的現在ないし心理学的過去を含めて，個人の生活空間のいかなる部分でも認知構造の変化は生起する。生活空間の各部分の現実水準または非現実水準（希望および恐怖水準）で，この変化は生起する。

　生活空間の2つの領域間の連鎖の形成または分離——連合理論や条件反射はこの事実に主として関係しているのであるが——は，構造の変化の1つの類型にすぎない。学習に対しても，長い範囲の発達に対しても，構造の基礎的変化は以前に分化していなかった領域が分化することである。

　場理論によれば，すべての変化はある力（方向づけられた実体）の所為である。認知構造における変化をもたらす力に関しては，2つのタイプを区別するのが便利である。すなわち一方は認知的場自身の構造から生ずるものであり，他方はある行動価（欲求あるいは動機づけ）から生ずるものである。

　a. 認知構造の変化に至る力の主要なタイプは，知覚の場を支配している諸力に同じではないとしても似ている。図と地や，特殊なパターンとそれらの内的

平衡の問題を論ずる際に，この諸力は考慮されなければならない（54）。われわれは他人の性格の知覚も，社会的事実の知覚も，知覚心理学の中に含めるのが常であった。知覚における形成（patterning）を決定する法則は，思考や記憶を決定する法則と多かれ少なかれ同一である〔しかしながらわれわれは，あまりにも簡単な接近法を避けるように警告されるであろう。例えば認知の3つの発達類型が，ヴィゴツキー（Vigotsky, 51）によって区別されている。すなわち状況の思考，分類，理論的な術語による思考である。同様な区別は精神病理学で非常に強調されている（16）〕。

b. 認知構造自体から結果する力に加うるに，個人の欲求やその行動価および希望によって，認知構造は深く影響される。このような力は知的な仕事の解決において，重要な役割を演じている。事実，欲求に対応する心理学的な力は，2つの基本的な結果をもつといわれる。心理学的な力の方向へ個人が移行するに至るか，あるいはこのような移行に対応しないしは移行を容易にするような仕方で，その認知構造が変化するに至る。したがってあらゆる知的過程は，個人の目標によって深く影響される。個人の生産的活動の1つの類型と見なされる知的過程は，その情緒的状態すなわち生活空間全体の緊張，分化度，大きさおよび流動性に依存する。知覚もまた欲求や個人の情緒に依存するということは，認知構造と知覚との間の関係の必然的な結果である。人格を研究する"投射の"（projective）技術は，このような関係を利用している。

2. 動機づけにおける変化

動機づけの変化としての学習は，欲求の変化か，あるいは欲求満足の手段の変化を取り扱うものである。その一例に麻酔薬に対する習慣に惑溺するものと，それを改めようとするものがある。なんらかのイデオロギーの改宗もその一例である。子ども時代の修養過程，新しい社会的集団に入った後における文化順応（acculturation）の正常な過程なども，その例である。この形式の学習を支配している諸々の力は，動機づけや人格の発達を決定するところの諸々の要因の全領域に明らかに関係している。われわれはここで若干の――欲求と満足，目標の構造，要求水準，および集団所属性の問題の基本的法則を述べたにすぎない。

注
［1］カッコ内の数字は，巻末の文献のことである。

訳注
［1］原著には $d_{A,C} = d_{A,-G}$ となっているが，$d_{A,C} \neq d_{A,-G}$ の誤植と思われる。

第5章

退行，後もどりおよび発達（1941年）

　心理学で**退行**（regression）という術語は，行動が原始的になり，個体がすでに成長を経てきたところの比較的成熟していない状態に"もどる"ことである。一時的な退行は往々にして，緊張した情緒的事態で，特にもしこのような情緒が不快であれば，普通の大人や子どもでも生起することである。非常な喜びもまたある原始的動作を招来するかもしれない。疲労，過飽和，および病気は往々にして一時的な退行を惹起する。多少永続的なタイプの退行は，ある種の老衰の場合や，数多の神経質や，機能的かつ有機的な神経症において観察することができる。したがって退行は多くの事態や問題に関与する共通の現象と考えられねばならないし，しかも全体的な人の行動にむしろ根本的に関与している。

　心理学が退行を重要な論題と見なす別の理由は，退行と発達との間の関係によるものである。心理学的発達の過程の知識は，近年おおいに増してきた。多様な発達の可能性が，期待よりもはるかに大きいということをわれわれは特に学んだ。しかしながら発達とその力学および法則を決定している要因について，われわれのもつ知識はきわめて乏しい。退行は消極的な発達であるといえる。退行の実験的研究は，技術的に多少発達の実験的研究よりも容易であると思われる。したがって，退行を研究することによって発達の力学を研究するという間接の仕方は，発達の全体理論に対しても実りあるものとわかるであろう。

退行の定義

　退行の概念はフロイトによってもち出され，精神分析の文献において広く

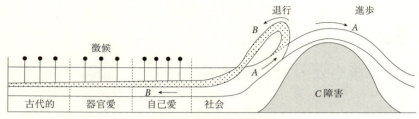

図9　退行の精神分析的表現

(出典)　Reprinted with the permission of the publishers from Korzybski, Alfred: *Science and Sanity: An Introduction to Non-Aristotelian Systems and General Semantics*, Lancaster, Pa.: The International Non-Aristotelian Library Publishing Co., 1933.

使用された。フロイトは最初から，退行の問題が発達理論に対していかに重要であるかを知っていた。人の発達を特徴づけるリビドーの体制の段階に関する彼の理論は，精神病理学における退行の観察に基づくところが大きい（10, pp. 285-299）。

　精神分析学の退行という術語は，種々様々の徴候に関連している。"われわれが性質上不倫だと知っているところのリビドーを帯びはじめの対象（objects）に復帰すること，そして全体の性的体制が以前の段階に復帰すること"を記述するために，主に退行という術語をフロイト自身は使用している（p. 287）。フロイトは，"リビドーの退行"のことを述べ，さらに"エゴの退行"または"対象の退行"のことを述べている（p. 299）。他の精神分析および心理学の文献では，退行という術語はもっとルーズに使用された。例えば，現実から空想水準への逃避のようなものが退行と呼ばれた。

　フロイト自身は退行という術語を純粋に記述的な概念として使用し（p. 288），抑圧のような力学的概念として使用しなかった。それにもかかわらず，退行にあずかって力のある要因に関して，彼は1つの着想を生んだ。彼によれば，退行に至る2つの主要条件が存在する。すなわち①以前の発達状態の対象にリビドーが固定すること，そして②もっと成熟した水準でリビドーの欲求を満足させることが困難であること。

　精神分析の文献では縷々，発達は確固と進展しつつあるリビドーであり，退行は障害に遭ったあとで，このようなリビドーの逆流することであると見なされた。コルジブスキー（Korzybski）の図式はこのような見解を示している（図

9)。退行の概念を明らかにする目的で，われわれはこのような表現をもっと詳細に議論したい。このような概念的洗練の必要はフロイトによって強調されたが，さらに必要だと考えられる (31)。

　発達の問題と退行の問題とは，歴史的および力学的諸問題の特殊な交差点に，その科学的な位置を占めている。それらは一方で経験，事態，人格構造および個人の歴史内の行動様式などの独自の系列を指摘している。他方ではそれらは，こうした段階の1つにおいて行動を支配している力学と法則，および1つの段階から他の段階への推移を指摘している。発達や退行の問題内で2つのタイプの問題を結びつけるのはまったく合法的なことでありかつ必要なことである。しかしながら当該の問題とその関係の両者の性質を明らかにすることも重要である。

　アブラハム（Abraham）はリビドーの体制の段階，対象愛の発達段階，および顕著な固定点を示す次のような表を使用している（フェニケル〔Fenichel, 8, p. 379〕から採用）。

リビドーの体制の段階	対象愛の発達段階	顕著な固定点
I. 早期の口唇期（吸いつき）	自体愛 （対象がない） （両価性以前）	種々なタイプの分裂病（昏迷）
II. 晩期の口の加虐的な（嚙みつき）	自己愛対象が全体的に統合する	躁鬱病
III. 早期の肛門的加虐的な	統合された部分愛	偏執病，類偏執病
IV. 晩期の肛門的加虐的な	部分愛	強迫神経症
V. 性器期前期（男根羨望）	性器を除外した対象愛	ヒステリー
VI. 性器期後期	対象愛 （両価性以後）	常態

（III〜V は両価性）

　ホンブルガー（Homburger, 15, p. 176）はリビドーの起こりうべき段階をもっと完全に素描した。一定の順序に配列しうる，行動の特殊様式と呼ばれるものの特色を，この表はあげている。早期の肛門的加虐的段階における人は，以前の受け身の態度を捨ててある顕著な目標を示し，そして他の段階の行動様式と

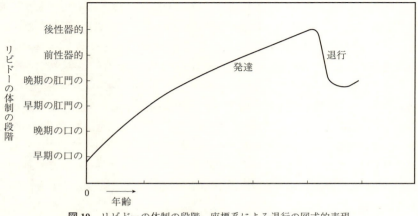

図 10 リビドーの体制の段階，座標系による退行の図式的表現

は性格的に異なるところの他人と自分自身の取り扱い方を示すといわれる。こうして発達の精神分析的理論によれば，個人の生活史において一定の順序の行動様式が互いに継起することにより，普通の発達は特色づけられるということを述べている。同様にして退行の概念は，ある行動様式間の等しさや類似性に基づいている。例えば類偏執病の行動は早期の肛門的加虐的段階の行動に似ているといわれる。

　もし図式的にこのような生活史を表現しうるとすれば，図式の座標の1つは時間を表すことになる（個人の年齢）。第2の軸は発達段階を表す。現実の生活史すなわち発達の速度および退行の時間と量とは，こうして図10に描かれるようなカーヴによって示しうる。このような表現と図9における生活史の表現との間の差異は，僅少であると考えられよう。

　その差異は実際はむしろ方法論的に重要である。図9ではリビドーは河のように，またはフロイトの述べたように障害に遭ってはじめのキャンプへもどる新しい分野の旅行者のように，"復帰"するものとして表現されている。図10の進歩と退行を表すカーヴは，けっして以前の点に"復帰"することはできないであろう。なぜなら時間はけっしてめぐってこないし，したがって生活史を表現するカーヴは時間の次元内で着実に上昇せねばならないからである。図10のカーヴは抽象的座標系（その1つは時間を意味する）で，類似と差異の関係

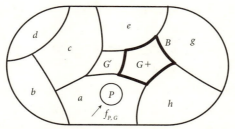

図 11 退行の条件を表す場（フロイトの退行の代償理論による）P, 人；$G+$, もとの目標；G', 被験者が退行する代償目標；B, Pと$G+$との間の障害（障壁）；a, b, c, 生活空間の領域；$f_{P,G}$, 目標方向の力

を表現しているところの諸点を結びつけている。それは個人の行動様式の歴史的系列を，正当に叙述している[1]。

しかしながらそれは，一定期間における行動を決定する具体的事態（人と環境）を表現するものではなく，また退行が生起するときの時点に存在する諸条件を表現していない。図10が具体的な地理的または心理学的結構に連関していないことは，十分にこれから明らかである。個人の歴史で諸々の時間に存在するところの種々様々の行動様式を，人の移動しうる共在する地域という，1つの場の諸部分としてすなわち生活空間として取り扱うことはできない。というのは場は一定時に存在する力学的統一体であるから，もし図10に描かれているタイプの叙述に限定された図式であるとすれば，図9は正しいであろう。しかしながら図9はその上に，ある瞬間における退行の条件すなわちリビドーが克服し難い障害に遭遇するという事実を表現している。

退行は少なくとも一部，リビドーがさらに成熟した水準で，十分な満足を得ることができないためであるという場合には，フロイトは退行の場理論に接近していることになる。このような仮定は"退行の代償理論"と呼ばれる。もしリビドーの代わりに人自身に関説するならば，われわれは簡単なトポロジーの図式で，リビドーの復帰の基底にあるといわれる事態を表現しうる（図11）。一定水準の成熟に特有の欲求に対応している目標 $G+$ に人 P が到達しようとする。いまのところ人は領域 $G+$ に接近不可能である。換言すれば P を $G+$ から引き離す障壁 B が存在する。このような条件下においては，（退行の代償理論によれば）人は未成熟の水準に対応する他の領域 G' に迂回する。なぜなら活

第5章　退行，後もどりおよび発達　91

動 G' は少なくとも，ある欲求の満足を約束すると考えられるからである。このような理論によれば，障壁を克服する試みを放棄することが退行の前提条件となる。ある精神分析学者はこのような側面を強調して，現実の障害からのある種の逃避を，たいていの場合退行と呼んだ。特にもし人が現実水準を去り，病気，空想，非現実に引き込むならば，退行であるとされた。その際このような理論が正しいか誤りかどうかを論ずることは重要でない。これが必然的に場の理論であると言えば足りるであろう。場の理論は一定時における事態を特色づけようとする試みであり，生活空間のトポロジーやその領域のある力学的特性（魅力，障壁等）をある事象に帰着させること，それが1つの試みである。

総括してわれわれは次のようにいうことができる。すなわち退行の問題は発達の問題と同様に，生活史における行動様式の系列を指向するところの歴史的側面，および一定時において生起する変化の条件を指向するところの体系的側面の両者を包含する。両者の問題がまったく合法的なものであり，退行の心理学的研究で必然的に取り扱われ，それらは図式的に表現しうる。一定時に生起する変化の条件に関する体系的問題は一部，そのときに存在する場（生活空間）の構造と力学的特性に言及することによって，答えられねばならない。そのおのおのにより一定の歴史的段階における事態が特色づけられる場の系列をもって，生活史は表現しうる。しかしながら新生児，3歳，6歳および16歳の人の生活空間を1つの力学的統一体として取り扱うことは，場の意味を破壊することになろう。

生活史が1つの図式によって表現されるという場合には，その1つが時間に関係し，他のおのおのが行動様式の質（または人の状態）に関係する座標系を取り扱わねばならない。抽象的座標系で特定点を連結するカーヴによって，生活史の側面を記述することは，心理学ではむしろ普通のことであり，十分に合法的であることはいうまでもない。身体の成長を表すカーヴがその例である。しかしながら一定時における変化の条件を表現しているところの力学的に関係づけられた共在する諸事実の場と，このカーヴとは明らかに区別されねばならない。もし発達や退行の心理学が十分な進歩をなすべきであるとすれば，起源と条件のような歴史的および体系的問題の混合——図9がその典型的な例であるが——は，図式においてもさらに重要なことには思考においても避けねばならない。

退行と後もどり

精神分析学では，退行の場合における代償活動 G'（図11）の特殊性の問題は，個人の歴史に言及することによって答えられる。以前の発達段階に見られる固定の種類と程度によって，G' の性格は決定されるといわれている。場の理論の見地からもこのような叙述は合法的なものである。しかしながら数年前に起こった固定によって，現在の生活空間がいかなる影響を被るかが詳述されねばならない。

このような退行の形式と程度の理論は，明晰を必要とするところの退行の問題の，第2の概念的側面に触れることになる。

マクドゥーガルは戦争神経病から得られた退行の若干のケースについて，詳細説明を与えた。人の原始的な子どものような行動と，回復の過程を彼は記述している。マクドゥーガルはフロイトの理論とある程度一致点を示しているけれども，2つのむしろ重要な点をさらに強調している (28)。

1. 退行行動が，その個人の以前に示した行動と同一の行動である必要はないことを彼は強調している。退行した人はどちらかといえば，原始的であるけれども新しい種類の行動を示す。
2. 退行が"目的に適った"性格をもつことは，フロイトの理論で考えられるよりも少ないと彼は考える。

退行において生起するところの新しい種類の行動の可能性について，2つの類型の変化を区別することが必要である。

1. 個人の生活史における以前の段階に特有の行動類型に帰ること。このような変化は"後もどり"（retrogression）と呼ばれるであろう。
2. その行動が個人の生活史内で現に生起したかどうかとは無関係に，さらに原始的な行動へと変化すること。このような変化は"退行"（regression）と呼ばれるであろう。

後もどりも退行の性格をもち，その逆もまた真であるということは，縷々ありうることである。しかしながら必ずしも然様なわけではない。例えば病気中に原始的な行動を示した子どもが，回復してから病気前の彼に特有のさらに成熟した行動にもどるとする。このような変化は後もどりと呼ばねばならないが，退行と呼ぶことはおそらく不可能であろう。

後もどりと退行との間の明らかな区別は，特に動物に関する最近の実験的研

究の見地から重要になった (23, 30)。動物がある条件下で例えばショックのあとで，新しく学んだ行動を放棄し，より古い習慣に立ち帰ることがあるということをこのような研究は示している。われわれの見るところではこのような研究のいずれも，古い様式の行動の方が新しく学習したものよりも実際はいっそう原始的なものであるということを，証明したとはいえない。退行におけるよりもむしろ後もどりにおける実験であると，このような研究は前もって明言されるであろう。

次のような定義によって，退行と後もどりとの概念的差異を表現することができる。B^{t1}，B^{t2}，B^{t3}…で時間 t^1, t^2, t^3 における個人の行動ないし（心理学的に等価な事態）でのその状態を示すことにする。

後もどりの定義：もし $B^{t2} \neq B^{t1}$ であるが，$B^{t3} = B^{t1}$ であれば後もどりのことである。後もどりとは，"原始性"とか"適応性"に関する叙述を包含しないで，単に時間系列における差異と類似に関係するものである。

退行の定義：もし B^{t3} が B^{t2} よりもいっそう"原始的"であれば退行のことである。これは $B^{t3} = B^{t1}$ を前提とするものではない。

"原始化"の定義と，その指標として使用しうる徴候とが論ぜられねばならないことはいうまでもない。"比較的適応度の少ない"行動の性格というような曖昧な基準を指摘するのでは，あまり十分とはいえないだろう。ある特定の事態に自己を適応させようとする個人の試みとしても，退行自体が往々にして見られるという事実からすれば，特に不十分である。この問いに対する答えは精神病理学における研究で一部発見することができる。"いっそう無定形の行動へと，分化しかつ簡潔な型"から変化することがあるということを，この研究は暗示している（11, p. 31)。動作の中の複雑なヒエラルキー的秩序が，単純な体制や体制の崩壊へ (6)，抽象的な思考の類型からいっそう具体的なものへ，推理から学習へ (29, 19, 29)，柔軟性のある (flexible) 行動から常同的な (stereotyped) ものへと (19, 23) 変化することがある。栄養失調のような条件下である種の原始的動物に見られるところの形態学的な分化の減退に，ある点で似ていると考えられる行動の構造上の変化が原始化である (9)。

原始化によって意味されるものをさらに特殊なものに制限すれば，このような研究は非常に進んでくる。しかしながらこのようにしてもなお，実験的手続きを可能にするほど一般的にしてかつ同時に確固たる退行の操作的定義を，経

験的に検証可能な徴候によって与えているとは思えない。（等価の心理学的事態で）比較的年長の正常の子どもたちに固有の種類の行動から，比較的年少の正常の子どもたちに固有なものへと変化することが，退行であると探索研究を目指して定義される。このような操作的定義は必然的に，成熟までの年齢範囲に制限される。なぜなら，成人から老年の行動への変化は，後もどりと見なすべきであって，漸進的な発達と見なすべきではないからである。しかしながらこの定義は，このような制限内で退行に対する一定の検証可能な基準を提供している。退行理論がさらに相当に進むまでは，操作的定義としてこのような基準を使用するのがよいかもしれない[2]。

　このような操作的定義は明らかに，退行の量および人の退行する水準を決定する可能性を提供するものである。このような行動を典型的に示す正常の子どもたちの年齢水準で，後者は表現される。退行の量は，退行前後の個人の状態に年齢を付与することによって特色づけられる。

退行の種類

行動の退行と人の退行 ── 偽退行

　2歳の少女が鏡の前で小さくなって立っていて，自分が実際に小さいかどうか見る方法を見つけ出そうとしている。このような行動の生起する事態は次のようなものである。この少女には羨望の的である赤ん坊の弟妹がある。大きくなろうか，それとももっと小さくなろうか，彼女は決めかねているのが明らかである。このような事態で子どもたちが，比較的年少の弟妹をまねて，食事作法や泣き方やいたずら等々で赤ん坊のような行動を現し始める場合が多い。

　これは退行であろうか。もしこのような行動の外面的価値のみを指向すれば，叙上の定義と一致して，それは退行だといわねばならない。3歳水準に固有の型から，2歳水準のものへと行動様式が低められた。それにもかかわらずこのような変化を，病気や激しい情緒的緊張に起因する退行と同一視することは躊躇される。少女は比較的年少の弟妹の行動を現して，それが比較的年少の子どものものであるけれども，事実その"役割を演ずる"かもしれない。このような役割は遊戯としてでなしに真剣に，立派な俳優の演技で演ぜられることがある。このような役割はおそらく，原始的行動と呼ぶよりもむしろ洗練された行

動と呼ぶのがいっそう公平であろう。

　もし子どもが最後までこのような役割を続けるならば，子どもは本当に原始的になるかもしれない。子どもは少なくともある程度，さらに成熟した動作をする能力を喪失するかもしれない。このような状態に達するまでは，"人の退行"ではなくして"行動の偽退行"であるということができる。換言すれば行動の退行は，人の退行の徴候であることもありまたそうでないこともある。行動の類似性は必ずしも，人の根底に横たわる状態の類似性の指標ではない。人の同一状態がむしろ異なった徴候として，それ自体現象しうるということが怒りに関して詳細に示され (7)，そしてこのことは心理学のあらゆる領域に妥当する。これは，行動 (B) は人 (P) と環境 (E) との関数である，すなわち $B = F(P, E)$ という基礎的公式に由来する。直接に観察しうる"徴候"(B) と，方法論的に常に"構成概念"の位置をもつところの根底にある"人の状態"(P) とを区別することが，これから必要になる。

　発達の状態と連関する人の成熟水準が，その行動によって指示されるものよりも事実高いこともあり低いこともあるということを，叙上のことは意味することになる。既述の少女は前者の場合の例である。比較的高度に"要求が成熟"した場合に固有の仕方で一定の強制された規則を固守し，外側からの固い圧力の結果として比較的成人のような行動を相次いで多くの点で現す子どもに，後者の例は見られることである。圧力が解消されるや否や，子どもはいっそう低い成熟水準で振る舞うであろう。

　人の状態における差異徴候として，行動の差異を使用したいと思う場合には，行動の退行と人の退行との間に区別を設けるが，それは対比しうる事態を指摘する必要性と密接に連関している。

一時的および永続的退行

　退行は例えばちょっとしたショック，混乱，または情緒の場合に2，3分だけ続き，あるいは，例えば病気の結果として数年続くことがある。退行は緩慢な低下でもありうるしまたは急激な下落でもありうる。個人は退行したままでいることもあり，その以前の水準を急激にまたは徐々に取り戻すこともあり，あるいは中間の水準に立ち帰ることもある。

事態の退行と定義した（established）退行

情緒的緊張下では行動も人も，いっそう原始的な水準に退行するであろう。このような事態で，比較的高い水準で振る舞うことは，個人に事実不可能である。しかしながらこのような場合のうち原始化が見られるのは，"牢獄にある場合"や"ひどく蹉跌したとき"のような，特殊事態に限られるであろう。このような特殊事態から離脱するや否や，人はその以前の水準を再度獲得するであろう。最も都合のよい事態でさえ，以前のいっそう高い水準を現さないというようなふうに，人の退行する場合もまたその他にある。前者の場合を**事態の退行**と呼び，後者を**定着**した退行と呼ぼう。中間的な場合が存在することはいうまでもない。このような差異を一時的および永続的退行間の区別と同一視することは意味がない。永続的退行は，1つの特殊事態に個人が永続的に置かれるという事実に起因するものであろう。比較的永続的であって，しかもなお事態的な退行が生起しうる。事態的および定着的退行という術語は，持続には関係しない。事態の退行の場合には，事態における変化に伴い発達水準はおおいに変動する。一方定着した退行は，このような変化に比較的無関係にそれが行われる。子どもについての社会－精神病学的な仕事で，ケースの診断や取り扱いに際しこの区別は実際的な重要性をもっている。人間に関して実験する場合には，事態的退行を創造することに限定されねばならないということは明らかである。

部分的および一般的退行

退行の結果は多かれ少なかれ，人の限定された領域に影響するであろう。例えば，退行はその知的性能には多くの変化を与えないで，運動機能や人の情緒生活にのみ影響するかもしれない。一般的な退歩（deterioration）と同時に，人の特殊領域におけるいろんな退行の型の多くの実例を精神病理学はあげている。いうまでもなく特殊領域の退行は，いずれもある程度個人のすべての行動に影響する。

いろいろの年齢水準における行動の，主要な差異

退行に至る事態を理解するために，いろいろの発達水準に対応する人の行動

と状態とを特色づけるところの一定の概念を発展させることが必要であろう。高い水準に対応する状態から低い水準に対応する状態へ，人を変化させる力に関しての叙述を，論理的に導き出すことができるような仕方で，このような概念構成はなされるであろう。もしこの課題が履行されるならば，種々様々の条件下における一定の人の退行の量と種類について，予言を許すところの退行の十分な理論が樹立されるであろう。

　このような目標はただ非常に漸次にのみ達せられるということは明らかである。いろいろの年齢水準における行動差の主なる側面と呼ばれるものの概観を，まず第1に述べることにしよう。その上で，少なくともある行動差が理解され，ある退行の条件が誘導されるような仕方で，人の状態の概念的表現を可能にするようなある種の構成体を論ずるために，われわれは前進するであろう。

　いろいろの年齢水準における行動の差異は，次のような5つの側面で分類される。行動の多様性，行動の体制化，活動領域の拡がり，行動の相互依存，リアリズムの程度。

行動の多様性

　子どもが比較的大きくなるにつれて，その行動の多様性は増大するといわれる（ある類型の行動は発達中に脱落するという事実があるにもかかわらず，このことは真実である）。**行動**の多様性の増大は多くの方面で注目することができる。

　a. 新生児の行動は寝ること，泣くこと，飲むこと，排泄，めざめて横たわっていることに多かれ少なかれ限定される。成長しつつある子どもの行動は，漸次いっそう多くの類型の活動を包含することになろう。話すこと，歩くこと，読むこと等がそれである。未分化の行動は，多様な種類の動作に分かれることによって分化するようになる。例えば目標への接近は，最初はいつも直接の接近であるが，あとでは廻り路によったり物理的および社会的道具を使用して，間接の接近の仕方が生起する。加うるに直接の接近はいっそう多様性を呈し，例えば活動の程度においても現実的なまたは身振りのような行動の量においても，豊富になる。間接の接近についていえば，そこで使用される物理的または社会的道具の種類が分化するようになる。実際はすべての領域の活動で，同様な分化が観察される (16)。使用語数に関して (27, 34)，使用単語の類型に関して，また文法的構造に関して個

人の言葉は増加する。もし活動が個人のもっている可能性と見なされるならば，"技量"の多様性の増大ということも考えられる。

b. 同様な多様性の増大は，**情緒**の領域で観察することができる (3, 12)。原始的な未分化の情緒的表現さえ，明瞭な多様性に分岐する。最初は喜びは，胃の障害によって引き起こされるしかめっつらと区別することは困難である。後には，そのとき笑うのがどちらかといえば本質的に明白なものとなり，当然のこととなる。友好的な打ち解けた笑い，幸福な笑い，おおへいな笑い，反逆的な笑いなどのような，いっそう多くの類型の笑いが徐々に起こる。

c. 同様な分化は，**欲求**，興味，目標の領域で観察される。嬰児はいくつかの欲求をもっているが，それが徐々に比較的大きな多様性にわたるようになる。このような増大は，子どもの時代には非常に顕著なものである。加うるに，ある欲求が優勢であることにも，変動がある。

d. きわめて多様に分化する過程は，**知識**の分野で特に明白である。赤ん坊の比較的未分化の心理学的世界は，いわゆる分化過程を通じて，広範にわたりそれが構造化する (20)。知識における変化は，領域の多様性の増大よりもむしろ，再構造化という数多の認知的変化を包含している。しかしながら知識の変化の有力な特徴の1つは，学習に関しても，洞察に関しても，年齢的成長に伴ってその分化が増大することと，その豊富さが比較的増すことである。

e. **社会的行動**と社会的関係は多様性の増大を示す。その人と社会的関係のある人の数は，社会的相互関係の類型が増加するのと同じく増加する。諸々の個人に対する関係は，特殊な種類の友情，相互依存関係，またはリーダーシップにおいてますます分節してくる。うわべの接触とより深い接触との間に比較的明らかな区別が設けられる。

こうして，全体として行動の多様性は正常発達でいえば，子ども時代中に増加するということができる。このことは次の公式によって表現しうる。

(1) $var(B^{Ch}) < var(B^{Ad})$

そこで var は多様性を意味する。B^{Ch} は子どもの行動，B^{Ad} は成人の行動である。公式的な表現を簡略にし，発達の主要傾向を特色づけたいだけだということを指摘するために，公式的に Ch および Ad で表される2つの水準のみに言

及しよう。

行動の体制化

もし行動の発達が行動の多様性の増大を招来するだけならば，個人の行為がだんだん渾沌となり，少なくともだんだん連絡がないようになると考えられよう。しかしながらそれは明らかに事情を異にする。分化の増大に並行してそれに従い，部分の比較的大きな多様性が動作の1つの単位に包摂されるような発達が進行する。いろいろの動作が比較的大きな動作単位の部分になるであろうが，それには多数の仕方がある。一定時程中継続し，多数の多かれ少なかれ異なった下位部分を包含するところの行動単位は往々にして，諸部分を指導し支配するところの1つの指導理念の特色をもってくる。このような指導理念となるものは，支配目的かあるいは目標の到達であろう。下位部分はある準備状態であろうが，それには個人を目標に至らせ，最後にある特定の充足動作に至らせるような諸動作を伴う。この場合，動作の下位部分のあるものは目的への手段の関係をもっている。塀をよじ登るような正確な目標や，あるいは家遊びをするようないっそう一般的な着想が指導目的であることがある。これとは違った例えば，読書のような多くのレクリエーション活動や遊戯活動では，いろいろの諸部分が対位された下位単位の性格を主にもっている。ガイダンスや，支配目的の操縦や，指導的着想によるあらゆるタイプの行動的統一と関連して，行動の体制化ということが考えられるであろう[3]。このような場合にわれわれは少なくとも2つの水準を区別することができる。すなわち指導的着想と被指導的操作とである。

発達において，行動の体制の3つの側面が区別される。

単位の複雑さ：1つの動作単位に包含されるところの下位部分の最大多数と下位部分の多様性は，発達と共に増加するといわれる。子どもは成長するにつれ，基本的な型を作る際に一時に2つの積み木を取り扱うというのではなしに，だんだん比較的多数の積み木を使用するようになる。複雑さの比較的増す1つの徴候は，年齢的成長と共に，連続的遊戯の最大持続時数が増加するという点に表れる (5)。

ヒエラルキー的体制：指導的着想によって総合することのできる操作 (manipulations) 数の増加とは別に，体制自体のタイプはますます複雑になるよ

うに思われる。すなわち一系列の操作を舵とる目標は，いっそう包括的な目標の下位目標になるであろう。現実の操作が下位目標によって支配されるのとまったく同じ仕方で，下位目標はいっそう高い目標によって支配されるように思われる。例えば家遊びという主要な着想は，多数の下位着想を包含するであろう。父は仕事に行き，母は子どもたちに着物を着せ，洗濯をする等，すべて主要な着想によって指導されある特定のシークエンスとして行われる。子どもたちに着物を着せるような下位目標は，メアリーに着物を着せることや，ジョージに着物を着せることを内含しているであろう。換言すればいっそう包括的な行動単位が，多数のヒエラルキー的水準を内含し，そのおのおのは次のいっそう高い水準によって支配されるであろう。水準の数に直結して，行動単位の有する種々の"程度のヒエラルキー的体制"のことが考えられるであろう。

　ヒエラルキー的体制の最大限度は，年齢的成長に伴い増加するように思われる。すなわち比較的年少の子どもたちよりも年長の子どもたちにおいて，1つの単位はいっそう多くの水準を包摂しうる。

複雑な体制：1つの着想によって指導された活動は，連続的動作として実行されるものではなくて，他の活動によって中断され，そして後になってまた取り上げられるであろう。繰り返し中断されねばならない活動を継続的に実行するためには，比較的複雑な体制を必要とすることは明らかである。実際上は無関係の着想によって指導されて同時に2つまたはそれ以上の活動が実行されるときの重なり合う行動に，ほかの種類の複雑な体制が存在する。このような行動の例は，2次的遊戯である。すなわち遊戯に無関係な主題について相手方と会話するような，別の活動と同時に生起する遊戯である。これと密接に関係して，2つの意味水準をもつ行動の体制がある。嘘をつくこと，冗談を言うこと，憎しみから友好のすぎた行動を示すこと，または類似の"よこしまな表現"は多かれ少なかれ矛盾するものと考えられるような2つの水準において生起する動作である。比較的明白な水準が，いっそう深い水準のもつ反対の意味を隠すために往々にして役立ち，しかも多少複雑な動作体制を表している。自己統制の問題は，このような類型の体制化に密接に関わっていることは明らかである。

　嘘と冗談はどちらかといえば早期の習性構成（achievements）である。しかしながら2歳児の嘘は比較的公然としていて，原始的である。このようなタイプの複雑な体制を現す能力は，年齢的成長と共に増加するように思われる。

比較的年長の子どものあらゆる動作が比較的年少の子どものあらゆる動作よりも，比較的高度に体制化されているとはいえない。比較的年長の子どもの行動には，比較的年少の子どもにおけるよりも，複雑さの少ない単位が往々にして包含される。しかしながら行動単位の体制化の最大限度は，年齢的成長と共に増大するように思われる。換言すれば，われわれは次のようにいうことができる。

(2) $hier\ org^{max}(B^{Ch}) < hier\ org^{max}(B^{Ad})$

$hier\ org^{max}$ はヒエラルキー的体制の最大限度を表し，B^{Ch} は子どもの行動単位，B^{Ad} は成人の行動単位を表す。

活動や興味の領域の拡がり

子どもの行動に影響する心理学的世界は，考慮に入れられる範囲に関しても時間間隔に関しても，年齢的成長と共に拡大するように思われる。

場のスコープ：小児用寝台で生活している3カ月の子どもは，その周囲の地理的領域をわずかしか知らず，可能な活動領域は比較的僅少である。1歳の子どもははるかに広い地理的領域と親しく，活動の場も広範である。家の多数の部屋，庭園，ある街路を彼は知っているようである。このような領域のあるものは彼の接近可能なものであり，他のものは接近不可能である。子どもはテーブルや寝台の下では這うことができるかもしれない。しかし，登りたいけれども，子どもはある特定の椅子に登ることはできないかもしれない。このような子どもの生活空間の領域は，その自由運動空間の外側にあり (25)，そしてそれは一部子ども自身の能力によって制限され，一部社会的タブーによって制限される。例えば子どもは書物を破ることを好むであろう。この場合，書物を破ることは，その生活空間の範囲内にあることであり，そしてその行動に相当影響するであろう。母が"いけません"と言って，しばらくこのような活動の範囲外に子どもを置いておくことがあるとしても，それは行動の場にいろいろの影響を与える。生活空間の魅力的な領域と，自由運動の空間との間の懸隔は，個人の要求水準を決定する有力な要因の1つである。

発達中に自由運動の空間も生活空間も，通常増大する。成長しつつある子どもの接近可能な活動領域は拡大される。その訳は子ども自身の能力が増大するからである。そして少なくとも嬰児期を越えた年齢的成長に伴い，それが形成

されるよりもはるかに迅速に，社会的制約は取り除かれていくであろう。より年少の同胞の出産のようなある事象は一定期間，変化のバランスをくつがえすことがよくある。しかしながら，自由運動空間が増大していないときでさえ，生活空間は，一方では接近しえて他方では接近しえない新しい領域に，年齢的成長と共に拡大していくのが普通である。生活空間のスコープの拡大は，時には漸次に，時にはむしろ急激のステップで生起する。後者はいわゆる発達における危機に特有である。このような過程は，成人時代にまでずっと連続する(5)。

時間的展望：発達中に生活空間の同様な拡がりは，"心理学的時間次元"と呼ぶことのできるものでも生起する。発達中に生活空間の時間次元のスコープは，時間から，日，月および年へと増大する。換言すれば，年少の子どもは直接の現在に住んでいる。年齢的成長と共にいよいよいっそう遠い心理学的過去と未来とが現在の行動に影響する。

生活空間の拡がりの増大を，ただ行動の多様性の増大といろんなタイプの行動の体制化との結合として解釈することが可能であるかもしれない。しかしながら，このような変化を別個の叙述で表現した方が好ましい。

(3) $L\,Sp(Ch) < L\,Sp(Ad)$

そこで $L\,Sp(Ch)$ は子どもの生活空間の大きさを意味し，そして $L\,Sp(Ad)$ は成人の生活空間の大きさである。

その上自由運動の空間（すなわち生活空間内の接近可能な領域の全体性）に対しては，概して次のことが妥当する。

(4) $SFM(Ch) < SFM(Ad)$

そこで $SFM(Ch)$ は子どもの自由運動の空間の大きさを意味し，$SFM(Ad)$ は成人の自由運動の空間の大きさである。しかしながら自由運動の空間は，子どもが固い制度に服従するときのように，ある特定の発達期間中に狭められることがある。

行動の相互依存

個人が漸次分化していくという叙述は，2つの意味をもつことができる。一方では行動の多様性が増大することを意味するといえる。すなわち一定の年齢において観察しうる行動の全体性のうち，同質性が少なくなることである。こ

の場合に，分化という術語は類似性と差異性との関係のことである。それは"特殊化"または"個別化"を意味している。他方では分化という術語によって，力学的全体の諸部分間の依存と独立の関係のことを述べることができる。この場合に分化の増大といえば，比較的独立に作用しうる人の部分の数が増大することを意味する。すなわちその独立の度合が増大するということである[4]。すでにわれわれが行動の多様性のことを論じたように，続いて独立と依存の問題に向かうとしよう。

　子どもが成人よりも比較的大きな一体性（unity）を示すという叙述は，心理学で比較的最近強調された。以前には，成人は比較的大きな一体性を示すということを考えるのが習慣的であった。なぜなら子ども時代には，種々の欲求と種々の活動の領域が，多かれ少なかれ独立に発展するかもしれないからである。他方成人はこのような活動のいろんな領域を比較的成全させた（integrated）ようである。

　子どもの発達過程は，分化と成全（integration）の増大を包含するということが，今日では一般に認められた。発達するにつれて，人の比較的独立の下位部分の数とそれらの独立の度合とは増加するように思われるが，こうして人の統一の度合は低下する。他方発達過程は，人の統一を増大するところの成全をも包含している。このような過程の両者とも同時に進展するのであるから，成全というのは実際には分化の逆の過程でありえないことは明らかである。それは分化を排除するものではないし，また分化の減退でもない。そこで成全は分化を前提条件としているといえる。したがって誤解を避けるために，成全という代わりに"体制化"という術語を使用するのが好都合であろう。

　人の体制的統一の度合の根底にある機能的相互依存の種類は，その分化度の根底にある相互依存の種類とは明らかに異ならねばならない。相互依存を処理する概念は構成体の水準にあり，相互依存のいろんな類型をさらに正確に決定しようとする企図は，多数の構成概念の議論を前提とする。一方で個人の分化の増大に，他方で体制化の増大に関与する経験的材料を概観したあとで，われわれはそれらを研究するであろう。

　単純な相互依存の低下：人の分化の増大を指摘する事実からわれわれは出発することにする。

　運動系の分化：胎児や赤ん坊の全身的ないわゆる団塊運動（mass action）は，

手足による運動に分化していないが，それは個体の未分化反応の特色ある例である。子どもの発達は運動機能の分化の増大によって特色づけられ，異なった部分が比較的独立の動作を現す程度の増大を通じて示される。例えば把握運動の発達は (13)，目や足や腕や口で同時に対象に接近する傾向から出発する。漸次他の活動は脱落し，子どもは最初比較的未分化の単位としてその腕やその手を使用するようになり，最後にはその指を独立に使用するようになる。年少の子どもが年長の子どもよりも比較的大きな程度に，その全身ですべてのことをしようとする傾向を現すことは明白である。いわゆる不随意筋の随伴運動が漸次低下するのは，この事実の別の表現にすぎない。筋肉組織の一部におけるトーヌスの増大に，他の部分におけるトーヌスの随伴することが，子どもでは成人よりも多いらしい。換言すれば運動系は筋肉緊張においても分化の増大を示す。

人の内部領域と運動領域の相互依存：相互依存の度合における同様な低下は，欲求や情緒の現れ方で観察することができる。赤ん坊における筋肉活動の量は，その空腹の直接の関数である (17)。年長の子どもに対しても成人に対しても，空腹と不安や抗争その他の情緒的表現の量との間に，類似の関係が存在するということはおそらく確かである。しかしながらこのような依存関係があってもその直接性は少ない。飽和した赤ん坊は全身的に飽和している。赤ん坊がお乳を飲まされると，その身体はあらゆる側面で，その状態を表現する。しかも赤ん坊はその情緒的表現をコントロールすることができない。年長の子どもは比較的自制的である。その運動系はその欲求と情緒的状態をあからさまに現出しない。換言すれば，年齢的成長に伴って，運動系と"人の内部組織"すなわちその欲求に関係づけられている人の領域との間の直接の相互依存は少なくなる。

運動体系の状態から人の内部領域へ働きかける効果においても，このような2つの人の部分間の直接的相互依存は低下することが明らかである。比較的年少の子どもにおいては，気分や実際上あらゆる行動の側面は，年長の子どもにおけるよりもさらに直接に，身体の状態すなわち疲労，空腹，消化不良等に依存する。

人の内部領域における相互依存：各種欲求もまた，直接相互依存することが少なくなることがあるが，それはある特定の事実から知られる。他の欲求の飽和により一部の欲求の共飽和が起こるが，それは年齢的成長に伴って低下す

る（22）。年長の子どもよりも年少の子どもにおいて，1つの欲求の飽和により，飽和の一般的状態の招来されることが多いと考えられるが，このことは代償価に関する実験（33）から知られる。比較的年長の者においては，各種欲求の緊張状態は比較的高度に独立である。

人と環境の相互依存：きわめて年少の子どもは，瞬時的事態の刺激にどうすることもできないで当面する。比較的年長の子どもは，その事態に自己をいっそう容易に位置づけることができる。葛藤事態に陥った赤ん坊と年長の子どもの行為では，このような差異が必ず見出された。このことは一部は時間的展望における変化のためであるが，しかしながら他面では，"自我"と心理学的環境との間の"機能的距離"が比較的大きなことを，それは示している。人の中核的自我と環境との間のこのような比較的大きな懸隔（remoteness）または比較的大きな"距離"は，スペンサー（35, p. 316）さらに最近ではピアジェ（32, p. 360）によって論ぜられた（1, 14をも見よ）。成長しつつある子どもは，比較的中心的な層と比較的周辺的な層の数が増大するように分化するであろう。知覚された環境における事物や事象の"皮相的"側面が，漸次その"より深い"意味とは区別されるようになることもまた確実である。

自我の中核層と心理学的環境との間に比較的大きな距離があることは，その中に比較的大きな独立性を含有することになる。あるいは少なくとも，生活空間のこのような領域すなわち心理学的人と心理学的環境との間に，直接の相互依存関係は比較的少なく行われる。そのためにその環境の直接の影響によって子どもが無力になることは少なくなり，知覚された環境が気分や子どもの欲求の瞬時的状態に依存することも少なくなる。もしその欲求，恐怖，願望等が変化するならば，成人は一定の物理的結構を異なった心理学的環境として知覚するということを，われわれは知っている。しかしながら，人の欲求や恐怖への知覚された環境の依存関係は，子どもではおそらくより完全にしてかつ直接的である。空想と現実，嘘と真実は，子どもでは成人におけるよりもいっそう多く織りなされ，年少の子どもでは年長の子どもよりもなおさらそうである。

こうして全体として，生活空間のある特定部分の直接的相互依存が少なくなるように，個人の生活空間内で分化を招来するのが発達であるということを指摘する多数の事実がある。個人の運動体系内で，その内部人格領域内で，内部人格領域と運動領域との間の関係で，そして最後に内的心理学的領域と心理学

的環境との間の関係において，このような直接的相互依存の低下は観察することができる。われわれはこのような観察を次の公式で表現することができる。

　（5）　$si\ uni(Ch) > si\ uni(Ad)$

そこで $si\ uni(Ch)$ は，子どもの生活空間のある特定の下位部分の単純な相互依存度によって示されるような子どもの統一度を意味し，そして $si\ uni(Ad)$ は，成人の統一度を意味する。

　加うるにわれわれは，次のように述べることができる。

　（5a）　$dif(Ch) < dif(Ad)$

そこで $dif(Ch)$ と $dif(Ad)$ とは，子どもと成人の分化度を意味する（付録を参照）。

体制的相互依存における変化：生活空間の比較的孤立した下位部分へと分化が増大することは，生活空間の体制化が増大することによって多少妨げられる。年齢的成長に伴ってこのような体制化が増大することを示すところの豊富な材料がある。単位として体制化されうる生活空間の共在部分の視野(スコープ)が増大することと，一様に支配される動作の系列(シークエンス)が比較的大きくなることを，これらの材料は表現している。後の点はすでに論ぜられた。

　運動系の体制化：発達における運動機能の体制化の増大を表すところの多数の材料を，心理学者は収集した。例えば子どもの姿勢における頭のコントロールや，すわったり立ったりすることの学習；這うこと，歩くこと，登ること，走ること，跳ぶことのような移動の発達段階；言語の発達；あるいは排泄のコントロールなど，これらはすべて統一動作を営むために運動系のいろいろの部分の体制化が増大する例と見なされる。種々異なる筋肉系が相互に配置され，それがさらに系統的に配置されて体制化するが，いずれもだんだん複雑な類型への増加を示していく。運動組織の精密度は，有意運動の正確さの増大に現れる（36，4）。話すことは筋肉布置のきわめて複雑な系統的体制化を前提とする。

　内部人格領域による運動系の体制化：内部人格領域と運動領域との間の関係は，運動機能が道具に代わるような体制的性格を漸次獲得する。次の例はこのような変化の例証となる。年少の子どもが針に糸を通すような操作をしようとする場合，その実行に際して，筋肉は比較的弛緩していなければならないような性質の仕事であっても，子どもが成功しようと熱心であればあるほど，筋肉的には緊張してくるようである。換言すれば，年少の子どもでは，内部人格の欲求緊張が大であればあるほど，比較的高度の筋肉緊張（tonus）を招来するら

しい。以前に論じた直接的にしてかつ単純な人の内部体系と運動系の相互依存関係に，これは一致している。

　もし人の内部領域から運動領域への未だ体制化されない"緊張の拡張"が，あまりにも優勢になるならば，それは必然的に秩序整然たる目的に適した筋肉動作を妨害することになる。運動機能の人の内部領域に対する"体制化された"依存関係では，トーヌスの一般的増大は生起せず，むしろある特定の筋肉群における系統的な弛緩と緊張が起こり，そして動作の型とトーヌスの強度とが所与の結構で目的を到達するのに適度であるような仕方で，この系列は操縦される。筋肉緊張の型と強度とが，動作の背後にある欲求に対応する緊張の強度とは無関係であることをこのことは前提にしている。たとえ人が非常に急いでかつ一生懸命であるとしても，針に糸を通すためには，筋肉は比較的弛緩していなければならない。重い荷を運ぶためには，たとえこのような仕事をするための欲求が小さいとしても，トーヌスは高くなければならない。体制化された相互依存は単純な相互依存に比して，年齢的成長と共に，強化されるように思われる。そして手段としての運動的（motoric）組織の位置は，さらに確固と基礎が定まるようになる。

　人の内部領域の体制化：人の内部領域における分化の増大を論ずるに際して，われわれは欲求の単純な相互依存すなわち緊張の拡張を取り扱うであろう。個人の欲求体系の一般的緊張水準へ波及する一部欲求体系での緊張の効果は(2)，緊張の拡張（spreading）として理解することができる。他の欲求の飽和による一部の欲求の共飽和過程も（18），拡張の特徴をもっているように思われる。しかしながら，体制的相互依存の特徴をもつ第2の類型の人の内部領域間の相互依存関係が存在する。すなわち1つの体系は欲求を支配する位置を占め，他の体系は支配される欲求の位置を占めるものである。ある人が例えば芸術学校に入ろうとする大きな希望をもっている。この欲求は，芸術の仕事をすることに対する欲求から導出され，それによって支配されるであろう。芸術学校に入ろうとする欲求は，今度は入学試験に対する準備のような，ある要請を実行することの欲求を創造し規整するであろう。そして次にはこれは，ある店である書物を買おうとする準欲求となる。換言すれば，比較的優勢な欲求が1つまたはそれ以上の従属的諸欲求を統治しているばかりでなく，それらが今度は次のいっそう低い水準で従属的諸欲求を支配するような，欲求の段階的秩序が

存在するであろう。

　1つ以上の支配欲求（governing need）の結合から，被支配的欲求（dominated need）が往々にして派生する。例えば芸術学校に入ろうとする欲求は，芸術の仕事をすることに対する欲求や，または学校の仕事はその準備であるように思われる生計を得ようとする付加的欲求に，その歴史的起源を有するであろう。芸術学校に入ろうとする誘導された欲求は，多かれ少なかれ自働的（autonomous）になり（1），すなわちその起因する欲求とは多かれ少なかれ無関係になる。一定の環境事態において，1つまたはそれ以上の根本的欲求の満足を確保しようとする試みは，依存的欲求を成立させるかもしれないということをわれわれはここで強調したい。このような類型の依存は緊張の拡張を包含するものではなくて，ここでは1つの欲求が他の欲求によって支配され，1つの欲求は他の欲求の道具である。換言すれば，これは運動系と人の内部領域間の依存に類似した体制的依存関係である。諸欲求間の体制的相互依存の段階的秩序は，発達中に増大するように思われる。

　心理学的環境の体制化：人の心理学的環境の体制化の増大は，多くの例証を必要としない。このような体制化の簡単な例は，環境のある部分を道具として使用することである。成長しつつある子どもは，その身体的なまたはその社会的な環境の部分を，このような仕方で体制化することが漸次かなりできるようになる。そしてこのような体利化は漸次複雑となり，社会的な場では特に複雑になる。直接の動作による代わりに廻り路の仕方で目標に接近することもまた，子どもの心理学的環境のスコープが比較的大きくなることと連関して，知能の働きでその動作を体制化していく子どもの能力をそれは例証するものである。このような体制化は，その直接の環境に対する人の単純な依存の低下を前提とする。赤ん坊はその欲求を満足させるために，主としてそこに生起している事情に依存する。そのような機会が成人によって提供されないとすれば，現に赤ん坊は死んでしまうであろう。その欲求の満足が偶然にゆだねられないように，成長しつつある子どもは，漸次その環境を体制化しようとする。換言すれば，心理学的な人およびその環境を包含する生活空間は，比較的高度に体制化された単位にまとまろうとする。このような体制化は縷々，その手立ての外は矛盾するある事実や欲求を心理学的に相互に調和させるところの，ある一定のイデオロギーや合理化によって容易にされる。

こうして全体として，生活空間のヒエラルキー的体制は年齢的成長に伴って増大する．運動系内で，心理学的な内部領域内で，心理学的な内部領域に対する運動系の関係において，また人の内部領域に対する心理学的環境の関係において，このような増大は観察することができる．われわれはこのような変化を公式によって表現することができる．

(6) $hier\ org(Ch) < hier\ org(Ad)$

ここで $hier\ org(Ch)$ は，子どもの生活空間の諸部分のヒエラルキー的体制の程度を意味する．そして (Ad) は成人の生活空間に関係する．公式 (6) は密接に (2) に関係している．後者は行動の単一単位のヒエラルキー的体制に，前者は全体としての個体のヒエラルキー的体制に関係する．

序列をなした層の数が発達中に増加するということは，人の一体性における着実な増加を必ずしも意味するものではない．年長の子どもはいっそう調和的な人格または1つの中枢によっていっそう厳密に支配された人格を必ずしも現すものではない．むしろわれわれは人の統一の度合における変動を考えなければならない．したがって分化過程により時点から時点へと一体性は低下し，その結果体制化作用によりいっそう高い水準で一体性が再構成され，増大する傾向がある．そこで体制的統一の度合は（$org\ uni$），あとの発達水準では，早期の発達水準よりも比較的大であるかまたは比較的小であるかのいずれかである．われわれはこのことを次の公式によって表現することができる．

(7) $org\ uni(Ch) \leqq org\ uni(Ad)$

成人の体制的統一の度合に関しては個人差が大きいように思われる．

最後に体制化に関して，次のような叙述をすることができよう．体制化過程（体制的タイプの相互依存）の重みは，単純な相互依存（緊張の拡張するタイプのもの）の重みに相対的に，発達中に増大するように思われる．すなわち

(8) $\dfrac{重み\ (org\ interdep)}{重み\ (simple\ interdep)}(Ch) < \dfrac{重み\ (org\ interdep)}{重み\ (simple\ interdep)}(Ad)$

発達中の人の諸々の部分（生活空間）における依存関係の変化に対する徴候を総合して，われわれは図式的に図12で表すことにする．生活空間のある特定部分および生活空間全体における，"単純な相互連関"に基づくところの統一の度合は，分化の増大の結果低下するという，一定の指標が見られる．同時に，生活空間のこのような部分および全体としての生活空間におけるヒエラル

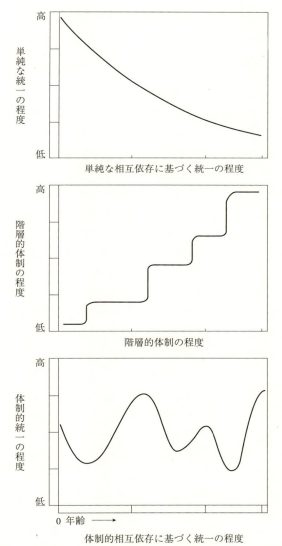

図 12 発達中におけるある変化の図式的表現。単純な相互依存に基づく統一の程度は，年齢と共に低下する。階層的体制の程度は徐々に増大する。体制的統一の程度は変化する。

キー的体制の程度は増大する。"体制的相互連関"に基づくところの人の統一の度合は動揺する。

リアリズムの程度

発達中に，知覚された環境は"主観的に着色"されにくくなるように思われるということをわれわれは述べた。知覚されるものは，気分の変化や個人の欲求に直接依存することが少なくなる。このような知覚のリアリズムの増大は，特に社会的関係の知覚で見られる。換言すれば，現実と空想とは比較的明らかに区別される。このような発達はただ，生活空間の分化の増大，自我と環境との間の"距離"の増大，ヒエラルキー的体制の増大の表現と見なされるかもしれない。しかしながら，多少異なった次元の変化すなわち生活空間内における客観的世界の結晶（crystallization）の増大と，現実的（リアリスティック）たらんとする傾向の増大とを，われわれはおそらくここで取り扱わねばならない。気の狂った人の世界は，正常人の世界のように非常に分化しかつ体制化されているかもしれないけれども，あとのリアリズムを欠くであろう。

諸々の思考段階において示される子どもの世界のリアリズムの展開を，ピアジェ（32）は詳細に論じた。動作の場において多少相似する過程は，子どもは大人と同程度にその動作を"節約"（economize）しないということであって，それは子どもと大人の行動との間の顕著な差異の1つを示している。極小の努力で最大の結果を効果的に得ようとする努力は，比較的年長の個体に固有の態度である。われわれはここで，客観的世界の特性を参照する度合が高まる特殊な体制化を取り扱わねばならない。

われわれは次の公式によって，このような変化を表現することができる。

　　(9)　$real(Ch) < real(Ad)$

そこで，$real(Ch)$ は子どものリアリズムの程度を意味し，$real(Ad)$ は成人のリアリズムの程度を示す。しかしながら，ある点で子どもたちは成人よりもさらに縷々，現実的(リアリスティック)であるということにわれわれは気づいている。例えば彼らは，イデオロギーによって盲目にされることが少ない。したがって叙述（9）は，主として発達の重要な側面を指摘するための意図から，概括的になされている。

諸々の年齢水準の子どもの行動における主なる差異として，行動の多様性に

おける変化，行動の体制化における変化，生活空間の拡がりにおける変化，人の統一の度合における変化およびリアリズムの程度における変化を述べた。しかしながらこれらのものが，発達に固有の唯一の行動的変化であると示唆するものではない。

退行の行動的側面

　発達に特有の変化に反対方向の変化として，われわれは退行を定義した。発達に固有なものとして数え上げられるものの逆の変化が，退行に固有でなければならないということが結論される。われわれの退行の定義や発達の叙述から発したこのような結論が，退行の術語の現実の使用法と一致しているかどうかが問題にされる。この結論はすべて事実ではないけれども，たいていの場合事実であるということが知られるであろう。

1. もし人の行動の**多様性**またはその動作の豊富さが相当低下するならば，単純化という意味の原始化のことが考えられる。
2. **行動的単位の体制化**の程度における低下というのは，階層をなした水準の数の減少か，体制崩壊（disorganization）のいずれかを意味するであろう。あとの場合には，動作の諸部分が矛盾に満ちてくるかもしれない。両者の場合に体制は解体（breakdown）するが，それは原始化としての行動の退行と見なされるようである。
3. **分化の減退や，人の体制化の低下**に対して，すなわち人の統一に関係づけられる要因に対しても同様なことが妥当する。人の体制化における低下，あるいは体制化に基づく1つの統一から単純な相互依存に基づく1つの統一（緊張の拡張）に向かって変化することは，人の原始化のことを述べるすべての場合に一番共通の現象である。強い情緒的状態や，あるいはたいていの精神病理学的な退行のケースにおいて観察される一時的退行現象では，これらのことが典型的に見出される。
4. **活動と興味の領域**の拡がりの低下は，例えば長い間雇用されないために生ずる退行の場合に特有であるように思われる。経済的必要から要請されるよりもはるか極度に，雇用されない人もその子どもたちさえも，その活動の場を狭めることが観察された。彼らの時間的展望は縮小するように思わ

れるが，それは人の行動が直接状況に比較的大きく依存しているからである。空想生活の縮小は，生活空間の現実－非現実次元における収縮を表しているように思われる。発達中における拡がり（extension）とは反対のこのような生活空間の変化は，原始化と退行とを表現していることは確かである。

われわれは全体としての生活空間のみならずして，また**自由運動の空間**と呼ばれる生活空間の部分も，発達中に増大するのが普通であるということを述べた。生活空間の拡がりの直接的変化がなくても，自由運動の空間は狭められることがある。それは，人が病気になったり，牢獄に入れられたり，新しい弟妹が誕生したときに起こるのであろう。生活空間における接近しえない領域と，接近しうる領域との割合がこのように変化すれば，それは制約（restriction）と呼ばれるのが普通であるけれども退行ではない。全体としての生活空間のスコープが低下する場合にのみ，退行というのが適当であろう。もし自由運動の空間が充分長い間持続して決定的に減少すれば，このような退行は縷々生起するということをわれわれは述べた。

5. **リアリズムの低下**の顕著な例は，正気から狂気への推移である。このような方向の一時的な比較的僅少の変化は，強度の情緒に固有の現実（reality）への"盲目性"である。それから"動作の節約"（economy of action）は，情緒的場面では崩れていくのが普通である。すなわち，目的への手段として働くその行動の効果性と正当性とに充分な関心を向けないようになり，その結果として人は"爆発する"。

このようなリアリズムの低下は，往々にして原始化と呼ばれる。ある論者は(37)，"現実からの逃避"を退行の最も顕著な特性と見なしているように思われる。しかしながら比較的年長の子どもは，原始化の徴候としてではないけれども込み入った空想を馳せることがよくあるだろう。逆にいって比較的年長の子どもは，比較的年少の子どもよりも，いっそう発達した空想生活をもっているのが普通である。こうして比較的込み入った空想生活は，一般に原始性よりもむしろ分化の徴候として考えられねばならない。

したがって，それが退行の徴候として評価される以前に，非現実的行動の事情を注意深く考えることが必要であると思われる。多分重きをなすものは，行動のリアリズムの実際の度合ではなくして，比較的現実に即しえないことであ

る。公式（9）の代わりに次のような公式が適用されるということを，叙上のことは意味するであろう。すなわち

(9a) $real^{max}(Ch) < real^{max}(Ad)$

そこで $real^{max}(Ch)$ は，子どもの現すことのできるリアリズムの最大限度を示し，そしてそれは発達水準の判断のための基礎と考えられねばならない。

行動の多様性や行動単位の体制化の低下，人の統一の度合における変化，生活空間の縮小，およびリアリズムの低下のような，退行の種々相があるが，1つの側面における一定量の退行が常にあらゆる他の側面の一定量の退行を招来するほどに，それらは強固に連結してはいない。情緒，身体的および精神的な病気，監禁，または老衰において退行のいろいろの型が観察されるが，それによって退行の各種側面はある程度において相互に独立であるということが強く指示されるのである。他方1つの点においてある水準以下に退行した人は，他の側面に関してもその以前の発達水準を保持しえないように，ある程度の相互連関が存在すると考えられる。

科学的構成概念による発達水準の表現

われわれは発達水準の主なる行動特性のいくつかを論じた。退行を予言しうるために，または科学的な退行理論を示すためには，退行の条件が論理的に誘導されうるような仕方で，人の諸々の発達水準を特色づけねばならない。その上このような諸々の発達段階の科学的表現は，一定段階のもついろいろの特色すなわち行動の多様性と体制化，生活空間の一体性等が相関させられる仕方を，理解できるものとしなければならない。

このような課題に使用しうる心理学的構成概念は，**新しい事物として**（de nouveau）発明される必要はない。このような領域で研究しているところの事実上すべての人たちによって，多数の概念（例えば分化）が使用される。とりわけ必要とされることは，このような構成体の概念的明瞭化である。もし発達段階の概念的表現によって，退行の条件の誘導を容易にするべきであるとすれば，人と環境とを包含する術語で，換言すれば場の理論の術語で，この表現はなされねばならない。

力学的全体の分化の程度

われわれは分化の概念から出発するであろう。上述のように分化という術語は，行動の多様性かそれとも行動の多様性を表現すると普通に考えられる力学的構材としての人の分化の度合のいずれかを指すのである。このような構成体すなわちこのような人の状態が，概念的にいっそう正確な形式で表現されうるかどうかを，われわれは考慮せねばならないであろう。

分化の概念の一般的特色：分化というのは全体の諸部分の数に関していわれる。それは力学的全体のある特色を表現している。すなわちそれは，一定の全体に包含されるところの比較的孤立したまたは区別される部分の数，およびおそらくはこのような諸部分の孤立の程度に関していわれる。卵が2つ，4つ，8つの細胞に分裂することや，胚が外胚葉，中胚葉，内胚葉にあとで分化することは，形態学的に決定される分化の簡単な例である。

a. 諸部分の独立に基づく分化。人の分化の心理学的程度は，不幸にして形態学的に決定されない。心理学で人の内的諸部分に区別を設けるには，このような諸部分の機能的分離に基づかねばならないであろう。

機能的独立に基づいていかにして全体内で部分を規定しうるであろうか，また全体のもつ一定の分化の度合が測られるような，全体に包含されているこうした諸部分の数をいかにして決定しうるかが，われわれの直面する課題である。

b. 体制的相互依存よりもむしろ，単純な相互依存に関係づけられるような分化。一定の全体に付与される機能的分化の度合は，考察されている当該の独立の類型とその度合如何による。

われわれはここで全体における諸部分の相互依存の2つの類型だけを区別するであろう。

1. **単純な依存**と呼ばれてきた依存の一類型は，次の特性をもっている。第1に一部位から隣接領域へと近接関係により"波及する"（spreading）性格をもった過程を根本特性とする。第2に依存部分の変化は，ある状態とその影響部分の状態とを均等化する方向に生起するのが普通である。例えば緊張の波及とは，すべての部分が等しい緊張状態に近づくように隣接部分の変化する傾向を意味する。第3に，部分 a の部分 b に対する依存は，部分 b の部分 a に対する依存と同じ類型（同じ程度を必ずしももっているのではないが）を本質的にもっている。

2. **体制的相互連関**と呼ばれた依存関係は，むしろ異なった特性を示す。第1にそれは，指導者と指導されるものや道具を使うものと道具との間の依存関係に類似した，aとbとの間の依存の類型である。このような場合に，aがbに依存する仕方は，bがaに依存する仕方とはむしろ明らかに異なっている。第2に体制的依存は，緊張の波及と違って隣りから隣りへと作用しないのが普通である。それは選択的な過程である。すなわち一時には1つの部分が，他のときには別の体系部分が，特殊な仕方で手段として使用される。例えば同一の欲求でも，筋肉系の異なる部分における組織的活動を生み出すことがある。第3に，aとbの体制化された相互依存に由来する一種の変化は，aおよびbの状態を等しくする傾向を伴わないのが普通である。従属部分b（すなわち指導される部分，手段）は，その目的を達成するようにa（指導部分）を援助するような仕方で変化する。けれども二者間に，比較的顕著な最後の等しさは見られないで差異が残る。

われわれが人の分化度を述べる場合には，依存の第1の類型すなわち単純な相互依存に基づくもののみに言及するであろう[5]。

　力学的全体における細胞の数を決定すること：a. 2つの領域の独立の程度の定義。2つの領域aとbはまったく依存しているのでもなければ，独立しているのでもない。独立の問題，特に全体の中の諸部分の問題は，程度の問題である。領域bに対する領域aの独立の程度は（indep(a, b)），aの状態を不変のままに残しておくbの状態における変化量であるといってよい。このような定義から出発して，その直接の周囲からの一領域の独立の程度の定義へと，われわれは進むことができる。

　b. 分化は全体内における自然的部分（細胞）を前提とする。制限された等質的全体すなわち容器の液体内でわれわれは，相当な程度において独立しているかもしれない2つの領域aとbを任意に指摘することができる。それにもかかわらず，もし明確な自然的部分がないとすれば，全体は分化しているとはいえないであろう。1つの部分内の下位領域は高度に相互依存しているけれども，別の諸部分の下位領域との間には，相互依存の程度が明らかに僅少であるような領域として自然的部分は定義可能である。

　換言すれば分化した全体の概念は，全体内に，自然的部分の存在することを前提条件とする。われわれは全体の自然的部分を，"細胞"（cells）と呼ぶであ

ろう（付録を参照）。

自然的細胞 c が隣接細胞 n から独立する程度を，$bo(c, n)$ によって指示することにしよう。すなわちそれは，n からの影響に対する c の機能的境界の強度と呼ばれる（付録を参照）。

隣接諸細胞の独立の度合には，同一全体内でも種々の異なる全体によっても，相違がある。自然的部分を示さない全体は，未分化であるとされる。

心理学的にも生物学的にも，自然的下位部分からなることがたいていの有機体の特色であるように思われ，そしてこのことは人に対してもたしかに妥当する。換言すれば，有機体は有限の（finite）構造をもっている。同様な有限の構造が，生活空間全体に特有である。

c. 分化の程度。全体の分化度は，その含有する細胞の数として定義することができる。

細胞はその近傍から独立する一定の度合として定義可能である。一定の全体（W）内で区別される孤立した細胞の数の多少，換言すれば全体の分化の度合は（$dif^*(W)$），全体の中に含まれる諸細胞が 2 つの個別的細胞と考えられねばならぬ独立の度合（k）如何による。2 つの価は逆比例している。

(10) $\quad dif^*(W) = F(1/k)$

しかしながら，分化の程度は通常 k の増大と共に連続的に低下しないで，自然的隣接細胞のちょうど独立（$bo(c, n)$）以下の値からちょうどそれ以上の値へと k が増大するところで，分化度は急激な落下点を示す。換言すれば全体の分化度は，任意の事柄ではない。それは全体の自然的細胞によって決定される。このように考えても，全体の分化度が依存や独立のある任意に要求された水準に相対的なものであるという事実を排除することにはならない。

全体の統一性と分化の程度

単純な依存（拡張）に起因する一体性である限り，成長しつつある子どもの一体性は低下するように思われるという観察に一部基づいて，成長しつつある子どもは分化の増大を示すと考えられる。このような変化を指示する多様な徴候をわれわれは論じてきた。退行の理論のためには，全体の分化度とその統一性の程度との間の概念的関係を決定することが，必要欠くべからざることである。

全体の統一性の程度の定義：全体における1つの部分の状態が，その全体の他の部分の状態に依存している程度に関して，全体の力学的統一性という術語は用いられる。全体の統一性はその諸部分の相互依存する程度が最大のときに，比較的大きいといわれる。

技術的には数多の異なる仕方で統一性は定義される（例えば，諸部分の平均的依存関係であるということによって）。ある部分 x のどれか他の部分 y に対する**最小限**の依存関係として，全体の統一性の度合をわれわれは定義するであろう。換言すれば，全体の単純な統一性の度合（$si\ uni(W)$）は，全体のうちで最も依存の少ない諸部分の依存度（dep）によって測定されるであろう。

(11)　$si\ uni(W) = dep^{min}(x, y)$

もし全体のある部位の状態が，全体の統一性を規定している度合よりもいっそう大きな程度にまで変化されるとすれば，全体のあらゆる部分が影響を被るということが全体 W の統一性をこのように定義することによって意味される。

統一性の程度の概念は，未分化の全体に対しても，分化した全体に対しても，また任意に規定された全体（2つまたはそれ以上の非連結領域を含有する）に対しても使用することができる。しかしながら，細胞の定義に使用されたものに類似の方法で，"自然的"（natural）全体を定義することが可能である。

全体の統一性，その分化とその直径（diameter）：このように規定された全体の統一性と，その分化の程度との間の関係はどうであろうか。換言すれば，全体内の1つの細胞の状態が全体の他の細胞の状態に依存する密接さと，この全体中に包含される細胞の数との間の関係はどうであろうか。

特に隣接諸細胞から独立する程度（$bo(c, n)$）に関しては，各細胞があらゆる他の細胞に力学的に均等であるような全体に，次の議論で分析を制限することにしよう。

細胞が同数であって，またどの2つの隣接細胞をとっても全体を通じて独立の同じ程度を表すと仮定すれば，隣接細胞の独立の程度が大きければ大きいほど，全体の統一性の度合は比較的小さいことは明らかである。

全体の統一性が分化と共に，すなわち細胞の数の増大と共に低下するということが期待されるかもしれない。しかしながらこのことは全面的に正しいことではない。

その近傍からの各細胞の独立の程度が同じ場合でさえ，細胞の数の増大に伴

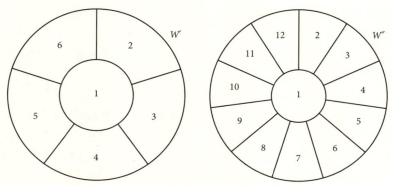

図13　全体の中心的および周辺的層

W'，1つの中心的細胞と6つの周辺的細胞とをもつ全体。1．中心的細胞；2，3，…6．周辺的細胞。W''，1つの中心的細胞と12の周辺的細胞とをもつ全体。1．中心的細胞；2，3，…12．周辺的細胞。W'' は W' よりもさらに分化しているけれども，両方の全体の単純な統一の程度は同じである。

い必ずしも全体の統一性における低下は招来されない。例えば図13における全体 W' の分化の程度は6であり，一方 W'' の分化度は12である。それにもかかわらず，両方の全体の一体性の程度は同じである。換言すれば全体の一体性は，各細胞の独立の程度と細胞の数のみならずして，このような諸細胞の群化される仕方に依存する。すなわち一体性は全体の構造にもまた依存する。

　全体の統一性を左右する決定的な構造的要因は，全体内のいずれか2つの細胞間の，極大"ホドロジー距離"(hodological distance, 26)――一細胞から他細胞に至る最少段階数(ステップ)によって測定される――である。われわれは全体の中のいずれか2つの細胞間の，このような極大距離（$e_{x,y}^{max}$）[訳注1]を，全体の"直径"(diameter) と呼ぶであろう。

　もしも全体の諸細胞が他の点で等しければ，全体の統一性の程度は，隣接諸細胞の独立の程度と全体の直径との逆比である。

$$(12) \quad si\ uni(W) = F\left(\frac{1}{bo(c, n), e_{x,y}^{max}}\right)$$

発達中の諸細胞の独立の増大：発達中の人の統一性の低下を，その分化の増大またはさらに正確にはその直径に関係づけることが可能であろう。しかしな

がら現実には，次の第2の要因がその役割を担っているように思われる。クーニンの研究（22）は，精神年齢は同一であっても暦年齢は異なっている人の共飽和に関するものであるが，それによると人の分化の程度は同一であっても，人の内部の対応領域に備わる独立の程度に関しては相違することが判明する。この研究は，隣接諸細胞の独立の増大についてのもう1つの指標であり，あるいはクーニンのいうように，年齢的成長と共に人の硬度（rigidity）が強大になることの指標である。

　隣接諸細胞の種々様々の緊張状態には，これら諸細胞間の境界においてある特定の力が対位される。これら諸力の強さはこのような状態の差異の程度如何によるであろう。2つの隣接細胞の独立の程度は，境界によって阻止できる緊張の最大限の落差に相関的なものと考えられる。換言すればそれは，境界の各側面に働く諸力の強さ間の最大限の落差，あるいは境界における合力の最大限の強さと呼ぶことのできるものに相関するであろう。

　このように表現すれば依存関係の相対性の便利な定式化ができる。すなわち全体内の2細胞は境界における強い合力の場合に従属的であり，かつ比較的弱い諸力の場合に独立的であろう。一定の全体の分化度は諸力の強さの逆関数であり，かつその強さに相関的に諸細胞は独立せねばならぬということを叙上のことは意味する。換言すれば合力があまり強大になると分化の減退が現出する。

層化（stratification）── 中心的および周辺的層（layers）；内的および外的層

　これまでずっと論ぜられた概念の枠内で，全体に異なった層（layers）を区別することが可能である。心理学者は層の概念を，特に比較的中心的な層や比較的周辺的な層を述べる場合に使用した。欲求と関連して，また人の接近可能性（accessibility）を考慮に入れると，このような区別はむしろ重要であると考えられた。

　別々の特性に基づいて層の2つの類型が区別される。全ての細胞が全体内で同じ力学的特性をもっているような最も簡単な場合に，再び議論を制限することにする。

　中心的な層と周辺的な層：全体内の細胞 c から，いずれか他の細胞 y に至る最大距離（$e_{c,y}^{max}$）は，すべての細胞について同一ではないのが普通である。いくつかの細胞からは，比較的少ない段階(ステップ)でいずれか他の細胞へ達することがで

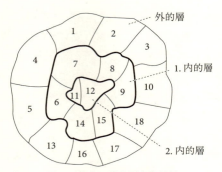

図14 全体の外的層と内的層

外的層は細胞 1，2，3，10，18，17，16，13，5，4 を含む；第 1 の内的層は細胞 6，7，8，9，15，14 を含む。第 2 の内的層は細胞 11，12 を含む。

きる。例えば図 13 における細胞 1 についてこのような最大距離は 1 に等しい。どれでも他の細胞の場合は 2 に等しい。このような距離が全体の直径に等しいところの全体内の諸細胞は"周辺的細胞"と呼ばれ，そしてそれらの総計は全体の"周辺的層"と呼ばれるであろう。このような周辺的層から出発して，われわれはだんだん中心的な層を区別することができる。図 13 で，最も中心的な層は細胞 1 である。

　その占めている位置の上から，中心的な細胞は周辺的な細胞よりも相対的に勢力がある。あらゆる他の細胞に影響を与えるために必要な細胞の最小限の変化は，中心的な細胞では比較的小さい。全体の状態は，このような仕方で中心的な細胞の状態に比較的多く依存する。

　同時に中心的諸細胞は平均して，全体におけるあらゆる場所の変化によって，比較的容易に影響される。それらはこのような仕方で，全体の状態に比較的"敏感"(sensitive) である。

　心理学的にいっそう中心的な層に共有のいくつかの特性に，このような事実が連結できることは明らかである。しかしながら，支配するものと支配されるものの関係をここで取り扱うのではなくて，むしろ単純な相互依存に基づく相対的重みを取り扱っていることが強調されるべきである。

　それ自体で考えられる中心的層の統一性の程度は，全体の統一性よりも比較的大きい（もしこの全体が周辺的諸細胞も含んでいるとすれば）。

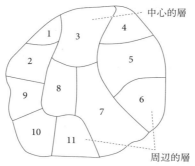

図15 中心的細胞が全体の外的層の部分であるケース

中心の層は細胞3, 7, 8 を含む。というのは全体内の他の細胞 y に至る最大距離はこれらの細胞について $e_{c,y}^{max} = 2$ であるから。周辺的細胞については，$e_{c,y}^{max} = 3$ である。内的層は細胞8のみを含む[訳注3]。なぜなら，このような細胞だけが，全体と共通の境界をもたないから。細胞3と7とは中心的であるにもかかわらず，外的細胞である。

内的層と外的層：細胞の求心性（centrality）の度合[訳注2]によって，細胞が全体**内部**の変化によってどの程度影響を被るかという問題を取り扱うことになる。

全体が**外部**の変化によって影響されることに対する細胞の位置の効果を案ずる問題が提起される。内的および外的層を区別することによって，このことは答えられる。全体の境界と共通の境界をもっている細胞は，"外的"細胞と呼ばれ，そしてその総計は全体の"外的層"である（図14）。外側の層から出発して類似した仕方で，だんだん内的な層を区別することができる。既述の自我と環境との間の距離の増大は発達中に人の層化が増大することに一部分関係づけられることは，まったく当を得たことである。

中心的な細胞は，往々にして内的層に定位されるけれども，これは必ずしもそうではない。中心的細胞が外的層に属することがある（図15を見よ）。

全体としての状態の異質性と多様性

発達の顕著な行動的特性は，われわれの見てきたように，行動の多様性の増大である。力学的には，行動の比較的大きな多様性は，一定の有機体で実現されうるきわめて多様な状態の型に結びつけられねばならないであろう。

等質性，分化，および全体の統一性：高度に分化した全体は等質的でありうる。すなわち例えば，あらゆる細胞の緊張状態は，全体を通じて同一である

第5章 退行, 後もどりおよび発達 123

かもしれない。しかしながら，2つの細胞の状態における最大限の差異と，全体の分化のある特定の側面との間には関係がある。全体内の最大限の異質性（inhomogeneity）すなわちいずれか2つの部分の状態の最大の差異は，その直径および隣接諸細胞の独立の程度に密接に関係づけられているということがさらに詳細に議論すればわかる。最大限の異質性は，全体の統一性の逆の関数である。

型（patterns）の多様性：一定の全体内で実現可能な状態の型の数は，細胞の独立の程度，直径，および加うるに細胞の数すなわち全体の分化の程度に依存する。

このようにずっと力学的全体をわれわれは論じてきたが，それはむしろ一般的特性に基づいていた。このような特性を人の現実の行動と結びつけるためには，われわれは有機体のさらに特殊な特性を考慮に入れなければならない。普通の状態のようなものについて述べることは，たいていの有機体に関して可能である。生物学的にも心理学的にも細胞の状態の変化には，それを越えれば細胞間の境界または細胞自体が破壊され，有機体は死んでしまうような限界がある。生きている全体の諸細胞の状態変化は，比較的狭い範囲にかつ一定の絶対的水準に，このような事実によって制限されている。それは，有機的全体内で実現可能な型の多様性に，非常に明確な限界を設けるものである。

もし細胞あるいは全体の比較的大きな部分が，外部の影響あるいは緊張した欲求のような諸要因によって固定した水準に保持されるならば，起こりうべき型の多様性は低下する。換言すれば，行動の柔軟性（flexibility）と豊富さは，減少する。型の多様性が低下する程度は，一定の全体に対して，主として次のものに依存する。すなわち①一定水準で保持される細胞の求心性の程度，②このような水準が普通の状態から逸脱する程度，③これら諸細胞の数。行動の多様性の減少は，退行と見られる。したがって，このような要因は退行の理解に重要である。

ヒエラルキー的体制の程度

単純な依存と，体制的依存との2つの類型の相互依存間にわれわれは区別を設けた。分化，統一性および型の多様性を，全体の諸部分間の単純な依存の関数として論じたから，さらにその諸部分の体制的依存に基づく全体の特性の議

論に及ぼう。

体制的依存の特色であるところの "導くものと導かれるもの" との関係は，"支配力の場" の概念の援助によって表現される。このような概念は社会心理学においてその有用性を示したが，それは他人に作用する諸力を誘発する1人の人の能力を示している。支配力の場の強さとスコープとをわれわれは区別することができる。"指導されるもの" に対する "指導するもの" の支配力の場は，"指導するもの" に対する "指導されるもの" の支配力の場よりも強いということは，指導するものと指導されるものとの間の関係の1つの重要な側面である。

このような概念を全体の諸部分に適用し，そしてその支配力の場を指示することによって，われわれは "指導的" 細胞と "被指導的" 細胞とを区別することができる。例えば運動領域の細胞に作用する諸力は，人の内部領域に属する細胞の支配力の場によって誘発されるといわれる (25)。

他の細胞を支配している細胞はそれ自体，第3の細胞群によって支配されることがある。そのおのおのが被支配層 (ruled stratum) をもっている諸層の数によって，全体のヒエラルキー的体制の程度をわれわれは定義することができる。

全体の体制的統一性

体制的統一性によって意味されるものを概念的に明確にすることは，必要なしかしながらむしろ困難な仕事である。このような術語は普通 "調和" とか "効率" (efficiency) の考察に連関する。よく体制化された単位は1つの頭部をもち，2つあるいはそれ以上の競争する "頭部" (heads) をもたない全体である。実行器官が指導領域の誘発的支配力 (inducing power) に従わないかまたは容易に従わない場合には，"体制崩壊" (disorganization) とか統一性の欠如といわれる。

全体の残りの部分の支配力の場の強さと連関して，頭部の機能をもっている全体の部分の支配力の場の強さを指示する比較的簡単な公式によって，体制の両方の側面を表現することが可能であると考えられる。

全体の体制的統一性は，その "支配される" 細胞の特性，コフカの意味では "実行器官" (executive) に，ある程度依存する (21) [6]。もし実行器官が，ハイダー (14) によって定義されたようによい媒質の特性をもっているならば，すなわちもしその状態が容易に変化可能な多数の比較的独立の部分からなってい

るならば，全体の体制的統一性は最大（maximal）であるだろう。この点は退行の条件として重要である。

媒質としての実行器官の効率は，子ども時代少なくとも早期の子ども時代には増大するだろう。しかしながら，ヒエラルキー的体制の頭部の数は，簡単な着実な進展を示すものではなかろう。ある時期には，全体の人は1つの頭部によって支配されるであろう。したがってその体制的統一性は，高度であろう。しかしながら頭部として作用する領域は，比較的独立の諸細胞に分化するかもしれない。そしてこのことは子どもの体制的統一性を低下するであろう。続いて新しい頭部が現れ，そして後に，新しい頭部の分化がさらに続くかもしれない等々。このような仕方で，全体のヒエラルキー的体制は増大するであろう。一方同時にその体制的統一の程度は，その頭部の分化や体制化と共に，周期的に増大したり低下したりする。行動の発達が往々にして，比較的調和的なまたは比較的調和的でない段階（危機）の時期を通って進むということは，このような見地が正しいことの指標として考えられる。

生活空間の拡がり

生活空間のスコープは，他の箇所で展開したところの概念的手段によって表現される（第6章参照）。拡がり（extension）の3つの主要な次元が区別される。第1に，個人に対して現実在の性格をもつところの領域の視野（スコープ）と分化とが取り扱われる。第2に現実－非現実次元における分化の増大が取り扱われる。第3に，心理学的時間次元の拡がり，すなわち一定時における生活空間の諸部分として存在するところの"心理学的過去"と"心理学的未来"の拡がりが取り扱われる。

もし生活空間の現実水準の視野（スコープ）が狭められるならば，またもしその心理学的時間次元とかその現実－非現実次元が低められるならば，その結果として行動の退行が生ずるであろう。さらにもし現実および非現実水準間の機能的連絡が断たれるならば，すなわちもし空想と動作間の連結が切断されるならば，その結果として退行のある特性を示している行動上の変化が生ずるであろう。

注

[1] もし発達段階のホンブルガーの分類（15）を使用するならば，少なくとも3次元

のシステムが要求されるであろう。なぜならそのシステムは，時間を表現する座標に加うるに，区別される質と関数の座標をもたねばならない。われわれはここで物理学の"位相空間"に類似の抽象的座標系を取り扱わねばならない。
[2] 当該個人がその生活史において以前に示した行動に，このような操作的定義は関与しないことが注目されるであろう。ある年齢水準の正常な子どもたちに特有の行動類型に，この定義は関与している。

　このような定義は何ら究極的意味を含まない。問題領域における最近の知識状態によって必要とされる作業定義がこれである。成熟までの年齢範囲でさえ，注意してこれを使用せねばならない。なぜなら，ある特定期間中に正常な平均児が，1つまたは他の機能において，いっそう原始的になることが現にあるが，それはどうしてもありうることである。結局，分化度，体制および年齢以外の他の類似の特性の術語で，種々様々の発達水準が概念的に定義されねばならないだろう。操作的定義で年齢に言及することは最終的にまったく止めなければならないだろうが，いろいろの条件下で生起している特殊な変化は詳述されねばならない。
[3] 縷々"成全"という術語がこのような文脈において使用される。体制化という方がいっそう好ましいが，それは成全は数学的に分化の逆であるからだ。しかしながら，心理学的"成全"が分化の減退を意味するものでないことは正しく強調されてきた。このような術語を"体制化"という術語によって置き換えるのがいっそうよいであろう。このような"体制化"という術語の使用法は，発生学や社会学における使用法とよく一致しているように思われる。
[4] 形態学では"分化"という術語は部分が比較的独立になる場合だけでなく，相互に異なる場合に限定して使用される。分化に含まれる2つの概念に対して，2つの異なった術語を使用することは当を得たものであろう。われわれは相違の増大の場合に"特殊化"とか"個別化"とかいい，独立の増大については"分化"というであろう。
[5] 単純な相互依存（または体制的相互依存）に固有と考えられるところの諸々の特性が，このような特殊な仕方で常に給合されるという何らの論理的理由もない。さらに詳細に分析すれば，このような要因のおのおのの特殊効果の研究が要求されるであろう。
[6] コフカはこの術語によって，指導する"頭部"を意味するのではなくて，実行する体系の部分を意味する。

訳注

[1] x と y との距離 ($e_{x,y}$) とは一細胞から他細胞に至る通路によって横切られる境界の最少数であり，2つの細胞 x と y の依存の度合を示す。
[2] 細胞の求心性の度合とは，全体 W で細胞 c のもつ いずれか他の細胞 y からの極大

ホドロジー距離 $e_{c,y}^{max}$ で表せる。それが全体の直径 $dio(W)$ に等しければ周辺的細胞であり、その中心性の程度は 0 である。

[3] 原箸に，because this cell only has no common boundary with the whole. The inner layer contain only cell 8. とあるが，正しい叙述は次の通りであろう。For the peripheral $e_{c,y}^{max}$ = 3. The inner layer contains only cell 8, because this cell only has no common boundary with the whole.

第 6 章

場の理論と社会心理学における実験（1939 年）

　社会学者たちが心理学の最近の傾向に満足しているのは，十分な理由があると思われる。
　たいていの心理学者たちは多かれ少なかれ個人の生物学的性格を強調し，物理学的および生理学的過程の実在を信じざるをえないと感じているようであるが，社会的カテゴリーについてはむしろ疑い，社会的事実を物理学的事実と同様に現実的なものであると主張する人々を，神秘的だと見なしているようである。
　最近ではしかしながら，このような見解を放棄したかのように見える心理学者の数は増してきた。社会的事実が，いわゆる"生理学的事実"と同様に，否それ以上に重要であると，彼らは信じているようである。子どもは生まれた最初の日から客観的には社会的機構の一部であり，もしもそこから投げ出されるならば，日ならずして死んでしまうということを，これらの心理学者たちは認めている。そしてまた，個人の"主観的な"心理学的世界すなわちその生活空間は，数十年前に考えられていたよりもはるかに早期から，社会的事実や社会的関係の影響を受けている。すでに数カ月で子どもは，他人の笑いや声にむしろ特殊な仕方で反応するようである。社会的態度を表現しているところの外観の物理的線を区別することができるよりもはるかに以前から，子どもは他人の好意を知覚し区別することができる，というふうにいってもおそらく正しいであろう。
　このように早い年齢から始まって，子どもの行動はすべての点で，その社会的場面によって形成される。もちろんその道徳的，宗教的および政治的価値は，子どもがその中で生活している社会の一部であることおよびその社会に反応す

るということによって，規定される。人々が文化人類学や実験心理学の所見を考慮するならば，社会的影響が個人のあらゆる動作に入り込み，社会とは何ら関係がないと思われるような動作にまで入り込んでいることの明証を，あげることができよう。

　人間の行動は方向づけられた動作であるか，または情緒的表現であるかのいずれかである。実験心理学によれば，目標が形成されるのは，要求水準を支配する法則に直接依存し，特に要求水準の上昇あるいは下降に対する成功や失敗の効果に直接依存している。要求水準は，他人の存否のような社会的事実や，場面のもつ競争的または非競争的性格によって，おおいに影響されるということが，これらの実験によって明らかである。また，目標の設定は，ある理想目標すなわち社会学者が人の"イデオロギー"と呼ぶものに依存することも示されている。これらのイデオロギーが異なった文化においては極端に相違していることを，文化人類学は証明している。情緒的表現については，例えば適当に賞賛したり，社会的雰囲気を変化することによって，失敗に対する情緒的反応を著しく変化しうることが，実験によってわかっている。個人における緊張の処置が，その個人の特殊な社会的，文化的機構に依存しているという一般的命題[1]はこれらのことから立証される。

　社会的事実が行動に及ぼす基本的，直接的，かつ広範な効果の実証——それは社会学者の一番熱心な夢であるが——を助けるところの補助手段になるものは，実験心理学であるということがこのことから明らかになろう。

　心理的事実の"歴史的"，社会的側面を強調する心理学者の数は増してきた。そして刺激−反応の心理学のがっちりした信奉者ですら，できるだけ多くしかもできるだけ接近して社会的事実を獲得しようと，特別の興味を示している。この基礎的議論によって，心理学者と社会学者との間にあった伝統的対立の必要は，もはや何も存在しないと私は信ずる。

I

　行動の社会的依存性についてこのように洞察しても，不幸にして心理学者にとって，これで問題は終わったわけではない。心理学者の問題はむしろここから始まる。社会学者の場合でも同様である。社会心理学も含めて心理学は，お

そらく何か"一般性"（いかにそれが正しいものでも）を求めるだけで満足してはならない。心理学が科学的概念と理論とを評価する際には，それらの概念や理論が，力学的依存関係の問題を取り扱いうるか否か，また研究室や臨床上の具体的な仕事をするために，それらのものがこのような問題を特殊な仕方で充分に取り扱いうるか否かに，主として拠らなければならない。

　もちろん数百年間，人格や意志や情緒は厳密な法則に従わず，実験的に研究不可能なものであるという信条が行きわたっていた。これと同様な見地が，社会学では伝統的に強かった。しかしながら結局，**強烈な必要**（dira necessitas）が，社会学と心理学の両者において，あの形而上学的偏見よりも確実に強くなってきて，社会学はいまやこのような偏見から脱する重要な段階を準備しているようである。

　心理学は科学として，技術的にも，概念的にも，少なくともその領域のあるものでは，比較的進歩しているといえるかもしれない。しかしながら全体として，また特に社会心理学に関しては，心理学もまたその広くかつ種々の領域の具体的問題を解決するために，特殊な概念的手段を提供しうるような一般的研究を展開するという課題に直面している。

　心理学および社会学の他のいかなる部門より社会心理学の方が，ここで必要とされるものを，多分いっそうよく指摘するであろう。心理学の進歩は，少なくとも次の点を包含するような，一定の大きな障害を克服することにかかっている。

a. 非常に多岐にわたる事実や側面を含んでいる広範な領域を統合すること，すなわち文化的・歴史的・社会的・心理的ならびに物理的事実を，共通の地盤に基づいて取り扱いうる科学的言語（概念）を発達させること。
b. これらの事実をその相互依存関係に基づいて取り扱うこと。
c. 歴史的問題と体系的問題の両者を取り扱うこと。
d. 個人に関する問題と同様に，集団に関する問題を取り扱うこと。
e. あらゆる"大きさ"の対象または型を取り扱うこと（社会心理学は，3人の子どもからなる集団の遊戯や時々の争いの問題と同様に，国民およびその諸状況の問題を包含しなければならない）。
f. "雰囲気"の問題（好意とか圧力等のような）。
g. 実験社会心理学は，大きな現象型を実験操作に技術的に可能にするほどの

小さい枠組みの中に，移調できるような方法を発見せねばならないであろう。

社会心理学の取り扱うべき多様な事実は，大胆な科学者にさえも実際驚異であると思われるであろう。それらの事実は，"価値"（宗教的および道徳的価値のような），"イデオロギー"（保守主義，共産主義のような），"生活や思考の様式"，その他のいわゆる"文化的"諸事実を包含している。それらは，社会学的諸問題すなわち集団や集団構造の問題，それらの階層的構造の程度および組織の類型，あるいは農村社会と都市社会との間の差異や両者の固定性，流動性，分化の程度等の諸問題を包含している。それはまた，人の知能，その目標や恐怖，およびその人格のような，いわゆる"心理学的"な問題を包含している。それはその人が，健康か病気か，力が強いか弱いか，あるいは頭髪や皮膚の色のような"生理学的"な問題をも含んでいる。最後にそれは，人や集団が定位している物理的地域の大きさのような"物理的"事実をも包含する。

これらの諸事実を分類箱に入れておくということは，それがいかに正確に作られまたうまく適合していても，まったく無益な単に消極的な科学的取り扱いにすぎない。このような種々の類型の事実を，その特性の認識を犠牲にせずして，1つの水準で取り扱うようなふうに総括する積極的な手段が必要だということは，今日では広く受け入れられていることである。われわれが次に例として論じようとする青年期の問題は，身体的変化やイデオロギーの移動や集団所属性等を，1つの科学的言語の領域内で，すなわちそれらをただ1つの領域の論述概念で取り扱う仕方が，発見されなければならないということを，特に明示していると思う。問題は，"それがいかにしてなされるか？"である。

行動主義はすべてのものを条件反射として解釈することによって，この問題に答えようとした。この研究に魅力のある主な理由の1つは，"統一科学"（unity of science）の理念が，人口に膾炙した魅力をもっているその背後の理由と同一である。統一科学は，あらゆる問題を"生理学的"な基礎の上におき（事実上はそうではなかったが），このような仕方で分岐した諸事実を1つの水準において統合するように思われたのである。

今日社会学および社会心理学におけるたいていの調査研究者の間では，社会－心理学的過程を物理学あるいは生理学の概念や法則によって記述し説明しようとする計画は，せいぜい思弁的な哲学者の語り草たる遠い可能性であろうと

いうことについては，意見は一致しているようである。だがこのような仕方は，今日の社会‐心理学的問題の研究のためには，現実主義的な研究計画でないことは確かであろう。他方，物理学，社会学および心理学の間の"根本的相違"について詳述したり，あるいはそのような相違に満足しているのでは，いずれもあまり効果はない。

　これらの問題を適当に論ずるためには，現在ここで可能である以上に，科学の比較論についてのある種の問題をさらに完全に取り扱うことが必要であろう。私の見るかぎりでは，問題の解決は次のような方向にある。ⓐ科学は素材の領域であるというより，むしろ問題の領域であると考えられなければならない。ⓑ問題領域が相違すると，構成概念および法則についての異なった考察分野（物理学，美学，心理学および社会学のそれのような）が必要になる。そしてⓒこれらのうちのいずれも多かれ少なかれ，同じ材料の世界に関係をもつということである。

　研究の実際目的のためには——結局それが大切なことであるが——社会学や心理学のような科学は，その問題を取り扱うのに最も妥当であると考えられる類型の構成概念を使用することについて，十分な自由を感じていなければならない。そしてこれらの科学は，われわれが論じてきた統合を，それぞれの水準で発見しようと企てなければならない。これらのものは，単に哲学的理由からして（例えばある哲学や通俗の形而上学が，物理的実体に対してのみ"その実在"を適用するということから），他の科学の構成概念を使用せざるをえないと考えてはならない。他方これらの科学は，それ自身の権利に確信を抱いて，他の科学のものとあるいは類似し，あるいは相違しているかもしれない方法および概念（例えば数学的概念）の使用を恐れる必要はない。

　場の理論的研究法は，いまや研究の実際の手段になろうとしている。どんな道具でもそうであるが，その特徴はそれが現実の研究に用いられることによってはじめて十分に理解される。したがって，一般的な方法論的原理を**抽象的に**（in abstractum）述べる代わりに，私は1つの例として，青年期の問題と社会的集団の定義を論じてみたい。これらの問題を論ずる目的は，ある事実や理論（それは十分に正しいものであるかもしれないしまた正しくないかもしれない）を証明することではなくして，場の理論的研究法のある大きな側面が，社会心理学に適用可能なものであることを概観することである。したがってこのような例を

論ずる際には，時々他の問題における類似した側面を指摘するであろう。

II

われわれが青年期の問題を選んだのは，この時期の特徴であると考えられる行動の変化が，一見したところでは社会学における生物学的見解に裏づけを提供すると思われるからである。明らかに，青年期は，性ホルモンと何らかの関係があり，身体的発達のある時期と関係している。しかしながら比較的最近の青年期の問題の取り扱いは，その社会的側面を強調しているように考えられる。これらの取り扱いは，この年齢に典型的に見られる行動が，異なった社会では相違しているという事実を特に指摘している[2]。この2つの見解に対して，賛否いずれも相当の議論が進められている。

しかしながら，青年期が生物学的影響であるか，心理学的影響であるかを議論するということは，たいして役に立たないことである。

この問題が本質的にはどの程度まで生物学的であるか心理学的であるかを，統計的基礎に基づいて記述しようとすることは，きわめて効果のないことである。たとえ何か答えが発見されたにしても，例えば遺伝と環境とが知能に影響する程度を決定することと同様に，ほとんど価値のないものである。われわれは，身体的要因と社会的要因とが共働し，あるいは相互に反発して，青年期の具体的行動を統合するその仕方について，未だ何らの洞察をも得ていない。具体的な場合の道具だて（setting）の分析から出発するのが，比較的有効であると考えられる。この具体的な場合を選ぶには，出来事の頻数によって選ぶべきでないことは，当の道具だてのせいぜい一部分の場合に代表的な布置に関する洞察の分量によってそれを選ぶべきでないのと同様である。

青年期の問題に関しては，青年期の行動のいわゆる"典型的な"難点を示しているような場合についてまず言及するのが有効であるかもしれない。このような事態の場理論的な分析は，これらの徴候を助長したり，低下させたりする条件如何に関して，いくらかの暗示を与えるであろう。

青年期は移動の時期であるということができよう。少なくともある条件下では，その前の時代よりも比較的急速で，深刻な推移を示すように思われる。3歳頃のむしろ重要な変化の後には，往々にして比較的安定した事態が起こって

いる。多分小さな危機が起こっているのであるが，特に青年期が特殊な混乱によって特徴づけられる場合においては，比較的静かな安定した時代がそれに先行していたのであろう。もし人々が移行の性質を特徴づけようとするならば，それについて若干の側面を指摘することができよう。

　a. われわれは青年期を所属集団の変更を意味すると見ることができる。いままでは自他ともに1人の子どもと考えていたものが，いまや彼はそのように取り扱われることを欲しない。彼は自分自身を，子どもっぽい事柄から引き離して，一般的生活におけるのと同様に態度においても職業的意図においても，成人の生活の中に入っていこうとする。ある集団から他の集団へ所属が変わることは，いずれの場合にも人の行動に非常に重要な影響をもつものである。この所属の意義が，その人にとって比較的中枢的であればあるほど，その変更はさらに重要である。ところで所属集団の推移は，"社会的移動"である。すなわちこれはその人の位置の変化を意味している。

　人の行動は，彼がその場合占めている位置に依存することがきわめて大きいということは，単純な事実であるが，心理学や社会学では十分に認識されていない。人の占めている領域を変化させるような事象の前後では，往々にして世界は非常に異なって見える。例えば政治において**既定の事実**（fait accompli）が，非常に恐れられているのは，これがためにほかならない。位置の変化，例えば1つの集団から他の集団への移動は，人の瞬時の環境を変化するのみではなくして，多かれ少なかれその全体的な配置を変化する。すなわち以前の位置からは，容易に近づきうる隣接領域であったものが，いまははるかに離れたものとなり，あるいはもはや全然近づくことができなくなってしまうかもしれない。他方いまや異なった領域が隣接し，新しい領域が近づきうるものになるかもしれない。そこで成人の集団へ移動した結果は，例えば以前には禁じられていたある活動が，いまは社会的に許容されたものとなってくる。その人はある会に出席することができ，ある活動に参加することができる。けれども子どもには存在しなかったある種の禁忌が，成人の場合には存在している（図16aとb）。

　b. 子どもの集団から成人の集団への変更は，多かれ少なかれ未知の位置への移動である。心理的には，はじめての町へやって来たことにも対比すべきもので，未知の領域に入ることと等価である。例えば学習の場の実験によってみても，その人に熟知の事態とそうでないものとの間には，根本的な差異がある。

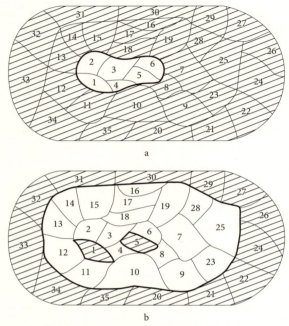

図16 子どもと成人の自由運動の空間の比較

　現実の活動領域が示されている。接近可能な領域はブランクである。接近不可能なところは斜線の陰がつけてある。(a) 子どもの自由運動の空間は 1〜6 の領域であるが，子どもの料金で映画に行くとか少年のクラブに属するような活動を表現している。7〜35 の領域は接近不可能なところで，自動車の運転，購入の小切手を書いたり，政治的活動，成人の職業をすることなどを表現している。(b) 自由運動の成人の空間は，相当広いが，しかし成人にも接近不可能な活動の領域によって閉ざされている。それは敵をうつことや，その社会的知的能力を越えた活動に入るというようなものである（それは 29〜35 の領域によって表現されている）。子どもにも行けるある種の領域も成人には行けないということがある。例えば子どもの料金で映画に行くこと，または子どもには許されるが成人には社会的にタブーになっていることをすること等である（これは領域 1 と 5 によって表されている）。

　熟知でないものは，認知的に構造化されていない領域として，心理学的には表現される。つまりこの領域は，明らかに区別しうるような諸部分に分化していないのである。そのために一定の動作がどういう結果をもたらすのか，また一定目標に接近するには，いかなる方向へ行動すればいいのか明らかでない。このように未知の環境では，場の中の方向がはっきりしていないということが主な理由となって"行動の不確実さ"が生まれてくる。社会的圧力や優越的また

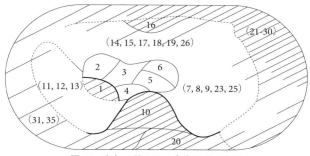

図17　青年に見られる自由運動の空間

　自由運動の空間は，喫煙の自由，夜遅く家に帰ること，自動車の運転のような，以前には近づきえなかった多くの領域を包含して，非常に拡大している（領域7〜9，11〜18，…）。成人に近づきうるある領域も明らかに，青年には近づきえないものがあり，投票のようなものがそれである（10と16の領域で示される）。子どもの近づきうるある領域が，すでに近づきえないものになっていることがある。それは子どもの料金で映画館に入ること，あまりにも子どもっぽい水準で行動すること等である（領域1）。自由運動の空間のこのような新しく獲得された部分の境界は，ただ漠然と決定され，それ自体一般的に成人のものに比べて分化が明瞭でなく鋭くない。このような場合青年の生活空間は可能性を多く蔵し，同時に不確実性を多くもつものである。

は服従的行動の研究[3]は明らかに，人が未知の環境にある場合，闘志も弱く，優越的行動をあまり表さないということを示している。未知の環境は，力学的には軟らかい地と等しい。あるいはさらに特殊ないい方をすれば，認知的に明らかな構造が欠けているときには，すべての動作が葛藤に満ちたものになりがちである。その動作の結果が，はたして目標に近づくことになるのか，それから外れた方向へ行くことになるのか明らかでない場合には，人は必然的に，その動作をしてよいのか悪いのか不確実である。

　子どもは発達と共に，おのずから，新しい未知の領域を開拓してくる。移行の時期の特徴は，このような新しい領域が次々と眼前に開かれてくることである。新しい社会集団に入ることは，認知的にまだ構造化していない場に投げ込まれたことと非常に類似している。すなわち不確実な地の上に立つことを強制されることになり，"正しいこと"をしているかどうか明らかでない。青年期の行動の不確実な性格とその葛藤の一部の原因は，当人がこれから入ろうとする成人の世界に関して，明らかな認識を欠如しているということにある（図17）。当人が以前に成人の世界から除外されていて，それについて暗黒の中に閉ざされて来たことが多ければ多いほど，この不確実さは比較的大きいという

結果になる。

　c. 人にとって特に近くまた重要な1つの領域は，自分自身の身体である。人間の身体はある点で，心理学的にはその人の環境と同様に取り扱われる。一般に人は，その身体を十分に"知って"いる。つまり，自分の身体がどれだけのことをすることができ，所与の環境下でどのように反応するかを知っている。性的成熟の時期には，この身体に変化が生じて，そのために時として自分の身体によって混乱させられるようなことになる。多かれ少なかれ不可思議な，新しい身体の経験が起こって，生活空間の中でもその人に非常に密接な活気のあるこの部分が，不可思議で未知のものとなってくる。この場合その変化は単に，新しい不思議な環境の一般的な不確実さを意味するだけにとどまらない。それに加えて，以前にはよく知られ信頼できるように思われた領域が，いまや未知の信頼できないものとなっている。このような変化は必然的に，自分が立っている地盤の安定性，あるいはおそらく世界全体の安定性すらも，疑わせるに至る。身体の領域はたまたま，誰にとっても非常に重要であり，中枢的なものであるから，この疑念はむしろ根本的なものである。一方で行動の不確実さは増大し葛藤に陥るかもしれないが，他方において青年のある種の反応がかえって攻撃的なものとなる。

　このような説明は，不安定な事態が非常に攻撃的な行動へ導くこともあり，また非常に過敏な行動へ導くこともあるというマーフィー[4]の所見とも一致するであろう。以前には固かった地盤が崩潰したために不運な劇的結果を生ずる例は，もらい子があとになって自分の両親に関する本当の事実を見出した場合である。このような社会的地盤の崩潰の痛手は，世界に対する信頼を破壊することともなる。

　d. ある青年を極端な"左"または"右"の政党に蝟集させ，多くの判断において極端にさせる"急進的傾向"はまた，次の別個の要因と関係しているが，これについて述べよう。急進的な変化の時期はおのずと比較的大きな可塑性をもつ時期である。人が1つの領域 A から新しい領域 B へと動く状態にあって，したがって領域 A からは切り離されているが，領域 B 内にはまだ確立されていない状態にあるという事実こそまさに，人を安定性の少ない位置におき，またその人を，**生まれたばかりの状態**（statu nascendi）にある事物のように，いっそう形成的にさせる。

心理学的環境は機能的には，1つの相互依存的な場である生活空間の一部分と見なされるべきであり，その他の部分が人である。このような根本的な事実が，場の理論的研究の要点である。心理学ではいろいろの形式でこのことが徐々に認識され，簡単に次のような公式で表現される。すなわち行動＝人と環境の関数＝生活空間の関数（$B = F(P, E) = F(L\ Sp)$）。したがって心理学的環境の不確定は，ある点で人の不確定を増大させる。ところで"確定されている"ということは，高度に分化した生活空間の諸領域に対して，その位置が確立され，関係が一定していることを意味する。すなわちこのような事情の下にあっては，大きな変化は非常に多くのステップと相互関係の変化とを意味する。確定されていない新しい事態では，場はあまり分化をしていない。たとえどんな分化が起こっても，高度に確実なものではない。こうして1つの領域から他の領域への人の位置の変化は，あまり分化していない場では単に1ステップにすぎないかもしれないが（図17），もっと分化した場では，大きな変化（数ステップに等しい）と考えられなければならないであろう（図16b）。同様に青年のイデオロギー的場の認知的構造は，比較的少数の領域を包含するのみであり，したがってそこでは変更も生じやすく，かつその変更は現実には非常に大きいものではない。ところがそれが高度に分化した認知の場をもつ成人には，急進的な変化であると思われる。青年と成人の認知的分化の差異が，おそらく青年が容易に極端に走る理由の1つであろう。

　e. 生活空間が未知の領域に拡大するということは，地理的環境（旅行やハイキングの興味等）や社会的環境（政治的または職業的なもののような比較的包括的な社会集団）のみならずして，生活空間の時間の次元についてもいいうる。いかなる年齢の人も未来を見る仕方すなわちその期待，恐怖，希望によって影響される。

　未来は現在の行動に影響し，したがって現在の生活空間の一部と見なすべきであるが，このような未来がどれほどの時間的スコープにわたるかといえば，発達とともに増大する。時間的展望のこのような変化は，発達の最も根本的な事実の1つである。青年期は，時間的展望に関しては，特に深刻な変化の時期であると考えられる。

　その変化は，一面スコープの移動として記述される。幾日・幾週・幾月ではなくて，いまや先の幾年かが考慮される。これら未来の事象が，現在の行動に

影響する仕方が実に重要な点でもある。7歳ないし8歳の子どもでも，成人になったときの職業についての着想をもつが，しかしそれはこのような着想を実現するのに，助力となったり妨害となったりする要因を，十分知った上のものではないらしい。それは比較的狭いけれども，はっきりした期待に基づくこともあろうし，あるいは夢や遊戯のような性格をもつこともあろう。換言すれば，遠い未来に対する"理想的目標"と"現実目標"とが分離されていないで，この未来は非現実的水準の流動的性格を多分にもっているのである。

　ところで青年期においては，時間的展望に関する一定の分化が起こるらしい。未来を表現している生活空間の部分において，現実と非現実の水準が漸次分化して来る。夢見られ，希望されているもの（未来における非現実の水準）と，期待されているもの（未来における現実の水準）とが分離されるようになる。未来の職業については，いままでの曖昧な着想の代わりに，多かれ少なかれはっきりした決意が生まれ，準備がされはじめる。換言すれば，"計画"しなければならなくなる。すなわち一方には自分自身の理想目標や価値，他方では期待の面が実情に合わせて構造化するように配慮されているはずの現実（realities）という，双方に一致するような仕方で，時間的展望を構造化しなければならない。

　この仕事はあらゆる種類の計画に対して特徴として見られる。青年期の事態の特色はこの点で，特に広くかつ未知の場に関して，時間的展望を形成しなければならないということである。人の成就しうることについて，書物からまた成人との相談から学ぶものは，矛盾に満ちている。成人は可能と思われることを実現した英雄を賞揚し，それと同時に"大地に脚をつけること"の道義を説教する。

　その他の点でも青年は，成人（彼が入ろうとする集団）が，矛盾に満ちていることを見出す。この集団内ではさまざまの葛藤している宗教的，政治的，職業的価値が支配していることは明らかである。はっきりした価値の枠組みは，子どもから青年期になったときまだできていない。あるいは彼は子ども時代にもっていた価値を放棄してしまうかもしれない。そのいずれの場合においても，青年の時間的展望の構造は，何をなしうるかということだけでなくして（これは以前に論じたのであるが），何をなすべきかも不確実なるがゆえに，不安定かつ未決定なものとなる。このように理想と価値とが不確実なために，青年は葛藤と緊張との状態におかれ，これらの問題が中枢的であればあるほど，その状

態も激しい．一定の仕方でこのような場を構造化しようとする希望（しかも葛藤をこのような仕方で解決しようとする希望）は，青年が一定の型の価値を提供してくれる誰かにたやすく追従していこうとすることの背後にある理由の1つであると考えられる．

　f. 子ども時代から大人時代への移行は，かなり急激な推移である場合もあり（例えばある種の原始社会におけるように），あるいはまた子どもと大人が明瞭に分けられていない集団機構では，漸次に行われるかもしれない．しかしながらいわゆる"青年期の難局"の場合には第3の事態が縷々存在している．すなわち子どもと大人とは明らかに一定の集団を構成しており，青年はもはやや子どもの集団に属することを欲しないが，しかし未だ実際には彼が成人の集団に受け入れられていないことを知っている．この場合彼は，社会学のいわゆる"**境界人**"（marginal man）に類似した位置をもっている．

　境界人は2つの集団 A と B との間の境界（図18b）にある人である．彼はそのいずれにも属さないで，少なくともその所属が不確実である．このような事態は特権の少ない少数集団の成員に往々にして見られる．特権の少ない少数集団の成員には，その集団から離れて多数集団へ入ろうとする強い傾向がある[5]．ところが特権集団と関係を樹立することが一部成功し，しかもまだ十分に受容されていない場合には，彼は境界人となり，どちらへも完全には属していないけれども，両方の集団に属していることになる．社会的な"人のいない土地"（no man's land）に位置を占めているという事実は，各種の類型の少数集団に見られる．例えば，民族集団や，聾啞集団と正常集団との周辺集団である難聴集団等にも見られる．

　境界人の行動に独特な徴候は，情緒的不安定と敏感とである．彼らは平衡のとれない行動に傾き，過緊張の表れである乱暴や羞恥のいずれかに傾きがちである．そしてしばしば相矛盾する行動の両極端の間を移行する．境界人は彼の集団内の自分よりも特権の少ない成員に対して，特殊な嫌悪を示す．これは黒人あるいはその他の種族内のある下位集団が，自分の種族の成員に対して反感に満ちた態度を示し，難聴者が聾啞者に対して反感のある態度を示す際に認めることができる．

　境界人に特有の行動は，ある程度まで青年期にも見出される．青年もまた過敏であり，1つの極端から他の極端へと移行しやすく，特に彼より若い仲間の

第6章　場の理論と社会心理学における実験

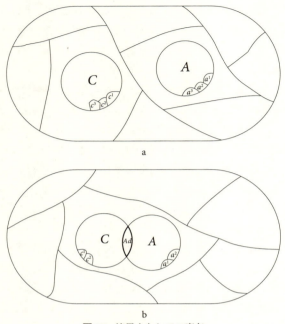

図 18　境界人としての青年

　(a) 子どものとき，あるいは成人になってからは，"成人" (A) と "子ども" (C) とは比較的分離された集団と見られ，個々の子ども (c^1, c^2) および個々の成人 (a^1, a^2) は，それぞれの所属集団への所属をはっきり知っている。(b) 青年は，子ども (C) の集団と大人 (A) の集団との重なり合って両方に属する領域と見られる集団 (Ad) に属しているか，あるいは両方の中間に立ってどちらにも属さないのである。

欠点には敏感である。実際その位置は，社会学的には境界人のそれに等しい。つまり彼はもはや成人よりも特権の少ない集団には属そうとは思わない。しかしながら同時に完全に成人によって受容されていないということを知っている。特権の少ない少数集団と青年とは，位置においても行動においても類似性が非常に大きく思われるので，少数集団の境界の成員の行動は，永続する青年期の行動として特徴づけられるであろう。

　われわれは青年についてのわれわれの議論を，次のような仕方で総括することができる。

　a. 青年期の一般的事態に関する基本的事実は，1つの領域から他の領域へ移

動しつつある人の状態として表現されるであろう。このことは，①生活空間の拡大（地理的にも，社会的にも，また時間的展望においても），②新事態が認知的に構造化されていない性格をもつこと，を包含する。
b. 多少さらに特殊な言い方をすれば，青年は成人と子どもとの"間"の社会的位置をもち，特権の少ない少数集団の境界的成員に類似している。
c. 自分の身体に新しい経験が生ずるような，青年期に含まれるさらに特殊な要因がある。そしてこれは確立された生活空間の中枢的領域が思いがけなくも変更されることを意味する。

このような表現から概念的に次のようなことが引き出される。すなわち，

I. 地盤の不明瞭と不安定に基づく青年の羞恥，敏感，攻撃性（a，bおよびcから生ずる）。
II. 種々の態度，価値，イデオロギー，生活様式間の多かれ少なかれ永続的な葛藤（bから生ずる）。
III. このような葛藤から生ずる情緒的緊張（a，bおよびcから生ずる）。
IV. 極端な態度や動作をしたり，その位置を急激に根本的に変更しようとする傾向（a，bおよびcから生ずる）。
V. "青年期の行動"は，場の構造と力学とが，a，bおよびcに表現されたようなものである場合にのみ現れるであろう。行動の程度とその特殊性とは，この構造が実現されている程度と相葛藤する力の強さ如何に依存している。なかでもそれぞれの文化に応じてそれぞれに独特のものである，成人と子どもとの間の差異と分離の程度が，重要な意味をもっている。また個々の青年が，どの程度まで自分を境界人の位置にあると考えているかということも重要である。場の理論によれば，現実の行動は場のすべての部分に依存する。そこで青年の不安定の程度は，個々人の一般的安定性あるいは不安定性というような要因によっても影響されるということになる。

III

われわれのあげた例の方法論的側面を論ずる前に，私は付加的な例によって，1つの特殊な点，すなわちその外見の類似性や非類似性によらないで，むしろその相互依存性によって，出来事や対象を特徴づけるということを例証してお

きたい。青年期の例では，このような手続きのみが，集団所属性，身体的変化，態度のようなきわめて異なった要因の連結を可能にしている。

　私見によれば，社会心理学に包含される種々の問題を，植物学におけるリンネ法のような類型の分類概念で，適切に連結することは望みのないことである。その代わりに，社会心理学は"構成概念"の枠組みを使用しなければならないであろう。これらの構成概念は，"顕型的な"類似性を表現しているのではなくして，いわゆる"力学的な"特性——"反応の類型"または"影響の類型"として定義されるような待性——を表現している。換言すれば，このような構成概念は，ある類型の相互依存性を表現している。顕型的な概念から，相互依存に基づく力学的（発生的，条件反応的）構成概念への移行は，私見によれば，因果関係の問題に答えようとするあらゆる科学にとって，最も重要な前提の1つである。心理学はこのような類型の概念への移行の過程の最中にある。社会心理学も社会学も，この方向に確固として向かわねばならないであろう。このような移行は，きわめて多くの顕型的な"事実"が集められ，分類的な仕事がなされた場合にのみ可能であるということは真実である。しかしながら，このような状態は，いまや心理学においても社会学においても，すでに到達できたと考えられる。

　相互依存に基づく構成概念へのこうした移行の類型とその重要性とを示す例として，私は"社会集団"の定義を指示したい。

　"集団"という概念の定義は多少曖昧な歴史を有する。この語には哲学的と形而上学的考察とが織りなされている。議論の要点の1つは，集団が1つの集団精神をもち，したがって個人の上にまたはそれを越えて存在する1つの実体であるか否かということである。さらにこの議論では縷々，ゲマインシャフト（共同社会）とゲゼルシャフト（利益社会）との間の差異が強調されている。すなわち形式的組織（organization）の問題のみを取り扱うか，同情というような要因に基づく"自然的集団統一体"のようなあるものが存在するかどうかということが論ぜられている。

　心理学における"全体"とかゲシュタルトの概念の，歴史的発展を観察したことのある心理学者には，集団心についての論議のたいていのものは，妙に響く。力学的全体は，それの諸部分の特性，またはそれの諸部分のよせ集めとは違った特性をもつものであるということを発見する前に，心理学は多くの段階

を経てきた。比較的最近ですら（初期のゲシュタルト心理学では），"全体はそれの諸部分のよせ集めより以上のものである"と縷々いわれた。今日，そのような定式化はあまり適切ではないと考えられる。全体は，それの諸部分のよせ集めより"以上"のものではなくて，それと違った特性をもつものである。だから"全体はそれの諸部分のよせ集めとは異なっている"と述べなければならない。いいかえると，全体の価値の優位ということは存在しない。全体と諸部分とは，ともに等しく現実的である。しかし全体はそれ自体の確固たる特性をもっている。ところでこの陳述は，その魔術的光背をすべて捨てて，科学の簡単な事実となってきた。それは，このことが物理学的な部分や全体にもあてはまる，ということが発見されて以来のことである。加うるに心理学は今日，あらゆる程度の力学的統一性をもった諸全体が存在するということを認めている。一方の極には，独立した事象の集合があり，それから統一の程度の低い全体，中間度の統一性をもった全体，最後に，他の極には，それの諸部分を指摘することがほとんど適切でないまでに，統一の程度の高い全体がある。

　集団心という概念で，いままで科学的価値のあったものは何でも，社会学や社会心理学における力学的全体に関しての具体的な熟知の問題に変換されている。

　集団を1つの力学的全体として考えることは，その成員（またはさらによいいい方をすれば，その集団の下位部分）の相互依存に基づくような集団の定義を包含しているべきである。この点を強調することの方が，むしろ私にとって大切なことのように思われる。なぜなら，多くの集団の定義は集団の構成要因として，集団成員の力学的相互依存よりも，成員の類似性を使用しているからである。例えば，往々にして集団は，ある類似性特に態度の類似性を示す多数の人からなるものと定義される。このような定義は根本的に，その成員の相互依存に基づく集団の定義と異なっていることを知らねばならぬと思う。多数の人々が，1つの社会的全体の相互依存する部分であるという意味で集団を形成しないで，しかもある一定の類似性——例えば性，民族，経済的な位置，態度の類似性——をもっているということは，ありうることである。世界中の婦女子，未熟練の職工たち，あるいは農夫たちは，ある程度の類似性を示している。ルイジアナの黒人の集団，ケンタッキーの貧乏な白人，中国の百姓たちは，経済的類似性をきわめて多分にもっているものと指摘することもできよう。この点

で"類型"とか"階級"[6]とかを区別するのが適当であるかもしれない。しかしながらこのことは，このような多数の人々が相当な程度まで相互依存しているということを意味するものではない。現代における発達の1つは，これらの経済的階級のあるものが相互依存の程度の増大を示していることである。すなわちこれらのものが，国際集団に発展する方向への傾向を示している。

他方集団は，きわめて類似している成員から成立することを必ずしも必要としない。事実非常に高度の統一をもつ全体が類似のきわめて少ない部分を包含するということは，社会的集団の場合にも，他のいかなる場における全体の場合にも，あてはまることである。例えば，1つの家庭における主人と婦人と赤ん坊が，この集団の各成員とこの集団以外の他の個人たち（他の赤ん坊，主人，婦人）との間に見られる以上の，大きな非類似性を表すことがあるのは疑いない。全体の中で相互に異なっていて，相違する機能をもった多様な成員を包含することは，高度の統一をもちかつよく体制化された集団に典型的なものと見られる。集団を構成するものは類似性ではなく，成員の持定の相互依存性である。

われわれは敵の同じことや目標の同じことによって，集団のメンバーシップを定義するとしても，それはなお類似性による定義であることを知らねばならない。同様なことは，成員の忠誠の感情や所属性の感情による集団の定義についてもあてはまる。しかしながらこのような感情が一様であれば，目標や敵の同じことと同様にそれらが起因となって，このような類似性を示す人々の間に一定の相互依存関係の構成されることがある。それゆえに，もしも人々が集団の基準として，所属の感情を用いたいと思うならば，このような感情によって成立した相互依存関係のことを指摘すればよいであろう。しかしながら，所属性の感情や忠誠は，集団を構成している相互依存の種々の可能な類型の中の1つにすぎない（他に，経済的依存，愛，ある領域に一緒に住むことなどがある）。成員の相互依存の種類（何が集団を結合させているかということ）は，その相互依存の程度や集団構造と同様に，集団の重要な特性である。

類似性や非類似性が相互依存関係よりも強調されるのは，記述的な"分類の"時代には典型的に見られることであり，そしてこのことは，事実すべての科学において発達の比較的早期に観察される。そしてこのことは，集団に関する日常の考え方を著しく支配している。人々が"その現実の利害関係により支

配された場合になすであろう"ことと，彼らが現実になすこととの間の食い違いは，似たもの同士の間に所属しているのだと人が感得することもあり，あるいは似たいと思う人々に現に所属していると感得することもあるという事実によって縷々惹起される。他方でその"現実の利害関係"は，最も大きく依存している人々に所属しているのだと彼らが感ずべきことを要求するであろう。こうして特権の少ない集団に属している人々の行動は，このような集団における成員性が現実の相互依存によって決定されていることを知らないでは理解されないものであって，特権の少ない多くの人々が，その集団外の人々に，いっそうよく似ていると自分たちで感じている（あるいは事実縷々そうであるが）ことだけでは不十分である。

　集団所属性の問題にも他の社会的問題にも関係して，相互依存関係（相互依存関係の類似性をも包含して）に基づく概念と，相互連関なしに類似性に基づくものとの間の差異に，われわれは注意を払わねばならない。私は社会学や社会心理学がいっそう発展すれば，前者がますます普及し，指導的となることを確信する。

結　　論

　このような青年期の問題と"社会的集団"の定義の問題とについての粗雑な吟味は，場の理論的研究に関して，次のような一般的な点を例証しようとしたものに外ならない。

　a．分類の見地からはほとんど共通点をもっていないように考えられる個人心理学や社会心理学の多様な事実を，一定の仕方で連結することが可能である（それは学習や方向づけの過程，時間的展望，計画，個人の成熟の問題，葛藤と緊張，集団所属性および境界人，身体的変化などのような事実である）。

　b．顕型的な類似性や非類似性よりもむしろ，相互依存の見地から対象や事象を特徴づける構成概念の使用によって，叙上のことは成就する。相互依存の強調は，分類の問題をいっそう困難にするように思われるかもしれない。なぜなら一般に，他のものに対するその効果および他のものによってそれが影響される（その条件発生的特性）という見地から事実を記述することは，その外見（顕型的特性）の名辞による記述よりもいっそう困難である。しかしながらわれわ

れがこの着想をつかむや否や次の事柄が明瞭になってくる。それは，対象や事象を，それが事態に影響する仕方によって特徴づけるとすれば，あらゆる類型の事実が同じ水準におかれ，事態に影響する他の事実に相互に関係するようになってくる，ということである。例えば価値の概念と体重の概念とを結合することが許容されるか否かという問題は，この両者の事実が同じ事態に影響しているという簡単な真理に直面するときに，消失してしまう。

相互依存関係を表現する構成概念への移行は，次のことを包含する。すなわち，

c. "分類"による事実の体系化は，法則の"構成"，"誘導"および"公理化"に基づく秩序によって漸次代置されるであろう。

d. 種々の程度の特殊性をもったさらに"特殊な"傾向と同様に，"一般的な"傾向を考慮に入れることが可能である（例えば，1つの領域から他の領域への移動の一般的要因を，未知の領域への移動というもっと特殊な要因に連結したり，あるいは1つの社会的集団から他の集団への移動，そして最後には2つの集団"間"の境界人の状態に連結することが可能である）。孤立的な事実を抜き出し，それをあとで"総合する"代わりに，はじめから全体事態が考慮に入れられ，表現される。それゆえに，場の理論的接近法は，一歩一歩の仕方で特殊性を増大する"逐次接近"の方法である。事態の中の孤立的事実を抜き出すことは，まったく歪曲された姿に陥りやすい。他方，場の理論的表現は，完全さの度合の点で，本質的に完璧でありうるしまた完璧であらねばならない。

e. ある種の類型の行動が起こるか否かは，孤立的に見られた1つまたは多数の事実の存否に依存するものではなく，特殊な場全体の布置（構造と力）に依存する。単一の事実の"意味"は，場の中のそれの位置に依存している。あるいはもっと力学的な術語で同じことをいえば，1つの場の異なる部分は相互に依存している。このことは社会心理学において根本的に重要である。例えば，知能の発達に対する田舎または都市の環境や保育学校や孤児院の影響，あるいはさらに一般的にいえば，人の状態に対する環境の状態（その分化の度合や緊張等）の影響を説明する場合に，叙上のことは都合のよいことである。というのは，人と環境は両者共，1つの力学的場の部分であるからである。

f. その分化の程度，その流動性，その雰囲気のような全体としての場の特性は，十分に強調されてよいであろう。

g. 力学的構成概念による社会‐心理学的事実の表現は，ある方向または他の方向における行動に影響する諸条件および"例外"をもたらすだろうと期待される諸条件の誘導を許容する。それは普通の場合と同様に，例外的な場合をも尽くすものである。

　h. 心理学と社会学とにおけるすべての概念は，操作的でなければならぬということは真実である。すなわち観察しうる事実や手続きを，そのおのおのに対位することができなければならない。しかしながら，その構成概念の概念的特性，すなわちその論理的数学的相互関係が，よく規定されているということも等しく大切である。私見によれば，後者の必要性は心理学では比較的無視されてきた。

　このような概念的な問題の中で最も重要な問題の1つは，心理学的または社会的場を十分に表現することのできる幾何学を見出すことである。

　心理学は相互に相関係し，相互に相対的な位置をもっている共在する多数の事実を取り扱わねばならない。数学的な術語でいえば，心理学は"空間"を取り扱わねばならない。数学の中には多種多様の類型の空間がある。特殊科学で取り扱われるような諸事実の領域の力学的相互依存関係を表現するのに最も適切な幾何学は，どんな種類のものであるかといえばそれは経験的問題である。アインシュタイン以来，以前物理学で適用される唯一の幾何学であったユークリッドの幾何学は，経験的な物理的空間の表現にとって最も適合したものでないことが知られてきた。心理学に対しては，最近発達した非量的幾何学すなわちいわゆる"トポロジー"[7]が，心理学の場における構造と位置の問題を取り扱う際に，満足のいくものとして使用されている。このような空間によって，一定の領域内外の位置，部分と全体間の関係，および多数の構造的特性の表現がなされる。これらのものはすべて，数学的に正確な仕方でなされるが，一般に心理学的場では不可能な，大きさの量的決定を前提とするものではない。トポロジーの空間は，方向，距離，力の概念を包含する力学的な心理学の諸問題を表現するには，"一般的"すぎる。私が"ホドロジーの空間"[8]と呼んでいる多少さらに特殊な幾何学で，それらの問題は取り扱われる。社会‐心理学的場においては普通不可能である角度，方向，距離の"測定"を前提とすることなしに，方向の異同，距離の変化をこのような空間によって数学的に正確な仕方で述べることができる。

社会学も"多くの共在的な相互依存する事実"を取り扱う——換言すれば"経験的空間"を取り扱うものであるということは，問題はないと私は考える[9]。社会学者も心理学者も，久しい間知られてきたこと，すなわち経験的空間は，一定時に存在し，ある類型の相互依存関係を示す多数の諸事実以外の何物でもないということを，よく認識しなければならない。事実上社会学は，長い間多数の空間的概念を使用してきた（例えば社会的接近，動作の方向の変化等）。物理的空間が唯一の経験的空間であるという通俗的な偏見によって，社会学者はその空間的概念を単にアナロジーであると見なした。数学や物理学における空間の意味を，いっそうよく洞察すれば，社会的場が事実経験的空間であって，物理的なものと同様にそれは"現実的"であるということを，容易に理解するに至るであろう。

　ユークリッド空間は，社会的な場の構造——例えば集団の相対的位置あるいは社会的移動を十分に表現するには一般に適当でない。例えば社会的な場では直線または 20°の角度によって意味されることは（少なくとも現在では）決定されない。しかしながら，トポロジー的およびホドロジー的空間は，私の見る限りでは，社会学プロパーにおいても，社会心理学においても適用しうる。なぜなら，心理学におけるように社会学では，大きさ，距離または角度の量的関係を決定することができなくても，部分と全体との関係，距離や方向の変化を決定することが縷々可能である。加うるに，このような幾何学は，社会－心理学的力学 (social-psychological dynamic) の他の数多の根本的特性と同様に，心理学的および社会的場の特性である"認知的"要因と"力学的"要因との独特な結合を，表現するのに特に適当であると考えられる。

　同じ種類の幾何学を心理学と社会学において用いたからといって，両者が同一の科学だというわけではない。この両方の科学の"統一"の問題は，未解決の問題であろう。しかしながら，社会心理学の課題は，概念的手段のこうした類似によって，非常に容易になることは疑いない。

　このような問題の解決とは離れて，社会学も心理学も，その場の空間的特質を表現するために，いかなる種類の幾何学を用いようとするかを決定せねばならない。社会学でも心理学でも，特殊な場の中で諸事実の占める特定位置を多少とも考慮せずして，取り扱われた諸事実の調整に基づくところの"統計的規則"以上に強固な科学的誘導を生み出すことは，叙上の問題に答える前には望

150

みえないことである。

　i. 心理学も社会学も，密接に織りなされた"歴史的"および非歴史的（"体系的"）問題を包含している。心理学とは異なって，社会学はほとんどその最初から，その問題の歴史的側面をあまりに強調しすぎることに反対して繰り返し戦ってきた。力学的構成概念への移行は，こうした問題をできるだけ明確に知ることを必要とする。問題の歴史的側面を除去することが，心理学や社会学の課題ではありえない。逆に，場の理論的接近法（アプローチ）は，あらゆる事実の歴史的性格やその特殊な歴史的結構を考慮に入れないわけにいかない。

　それにもかかわらず，相互依存を扱う体系的問題は，歴史的起源の問題と異なっていることが認められねばならないであろう。社会的過程の"性質"と条件に関する問題，換言すれば"原因と結果"に関する問題は，心理学でも社会学でも体系的な問題である。場の理論的接近法の最初の主要な仕事は，"いかなる事態が経験的に可能であり，そしていずれの事態が不可能か"を決定することだと特徴づけられる。そしてこのことは法則を発見する仕事と同一である。例えば，独裁制は必ず議論を抑圧するであろうか？またそれは犠牲を必要とするであろうか？いかなる形式の独裁制や民主制が可能であり，またいかにしてそれらは，集団構造や生活様式やイデオロギーや個人の行動に影響を及ぼすであろうか？起源という"歴史的"問題の力学的側面が満足のいくように取り扱われるまでに，叙上のタイプの体系的因果の問題は実験的に答えられねばならないであろう。

　j. 最後に事実発見（fact-finding）に関する点が強調されなければならないが，それは本質的に技術的であるけれども，それにもかかわらず，場の理論的研究に対しては重要なものである。事実発見は他の調査にも実験的研究にもあてはまる。社会心理学的実験の有効性は，場の中の孤立的事象や単一的個体の特性の取り扱い如何によって判断されるべきでなく，主として全体としての社会的集団または社会的事態の特性が適切に表現されているか否かによって判断されるべきであるということが，すでに強調されてきた。すなわち社会心理学においては，事実を発見しまた観察するにあたって，全体としての場の特性について信ずべき資料を提供することが第一の仕事の1つであるというのである。

　いかにして，叙上のことをなすべきであろうか。例えば，5人の成員からなる集団の生活が，ある期間中観察されねばならないと考え，5人の観察者が使

用されると仮定しよう。自然の手続きでは，集団の各成員に1人の観察者をつけ，このような仕方で各個に各成員の集団生活についてすべての必要な材料を集めることである，と考えることができよう。しかしながら一般に，このような手続きは最善のものではない。観察者のもち帰るものは，5人の個人の5つの小型な"言行録"であろう。このような言行録が，すべての個人的材料を完全に確保していて，さらに加うるにすべての動作の時間的指針が秒まで正確に示されているとすれば，全体の集団生活をこのような材料に基づいて"再構成"しうることは，理論的に正しい。実際には，このような言行録が完全でもなければ，時間に関して十分に正確でもないことはもちろんである。それゆえに，次のような集団生活についての簡単な材料を再構成することさえ概して不可能であろう。すなわち下位集団の大きさや性格の連続的記録，それらの変化やそれらの統一性の程度等である。一般的にいって，いろんな筋肉の歴史の断片的記事から個人の行動や性格を有意味に構成することと同様に，叙上のことは不可能である。いかなる観察でも，必然的に選択を意味している。個人を観察する仕事に直面した際観察者は，たとえそれが集団にとってたいした関係がなくても，その個人にとって重要な諸事実を選択するのが常である。集団全体にとって（例えば集団の組織や雰囲気にとって）重要な事実でも，もしそれが直接個人の行動に強く反映しないならば，観察者は"知ろう"としないであろう。

　個人の言行録に基づいて，このようなふうに集められる集団の特性についての材料は，せいぜい"間接に再構成"されるにすぎない。それらが，直接の観察の強みをもつことを主張することはできない。しかしながら，集団全体の特性に関するこうした直接の観察は可能である。そのような観察は，単一個人の観察と同様に，容易にしかも正確に遂行されることが多い。例えば，われわれの例において，5人の観察者の中の1人を，集団で起こっている下位集団の直接の観察に向け，他の1人を相互影響の種類と性格の記録に向けるということが可能である。一般に社会－心理学的問題の研究に対してこうした手続きは，集団の各個人に1人の観察者を割りあてることよりも，さらに実り豊かな信頼できるものであるに相違ないと私は確信する。

　もちろん与えられた社会的資料すなわち個人の"言行録"の特殊な観察は，非常に価値あるものだとわかるかもしれない。しかしながら個人の行動や性格の理解に対してすら，先の類型の観察は一般に，その社会的背景に関する材料

を欠いたその個人だけの単なる記録よりも，さらに有意義であろうということを私は疑わない。集団の観察は，その集団内の個人の位置と役割の特徴に対して，さらに多くの，さらによい材料を提供するであろうから，したがって先の類型の観察は，多少とも分離された実体[10]として個人を観察することによって得られるものよりも，さらに正確に個人の動作の意味を決定するであろう。このような社会学的な手続きが，個人の精神病理学の問題に対してさえ，1つの中心の技術となるとしても，私は少しも驚かないであろう。

注

[1] L. K. Frank: The management of tensions, *Am. J. Sociol.*, 1928, 33, 705-736.
[2] 例えば，Luella Cole: *Psychology of Adolescence* (New York: Farrar & Rinehart, 1936); E. B. Reuter: The sociology of adolescence, *Am. J. Sociol.*, 1937, 43, 414-427 参照。
[3] L. M. Jack: An experimental study of ascendant behavior in preschool children, *Univ. Iowa Stud. Child Welf.*, 1934, 9, No. 3.
[4] L. B. Murphy: *Social Behavior and Child Personality: An Exploratory Study of Some Roots of Sympathy* (New York: Columbia University Press, 1937).
[5] Kurt Lewin: *Resolving Social Conflicts* (New York: Harper & Brothers, 1948). 特に第 11 章を参照。
[6] "社会的クラス"という術語は，相互依存的な集団と，類似の特性を示す多数の人々との両者を示すために一般に使用される。
[7] Kurt Lewin: *Principles of Topological Psychology* (New York: McGraw-Hill Book Co., 1936).
[8] Kurt Lewin: The conceptual representation and measurement of psychological forces, *Contr. Psychol. Theor.*, 1938, 1, No. 4.
[9] このことは幾何学的な印象を与えるあらゆる社会学的術語が，真に幾何学的概念であるという意味ではない。例えば，"社会的距離"はおそらく幾何学的概念ではない。
[10] 社会心理学における事実発見の技術として場の理論的研究法を強調することは，ある条件下では，個人の行動を集団のある種の特性に対する徴候として取り扱うることを拒否するものでないことはもちろんである。

第7章

社会心理学における研究法の問題 [1] (1943-44年)

　科学の最初の仕事は，研究しようと思う材料を客観的に記録し，信頼しうるように叙述することである．われわれは行動の**物理的**側面をまったく正確に記録することを学んだ．しかしながら行動の**社会的**側面に関しては，客観的な科学的記述という課題は長い間解決できていないように思われる．数年前われわれの指導的大学の1つで，この問題を方法論的に研究した結果，次のような悲観的な結論に到達した．集団と個人の相互関係を観察して，誰がその腕を動かしその頭を回し，1つの場所から他の場所へ動いたかというような項目について，信頼しうる材料を集めることが可能であった．しかしながら友好性，非友好性あるいは他の社会的行動の特徴については，何ら信頼しうる材料も得られなかった．信頼しうるように観察されるものは社会的には無意味であり，そして社会的に有意味なものは，信頼しうるように観察されないという不都合な結論に，研究の結果到達したようである．

　人間の行動は結局，きわめて正確にかつ十分に科学的要求を満足させるような高度の信頼度をもって観察されるということが，幸運にも近年の間に多数の研究によって明らかにされた．いかにしてこのような方法論的ステップの前進がなされたかを吟味することは，価値のあることである．

社会的知覚と解釈

　根本的に困難な問題の1つは，"観察"と"解釈"との間の区別に関連している．すべての科学において，理論と主観的解釈とから離して観察を自由にしておくことが重要である．心理学においてもまた観察者は，その耳や眼を使用す

ることを学び，その先入観に従って起こったであろうと考えるよりも，起こったそのことを報告しなければならない。しかしながらこれは容易なわざではない。社会心理学でもこのことが完全に成就されるであろうか。腕の運動が観察されうるのと同じ意味で，友好的または攻撃的動作は観察されるであろうか。

　最近までたいていの心理学者は"否"と強調して答えようとする傾向があり，今日でさえ，彼らはそのような答えを出すかもしれない。現にこのような答えは，科学的な社会心理学が成立不可能であることを意味する。もしわれわれが，"心理学者"としてではなしに普通の人間として，同じ心理学者にその妻とうまく生活しているかどうか問うならば，その心理学者はおそらく —— 例外は2, 3あるが —— 自分とその妻が相互の行動の社会的意味をよく理解することができるということを，われわれに熱心に告げるであろう。われわれの仲間や学生に関する非常に多くの社会的相互作用を，十分に客観的に知覚することができないとすれば，われわれは長い間，大学に留まっていることを許されないであろう。誕生の最初の年の間に，社会的知覚はよく進展しているということを，児童心理は確証した。3, 4年のうちに，子どもはむしろ複雑な社会的動作を知覚しうる。敵意に満ちたあるいは面白くないおばさんの，うわべの親しみによって，子どもは翻弄されそうにもない。このような表面を子どもは"見とおす"ことができる。子どもはその環境におけるある特定の社会的相互関係の性格を，成人よりもいっそう明らかに知覚すると考えられることが多い。子どもが社会的に生存することが可能であるためには，たいていの必要な場合において，このような社会的知覚は適切であらねばならない。したがって主観的な社会的観察は可能で**なければならない**が，普通の3歳児の人生においてなしうることを科学において実行する方法を，心理学者は見出さねばならない。

　哲学的考察に惑わされなかったとすれば，われわれは比較的早くわれわれの道を見出していたかもしれないと考えられる。50年以上の間心理学は物理学的事実のみを，その術語の科学的な意味における"実在"として認める雰囲気に育ってきた。ゲシュタルト理論の古典的形式においても，行動主義においてもあらゆる心理学派において，このような雰囲気の影響は観察される。例のように哲学の保守的な力は —— 今度は物理主義的実証主義の形式で ——，かつて科学の進歩に対する機能をもっていたけれどもいまはその実用性を失ってしまったような態度を，残しておくためにその役割を果たした。

今日社会心理学で必要とされることは，思弁的な制限からその方法論を解放することである。十分な社会的観察が可能であることのけっして疑いえない毎日の生活の簡単な事実から，われわれは再度出発するのがよい。なぜならば地域社会の生活は，このような簡単な事実なしには考えられないから。このような経験的な基礎は，社会心理学の方法論の1つの基礎であろう。別の基礎は，"社会的知覚"の法則を漸次にいっそう深く理解することであろう。

　私は社会的知覚の問題の2, 3の側面を述べたい。これまで信頼しうるように記録されなかった社会的動作が，今日いかにして信頼しうるように観察されるであろうか。

　生物学者が2週間の間木の葉の成長を観察しなければならない場合に，その木の葉の中に包含されているイオンの運動に追随しようとすれば，彼の仕事はけっして終わらないであろう。またこの木の葉の成長している全体としての木のみを見守るならば，彼は成功しないであろう。いかなる科学においても観察のうまくいく第一の必要条件は，一定の場合にいかなる**大きさの単位**を観察しようとするかについての，一定の理解である。

　この問題は，社会心理にとって根本的に重要な問題である。長い間われわれは，分析の科学的要求を誤解してきた。そしてあらゆる条件下に，できるだけ**小さな**単位として観察しようとした。眼のちらつきは結婚の受諾と拒否との間の差異を意味するということは，時には正しい。しかしながらその意味は，一定の特殊な結構の結果である。腕や頭の運動を独立に研究するような観察は，事象の社会的意味をミスすることになる。

　加うるに観察者は，諸単位をその特殊な結構において知覚するであろう。このこともまた，けっして心理学特有の問題ではない。折れた骨のX線の絵を小さな断片に切って，これらの断片をその灰色の影によって分類する内科医は，彼が観察しようと思ったすべてのものを破壊したことになる。

　他の例を出せば，もし2人の人が前後して走っているとすれば，それは先の人がリードしており，後の人がついて行くことを意味するかもしれない。あるいは先の人は，後の人によって追いかけられているということを意味するかもしれない。もし観察がほんの2, 3秒継続されるならば，このような可能性の間に区別を設ける方法がないことが多い。動作の意味がはっきりと明らかになるまで，十分長期間にわたってわれわれは観察しなければならない。知覚心理

第7章　社会心理学における研究法の問題

学で確証されたこの事実を認識するために，われわれはゲシュタルト心理学者である必要もなければ，場の理論に興味をもつ心要もない。必要とされるすべてのことは，物理学的実体の知覚を支配するのと同じ法則がまた，社会的知覚をも支配するということを認めることである。

X線の絵を読まなければならない物理学者のように社会心理学者は，**観察**として報告しうるものを識別し，多かれ少なかれ価値のある**解釈**として付加しうるものを識別するように，**教育され**なければならない。観察と解釈との間には推移が存在し，それはX線の絵の場合にも，社会的材料に関しても同様である。しかしながら，このように推移が存在しても，両者の区別の重要性を弱体化するものではない。観察者は訓練されなければならない。こうして，未だ訓練されない人が当て推量や解釈に訴えなければならない場所で，彼らは信頼しうる観察をすることができる。不利の条件下でさえ敵の水準を認めることを学ばねばならないような飛行家に対しても，X線の絵を研究する物理学者に対しても，かつまた社会心理学者に対しても，このようなことは妥当する。

すべての観察は結局，あるカテゴリーである事象を分類することである。科学的な信頼度は，正しい知覚と正しい分類如何による。ここで再び，観察者は正しく訓練に訓練を重ねなければならない。

何が"発問"と呼ばれ，また何が"示唆"と呼ばれるべきかに関して，"示唆"と"命令"との間の境界はどこにあるかに関して，観察者の間に契約が成立しなければならない。正確にいえば，2つのこのようなカテゴリーの間のどこに境界が引かれるかは，ある程度協定の問題である。しかしながら，ここにある基礎的な事実が潜んでおり，独断的な協定の事柄ではないということを知らなければならない。もし先生が厳しい命令するような声で，**"窓を締めてくれ"**と子どもに言うならば，これは"発問"のカテゴリーで分類されるべきではなくして，命令のカテゴリーで分類されるべきものである。大統領の首はロープに至極適合しているという，われわれの故国のナチス党の人の陳述は，"事実の陳述"というカテゴリーではっきりと分類されるべきでもなく，またその文法的な形式を顧みざる"意見の表現"のカテゴリーで分類されるべきものでもない。客観的であろうと企図するあまり心理学者は，行動の社会的意味よりも，その物理的形式や文章の文法的形式を，分類のための基準としがちであった。われわれはもはや，このような表面的なことで自分が欺かれるのを許

しえない。そして動作の社会的意味は，その文法的意味よりも客観性が多いということを認めなければならないであろう。分類困難な限界のケースが，もちろん心理学でも存在する。しかしながら，動作の社会的意味を探すようによく訓練された観察者は，その材料を正しく知覚することができ，信頼可能なように分類することができるということが，経験上示されている。

　社会的知覚の問題は，非常に広い理論的かつ実際的な意味をもつということに，われわれは気づいているであろう。ほんの2，3の例をあげると，社会的動作や表現を心理学的に正しく分類するための比較的よい方法が発達すれば，自由に話すことの正当な面や政策的な面を表すのに，それは非常に価値がありうるであろう。指導者の訓練はその社会的知覚の鋭敏度（sensitizing）におおいに依存するということが最近の実験で示された。よい指導者は，社会的雰囲気における比較的微妙な変化を知覚することができるしまた知覚しがちであり，しかも社会的意味の観察において比較的正しい者である。よい団長は，旗を掲揚する儀式中の冗談を言うことやつかみ合いが，授業中や試合中の同じつかみ合いとは，異なったものであるということを知っている。集団が元気に満ちているときとか，あるいは皆疲れ切っている場合には，このような状態はそれぞれ異なった意味をもち，これが親友間や敵対的な2人の個人間に起こるとすれば，その意味はまた異なってくるということを知っている。

種々の大きさの社会的単位

　もし社会的行動の観察が，特殊な社会的動作の生起するところの社会的雰囲気の性格や，**比較的大単位の活動**の十分な記述を包含しないとすれば，それはほとんど価値のないものであるのが普通である。このような比較的大きな単位の活動を勘案するには，全体としての事態が"計画を論ずること"や"働くこと"，"遊びまわること"あるいは"入場無料の競技"というような意味をもっているかどうかを，記録しなければならない。社会事象の比較的大きな単位の信頼しうる記述は可能であり，この期間のはじめと終わりは驚くべきほどの正確さで決定しうるということが指摘された。材料を統計的に取り扱い評価するにあたっては，社会的動作が現に所属している単位内で，その位置を注意深く考慮に入れなければならない。例えば平均して，民主的指導者は直接の命令を

与えることが少なく，かつ決定の責任を集団の成員に負わせることが比較的頻繁であろう。しかしながらこう述べても，指導者が命令を与えるときは何時でも，専制主義に代わってくるということを意味してはいない。ある目的が成員に対して有効にかつ簡単に達せられるように見守っていく指導者または議会の幹事を，極端に民主的な集団さえも喜んで受容するのは当然のことである。集団の社会的性格およびその中での彼の位置が明らかに樹立されたあとでは，はじめて接触する際には命令を避けるように注意せねばならない。民主的指導者も，その行動様式において比較的自由になるだろう。このような命令が"実行"（execution）の非本質的問題を取り扱うかそれとも"政策決定"の本質的問題を取り扱うかという点に，命令の社会的意味とその効果とは左右される。このような命令が，レドル（Fritz Redl）のいうように"防腐剤として"一般的社会的雰囲気に組み入れられているところの孤立した事象であるかどうか，あるいはこの命令がこのような社会的道具だての普通の要素の1つであるかどうかという点に，その効果と意味は左右される。この命令は民主的指導者と専制的指導者とを区別する力の量ではない。合衆国の大統領は，ドイツにおけるカイザーよりもいっそう政治的な力をもっているのが常であった。**いかにして**この力が比較的大きな社会的単位に組み入れられるかが重要なことであり，結局指導者は自分以下の人々の責任を負うかどうかが特に大切である。ヒトラー主義では，組織的階層のいかなる水準でも，指導者は自分以下の人々に何らの責任をももたなかった。自分より上の指導者がその唯一の判断であり，その唯一の力の源泉であった。

　程度問題が多いことはいうまでもないけれども，次の2点は明白であろう。第1に民主的指導者は無力な人でもなければ，交通巡査でもなく，また集団の目標や集団の決定に影響を及ぼさないようなエキスパートでもないということ。

　第2にある社会的雰囲気または組織を評価するには，その集団における社会的事象を現に規定しているところの社会的単位の十分な空間的および時間的大きさを，考慮に入れねばならないということ。

　社会心理学における観察と理論は，われわれの研究し始めたばかりである多数の問題にここで逢着する。物理学では，イオンはその一部を構成しているアトムとは異なった特性をもっているということ，橋のような巨視的な対象も全体としてその特殊な特性をもっているということを認めるのが常である。相称

的な橋が非相称的な分子から構成されるかもしれないが，橋の安定性はその構成分子の安定性と同一ではない。これらのことは論争を越えた簡単な事実である。社会心理学でも同じ事実が妥当する。集団の体制はその構成要素である個人の体制と同じではない。非常に強い人格からなる集団の強度が，多様な人格を内に含む集団の強度よりも必ずしも強くはなくて縷々弱いことがある。集団の目標は，その成員の目標と同一ではない。よく体制化された集団でさえも，成員の目標は異なっていることはしばしばある。例えばよい結婚といえば，主人と妻が両者共主人の幸福だけに関心をもっているというよりもむしろ，主人は妻の幸福に関心をもち，妻は主人の幸福に関心をもたねばならない。

　ある大きさの社会的単位がそれ自体の特性をもつということは，簡単な経験的事実として受け取られる。このような単位について魔法的なあるものを認めることを拒否するならば，このような単位を正しく知覚しそれを科学的に記述する方法を発展させるように，われわれは比較的よく準備された状態にあるといってよかろう。

　単一の社会的動作や対面集団のような，比較的小さな単位の研究で，最近における方法論上の長足の進歩がなされている。仕事のための下位集団化の程度のような，ある集団構造の特性はむしろ簡単な手段で記録されることが多い。成員の物理的集団化の撮影または記録のあるものが，まったく正確な素描を提供することもある。このような事実以上に方法は発展したのであるが，それは集団の社会的雰囲気および社会組織の十分な信頼しうる様相を確保することができると私は考える。集団内の指導者と下位指導者とが決定されるが，そのリーダーシップの形式は多くの対面集団でむしろ短時間に正確に測定される。このような測定によって，例えばよい指導者の社会的管理運営の典型的な型式を決定することが可能となり，それとまずい指導者の集団の管理運営の典型的な型式とを同一組織内で比較することが可能となる。このような測定は，よい指導者の訓練にとって，一番大切なことは明らかである。1つの体制におけるよいリーダーシップが，必ずしも他の体制においてよいリーダーシップではないという事実が気づかれるであろう。リーダーシップは，特定組織 (the specific organization) に合うように仕立てられるものであるだろう。例えば専制的指導者たるの徴候さえも，活動の類型が違えば相当に異なってくる。その徴候は授業において，ダンスにおいて，あるいはフットボール遊びにおいて，おのおの

異なっている。レクリエーションにおいて，工場において，あるいは軍隊においてそれぞれ異なった徴候を現す —— これら諸状態はすべて1つの民主的文化の諸部分であるけれども ——。

　リーダーシップや他の社会的動作の問題を研究し評価する際には，その体制の規則や集団成員の自由動作を制限している別の社会的力によって，その社会的道具だてにおいてはどれだけのものが集団生活に**強制されて**いるかを，決定するように注意を払わねばならない。旗をあげる公開の儀式においては，民主的団長と専制的団長とを区別するチャンスは多くない。職工長が社会経営をどんなに強化しても職工長と労働者との間の社会的関係は変化しなくなるまで，組合（union）と経営（management）との間で闘争が行われることによって，工場における職工長がその労働者を取り扱う仕方は決定される。この場合，経営と組合との間の関係の変化が，職工長の行動の本質的変化に対する必要条件であろう。社会問題の理論的または実践的解決に対して考慮に入れなければならないところの社会的単位の大きさが，社会心理学者によっていろいろの仕方で決定されるような独断的な問題ではないということを，上述の例は明らかに示している。いかなる社会的単位が，一定の社会的行動に対して決定的なものであるかは客観的な問題であり，社会的研究において多大の考慮を払わねばならない問題である。

　例えば，一団の少年団を後援している教会や学校がその団体にもつ関心とか，その団体が地域社会においてもっている地位は団長の行動よりも団員一座の成員性や集団生活に対して，比較的重要であるかもしれない。兵隊の忠誠が，その班，その小隊あるいはその軍隊全体のいずれにまず向けられるかを知ることは，軍隊の志気を研究する上に第一に重要なことである。

　比較的小さな対面集団を研究する際に，集団緊張の程度，凝集力（cohesiveness）の程度，それから集団のイデオロギーの程度のような力学的諸特性さえも，それらを測定する方法において成功していると私は考える。個人に関する実験で常に要求されるものから逸脱しない程度に，標準的な現況の求めに応ずるような実験を，集団全体について営むことが可能である。一定の場合にいかなる程度まで集団生活は，その個々の成員の特殊な人格に依存するかの問題を，経験的に研究することが可能である。

　イデオロギーの等質性の程度のような集団のある特性は，すべての大きさの

集団で測定される。しかしながら全体として現在のところ，対面的集団の大きさ以上に社会的単位の特性を十分に取り扱いうるものは少ない。こうした比較的大きな社会的集団内の一単位事象を測るために考慮に入れねばならない時程は，縷々相当な範囲にまたがっているというのがその理由の1つである。比較的小さな単位内の動作は――特に子どもたちを取り扱う場合には――集団を凝視して1時間か2時間を過ごすような観察者の理解力の届くところにあるのが普通である。このようにすれば，彼が研究しようとしている社会的動作の意味を知覚するのに十分な背景が，彼に提供される。しかしながら，労働者と職工長の会話の社会的意味を決定するために，職工長だけを連続的に数週間にわたって観察しても不十分であろう。職工長の十分な観察のためには，労働者の多数の会合に出席し，経営者や労働者を含むある特定の委員会の会合に出席し，経営者のある特定の会合に出席することが必要である。

　このような比較的大きな単位の研究には，ある人との会見が最も必要な調査手段の1つである。集団内のいかなる位置において，最善の"通報者"（informants）が見出されそうであるかを知ることが非常に大切である。心理学者はこの点で，文化人類学者から多くのものを学ぶことができる。心理学で多少不面目であった質問紙は，集団生活特に集団のイデオロギーの研究に対して，ちょっと異なった形式で帰り咲くかもしれない。われわれは，質問紙や会見の答えが，事実の表現であるという考えを漸次放棄しつつある。一部は当該の問題によって決定され，一部はその個人の一般状況によって決定されるような事態への反応として，われわれはそれらのものを取り扱うことを徐々に学んでいる。投射法を取り扱うことに慣れたように，質問紙を扱うことをわれわれは学ばなければならない。簡単にいえば，2，3の特殊な規則より以上のものを提供するような質問紙や会見の実際理論を，われわれは最も緊急に必要とする。

　1つの技術的な点で，未来に対する大きな実際的約束が守られているように思われる。すなわちもし場理論的アプローチの見解が正しいものであればこれまで研究の手が及びえないところにあると考えられていたきわめて多くの問題に，実験的に接近していけるという喜ばしい予想がもてる。もし全体的場の雛型が一般に，例えば規模（サイズ）などよりもはるかに重要だということになれば，基本的な社会的布置を適当な集団規模に"移調すること"によって，それを実験的に研究することができるようになる（ゲシュタルト心理学では"移調"

第7章　社会心理学における研究法の問題　　163

〔transposition〕とは，本質的な構造的特徴を変えないでそのまま残しておく変容だと考えられている）。実験者がそのような移調を創成することができたとしても，"人為的な"，"生きたままでない"事態を作り出すことを恐れる必要はない。実験は，ただ1個のもしくは他の1つの要因が理解されただけでは，人為的なものになるが，しかし本質的な型態(パターン)がわかればそうではない。こうした事柄を考え合せれば，比較的小さい規模のモデルで，大きな集団の特性を研究することができるはずである。例えば，他人のもつ理想をわれわれが知覚する際に，どの程度までわれわれ自身の文化に左右されるかを見出すために，国民全体を研究する必要はない。われわれは8歳ないし9歳児を用いて，これと同じ現象を研究することができる。その子どもは，環境のエゴイズム，寛大，公明正大の程度を，自分自身のエゴイズム，寛大，公明正大の程度に従って知覚する。

　他の例を述べると，もし集団行動（action）がそれ自体の決定やそれ自体の状況を"受容すること"（accepting）に基づいて行われるならば，いかなる大きさの集団の志気も比較的高いと考えられる。例えば逆境に臨んで"我慢して行く"個人の能力は，みずからこのような事態を作り出す人では，外から事態に押し込められる人よりもいっそう強大である。主婦の食事習慣の変化に関する講義法と集団決定の方法との比較は，集団決定がはるかに効果的であることを示している。

　特権の少ない集団の平等を求める抗争が成功するか否かは，この少数者に彼ら自身が所属していることをよきにつけ悪しきにつけ十分に受容するような指導者たち，あるいはフランス革命で起こったように特権の少ない集団を自発的に加入させるような指導者たちを見出すことに，それがよるところが大きい。

"現実生活"の場面状況における実験

　社会におけるある種の問題は，実験的に作り出されたいっそう小さい実験室的集団において研究されうると思われるけれども，われわれはまた，現存する"自然の"社会集団の内部で真実の実験を行わせてくれるような研究技術を発展させなければならない。私の意見では，この種の実験の実際上の，また理論上の重要性は最大級のものだと思う。社会学の基礎的問題は諸集団に関して言葉の厳密な意味における実験を行うことなくしては答えられえないということ

が，そのような実験を行うことは到底不可能だといまなお信じている人々にとってさえも明らかになった。このような実験は，イデオロギーや文化の変化を研究するために，重要であるだろう。この実験は，正常のまたは異常の人格を研究し，かつ人格の変化を招来するための主要な技術の1つとなる。換言すれば，集団実験は，実験心理学，実験社会学および実験文化人類学の交差点にある。

"生活事態" 内の実験は，比較の統制群を設定したり，比較的大きな期間中の条件を恒常にするときのような特殊な困難を伴う。科学の目的のために，大工場やあるいは全国的な組織を作り出すことを許容する水準にまで，研究施設の力や基本財政が到達しなかった。したがって，普通 "応用心理学" の問題として分類されるような，ある特定の方法論的問題を述べることが適当かもしれない。

1. 集団行動における不変性と自己統制

疲労の研究では，実験者は材料の流れや中断の量や妨害の量を恒常に保つのが常であるが，材料の流れで数多の不規則が起こり，労働者が去来し，職工長や仲間の労働者がその気分を変える等々の工場のような結構では，正確な実験をすることは望みないことであると，よく感ぜられるであろう。それにもかかわらず，工場は数週間，生産のわずかな変化を示すだけであるということは，理論的に重要な問題を示している。大きな社会的単位は多数の強固な要因によって影響され，したがって比較的強度の "偶然の変化" であってさえも，工場の生産を有意水準で（significantly）変えるとは考えられないという事実の結果として，このような産出の着実性の説明を試みることができる。しかしながら，このような説明ではけっして十分ではないと思われる。

集団についての多くの実験的研究は，集団内の特定の "自己統制" 過程なくしては，ほとんど不可能であろう。自己統制過程は個人においてよく知られている。例えば，身体はある特定の統制過程によって比較的恒常な水準に保たれる。元気のない労働者は，一時的に比較的大きな努力をすることによってその場を補償するであろう。同様に，集団全体に関する自己統制過程は，"自然的集団" である社会的な集まり（conglomerations）に特有であると思われる。例えば，もしも労働者が一時的に欠席していると，そのチームの他の労働者はその

代わりになって危機を脱するであろう。換言すれば，集団生活をある特定の準定常水準で保つ諸力の布置によって（第9章を見よ），妨害があるにもかかわらずこの水準は維持されるであろう。このような場合に，不規則な妨害が比較的大きい事態でさえ，このような準定常的平衡を決定している諸力に比較的小さな変化があるが，それを測定することは可能であろう。個人内と同様に集団内の自己統制は，ある特定の程度までだけかつまたある特定の限度内で生起することはいうまでもない。

このようにして一般的に，"自然の力学的単位"あるいはこのような単位に固有の諸特性を現すような統一体として，多くの集団を考えることが可能であるように思われる。こうした点で，**移調**が時間的にも空間的にも，比較的小さな単位から大きな単位へとなされる限りでは，集団水準に関する実験は個人水準の実験とたいして異ならない。しかしながら，生活集団に関する実験のある特定の社会的側面は，実験室における普通の実験とは，むしろ異なっている。

2. 実験者の統御力

社会的にいえば，実験室における実験は，社会生活とはまったく隔離された島で起こる。社会の基礎的な規則を破ることはできないけれども，"生活集団"に関する実験が毎日直面しなければならないような諸々の圧力から離れて，それはきわめて自由なものである。知覚やフラストレーションの実験室における実験では，心理学者は事態のコントロールをしているのが普通である。換言すれば，実験者はその欲する物理的条件を創造する力をもっている。ただ被験者を傷つけたくないとかあるいは被験者の十分な協力を得ないという事実によって，その力は社会的に制限されているにすぎない。このようにしてやがて実験者の力の問題が，個人心理学でよく注意を払われるようになる。

しかしながら集団生活に関する実験にとって，支配力の面は大問題である。実験者がその中に進んでいく体制は，一定の実際目的をもっているかもしれない。体制の目的に関する干渉が許されない。他方では，実験を実行するために，実験者は必要な布置や変化を設定するのに十分な力を多少とももちあわせねばならない。

一般的にいってこのような力を獲得する唯一の方法は，体制の活発な協力を得ることである。多くの実験的研究が適切になされるならば，それは直接のま

たは広範囲の実際的意味を帯びてくるという事実がなければ，このような力を獲得するチャンスはほとんどないであろう。現存する工場，組合，政党，地域社会のセンター，協会——簡単にいえば多くの集団——の組織的形式は，伝統，"有能な発起人"の着想，適者生存ないしはせいぜい試行錯誤の原始的方法に基づいている。多くの実際的経験がかなり収集されかつ組織化されたことはいうまでもない。しかしながら，このような手続きの効力は，体系的にして科学的な実験で成就できるものよりもずっと以下にあるということを，他の分野からわれわれは知っている。

それゆえに，今日化学的研究は化学的工場に必須のものであると考えられるように，集団生活に関する科学的研究は大組織の進歩に必須のものであると間もなく考えられるだろう。

3. 実験と教育

たとえその組織の要所（helm）にある人が，ある実験は潜在的な実際価値をもっているということを説きつけられるとしても，彼はなお実験者に無制限の行動の自由を与えるとは限らない。しかしながら，実験的な手続きを共同で設定する程度まで，実験者と協力する準備が彼にできているかもしれない。計画（project）の実行に関与している誰でも，ある程度当該の問題の科学的側面と親しくなるに違いないということを，このことは予想させる。

したがって，相当の量の教育が，組織の研究には縷々必要条件である。それが特殊なタイプの不安をもつ結果として，はじめ組織の各部門はある疑惑を示しているのが普通である。その支配力や勢力が影響を受け，またはある不快なデータが研究によってあらわにされるということを，各部門は恐れている。実験者が正しく進んで，誰もが問題の性質を理解しこのような研究を直接に経験すればするほど，この疑惑は減少するのが普通である。集団の計画された再組織化の大切な部分として，縷々このような教育が使用される。お互いの問題に客観的に当面しようとする試みこそ，ある程度態度を変化させるものである。事実発見における活発な協力は，新しい視界（horizons）を開いてみせ，よりよい理解を創造し，縷々比較的高い志気を招来することになる。

4. 理論的および応用社会心理学

　自分の研究しようとする集団の問題が重要であればあるほど，自分が専門的な社会問題だけに当面するのではないらしい，という事実を科学者は無視するわけにいかない。彼は自分の目的について明晰でなければならぬ。このような目的とは，もしも特定の尺度が採用されるならば何が存在しかつ何が存在するであろうかに関する事実発見である。経営者は比較的小さな身分差異をもった工場の雰囲気に伴う高い生産の方を好む"べき"か，あるいはたとえそれが低生産を意味するとしても，大きな身分差異の方を好む"べき"かということ，それを前提を加えないで科学者は決定することはできない。彼はスカウト活動の理想が何である"べき"かを決定することができない。換言すれば，実験者自体が組織の政策決定者ではない。しかしながら，もしある特定の社会目的が達成されるべきであるとすれば，何がなされるべきであるかを彼は調査することができる。一定の政策およびその効果を分析するのに重要な材料を，彼は確保することができるが，それは何らかの合理的な政策決定に対して適切なものであるだろう。このような実験社会心理学の分野における方法論的問題は，特殊な仕方でいわゆる"応用の"（applied）問題と連結される。理論的諸問題を解決するように工夫された実験でさえ，研究者と実際家との間の密接な協力，実験者の十分な力，および集団に関するこうした研究はいずれもある程度社会的動作（social action）であるという再認識を前提とする。

　科学的心理学と人生との間の関係は，特殊な両価性を示す。実験的科学としてのその最初の段階で，心理学は正確であることの希望と不安定の感情によって支配された。実験は特に感覚知覚と記憶の問題に向けられたが，それは一部，物理学実験室で手に入る道具でもって実験的コントロールや精密さが確保されるような結構を通じて，それらが研究可能であったからである。実験的手続きが心理学の他の部門に拡大するにつれて，また実験のための適当な対象として，心理学的諸問題が仲間の科学者によって受容されるにつれて，"金属製器具（brass instrument）の心理学"の期間は徐々に衰退した。漸次実験心理学はいっそう心理学的となり，人生の問題にいっそう密接になり，特に動機づけや児童心理学の領域でそうであった。

　同時に逆流が見られる。"応用心理学"という術語は——正しい場合もまた正しくない場合もあるが——たとえそれが実用的な価値をたまたまもって

いるとしても，科学的に行き詰まった手続きと同一視されるに至った。その結果として，理論に興味をもっていた"科学的"心理学は，あまり密接に人生に関与することなくますます離れようとした。

社会心理学のある特定問題を研究する場合に自然集団を取り扱う必然性によって，もしも理論心理学への傾向が弱められるならば，最も不幸なことであろう。しかしながら，このような発展は理論心理学に大きな機会をも脅威をも提供するという事実を無視するわけにはいかぬだろう。応用心理学の最大のハンディキャップは，適当な理論的援助を伴わずして，それが高価な，無効の，しかも制限された試行錯誤の方法に従わねばならぬという事実であった。応用の領域で今日働いている多くの心理学者たちは，理論心理学と応用心理学との間の密接な協力の必要に，鋭く気づいている。もしも理論家が応用の問題をインテリの嫌悪や社会問題の恐怖で見下げなければ，またもしも応用心理学者等がよき理論ほど実用的なものはないということを悟るならば，このような協力が物理学において完成されたように，心理学でも完成される。

他のいずれの心理学的領域におけるよりも，はるか以上に集団力学の領域で，理論と実践は，次のようなふうに方法論的に連結されている。もしも両者が適当に処理されるならば，理論的問題に答えを提供し，同時にわれわれの実践的社会問題への合理的接近 —— それは解決のための基礎的要請の1つであるが —— を強化するであろう。

注

[1] 編集者のノート，この章の最初の部分（"現実生活"の場面状況における実験の部分まで）の材料は，Kurt Lewin: Psychology and the process of group living, *J. Social Psychol.*, 1943, 17, 119-129 から採録された。この章の残部は Kurt Lewin: Constructs in psychology and psychological ecology, *Univ. Iowa Stud. Child Welf.*, 1944, 20, 23-27 から採録された。

第8章

心理学的生態学 (1943年)

　心理学的要因と非心理学的要因との間の関係は，知覚の心理学から集団の心理学にいたるまで，心理学のすべての分野において，基礎的な概念的および方法論的問題である。社会科学を統合する努力のうちに提起された多くの問題に答える前に，この関係を適切に理解しておかなければならない。"心理学的生態学"(psychological ecology)の諸問題に関する場の理論的研究は，このような問題に答える方法の若干を暗示する。

　食習慣についての次のような議論は，文化的習慣を変化する目的のために，場を分析する最初の段階の例として十分なものである。このような分析は，どこでいかに心理学的および非心理学的問題が重複するかを，正確に明瞭化する目的をもっている。何が可能であり可能でないか。何が起こり何が起こらないかということに対する一定の制限を有する場面組織で，集団生活のいかなる類型のものも生起する。気候，コミュニケーション，国や団体の法律などの非心理学的要因は，このような"外側の制限"のうち頻数多く現れる部分である。場の最初の分析は，"心理学的生態学"の見地からなされる。すなわち個人や集団の生活の境界条件を決定すべく，こうした材料が何を意味するかを見出そうとして，心理学者は"非心理学的"材料を研究する。ただこのような材料が知られたあとでのみ，有意義だとわかった事態で，集団や個人の動作を決定する要因を調査するために，心理学的研究自体が始められる。

　健康や社会的条件を変化させる要求に，集団の食習慣を適応させようという計画として，**現在の状態**(status quo)を知らねばならぬことは明らかであろう。しかしながら，このような**現在の状態**を研究する場合に，われわれは何を考えなければならないであろうか。特に計画された変化に向かって貢献するために，

いかにして心理学者は進行しなければならないであろうか。

社会的傾向の研究

いわばここ10年間に，人々が何を食べたかを研究することによって，人はある"傾向"を見出そうとするかもしれない。硬い傾向を柔軟な傾向と区別することによって，その上でいずれの変化が多くの抵抗に遭遇すると考えられ，いずれが抵抗が少ないかに関して，指標を見出そうとするかもしれない。

"社会的傾向"に基づいて未来を予想するように，数多くの企てがなされてきた。われわれはいまや予言に対するそれらの価値が，非常に制限されているということを知っている。それらが誤解されていることもまれでない。

変化を招来する目的の技術的助言が，一般に，なぜ歴史的傾向の研究に基づいて行われないかについて，若干の理由がある。すなわち，

1. たとえ見本法が信頼しうる確実な材料を確保するために完全なものであるとしても，未来に対する予見はおそらく，事態が定常的であること，またはそれは既知の方向に既知の割合で変化することを前提とする陳述になる。問題の難点は，条件が縷々一日一日と根本的に変化するということである。

2. ある方向に変化を招来する困難度を，歴史的傾向から判断する確たる方法はない。集団の習慣の長い持続は，この習慣が硬い（rigid）ものであるということを必ずしも意味するものではない。それは，関係条件がその期間中にたまたま変化しなかったということを意味するにすぎないであろう。長い間硬く維持されていた食習慣が，かなりの量の柔軟性を過去において示した習慣よりも，いっそう容易に変化可能であるということはよくあることであろう。

3. 材料の記述をいくら重ねても，いかなる技術が希望の変化を招来する場合に有効であるかという問題を解決することにはならない。例えば，人々が何を食べ，あるいは何を食べなかったかについての材料の量によって，広告，講義，学校教育のいずれが最も有効であるかを報告することにはならない。

児童の発達の研究

個人の歴史を研究することによって，われわれはよりよき予測の手段を見出

そうとする。文化の恒常性は，その文化の中で子どもたちが成育しつつあるという事実に基づいていることを，最近文化人類学は強調した。子どもたちのこれからの生活のために，その習慣を十分強化しておくような仕方で，彼らは子ども時代に訓練され，習熟させられる。

集団の歴史から人の歴史へ，研究がこのように移動することは，社会学から心理学への変化と見なすことができる。同時にそれは，集団の過去の行為に関してよりもむしろ，集団の成員の現在の状態に関して変化への抵抗の度合を結合しようとする段階である。それは歴史的研究から去る段階であるというよりもむしろ，非歴史的な力学的研究に向かう段階である。

私の考えでは，現在の文化人類学における子どもの発達研究は，実りあるものであり，かつ望みあるものである。諸々の年齢水準における，子どもの好悪が何であるかを知ることは，非常に重要なことである。彼らの食事のイデオロギーの背後にある価値が何であり，是認や不賛成の源泉として，彼らは何を，誰を考えるかを知ることも大切である。それでもなお，望ましい方向に集団の食習慣をいかにして変化すべきかという問題に，歴史的および記述的研究が答えることのできないことは明らかであろう。

場の研究——準定常的過程としての文化および集団生活

計画的変化の問題または"社会工学"（social engineering）の問題は，次の問題と同一である。すなわち一定の結果を招来するためには，いかなる"条件"（conditions）が変化させられなければならないか。いかにして人はこのような条件を手近な手段で変化しうるか。

ある条件や力によって維持されるような，現在の事態——いまの状態（the status quo）——が観察されるとする。文化——例えば一定時における一定集団の食習慣——は，静的事態ではなくして，動くけれどもなお認知可能な形式を保つところの河のような生きた過程である。換言すれば，われわれは個人生活におけるように，集団生活においても，物理学で"準定常的"過程[1]として知られているものを取り扱わなければならない。

食習慣は空虚な空間では起こらない。それは，醒めていることや眠っていることの，毎日のリズムの必要な部分である。独りでいることや集団の中にいる

こと，生計を得ることや遊ぶこと，町，家族，社会的階級，宗教的集団，国家の一員であること，暑い気候や涼しい気候に生活すること，田舎か都会に生活すること，よい食料雑貨店やレストランのある地区かまたは貧弱で不規則な食物が供給される地域に生活すること等。これらの要因のすべてのものが，何らかの仕方で，一定時における食習慣に影響している。水の供給の量と河床の性質が，河の流れ，その恒常性，またはその変化を毎日決定するのとちょうど同様に，それらのものは集団の食習慣を毎日新しく決定する[2]。

工場における生産のスピードのような現象と同様に，集団の食習慣は多数の力の結果である。ある力は相互に維持し合い，あるものは相互に反対している。あるものは推進力であり，あるものは規整力である。河の速度と同じように現実の集団行為は，このような葛藤する諸力が平衡の状態に達する水準（例えば生産のスピードのようなもの）に依存する。

ある文化型式についていえば——例えば集団の食習慣のようなものは——このような諸力の布置が一定期間同じであること，あるいは少なくとも，諸力の布置がその期間中に恒常な水準で平衡状態を見出すとことを意味する。過程自体への考察を制約し，かつ"習慣"を一種の凍った連鎖すなわちこのような過程間の"連合"と考える理論によっては，集団の"習慣"も"個人の習慣"も，十分理解できない。その代わりに習慣は，有機体とその生活空間，集団とその組み立てにおける力の結果として考えられなければならない。もしも過程が（それは恒常な"習慣"とか変遷であるかもしれないが）科学的に理解されるべきであるとすれば，有機体，集団，組み立て，あるいは与えられたケースにおいて場がいかなる名前をもとうとも，その構造が表現されなければならず，場の種々の部分における力は，分析されなければならない。過程は外の現象にすぎないが，研究の真の目的は力の布置である。

それゆえに条件中のいずれの変化がいかなる結果をもつかを予言するためには，比較的大きな場面組織における諸力の特殊な布置の結果として，集団生活のことを考えなければならない。換言すれば，科学的な予言または変化の方法に対する助言は心理学的および非心理学的側面の両者を含めて，"場全体"の分析に基づかなければならない。

例証的研究

このような一般的原理の例証としてここに使用されている研究は，アイオワの州立大学の児童福祉研究所の現場職員によってなされた。その第1の目的は，**なぜ**人々は彼らが食べるものを食べるかという側面のあるものを研究することであった。その方法は家庭の主婦と会見することから構成されている。5つのグループが研究された。3つの代表的なアメリカの白人系の経済的下位部分（高位，中位，低位の収入水準）と，2つのチェックと黒人の下位文化群である[3]。

A. 経路の理論（水路説）

"なぜ人は彼らの食べるものを食べるか"という問題は，文化的および心理学的両面（伝統的な食物と子ども時代の経験によって引き起こされた個人的な偏好のような）を含み，また輸送，特定地域における食物の通用性，および経済的な要件を含んで，むしろ複雑なものである。それゆえに科学的分析における最初の段階は，どこでいかにして心理学的および非心理学的側面が交差するかという問題の取り扱いである。この問題は少なくとも一部"経路説"によって答えられる。

この理論において最も重要なことは，一度食物が食卓に出されると，そのたいていのものは家庭の誰かによって食べられるということである。それゆえに，もし"いかようにして食物は食卓に上り，しかもそれがなぜであるか"という問いに答えるならば"なぜ人々はその現に食べるものを食べるか"という問いに対する主要な答えが見出されるであろう。

食物は種々の経路を通って食卓に上る（図19）。1つは店での購入である。食物が買われるとあとで取り出して調理したり，食卓に運搬できるように戸棚に貯蔵される。別の経路は園芸である。配達とか，田舎で食物を買うこととか，家庭でパンを焼くこととか，カン詰製造等のような付加的な経路もある。食物は一歩一歩経路を通って進んでいく。経路が異なれば段階の数は変化し，同一経路でも食物が異なればそれは変化する。戸棚の中の食物やカン詰製造後の食物は，相当時間同じ位置に留まっているかもしれない。他方，食料品室や冷蔵庫ではほんの2，3時間あるいは2，3日食物が残っていることがある。

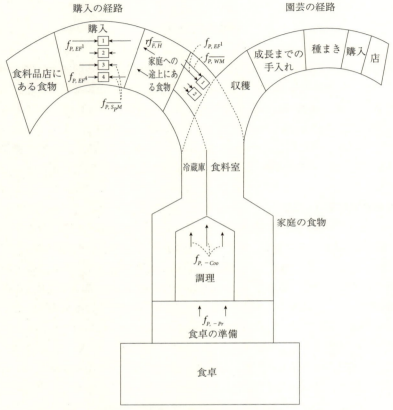

図19 食物が食卓に達するまでの経路

　いかなる食物が食卓に上るかを見出すために，どれだけの食物の経路が，特殊の家庭や集団に対して存在するかをわれわれは知らなければならない。ある経路が塞がれたあとの変化を理解するために，いかなる新しい経路が開かれ，いずれの古い経路で交通が増大するかをわれわれは知らねばならない。例えば，家庭で食事を準備することが困難になった場合には，レストランで食べることが増してくる。

　食物はそれ自体の誘因（impetus）によって動くものではない。経路に入るか否か，および経路の一区域から他の区域への運動は，"門番"（gatekeeper）によって影響される。例えば"購入"の経路に入る食物を決定する場合に，主人あ

るいは女中のいずれが購入するかを知らねばならない。それが主婦であれば，主婦の心理学が研究されなければならず，特に彼女の態度，購入場における行動が研究されねばならない。

　食物の運動に影響する心理学的な力は，経路の相違に応じてまた同一経路内の諸々の区域に対し異なっている，ということを認知するのは重要なことである。各経路は運動に対して一定量の抵抗を与え，しかもある特定の力は経路への入口を妨害する傾向がある。例えばもし食物が高価であれば，反対方向の2つの力が主婦に働く。彼女は葛藤状態にある。金銭をあまりたくさん浪費することに反対する力は，食物の経路に入っていくのを防止する。食物の魅力に対応している第2の力は，それを経路にとり入れる傾向がある。

　主婦は高価な食物片を買うことに決心したとしよう。すなわち食物は門をすぎる。さて主婦はそれを浪費しないように非常に一生懸命である。以前相反的であった諸力は，いまや同じ方向に両方とも指向するであろう。すなわち高価な食物を除外しようとする傾向にあった高い値段は，いまや食物があらゆる困難を越えて安全に食卓に達し，食用に供せられるということを，主婦が確信する理由となる。

　1. 種々の経路の使用：中西部のある地域で行われた研究において，デザートを除いては，他の経路を通じてよりも購入の経路を通じて，各種食物の獲得されることが比較的多いということを，われわれは5つのグループから見出した。

　すべてのグループにおいて等しく，野菜や果物の約3分の1は，家庭でカン詰めにされているということが見出された。カン詰めにされる食物の量（amount）は，2つの低収入群では比較的大きいということが見出されたけれども，収入水準とカン詰めをする家庭のパーセンテージとの間には何らの関係もないように思われた。チェックの家庭はすべて何かカン詰めにし，彼らがカン詰めにした食物の量は，同一地域社会の他の部分における対照的な収入群よりも比較的大きいという点で，はっきりした文化的差異が見られた。

　われわれの資料から次のような一般的な結論が得られた。

　すなわち財政状態と文化価値とは，諸々の食物経路が使用される程度およびその使用の仕方に，ある程度まで影響を及ぼす。こうして比較的下位の収入群は，彼らの食べる必需食物をいっそう多くカン詰にし，あるいはいっそう多くの菜園をもつことによって，節約を効果あらしめることができる。比較的上位

の収入群は，戸棚を設備し，ミルクを配達させることができる。さらにまた比較的下位の収入群は，必需食物をカン詰にするが，一方で比較的上位の収入群は，嗜好のためとかおそらく地位を保つためにジャムやジェリーのような食物をカン詰にする。チェックの集団は自給に智恵をしぼり，強く動機づけられて，カン詰と菜園を最も多く作る。

2. 経路を誰が統御するか：家族の成員のうち誰が種々の経路を統御するか——そうした人によって何らかの変化がもたらされるが——を知ることは重要である。

あらゆる集団において，主人が活動的な役割を演ずる園芸の経路を除いては，すべての経路を主婦が決定的に統御する。しかしながら園芸といっても，主人はこの経路に限りまれに統御するにすぎない。自分たちの前におかれた食物の拒否によって，子ども等が間接に決定に影響することは疑いないけれども，けっして経路を統御するとはいえない。

B. 門番の心理学

食物の習慣を理解し影響を与えるために，われわれは客観的な食物の経路や客観的な利用度に加えて，経路を統御する人に影響する心理学的要因を知らねばならない。

門番の心理学は，われわれの十分に網羅する意図のない多様な要因を含む。その要因は2項目に分類されるであろう。1つは認知構造との関係すなわち人々が食物について考えかつ語る見解であり，他に人々の動機づけとの関係すなわちその食物の選択の背後にある価値体系である。

1. 認知構造：認知構造では"食物"，"われわれ一般の食物"，または"家族構成員めいめいに対する食物"と考えられるものが取り扱われ，食事の型，食べる事態の意義が取り扱われる。

a. 考慮外の食物と考慮の範囲内の食物。物理的な利用度は，個人に対する食物の利用度を決定する唯一の要因ではない。1つの決定要因は，"文化的な利用度"である。自分等の食物だと考えないために，人が全然使用しようと考えない多くの食用材料がある。

もしわれわれが人間の現に食べたり食べなかったりするものをすべて食物として考えるならば，生きたバッタは食物のカテゴリーに包含されねばならない

であろう。換言すればわれわれの文化における心理学的な食物領域は，客観的には食用品の一小部分にすぎない。しかも客観的に食用に適するあらゆる食物の全体領域内で，小さな限定された領域として考えられる。

　われわれの国のあるところでは，ピーナッツやチーズが，人間に対するものでなくて動物に対する食物であると考えられる。アイオワの農夫の少女はそれが豚用のものであるというので，コテッジチーズを食べることを拒んだ。われわれの文化における食物の領域内でさえ，人間に対する食物と動物に対する食物との間の境界には変動がある。

　人間のための食物だと認められている食物でさえも，特定家族に対する食物としては受容されないことがある。例えば腎臓やある内臓は，貧乏な人々によってのみ，食物だと考えられることがあり，シャンパンは金持ちに対する飲物だとされる。換言すれば，"人間に対する食物"として認められる領域のある部分のみが，"われわれ一般の食物"として認められる。種々の集団によって，"われわれ一般の食物"と考えられるものを見出すことは，食習慣を研究する最初の目的の1つである。

　b. 主人と子どもに対する食物。"われわれ一般の食物"の領域内部で特殊な従属領域として，"主人に対する食物"と"子どもに対する食物"とを区別しうる。主婦が経路を統御するという事実は，彼女が主人の偏好によって影響されないということ，または彼女の考えるものは主人とその子どもに対しても好ましいものであることを意味するものでない。

　家族構成員それぞれの間接の影響は，多くの仕方でわれわれの研究において示された。最も典型的な主人の食物は，肉であることが発見された。野菜とデザートが先行して肉は第3位であるところの黒人の集団を除いては，すべての下位集団において，主人の食物として肉は第1位であった。他方で最も典型的な子どもの食物は，子どもをもっている家庭の3分の1の指摘するところであるが，野菜であった。

　デザートを第1位として野菜は第2位を占めるところの黒人の集団を除いては，すべての集団において，子どもの食物として野菜が第1位であった。ポテトは，子どもに対してよりも主人に対して，特殊な御馳走として比較的頻繁に用立てられた。

　このような家庭構成員それぞれによる間接の統御は，門番の心理学の多くの

側面の1つにすぎない。

　c. "食事の型"。食物の認知構造のほかの側面は，朝食，昼食，晩餐に対する食物の差異である。また主要な食品とデザートとの間の区別，バランスのとれた食事と"残り物"の考え方である。

　穀類，カフェイン（コーヒー，茶），卵およびパンやトーストは，研究されたすべての集団によって，**朝食の食物**として最も一般的に受容されていることが見出された。果物は，高位および中位の収入群の4分の3によって指摘されたが，チェック，黒人および低収入群ではその4分の1によって指摘されたにすぎなかった。

　昼食の食物としては，果物およびミルクが，高位の収入群で比較的多く指摘されたけれども，スープは低位の収入群で比較的縷々指摘された。サラダ，サンドウィッチおよび果物は，高位および中位の収入群において，他のグループよりもはるか高度に，特有のものであった。すべての集団において，残り物は昼女用として使用されたけれども，チェックの集団において最も頻数多く使用された。昼食は，ほかの食事のいずれよりも多分に"無計画"（pick up）の食事であることは明らかである。高位および中位の収入群の約75％で，その昼食の献立をすることが要求されたけれども，他の集団では約25％だけが要求した。その他のものは，家の中にたまたまあるものは何でも食べるといった。

　晩餐に対する食物（foods for dinner）として，肉，野菜，ポテトおよびデザートは，すべての集団によって受容されるのが普通であった。サラダは，2つの上位の収入群できわめて数多く指摘されたが，一方でパンの記入は少なく，バターは全然記入されなかった。低収入群では，バターとパンがきわめて数多くその名をあげられた。こうした集団では，パンとバターは晩餐の実際の一部と考えられ，高位の収入群では付属物と考えられたらしい。

　d. 食事場面の意味。他人とのつき合いで食べた際に創造される集団所属の感情は1つの重要な点である。長期にわたる絶食後に食べることと宴会で食べることとは，非常に異なった意味がある。そして宴会で食べることは生存の手段としてよりもむしろ，社会的機能として分類されるかもしれない。全体として食べることは，栄養をとることよりももっと複雑な機能である。

　食事の心理学的意味は，集団の場面に密接に関係づけられている。工場の仲間の労働者と食べることは，家庭の食卓で食べることやレストランで食べるこ

ととは異なっている。"食事の集団"（eating group）は，個人の食事行為や食事のイデオロギーに非常に影響する。食事の集団はすべて，特殊な食事文化を有するということができよう。

2. 動機づけ：われわれは動機づけにおける種々の要因を3つの大項目に分けて論ずるとしよう。ⓐ食物の選択の背後にある価値（動機，イデオロギー），ⓑ食物の欲求，およびⓒ克服されるべき障害。

　a. 食物の選択の背後にある価値。個人が食物を選ぶための関係枠（a frame of reference）として作用する価値の数は多い。価値は個人に対して同じ重みを常にもつものではない。それは戦時中のように変動し，また加うるにレストランと家庭では異なるかもしれない

　少なくとも4つの関係枠が食物を評価する場合に使用できる。すなわち出費，健康，嗜好，および立場である。人々の各種集団に対するこうした諸々の関係枠の相対的強度を知り，またそれらが種々の食物に応じて変異する様子を知ることは大切である。

　価値体系に関して，3つの問題が提起される。①こうした集団にとって価値あるものとは何か？　②各価値の相対的重みはどうか？　③ある特定の価値と連結される特殊な食物は如何様であるか？

　われわれの研究では，グループ間および各グループ内で，種々の関係枠の指摘される頻数において，有意義な差異が見出される。グループ内では，次の差異が観察された。高位の収入群では，健康が圧倒的な価値をもち，金銭と嗜好は比較的低くほぼ等水準であった。中位のグループでは金銭が圧倒的な枠で，健康は相当低く，嗜好が非常に低かった。このことはまた低収入のグループと黒人のグループについても妥当するが，そこでは金銭が重要な要件であるから，金銭と健康との間の差異が比較的大きいということは別である。金銭と健康とについてほぼ等しく指摘し，嗜好に関しては相当低いという点で，チェックの集団は高位のグループと中位のグループの間に位置する。

　いずれの食物が選ばれるかを知るために，一般的価値体系および各枠組みの相対的重みに加えて，当該食物のおのおのが，価値尺度のおのおのどこに位置するかを正確に知らねばならない。

　にわとりは，お金の不足の場合に口にする食品として，あるいは最も健康的な食物とか一番空腹を満たす食物として，ほとんど指摘されることはないとわ

かった。しかしながらそれは，仲間との晩餐のために揃えねばならない食品として，縷々指摘された。

　嗜好の尺度における種々の食物の位置は，"どんな料理をあなたの家族は特に好むか？"と主婦ごとに尋ねることによって調査された。すべての集団で，肉，デザート，および野菜が最も縷々気に入りのものであった。しかしながらチェックにとっては，パンはデザートよりも実に頻数多く，有意義にその名をあげられた。このカテゴリーすなわちパンが非常に高位であるということはおそらく，パンに類似の生パンで作られ，肉と果物を詰めたチェックの料理，コオラッチ（kolatsch）を非常に多く食べるためであろう。

　肉は収入水準の低下に応じて，好まれる食品として指摘されることが少なくなる。野菜の食品は反対傾向を示し，低収入群によって比較的縷々有意に指摘され，高収入群よりも黒人のグループで指摘された。このような所見は人々が彼らの好むものを食べるというよりもむしろ，彼らの食べるものが好きになるという仮定を維持するものと解釈される。われわれの材料は，好ましい食物は一般に手に入れ難い物であるという，広く行きわたった着想に支持を与えるものではない。

　主婦ごとに次のように尋ねられた。貴女は"どんな食物を毎日の食物として必須（essential）のものと考えるか？"。すべての集団において，野菜とミルクが最も縷々必須の食物として指摘された。パンは高収入群の家族よりもチェックや黒人のような低収入群の家族によって，比較的有意に必須であると考えられた。他のものよりも高収入群で，果物は比較的縷々必須のものと見なされた。同様な差異は卵に関しても見出された。

　b. 食物の欲求。種々の関係枠の相対的重みは，欲求の変化に沿って毎日変動するということを認めるのは重要である。飽和，事態の変化，あるいは定食の変容に向かう文化的力のせいで，このような欲求は変化するかもしれない。

　同じ類型の食物を連続的に消費すれば，特殊な食物の魅力の低下を招来するということは，すべての欲求の基礎的現象と一致する。このことは食物の選択における毎日のあるいは季節的循環の強力な決定者である。それは異なった程度で種々の食物に影響する。例えばその影響は肉の場合よりもパンの場合に比較的小さい。

　食物の満足の一般的水準もまた，食物の魅力に影響し，そして種々の価値尺

度の相対的重みを変化する。食物が手に入れ難い場合には，食物の"必需"面に有利なように，嗜好の等級の相対的重みは減少する傾向がある。もし食物のバスケットがかなりよく満たされておれば，それが空であるときよりも，主婦はその選択の場合にいっそう識別ができる余裕がある。

　事態の要因はかなり明瞭である。主婦が月末でお金の不足しているとき，またはお客さんに食事を準備しているとき，これらの事態に対応する関係枠の重みは増大するであろう。

　ここ10年間に，"豊富な，変化のある定食"がたえず鼓吹されて，その結果毎日の食物の変容に対する文化的力が強化された。

　c. 克服されるべき障害。特殊な仕方で種々の経路に伴う障害の問題は，面接によって研究されるものではない。一方でこのような問題は食習慣の変化を計画する際に，考慮に入れなければならない。例えば，カン詰の食物は，準備のために必要な時間がわずかであるから，往々にして偏好される。運送の困難，家庭的助力の欠如，準備と料理のために必要な時間のような障害が門番の選択に影響する程度は，門番の特殊事情に左右される。

　3. 葛藤：a. 決定事態としての購入。一定の食物の選択に向かって，あるいはそれから遠ざかるように作用する多数の力を論じた。現実の選択事態においてそれらが同時に存在すれば葛藤を生ずる。

　一方で一定の活動（食物を買うことのような）に従事しようとする衝動があり，他方でその活動に反対する力があるときに，一般に葛藤事態は起こる。価格の増大は，習慣になっている食物の購入への抵抗として作用して，すべてのグループで，食物領域における葛藤を生じさせる。欲しい食物を買う際の自由が，限られた収入によって制限されているために，低収入の家族は高収入のものよりも，食物を買う際に比較的大きな葛藤を経験するようである。しかしながら中位の収入群の成員は，彼らが心理学的に境界群である限り，低収入群の成員よりも比較的大きな葛藤を経験するかもしれない。彼らは財政的にさらに可能な社会的地位を樹立しようとし，同時に貧乏な人々の水準へ下落することを恐れている。

　食習慣の計画された変化が，高い葛藤あるいは低い葛藤を含む食物領域に偶々触れる程度は，人々の反応する情緒性の程度を決定する要因の1つである。

　研究の当時，収入は比較的増大しないのに，食物の材料の価格が上昇し，

人々は食物の価値上昇に特に気づいていた。食物の節約に関する3つの問題が次のように尋ねられた。すなわち① "食物の価格騰貴のために，あなた方はどの食物を**すでに**カットしているか？" ② "もし価格が上がり続けるとすれば，あなた方はどの食物をカットする**であろうか**？" ③ "たとえ価格が上がり続けるとしても，どの食物を特にカットしたく**ない**か？"

こうした3つの質問に対する答えに基づいて，各個人を評価することによって，葛藤の尺度を構成することが可能であった。もし問題のどれか1つに対し答えが与えられるならば一定の食物と連合したある葛藤が存在し，そして，①食物がすでにカットされ，なおさらにカットされるかもしれない場合（問題1と2），②食物がカットされるかもしれないけれども，個人のカットしたくないものである場合（問題2と3），また③すでにカットされた食物であるけれども，個人のカットしたくないものであった場合（問題1と3）には，葛藤は漸次増大を示すということが仮定された。

全体の集団に対して，食肉は他の食物よりも非常に高い葛藤の品等（rating）を示している。しかしながらその葛藤の品等は集団内で，非常に変異し，高位の経済的集団に対しては最低の位置を占め，チェックや中位の収入群に対しては最高である。野菜とミルクは全体の集団で2位と3位である。最大の葛藤を生ずるこのような3つの食物は，また最も必要と考えられるものである。この研究の際に，食肉は最も縷々カットされた食物であった。必要な食物であると考えられたけれども，最も高価なものの1つであり，これをカットすれば他の食物をカットするよりも比較的大きな節約をすることができた。このような分析からして，食肉をカットすることは最大の情緒的混乱を生ずるということも考えられる。

C. 変化の問題への適用

一定方向への食物習慣の変化に対し抵抗する力がいかに強いかは，結局食習慣を変化する現実の試みによってのみ研究しうる。すなわち実験的研究によってである。いかに質問紙の量を重ねても実験に対する代償とはならない。しかしながら，会見から集められた情報の多くは，実験計画の助けとなるものである。次のような2つの類型の情報が指摘されるであろう。

I. 必須の食物の代用可能性：食習慣の変化に向かってある特定の動機的な力

が及ぶのは，このような習慣の柔軟性如何による。柔軟性につながる1つの要因は，好ましくないまたは手に入れ難い食物が，他の食物によって代置されうる程度である。

主婦が必要であるとリストした食物のおのおのに対して，その代用となるものを尋ねることによりわれわれはこの問題を研究した。一般に代用品は栄養上同様のカテゴリーに入るものである。オレンジはレモンの，脂肪はバター・ラードの類（shortening）の，チーズや卵は肉の，オレオマージェリンはバターの，別種の野菜がはじめにあげられたものの，果物は野菜の等々，栄養上似ていない代用品は，低収入群の人々によってのみ取り上げられた。欲求の満足水準が低ければ低いほど，欲求に対する可能な充足動作の範囲は大きいという事実とこの所見は一致している。

2. 食習慣の変化の基礎：食物の**利用度**（availability）における相違は，食習慣の変化の1つの明瞭な原因である。払底の事態で見られるように，利用可能な食物領域は相当に動揺する。したがってタイプにおける変化が必要であり，また消費量における変化が縷々必要である。

食習慣の変化の第2の原因は，食物の**経路**に関する変化である。戦事に，比較的利用しうる経路に移動した例は，園芸とカン詰への変化である。

第3の可能性は心理学的変化である。すなわち"**他人のための食物でわれわれのためではない**"と考えられてきた食物が，"**われわれのための食物**"となるかもしれない。食物の欠乏はこのような変化を容易にさせる。一例は肉の配給中に，腺の肉を漸次利用するようになったことである。主婦はこれまでそれらを看過してきたかもしれないけれども，彼女はいまやそれを重要だと考えて，縷々買うようになる。というのはそれが有効であり，"点数のコスト"（point cost）が低いからである。同様の変化は食事の型に関しても起こりうる。アメリカの文化では，"食物のバスケット"が朝，昼，晩の食事に割り当てられて，3つの明瞭な部分をもっている。多くの食物はただ一部に対し適切なものと考えられる。食物の欠乏の場合には，この状態が変化する。昼食は構造化の最も少ない食事であるから，他の食事よりも昼食の内容を変化するのが比較的容易であろう。

食習慣の変化に対する第4の可能性は，**関係枠のポテンシィを変化する**ことである。このことは2つの方法のうち1つをもって成就しうる。すなわち①関

係枠の**相対的ポテンシィ**の変化。例えば戦争中行われた栄養物を食べることの強調は，"健康"の関係枠の相対的ポテンシィを増大するために計画された（"強い国民を作るためによく食べること"）。②関係枠の**内容**すなわち枠に関連する食物を変化すること。戦争の最初の2年間に，にわとりの肉の位置は，"空さわぎ"（fuss）の食物の位置から，比較的利用度の少ない他の肉の毎日の代用品の方向に変化した。"空さわぎ"または"交際"の関係枠において，それが高位を占めていたがゆえに，毎日の食事に対する"普通の"肉としてそれを使用する際に，最初抵抗が生ずるのは，まったくありうべきことである。変化に対する第5の可能性は，**"食べる集団"への所属性**の変化である。学校の給食や工場の食事の影響範囲の増大がここで考えられるであろう。

　総括して，食物の行動は，食物がテーブルに上る経路，種々の点における経路を支配している門番，食物に関する門番のイデオロギーを含めて，食物状況の力学によって決定される。価値体系は，食物についての決定を下し種々の強度の葛藤を招来する諸力のあるものの基礎である。

理論の一般性

　食習慣の変化に特に言及して，ここで私共がなしたような分析はまったく一般に適用されるであろう。社会的および経済的経路は，いかなる類型の形式化された制度でも識別される。

　このような経路において，門の部分が定位される。大規模の社会的変化は，経路のこのような特殊な部分の内部で，力の布置を変化することによって生み出される。分析の仕事は，心理学的生態学の見地から行われる。すなわち経路の種々の部分を統制している人々に対する境界条件を決定するために，非心理学的な材料が最初研究される。

　門の部分は公平な規則または"門番"によって支配されている。後の場合には1人の個人または集団が，"入れる"か"入れないか"の決定を下す"権限をもって"いる。門のもつ機能を理解することは，門番の決意を決定する要因を理解することに等しくなり，また社会的過程を変化させるということは，門番に影響を及ぼしあるいは門番を他の者にすることを意味する。このような場合の第1の診断的課題は現実の門番が誰であるかを見出すことである。このこと

は本質的に社会学的な分析を要求し，もし社会的変化を生じさせようとすれば，誰の心理学を研究すればよいか，誰を教育すればよいかが知られるまでに，このことは実行されねばならない。

　同様な考察は経路，門および門番の性格をもっているすべての社会的布置にあてはまる。少数者に対する差別待遇は，門番の決意を決定する諸力が変化されない限り，変化することがないであろう。彼らの決意は一部でそのイデオロギーに依存し，すなわち彼らが"よい"または"悪い"と考えるものを決定するところの価値や信条の体系に依存し，一部分は彼らが特殊な事態を知覚する仕方に依存する。こうして工場，学校組織，あるいはその他の**組織化された制度**内で差別待遇を減じようとする試みについて考えるとすれば，そこにおける社会生活を特定の経路を通って流れるものと考えることが必要である。そうすれば，誰がその組織に受け入れられ，誰がそこから除外され，誰が昇進させられるか等を決定する執行機関（executives）と決議機関（boards）があるということがわかる。これらの組織における差別待遇（discrimination）の技術は，組織の成員の生活を一定の経路へ流し込む機構と密接に連結されている。こうして差別待遇は経営（management）の問題と根本的に連結され，何がなされ何がなされないかを決定する門番の動作と連結されている。

　経路を通じての食物の流れの分析において，門の領域の前後では諸力の布置は，決定的に異なっているということをわれわれは見た。こうして高価な食物が経路に入るのには強い力に遭遇するが，一度入れば同じ力が押し続けている。このような事態は食物の経路のみならず，集団内の伝達経路を通るニュース記事の移動，商品の動きおよび多くの組織内部の個人の社会的移動についても妥当する。例えばある大学はその許可政策においてまったく厳格で，無力な志願者がパスすることに反対する強い力を設定している。ところが一度学生が入学を許容されると，大学は縷々その人を援助すべく，できるだけのことをしようとする。多くの社会も同様な政策に従っている。少数者集団（minority group）の成員に対して差別待遇をするところの団体は往々にして，十分に昇進させてやれないような個人を受け入れる準備が整っていないというような論法を使う。

　社会的経路，社会的知覚ならびに決断の間の関係は方法論的にも実際的にも相当に重要である。経路と門番の理論はある特定の"客観的"，社会学的な商品や人の移動の問題が，"主観的"，心理学的ならびに文化的諸問題といかに交

差し合っているかということを，比較的正確に規定する助けとなる。それは門や社会的経路のような社会学的に特徴づけられた場所を指摘するが，そこでは態度がある特定の社会的過程に対しては最も重要であり，また個人や集団の決定が特に大きな社会的効果をもっている。

注

[1] 準定常的過程の一般的特色に対しては，Wolfgang Köhler: *Dynamics in Psychology* (New York: Liveright Publishing Co., 1940) 参照。

[2] 力の類型はもちろん異なっている。河を決定している場において"認知構造"，"心理学的過去"または"心理学的未来"に等しい何物もない。

[3] 一定期間準備的試行を種々の方法でやったのちに，1942年5月，6月中に最後の材料が収集された。その結果はそのときの人々の態度および習慣を記述しているということを忘れてはならない（砂糖だけが定量を支給されていた）。材料は約6万人の人口を有する中西部の町の住人から収集された。農業を生業とする田舎によって取り巻かれていたけれども，その町は多くの産業の設備をもっている。数年間栄養士を雇い，よい栄養のプログラムをもっている。

　この研究の十分な議論はKurt Lewin: Foces behind food habits and methods of change, *Bulletin of the National Research Council*, 1943, 108, 35-65 を見よ。

第9章

集団力学の開拓線 (1947年)

　第2次世界大戦の副産物の1つで社会もあまり気づいてないものは，社会科学が到達した発展の新しい段階である。この発展は原子爆弾の出現にも比せらるべき革新的なものである。"原始"文化よりもむしろ近代文化に文化人類学を適用すること，実験室内外において集団についての実験をなすこと，大きな社会集団の社会——心理学的部面の測定をなし，経済的文化的および心理学的な事実発見の統合を試みる等，このような発展はすべて戦争前から始まっていた。しかし科学的問題に対して従来にない便宜を与え，かつ効果的な解決を求めることによって，社会諸科学を新しい発達水準に促進したものは，実にこの戦争だったのである。
　この発展の科学的側面は3つの目的を軸にしている。すなわち，
　1. 社会諸科学の統合。
　2. 社会集団の記述から集団生活を変化させる力動的問題への推移。
　3. 社会研究の新しい道具や技術の発展。
　理論的進歩は技術の発達と並行し難いものである。しかしながら，十分な概念的発達なしに科学はある段階を越えて発展しえないということは，物理科学や生物科学に対すると同様に，社会科学に対しても妥当する。10年ほど前数多くの社会科学を支配していた理論化に対する抵抗が，すべて消滅したということは重要な前進段階であって，よりよい概念とより高いレベルの理論とを発展させることの必要性が比較的広く再認され，以前の主張に代わった。人間の自然科学使用によって自由にされた破壊力に対して勝利を得るために，社会科学が社会の必要とするような実際に役に立つ水準にまで到達すべきであるとすれば，理論的発達がかなり早く進まねばならない。

社会科学における概念，方法，実在性

1. 諸科学の発展段階

　研究を計画し遂行するには，科学の発達の現段階についての透徹した見通しが必要である。研究とは，既知のものから未知のもののジャングルへと次の歩みを進めることである。科学的に見て意味のある客観的条件や手続きを選ぶためには，一定段階において利用しうる事実の知識を知悉しているだけでは不十分であり，科学の発達のいずれの段階においても，典型的に見出される科学的偏見から脱することもまた必要である。

　科学的細事にとらわれないで，次の一歩を決定するための適切な展望を獲得するために，科学者は"比較科学論"（comparative theory of science）の所見を利用するがよい。この分科（discipline）は科学の発展段階やその異同を扱うもので，経験科学者に便利な尺度や道標を提供してくれることがある。

　次の科学的段階へと進む際に克服しなければならない種々の類型の障害は，われわれの期待に相違するものであることが多い。過去を振り返ってみるとき，科学の進歩を相当長期間停滞させてきた諸議論が，どうして人々にそのような影響を及ぼしてきたかを理解することは困難である。

　論理的考察に天分を有するカッシーラー（Ernst Cassirer）もかつて自然科学の発達段階を分析したその結論において，科学的進歩は，しばしば，何が"実在"または"存在"であるかと思惟するその内容の変化の形式であるといっている (4)。

2. 経験科学における存在の問題

　"存在"についての議論は本来形而上学的なものであると思惟され，これを経験科学において云々することは的はずれであるかもしれない。しかしながら実際には存在と非存在に関する見解が，いずれの経験科学にも常に共通に存在して，その科学の発達にプラスかマイナスかの方向で著しい影響を与えているものである。あるものに"非存在"であるというレッテルを貼ることは，それが科学者の"埒外"にあることを宣言するに等しく，ある事項に"存在性"を付与することは，自動的に科学者をしてその事項を研究対象と考える義務を負

わせる。それは事項の特性が理論の全体系の中で無視しえない"事実"であると考えられる必要を含み，結局はその事項に関係する術語が（"単なる言葉"としてよりもむしろ）科学的"概念"として受容されることを意味している。

社会科学における"存在"についての信条は，心理学や社会学の現象に対してどの程度"全き実在性"を付与するか，またそれら諸現象の"より深い"力動的特性の実在性如何という点について幾変遷を重ねてきた。

例えば今世紀初頭，"意志および情緒"に関する実験心理学は，意欲・情緒および情操を，美しい言葉の"詩的領域"，換言すれば科学者のいう意味で"存在する"と見られるような対応物をもたない領域に，これらのものを位置づけるという支配的な態度に対して，自己主張のために戦わざるをえなかった。いかなる心理学者といえどもその私生活においては，このような事実を実際に取り扱っていかなければならなかったけれども，それらは科学的な意味における"事実"の領域から遠ざけられていた。情緒はあまりにも"流動的"な"捕捉し難い"ものであるために，科学的分析や実験的手続きによって把握することはできないものであるといわれた。このような方法論上の議論は，現象の存在を否定するものではなくして，経験科学の領域外にこの論題を留保しておくのと等しい効果をもっている。

社会的タブーと同様に，科学的タブーは合理的議論よりもむしろ科学者間の常識的態度によって維持される。このタブーを厳守しない科学的ギルドの成員は，変人であると見なされ，彼は批判的思考の科学的標準を守らないかのような疑惑のまなこを向けられる。

3. 社会現象の実在性

原子爆弾の発見以前においては，一般の物理学者は，社会現象を，物理学の対象と同程度の実在と考えることはほとんど不可能であった。ところが広島と長崎の原子爆弾による消滅はついに物理科学者をして，社会的事実は物理的存在とほとんど同一の実在性をもつものと思惟させるに至った。しかし物理学者のこの心境の変化は，哲学的思索に基づいたものではなく，原子爆弾が異状の強さをもって社会的事象はどの程度まで物理的事象の結果であるとともにまたその発生の条件であるかということを見せつけたからである。

自然科学者が社会科学者を，物理的事実と同様に実在的で，等しく客観的に

研究しうる事実の研究者であるとは考えないで，夢や言葉に興味をもつ人であると考えていた時代は漸次終末に近づきつつある。

社会科学者たちはもちろん，彼らの研究しているものの"実在性"については比較的強い信念をもっていた。しかしながらこの信念は，彼らがたまたま親しんできた特殊の狭い領域に限られていた。例えば経済学者は，価格やその他の経済的な材料に対して付与するほどの実在性を，心理学，人類学あるいは法学の材料に対して譲与することは至難であると考える。ある心理学者たちは，人類学者の関係している文化的諸事実の実在性について，いまなお疑心暗鬼である。彼らはただ個人のみを実在的であるとし，"集団雰囲気"を物理的な重力の場のように実在的で測定しうるものとは考えたがらない。"リーダーシップ"というような概念は，それがリーダーシップの現象として判定されるのみでなく，これを数学的に測定することが可能であると証明されてからも，神秘主義のベールをとどめていた。

集団や集団生活のある部面についてその存在を否定するということは，一定の大きさの単位のみが存在するという議論，あるいは方法論的技術的諸問題や概念上の諸問題に関連する議論に基づいている。

4. 実在性と力動的全体

カッシーラー（4）は物理学の歴史を通じて，原子・電子その他その時々に物理的材料の極小部分であると思惟されるものの実在性について，定期的にいかに活発な議論が行われたかを述べている。社会科学においてその存在を疑われたのは，通常部分ではなくて全体であった。

論理的には，分子，原子あるいはイオンの実在性，さらに一般的には全体やその部分の実在性の間に差別を置く理由はない。物質分子が，それを構成している原子もしくはイオンの特性とは異なった特性をもっているという事実の背後に何ら不思議はないのと同様に，集団がそれの下位部分や個々の構成員のもっている特性とは異なった独特の性質をもっているという事実の背後にも不思議はない。

物理的場においても社会的場においても，力動的全体の構造的特性は，その下位部分の構造的特性とは異なっている。両者の特性が研究されねばならないのであって，いかなる場合にいずれが重要であるかということは答えられるべ

き問題の性質による。しかしながら両者の間に実在性の差異があるのではない。

もしこの基本的な主張が認められるならば，集団というものが存在するという問題は，形而上学的な風趣の論議から脱却し，それに代わってわれわれは一連の経験的問題に直面することになる。それは一定の集合体が異なる類型の原子の混合物であるか否か，またこれらの原子がある類型の分子を構成しているか否かというような化学的問題と同様である。このような問題に対する解答は，化学においても社会科学においても，該当事例のテスト可能な特性を経験的に吟味することによって与えられる。

例えばある町に住んでいる金髪の婦人たちは，その成員相互の間の密接な相互依存関係によって特徴づけられた力動的全体という意味において，"1つの集団として存在している" とはいわれない。彼女等は単にそのもっている諸特性の1つの類似性によって，"1つの概念のもとに分類されている" 多数の個人であるにすぎない。しかしながらある職場に働いている金髪の成員たちが "人為的な少数集団" にされて，職場の仲間から差別待遇を受けるというような場合は，彼女等は特殊な構造的特性をもった集団になるであろう。

構造的特性は部分もしくは要素それ自体よりもむしろ部分間の**関係**によって決まる。カッシーラーは，数学や物理学の歴史を通じて，要素の不変の問題よりもむしろ要素間の関係の恒常の問題がだんだんと重要さを加え，この関係の問題が何が本質であるかの見解を漸次変化してきたことを強調している。社会科学もこれと非常によく似た発展を示しているように思われる。

5. 実在性と方法 —— 記録と実験

ある実体の存在を承認するということは，その実体がそれ自身の特性あるいは恒常性を示すか否かにかかっているとすれば，何が実在的であり何が実在的でないかという判断は，そのものの社会的特性を立証する可能性が変化することによって影響されるはずである。

社会科学は大小の集団の構造を記述し，集団生活の種々の部面を記録する方法を相当に改善してきた。社会測定法（sociometry）の技術，集団観察，面接の技術などは，集団の構造的特性，集団と下位集団との関係，あるいは集団とその個々の成員の生活との関係について，信頼するに足る資料を集めるために役立った。

社会的実体の存在を信用することに反対するタブーは，おそらくこのような実体を実験的に取り扱うことによって，最も有効に打破されるであろう。科学者がリーダーシップの諸形態を単に記述するのみでは，その使用している範中は，彼の"主観的見解"を反映するにとどまり，目下省察中の現象の"実在的"特性に対応するものでないという批評をまぬがれない。もしも科学者がリーダーシップを実験し，その形式を変化させるならば，彼はリーダーシップの形式という概念を，このようなリーダーシップの形式を生み出す具体的手続きまたはその存在をテストするための手続きと結びつける"操作的定義"に依っていることになる。ある概念によって言及されるものの"実在性"は，それを"眺める"ことによってよりもむしろそれについて"何らかの操作をする"ことによって確立される。このような実在性は，分類による"主観的"な要素とは異なっている。アルキメデスからアインシュタインに至る物理学の進歩は，このような実験的手続きの"実践的"部面が，実在と非実在とについての科学者の信条を変化させることによって，物理的世界に関する科学的概念を変更し，時にはそれが革新的なものであったということを物語っている。

　社会現象を実験的に変化するためには，実験者がそれらを完全に分析できなくても，あらゆる重要な要因を把握していなければならない。この点に関する大きな脱落や誤断は，実験を失敗に終わらせる。社会研究では，実験者は個々の成員のパーソナリティ，集団の構造，イデオロギーや文化価値，ならびに経済的諸要因を考慮に入れなければならない。集団実験は社会経営（social management）の一方式であって，これに成功するためには，他の社会経営と同様に，該当事例に対してちょうど重要なものになっている種々の要因を，すべて考慮に入れねばならない。集団に関する実験は，それゆえに社会科学をおのずと統合することになり，またそれは社会科学者をして，集団生活を規定する要因の全体を，実在として認識させるであろう。

6. 社会的実在性と概念

　社会科学者は社会的実際家よりもこのような現実的な統合を成就するためによい機会にめぐまれているように思われる。数千年間，王様，僧侶，政治家，教育者，生産者，父母——事実上すべての個人——が，大小の集団に対して毎日影響を及ぼそうと試みてきた。このことがよく統合された性質をもつ知恵を

蓄積させただろうと人は仮定するかもしれないが，不幸にしてこれほど真実を離れた仮定はない。普通の外交家が非常に一方的な術語，おそらくは法律経済または軍略上の術語で思考すること，普通の工場主は，何が作業集団を"働か"せるかについて，はなはだ歪曲された見解をもっていること，委員会の生産性を決定するものは何かというような比較的簡単な問題でさえ，今日満足に答えられる人がいないこと等，周知の事実である。

　若干の要因が集まって，実際的な経験から明瞭な洞察に至る道が妨害されてきた。確かに実務家は集団生活の実在性を信じているけれども，通常概念的分析には反対し，"直観"とか"会得し難きもの"というような術語で思考することを好む。有能なる実際家は，社会的目的達成の方法について簡単明瞭な規則を定式化することは不可能であると主張し，また事態が相違すれば異なった動作をとることが必要であり，計画は場面の変化に応じて，融通性に富みかつ感受性の強いものでなければならないという。このような情操を科学的言語に変形してみるならば，それは次のような陳述になるであろう。ⓐ社会現象は限られた少数の要因によるのでなく，全体としての社会的な場に依存する。これは物理学において効果をあげてきた場の理論的方法への根本的な洞察であり，それは漸次心理学の中にも発展し，私見によればそれは相互依存性の根本的な一般性格であるから，社会的場の研究においても最も基礎的なものとならねばならない。ⓑ"単純法則"の否定は一部分次のような科学的分析の主要な原則に一致する。科学はある観察可能な（顕型的な〔phenotypical〕）資料を，他の観察可能な資料に結びつけようとする。しかしながら原則として1組の顕型的資料を**直接**他の顕型的資料に連結することは不可能であるということが，相互依存性をもつすべての問題にとって核心的なものであり，――その理由はここで論ずる必要もない――事実上は"媒介変数"(intervening variables) を挿入することが必要である。より一般的な言い方をすれば実践家は科学者と同様に，こうした観察しうる資料を単なる"徴候"(symptom) として眺めるが，それはある"奥底に横たわる"事実の"表面的な"指標である。彼は物理学者がその実験装置を観察するように，その徴候を"読み取る"ことを学んできた。物理学的法則を表現する等式は，このような奥底に横たわる圧力，エネルギー，温度等の力動的実体に関係し，器械の針の運動というような直接観察しうる徴候に関係するものではない (4)。

社会的事象の力学は，このような力学の一般的特質に何らの例外をも提供するものではない。直接観察しうる集団の行動 B を，他の行動 B^1 と連結することが可能であれば（すなわち $B = F(B^1)$ にして，F が簡単な関数であれば），社会的実際家のための簡単な手続き上の法則ができあがるであろう。このような法則が貧弱な近似値以上のものであることを実際家が否定するとすれば，それは F という関数が複雑なものであるという意味であると考えられる。私は彼のいうところが現実には次のような意味であると解したい。すなわち，集団生活でも"現象"は"根底に横たわっている事実"と区別されねばならないこと，現象の類似は本質的な特性の不一致と並行して生ずること，逆もまた真であること，法則はこのような力動的な根底に横たわる実体に関してのみ定式化されうること，すなわち $k = F(n, m)$ という法則において，k, n, m は行動的徴候ではなくして媒介変数であること等を意味するものであるように解したい。

社会科学者にとって，このようなことは集団構造，集団の緊張，社会的力のような項目を，科学からできる限り除去すべき通俗的暗喩や類推にすぎぬと考える態度を捨てるべきだということを意味する。社会科学にとって他の諸科学の特殊概念を模倣する必要はないが，社会科学者は，自分もまた媒介変数を必要とし，徴候や現象ではなく，むしろこのような力動的事実こそ自分にも社会的実際家にも同様に，重要な関係点であることを認識せねばならない。

7. 社会的場における"主観的"および"客観的"要素；3段階の手続き

概念化および一般的方法論に関する最後の1点について述べたい。例えば結婚生活がどんな経路をたどるかを予言するとすれば，心理学者は次のような方法を試みる。まず主人 H の生活空間の分析から出発する。この分析には，主人 H がそれを受け取る仕方に応じて現れるこの主人を取り巻く周囲の物理的および社会的関係諸事実の分析，その妻 W の期待や性格の分析が含まれている。ところでこの分析が主人の上に加わる合力を誘導することができるほと完全なものであるとすれば（図20，左上の図），これは主人が次に実際どのような行動をするかということを予言するのと等しい。さらに主人の生活空間に関する資料は，主人の側から見た妻 W の上に加わる合力を決定するのに十分整備したものである。しかしながらこの合力は，妻がどうした行動をするかということを示すものではなく，主人が妻にこうするだろうと期待していることを示

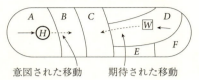
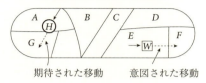
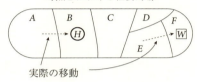

図20 主人と妻の生活空間および両者を含む社会的場

すにすぎない。

　そこで妻の次の行為を誘導するためには，彼女の生活空間が分析されなければならない（図20，右上の図）。通常妻は，彼女自身 W と彼女の主人 H とを含む事態を，彼女の主人とは幾分異なった見方でとらえるであろう。彼女は主人の置かれている位置について，主人自身の知覚と対応する一領域に置かれているものと見，自分の位置するところは D ではなく E の領域にあると知覚し，中間領域 B および C の認知構造も主人が中間領域だとしているものとは幾分異なったものであると仮定しよう。主人と妻の生活空間の相違に応じて，妻 W に加わる合力は C の領域よりも F の領域を指向することになるであろう。これは，結果として妻は主人が期待する C に向かわずして実際には F に向かって移動するということを意味する。

　以上のような考察に基づいて，主人と婦人とが次には B および F という領域へおのおの移動することが予言される（図20，真ん中の図）。2つの心理学的

("主観的") 場の分析は，現実の ("客観的"な) 行動の次のステップを予言する基礎を与える。

結婚の運命という社会問題に答えようとするとき，われわれはここからいかに前進すべきであろうか。主人も妻も，自分の相手が現になしたように振る舞うであろうとは期待していなかった。明らかに次のステップは，おのおのがこの驚きに対していかに反応するか，おのおのがいかに他人の行為を解釈するか，もっと一般的にいえばおのおのがこの新事態をいかに"知覚"するかということに大きく左右される。

妻が D から C へ動くと期待したのに反対の方向の F へ動いたので，妻は"浮気した"のだと主人は考える。そこで今度は同じ方向に進んで G に移行すると期待する（図20，左下の図）。さらに妻の行動は，領域 C の"意味"すなわち事態の認知構造を違ったものにしてしまう。一方妻は，主人が G へ行かずに B へ移行したのを見て，主人の行動は A にかえったら完結する一巡運動だと考える（図20，右下の図）。そこで妻は B で主人と一緒になろうと決心する。他方主人は，事態を異なった仕方で知覚しているので，妻にいっそう近づけると思われる F へ移動しようと思う。

もしも主人と妻とが"ことのわけをすっかり話し合わ"ないならば，すなわち彼らの生活空間の構造を同一にする目的でお互いの生活空間の構造を交互に交換するという挙に出ないならば，明らかに混乱を生ずるであろう。

さて，この結婚生活の分析は，3つの段階を経て行われている。すなわち第1段は，時点1における主人と妻の心理学的事態をおのおの別に，各自の次の行動を引き出すという目的で分析する。第2段は時点2における，行動の結果として表れる社会学的（"客観的"）事態を表現する。第3段階は時点2における結果として表れた主人と妻の心理学的事態を，知覚の法則の助けを借りて導出する。第3の分析は，その事態に包含される人々の心理学的事態の分析を出発点にして，彼らの次の現実の歩みを予言するという。次に続く新しい3段階の分析を行う基礎になる。

このような手続きは，多くの成員からなる集団を考察する場合には，特に複雑であるように思われる。このような分析の"客観的"または"主観的"側面を排除することは可能であろうか。現に社会科学はここで2つの類型の問題に直面する。1つは単位の大きさに関してであり，1つは集団生活における知覚

の役割に関してである。もしも集団生活の分析が，常におのおのの成員の生活空間の分析を包含しなければならないとすれば，大袈裟なものになるであろう。

　集団生活の分析は，比較的大きな単位に基づいてかなり先まで進めることができる。もちろん終局においては社会科学においても，物理科学の場合と同様，小単位と大単位の理論は1つの理論体係であると見なければならない。しかしそのような段階は，大きな単位および小さな単位がともに討究された後においてはじめて達せられる。

　不幸にして集団を単位として取り扱うことは，社会的場の"主観的"側面と"客観的"側面との間にあるディレンマを除去することにはならない。集団の目標，集団の標準，集団の価値，さらに集団がそれ自体の事態や他の集団の事態を"認知する"仕方を考慮に入れないで，集団の行動を予言することは不可能であると思われる。集団の葛藤はそれに関係ある諸集団がそのときに存在する事態をそれぞれ異なった方法で知覚しなかったとすれば，まったく別の方法で解決されたであろう。2国民 A, B 間の戦争に至る段階を理解し予言するためには，A の集団生活空間およびこれと異なる B の集団生活空間に言及することが必要欠くべからざることであると思われる。このことは，集団の相互交渉の分析に際しても，各集団の生活空間の個々の分析から，全体的社会的場における集団行為へと移行し，そこから再度集団生活空間に及ぶ影響の分析へと復帰するところの，3段階の手続きに従わなければならないということを意味する。

　"知覚"の分析から"動作"の分析へ，"主観"から"客観"へ，そして再度旧に復帰するこのような分析手続きは，科学方法論の勝手な要求でもなく，集団相互または個人相互間の相互作用に限定されるものでもない。この手続きは集団生活の基礎的特性の1つを反映している。集団の動作あるいは個人の動作はどのようなものでも，精神病者のそれをも含んで，次のような方式の循環的因果過程によって起こるものである。個人の知覚もしくは"事実発見"（fact-finding）——例えば出納の仕事——は個人の動作もしくは集団の動作につながるものであるが，そのときの知覚や事実発見の内容はそれらの動作によって状況がどんな具合に変容を被っているかということにかかっている。一方事実発見の結果は動作に影響しそれを操ることになる。

　心理学，社会学および経済学のある学派は，知覚の問題を除去する傾向をも

っていたが，すべての社会科学の分析は，この循環過程の両面を考慮に入れなければならない。社会的諸問題の数学的表現についての後述の議論は，集団生活における認知的過程の重要性をできるだけ縮少しようとするものであると誤解してはならない。それはむしろ場の理論的心理学が，このような取り扱いに際して認知的過程を含みうることを証明してきたという確信に基づくものである。

集団生活における準定常的平衡および社会的変動の問題

社会的変動の時期は，比較的社会の安定している時期とは非常に異なっているかもしれない。しかしながら2つの事態の条件は，2つの理由からして一緒に分析されなければならない。すなわちⓐ変化と恒常は相対概念である。集団生活には変化がまったくないというのではなく，変化の量および類型の差異が存在するだけである。ⓑ変化の諸条件を言い表す公式はどれでも，限界としての不変化ということを含んでいるし，また恒常の条件は"潜在的"変化の背景と対比してのみ分析しうる。

1. 恒常性と変化に対する抵抗

一般には十分区別されていない次の2つの事柄をはっきりと分けて考えることが重要であって，その一方は実際の変化もしくは変化の欠如であり，他方は変化への抵抗である。例えばある集団が2週間の間，ほとんど変化をしないことがある。この集団は休暇中島にいる友人たちでもいいし，ある工場でチームを作っている職工の一団でもいい。この集団が生活しているときの条件は，たまたまこの期間中恒常であると仮定しよう。誰も集団に加わることもなくまた去った者もいないし，たいした不和も起こらず，活動または作業の設備も以前のままである。このような事情のもとにあっては集団生活の恒常性，例えば生産水準が変化しないということは，次の原理に関説する以外に他の"説明"を必要としない。その原理とは同一条件は同一結果に至るということであり，集団生活の法則性という通念と同一である。

だが作業団の1人が病気になり，あるいは良質または悪質の材料が支給されたにもかかわらず，作業集団の生産水準が同じだという場合には問題が違って

くる。ところで，集団生活の仕組みにこうした変化が生じても生産が同一水準に保持されていれば，生産率の変化に対する"抵抗"があるということになる。だが集団の行為がただ単に恒常だということだけでは，変化に対する抵抗があるという意味を含んだ安定性は証明されない。また大きな変化が起こったからといって抵抗が小さいということではない。実際の恒常性の度合と現在の事態に向かう，もしくはそれから離れる方向に働く力の強度とを関係させることによってのみ，一定点における集団生活の抵抗度または"安定性"の程度ということが言われよう。

こうして社会経営という実際的な仕事のためには，集団生活の力学を理解するという科学的な仕事と同様に，特殊な変化に対する要求とそうした変化に対する抵抗とを洞察することが必要である。このような問題を十分解決し，あるいは定式化するためにさえ，集団の仕組みにおける社会的諸力の表現を許すような分析の体系を必要とする。次の考察は，特殊事例の分析よりはむしろこれらの分析の道具を改善することに向けられる。

2. 社会的場と位相空間

集団生活の分析のための基礎的な道具は，集団とその道具立てとを1つの"社会的場"（social field）として表すことである。このことは，社会的出来事というものは諸集団，下位集団，成員，障害，交通路等々の，共存する社会的実体の全体の中で起こっているものであり，またその全体から生まれる結果だと見なされるということを意味する。このような場の根本的特質の1つは，場の部分であるところのさまざまの実体の相対的位置である。この相対的位置が集団の構造とその生態学的な配置とを表す。それはまた場の内部における移動の基礎的可能性を言い表す。

このような場の内部で起こる事柄は，場全体を通ずる諸力の分布状態に依存する。これから起こることを予言するには，場のさまざまの点に対する合力の強さと方向とを決定しうる能力を前提要件とする。

一般的な場の理論によれば，集団生活の問題の解決は，結局この種の分析的手続きに基づかねばならない。当該集団をその現実の仕組みの中で考察することによってのみ，われわれは起こりうべき本質的行為のいかなるものも見過ごさなかったということを確信することができる。

しかしながら社会問題のある面は，"**位相空間**"（phase space）と呼ばれる別の分析的手続きによって答えられる。位相空間というのは，1つの"特性"が示すさまざまの強度（量）に対応する座標系のことである。位相空間は，集団，個人およびそれらの生態学的仕組みから構成されている場の見取図を表現しようとするものではなくして，そこに働く1つもしくは2，3の要因をもっぱら取り扱うものである。それはグラフや等式で，場や場における出来事について，これら2，3の特性，変数もしくは様相間の量的関係を表すものである。

特に変化の条件が問題になる場合に，われわれはこのような位相空間を使用するのであるが，究極的には現実の社会的場に立ち返って言及しなければなるまい。

3. 準定常的過程としての社会的状態

A と B という2つの町の黒人に対する差別待遇に関する変化を次の図のような曲線によって表現することができる。ここで縦軸は差別の度合いを表し，横軸は時間を表す（図21）。このような方法で2つの町の差別待遇の水準が表現され（A は B より差別度がひどい），その変化の方向と速さ（A においては時点2と3との間に漸次減少があり，B においては時点3において急激な増大がある），高低の量（4～6の期間に，A では比較的波動が大きく，B では比較的波動が小さい）が表現される。

"差別の度合い"というのは，静止している対象の性質を言い表しているのではなくして，過程の性質，すなわち2つの住民間の交互作用の性質を言い表しているのである。差別待遇は多数の拒絶と許可，命令と服従とに関係するもので，諸個人の日常生活における開かれた可能性と閉じられた可能性とを示すものである。

同様にして作業集団の生産水準の例を用いていえば，それは生産（活動）の"流れ"の性質を指しているものであり，あたかも河流のように，その速度や方向が同一であってもその要素はたえず変化している過程と同じである。換言すれば，われわれは準定常的過程（quasi-stationary process）の特質を取り扱っているのであって，個人生活の心理学的問題に対して準定常的平衡のもつ重要性は，ケーラー（6）によって強調された。

準定常的過程を取り扱う場合，2つの問題を区別しなければならない。①ど

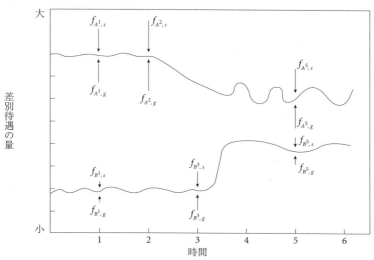

図21 2つの町における差別待遇の水準を決定する相反する力の平衡水準と強度

うしてこの過程は現状の下で，この特定の水準を保持しながら進行するのであるか（例えばなぜこの河の水はこのような特殊な速度で動くか）。②現状を変化させる条件はいったい何であるか。

4. 準定常的な社会的平衡の一般的分析的取り扱い

過程の性格と現在の諸条件との間の関係について，一般的な性質をもつ分析的叙述をなしうる。

分析の概念的道具（媒介変数）は観察可能な諸事実に結合されるようになる前に，比較的精密な段階まで発展していなければならないことが多い。はじめは2次的に誘導された概念を，経験的に使用するのが容易であるように思われる。基本観念をもっと直接的にテストしうるような実験を工夫することは徐々にしかできない。例えば"力"という概念は，"力の合力"という概念よりもいっそう根本的なものである。しかしながら心理学および社会学においては，観察事実を分力よりも合力に対位させる方が容易である。すなわち行動のある部面は直接合力に関係させることができるが，心理学的な分力は，現在のところ特殊な条件下においてのみ決定することができる (3)。したがって，例やテス

トしうる特殊理論を論ずる前に概念的分析を詳細に発展させるのが適当であると考える。

a. 準定常的平衡としての準定常的過程のレベル：例えば人種差別の場合に，ある特定の社会的な力が働いて，さらに高度の人種差別に向かって馳り立てる。特定の仕事を自分たちの側に保持しておきたいというある一部の白人の欲求が，このような力であろう。その他に，何が"ふさわしい"仕事であり，何が"適当な"仕事で"ない"かということに関する，白人と有色人種の理想に対応して生まれる社会的力もある。ひどい人種差別とは反対に作用する力もある。有色人種は，ひどい人種差別に対しては反抗的態度を示すかもしれないし，白人は"あまりにもひどい"差別をつけることは不公平であると考えるかもしれない。もしもわれわれが A という地域社会における差別度を増大させる方向に働く力を $f_{A,g}$ で，減少させる方向に働く力を $f_{A,s}$ で表すと，$f_{A,g}$ と $f_{A,s}$ とは強度（その力の大きさ）においては等しいが方向においては反対であるといえる[1]。

(1) $f_{A,g} + f_{A,s} = 0$

この等式は，力の絶対量を表すものではなく相対関係を示すものである。A という町での時点 1 における相反する力の強さは，B という町でのものよりも小さいか大きいかいずれかである。$|f_{A,g}| > |f_{B,g}|$（図 21）。差別の水準は変化しないが相反する力の強度は増大することがある。例えば，A において人種差別の水準が減少する前に，相反する力は増大していたかもしれない。すなわち，

$|f_{A,s}|^2 = |f_{A,g}|^2 > |f_{A,s}|^1 = |f_{A,g}|^1$

このことは**集団的緊張**（group tension）が増大することを意味するであろう。同様な相反する力の増大は，B という町では人種差別の増大に先立って，時点 3 において起こったかもしれない。すなわち，

$|f_{B,s}|^3 = |f_{B,g}|^3 > |f_{B,s}|^1 = |f_{B,g}|^1$

社会的変動には相反する力の増大が先立つこともあり，先立たないこともある。ある条件下では，しかしながら，社会的変動は緊張が事前に低下している際に，比較的容易に成就される。この問題は社会経営にとっても，変化が起こった後の効果を考える場合にも，重要な意味をもってくる。

A という町においては人種差別が低下したのちに，緊張は漸次低下するであろう。すなわち，

$|f_{A,s}|^5 < |f_{A,s}|^3$

ある場合にはしかしながら緊張が増大することもあろう。人種差別の低下は，被制圧者がさらに昇進するということに対するなおいっそう強い圧力を生じ，さらにまたそれに対する反対的圧力を増大させることになるかもしれない。人種差別がより高い水準へと変化した後にも，相反する力は再び低下しあるいはそのまま強くなっていくこともあろう。

こうして全体として，準定常的社会状態は強さの等しい相反する力に対応するが，その絶対的強度については何ら一般的叙述をなすことはできないといえる。

b. 力の場：準定常的過程は完全に恒常ではないが，平均の水準 L の周囲で動揺する。動揺が付加力の強さの変動によるものであり，水準 L の変化量 n がこの力の強さの関数であると仮定すれば，力の場は次のような特質をもって L のまわりの動揺範囲に存在するといえる。すなわち L と $(L + n)$ との間，および L と $(L - n)$ との間にあるすべての水準に存在する相反する力は，水準 L を指向するところのいっそう強い力と等価ではない。

(2) $|f_{(L + n), L}| > |f_{(L + n), - L}| ; |f_{(L - n), L}| > |f_{(L - n), - L}|$

この記述の意味は，合力 $f^*_{L, x}$（ここに $f^*_{L, x} = f_{L, s} + f_{L, g}$）を考慮すればさらに明確になる。準定常的過程の場合には，水準 L における合力はゼロに等しくなる（図 22）。

(3) $f^*_{L, x} = 0$

"隣接水準"（$L \pm n$）における合力の方向は，水準 L **に向かう**ものであり，その強さは L からの距離と共に増大する。換言すれば，L の近隣における合力は，"プラスの求心的力の場"（positive central force field）(8) [2] の性格をもつ。

(4) $f^*_{(L \pm n), L} = F_{(n)}$

関数 F の性格は社会的過程がそれぞれに特殊な場合に，**他の条件にして等しければ**，どの辺まで動揺するかということを決定する。

準定常的過程の水準変化は，L（ここでは相反する力が釣り合っている）の数値が変化する場合，またその場合にのみ生ずる。合力の場が求心的力の場の構造を失うと，社会的過程はその準定常的性格を失う。

c. 隣接範囲内外の力の場：準定常的過程は，求心的な力の場の構造を前提とするが，それはただ L の一定の隣接領域内に限定されることを認識するのは大切である。すなわち陳述（4）は特定の価値以上または以下の n に対して妥

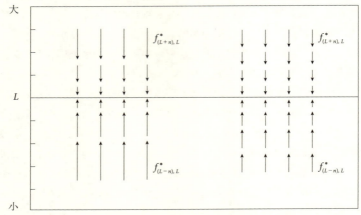

図 22　合力 (f^*) の勾配

当することを必要としない。換言すればある範囲内では，水準を大きく変化させるために比較的強い力が必要であり，これらの力を弱化すれば，過程は以前の水準に向かって逆行することになろう。しかしながら，もしも変化が一度この範囲 n を超えて水準 ($L \pm m$) まできてしまうと，過程は進行し続ける傾向を示し，以前の水準には帰らないであろう。このことは，革命がはじめの抵抗を一度克服したあとで，典型的に表れる事柄であるように思われる。力の場に関していえば，このことは L の"隣接範囲"外では，合力が L の方向よりも L から遠ざかる方向をもつということを意味する。

たいていの経営の問題にとって，過程が定常的平衡の性格をもっている範囲の広さ如何ということは，きわめて大切な事柄である。このことは大きな経営上の障害を防止するためにも，望ましい永続的変化を招来するためにも，等しく根本的な事柄である。

d. 種々の勾配の効果：経験的な例に言及する前に，いくつかの分析の結論について付言しておこう。(4) の陳述は隣接する力の場の構造を特徴づけているが，その勾配はまだ特徴づけられていない。それは比較的急な勾配であることもあり，比較的緩やかな勾配のこともあろう（図 22a および b）。勾配が L の上下で異なることもありうる。

(5) 合力 ($f^*_{L,x}$) の強度の変化量が同じであると，社会的過程の水準の変化

量は，勾配が急なほど小さいであろう。

このことはLの永続的変化にも，周期的動揺にも等しく妥当する。

われわれは集団全体の行為に言及してきたのであるが，もし集団内において個人差を考慮するならば，次のように述べることができよう。

(6) **他の条件にして等しければ**，集団における行為の個人差は，集団水準の近隣における合力の場の勾配が急なほど小さいであろう。

許容（permissiveness）の程度の異なる事態は，集団内の諸個人に影響を与える勾配の緩急の差異を表す例として考えられる。リピット（Lippitt）とホワイト（White）（14）の実験において，民主的指導者によって活動の範囲が比較的大きく許容されるということは，指導者に対する暗示，クラブの場と関係のない会話，仲間の注意をひこうとする要求等の項目について，諸個人の間に大きな行為の差が存在することと並行している。

全体としての集団水準の変わりやすさと，集団内の個人差との関係を，数量的に決定することは大切であろう。しかしながらわれわれは，このような関係が単純なものであるということを期待しているわけではない。

集団生活の諸領域における準定常的平衡の例

次の例は所与の事例に対して，ある理論が正しいことを証明しようとするものではなくして，主として原理を例証することと，社会的諸力の量的測定に対する方法を準備することを目的とするものである。この例は特殊な事例に関して実験的にテストされるべき仮説を表明している。

ここで論ぜられるべき種々の分析的原理を例証するための，集団実験に関する十分な資料がないために，われわれは集団，たまたま集団を形成しないような人々，および個人に関する資料を，多少無差別に自由に使用した。

1. 民主的および独裁的雰囲気の攻撃性の水準 [訳注2]

リピット（13）とリピットおよびホワイト（14）とは民主的および独裁的雰囲気で，同一集団の少年の示す成員相互間の攻撃の量を比較した。成員の人格および行われた活動の類型が恒常に保たれたのであるから，その変化は社会的風土または指導の形式の差に帰せられる。彼らの見出したところでは，独裁主

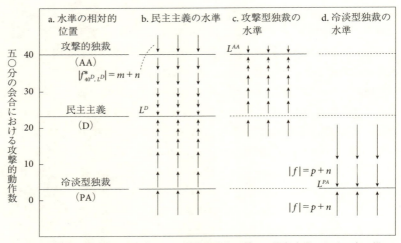

図 23 攻撃型独裁，民主主義および冷淡型独裁の種々の闘争水準における力の場

義集団における成員間の攻撃性の集団平均は，非常に高いか非常に低いかいずれかである。民主主義集団では比較的中位の水準にある（図 23）。

このような攻撃性の水準をいずれも準定常的な平衡状態であると仮定し，いかなる力が水準を上げ，いかなる力が水準を低めるかということを問題にしてみよう。その 1 つの要因は活動の類型である。粗暴なゲームは，穏やかな仕事よりも衝突の機会が多い。ちょっとしたいさかいは，少年にとってはかえって面白がられる。集団相互の攻撃性と反対方向に働く力は，成員間の友情，成人の指導者がそこにいること，場面の仕組みが威嚇性をもっていることなどであろう。

現実の行為の示すところでは，民主的雰囲気においてはこのような相葛藤する諸力は，$L^D = 23$ のところで平衡状態（$f^*_{L^D, x} = 0$）に達する。このことは図 23b に示されるような性格をもつ合力の場を意味している。

もしもわれわれが比較のための基準として，民主的雰囲気における力の場を使用するならば，攻撃型独裁（$AAGr$）において攻撃性の水準が比較的高いこと（$L^{AA} = 40$）は，より大きな攻撃への力の強度が増大すること，またはより小さな攻撃への力が減少することによって説明される。実際には両方の力が独裁において変容を被ったように思われる。指導の形式や自由運動の空間を制限する

ことによる焦慮は，攻撃性への力を増大させる。

$$(|f_{AAGr, g}| > |f_{DGr, g}|)$$

リピットの見出したところによると，成員相互の攻撃を減少させる傾向のあるわれわれ感情も，独裁においては減少する。

$$(|f_{AAGr, s}| < |f_{DGr, s}|)$$

このことは独裁において攻撃の水準が増大する（$L^D < L^{AA}$）のはなぜかということを説明するに足るものである。他の変化がその中に含まれなければ，民主的事態における力の場の勾配についての叙述を導出することさえできるであろう。力 $f_{Gr, g}$ の増大が m に等しく，力 $f_{Gr, s}$ の減少が n に等しければ，水準40における合力の強度は，$|f^*_{40^D, L^D}| = m + n$ となろう。

しからば冷淡型独裁（PA）における攻撃性はどうして低いのであろうか。（$L^{PA} = 3$），リピットとホワイト（14）は両方の類型の独裁型において，われわれ感情は低いことを見出した。人を挫折させる独裁的指導には，成員を焦慮させるような効果がないとは考えられない。われわれはむしろ独裁的指導の形式が，より高度の独裁的支配に応ずるような力，すなわちこれらの事態において公然たる攻撃を表すことに反対の方向をもっているような付加的な力（$f_{Gr, c}$）を含むものであると仮定したい。

原則としてこの力はかなり強く，$m + n$ よりも相当大であると仮定しうる（$f_{PAGr, c} = p > (m + n)$）。この独裁的支配は，比較的大きな攻撃への力があるにもかかわらず，公然たる攻撃を抑えて非常に低くしておくであろう。このような支配が何らかの理由で十分に弱められ，$|f_{Gr, c}| < (m + n)$ となった場合にのみ，攻撃の増大傾向はあらわになってくるであろう。

この理論から次のように結論される。冷淡型独裁の水準 L^{PA} における合力は，この場合にももちろんゼロである（$f^*_{L^{PA}, x} = 0$）けれども，合力を構成している相反的分力は民主主義の場合よりも大きい。この付加的な分力の強度は——民主的事態のそれと比較して——**他の条件にして整一であれば，独裁的支配の圧力とわれわれ感情の差異に由来する力とを加算したものに等しい**（$|f| = p + n$）。換言すれば**冷淡型独裁にあっては外見上平静と秩序とがあるにもかかわらず，高度の内的緊張が存在する**ことが期待されるであろう。この付加的な緊張は，$|f| = p + n$ という強度をもつ相反的諸力に対応するものである（図23d）。

独裁的雰囲気は民主的雰囲気に比して自由許容の程度が少ないから，独裁に

おいて高い水準の集団内攻撃がどうして起こるのか不思議に思う人もあろう。その答えは，独裁の禁止的性格は，2つの矛盾的性格をもっているという事実にある。ⓐそれは集団成員の蹉跌(フラストレーション)，したがってより大きな攻撃に向かう力 $f_{P,g}$ の増大を招来する。ⓑ禁止のもつ支配的部面は，集団内攻撃に抗する規整力 $rf_{P,g}$ と等しい。この内部的対立はあらゆる独裁的事態に内在するものであり，比較的高度の緊張水準が発生する基礎になる（図23d）。

経営という見地からすると，独裁的指導は集団内の公然たる攻撃の強度が，ある水準以上には上がらないような強度と勾配とをもつ規整力の場（$rf_{P,g}$）を確立するという仕事に直面する。この目的への第一歩として，独裁者はその操作する支配の手段を強化しようとする。取り締まりやその他の権力的手段を強めることは，支配の"性能"(capacity)が増大することと対応する。もしそれがより強い抑圧の目的で実際に使用されるならば，いっそう高度の葛藤が生ずる。このことは緊張を漸次増大させ，攻撃とその鎮圧との両方向に漸次力を強化させるような施回運動の開始を物語るものである。

このような旋回を避けるために独裁的指導者は2つの方法を試みる。すなわちもし個人が"リーダーに対する盲目的服従"を価値ありとして受容するならば，禁止の支配はあまり蹉跌(フラストレーション)を生じさせず，あるいは少なくとも公然たる攻撃を生じさせることが少ない。ドイツおよび日本は，このような態度の比較的根強い文化の例である。ヒトラーはこの意味で"訓練教育"(education for discipline) によって，組織的に $f_{P,g}$ を減じさせようとした。$f_{P,g}$ をなくする第2の方法は，葛藤の結果生ずる緊張が力動的には"欲求"に等しいという事実に基づくものである。欲求の満足，この場合なら公然たる攻撃は少なくとも一定時間中 $f_{P,g}$ を低下させる。公然たる攻撃を許すが，独裁者にとって危険ではない仕方でその回路を開いていくということは，独裁的指導者が古くから用いた社会的経営の技術である。一般的理論からのもう1つの結論は，もしも冷淡型の独裁の場合に独裁的支配が放棄されるならば，$f_{Gr,c}$ が除去される結果として高度の公然たる攻撃が起こるであろうということである。独裁的雰囲気を民主的または放任的雰囲気で置換することは，このような除去の結果に等しい。実際リピットとホワイト (11) は，冷淡型独裁から放任または民主主義へと移行した最初の会合において，顕著な"沸騰"(boiling over) が起こることを観察した（図24）。このような沸騰は民主主義よりも放任主義への移行の場合により

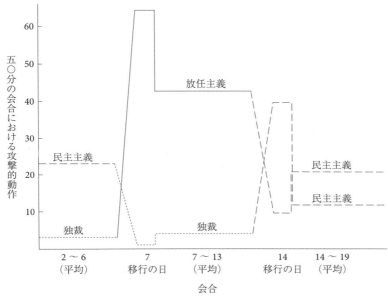

図 24　異なる社会的風土における2つの少年集団の攻撃性

高い水準に赴いたということは，この理論とよく符合する事実である。というのは成員間の攻撃に対抗して作用する支配または自己支配の一般的程度は放任主義よりも民主主義においていっそう強いからである。

　位相空間によるこのような表現は，社会的場における現実過程のある側面のみを考慮に入れるにすぎない。例えば，独裁的支配が成員相互の公然たる攻撃を許すところまで弱まると，このような攻撃はさらにいっそう支配水準を弱体化すると考えられる（指導者が支配を強化することによって事態に"反応する"のでなければ）。このような循環因果過程が，予言のためには考慮されねばならない。

2. 個人の行為水準に影響する雰囲気

　図 25 は攻撃型独裁群の一成員および民主群の一成員の支配的（dominating）行動の量を表す。最初の会合では無変化であったがそのあとで，この2人の個人の行為は社会的雰囲気と合致するような変化を示した。この2人の成員は9回目の会合を終えた後，自分の集団から相手の集団へと交替させられた。移動

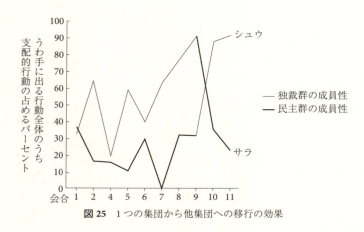

図 25 1 つの集団から他集団への移行の効果

後に各成員は，交替前に相手方の成員が示していたのと同じ行為水準を急速に示したという事実は，2 つの雰囲気に対応している合力の場の強度および勾配がおおよそこの 2 人にとって同じであったことを示している。

3. 犠　牲(スケープゴート) および行為水準の相互依存

攻撃型独裁集団の個々の成員のやりとりする支配的行動に関する資料は，準定常的過程に関するいくつかの一般的な要点の例として役立つ。

a. 平衡状態としての，受容された敵意の水準："攻撃される" というような受け身の特性を，準定常的平衡状態として考えることは適当である。攻撃を受け取る量は一部分個人が攻撃を誘起する程度と，彼がそれに抵抗するか否かの仕方とに依存する。他の要因としては他の成員の攻撃性，社会的雰囲気等がある。こうして全体として，その布置は他の平衡の場合における諸力の布置と同一である。すなわち諸力は常にその集団または当該個人の特質に依存し，また彼の環境に対する関係に依存する。

b. 廃棄と求心的な力の場の範囲：犠牲 B（図 26）は 6 日目に，犠牲 C は 9 日目にクラブの成員であることを廃棄する。このような出来事は平衡水準の十分に大きな変化は，全体事態の性格の根本的変化を招来するという，一般的事実の例である。あまりにも多く支配を受けることは，成員をその場から去らせる。

あまりにも多く敵意を受けた後に，クラブを去ろうとする個人の傾向を，一定範囲を越えると合力がかえって平衡水準を離れていくような求心的な力の場

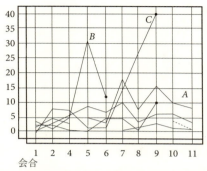

図26 集団内の諸個人が受け取った支配的行動

によって，表現することができると思う人があるかもしれない。このような表現は，しかしながら，その個人がクラブを去るということを示しえない。というのは位相空間の座標は時間と受け取られた支配の量とに関係するにすぎないからである。この事実を表現するには，現実の社会的場における力の布置に関説するかあるいは位相空間の3次元として，"クラブに所属しようとする熱意"の程度を導入するかしなければならない。

c. 相互作用と循環的因果過程：多くの支配的行動を受け取ったAおよびBの犠牲は（図26），みずからも多くの支配的行動を示した。このことは攻撃されることと攻撃することとの間に，密接な関係のあることを指示する。この関係は循環的因果過程の性格をもっている。すなわちAのBに対する攻撃は，攻撃に対するBのレディネスを増大させる。その結果Bが攻撃を行うと，それがさらにまたAのレディネスを高める。このことは，A，Bおよび集団全体の平衡の水準を連続的に高めることになるであろう。しかしながらこのことは，ある範囲内でのみ妥当する。Aの攻撃が成功すればBは屈服することもあろう。これは平衡の水準を決定している力の場が変化し，そのために由来する社会的過程の変化が，それ自体また全体的事態に効果を及ぼして，力の場がさらに変化の方向に向かうという事実の別例である。この例はもちろん，現在の水準から遠ざかっていく諸力の布置に対応するところの非平衡の事例と見なすことができる。

4. 工場における生産

工場全体の生産高，あるいは1つの作業集団の生産在は，しばしば長い時期を通じて比較的恒常な生産水準を示す。これは1つの準定常的平衡状態と見なすことができる。関係諸力の分析は，変化を理解し計画するために非常に重要である。

生産の上昇を保留する諸力の1つは，過重または急激な労働からくる緊張（strain）である。人間の活動には上極があって，多くの類型の労働においてこの上極に近づけば近づくほど，緊張から遠ざかろうとする力 $f_{P, -st}$ がますます急速に増大する。力の場はおそらく指数曲線に似た勾配をもつであろう。

普通の信条によれば，もっと金を作りたいという希望（$f_{P, m}$）は，より高い生産水準に向かう最も重要な力と見られる。急激な労働から遠ざかろうとする力 $f_{P, -st}$ の勾配に抗するために，ある標準以上に対してはいっそう高率の支払いをするような種々の誘因体系が使用される。

若干の理由からして，より大きな生産への力が，現実に単位支払率に比例するとは，考えられない。一定量の収入増加ということは，人によってまったく異なったものを意味する。10年ほど前北部の州から南部の州へ移転したある工場は，数年のうちに北部の労働者の生産水準に比肩すべきものに達することが，不可能であることを見出した。その理由の1つは，南部の農村の娘たちにとって，1週間の支払いが以前の生活水準をはるかに上まわっていたので，比較的わずかの努力をしさえすればよいときでさえ，それ以上多くの金銭を作ろうとは意にかけなかったのである。

収入の全額と力の場の強度および勾配との関係は個々の集団の下位文化に応じて異なる。1つのありふれた型は，次のようなものである。著しく低い水準では，より多くの収入に向かって非常に強い力 $f_{P, m}$ を生ずるが，著しく高い水準ではそれ以上高い収入を求める力は小さい。ある社会集団では10ドルが基準単位であるのに，他の集団では100ドルや1000ドルが単位になる。誘因に対応する力 $f_{P, m}$ の強度は，それゆえに集団全般の"生活標準"に依存するであろう。

協同作業において最も強い力の1つは，集団の他の成員よりもあまり上または下でない状態にありたいという願望である。このことは特に，流れ作業における"同列の労働者"や"同胞"たちの間の関係について妥当する (18)。仕事

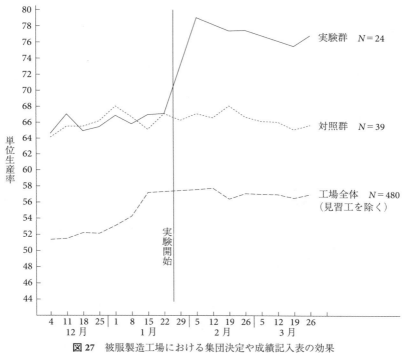

図27　被服製造工場における集団決定や成績記入表の効果

のスピードを増すことに反対する重要な力は，一時的にスピードを増大すれば，いっそう高いスピードをたえず持続するようにとの監督またはお頭からの圧力を招来しはしないかとの恐怖である場合もありうる。

　図27は，バヴェラス（Bavelas）によって行われた実験の資料である。被服製造工場全体，実験群および対照群の生産高は，典型的な準定常状態の性格をもつ。成績記入表（pacing cards）あるいは集団的決定を導入した後，実験群は新しい平衡水準への顕著な生産増加を示した。われわれはここで，使用した方法の詳細を論じようとは思わない。それは少なくとも部分的には，いっそう高いレベルに向かうところの新たな力を付加する手続きよりはむしろ，生産を保留していた力を減少させる手続きに基づくものであると思われる。

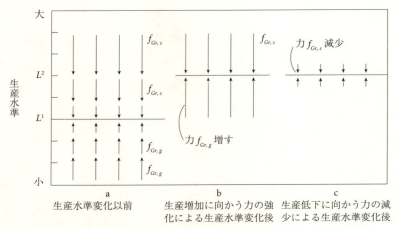

図28 生産水準変化の方法の差異から生ずる，2つの起こりうべき緊張状態

5. 行為水準を変化する2つの基礎的方法

生産水準が，望ましい方向に力を加えるとか，あるいは相反する力を減ずることによって変化可能な準定常的平衡状態であるということは，いかなる類型の社会経営にとっても実際に重要なことである。

(7) 水準 L^1 から L^2 への変化が，L^2 に向かう力を増大することによって招来される場合には（図28aおよびb），同様の水準の変化が，相反する力の減少によって起こされる場合（図28c）と比べて，その2次的効果は異なるはずである。第1の場合には，新水準 L^2 における過程は，比較的高い緊張状態を伴うが，第2の場合には，比較的低い緊張状態を伴うであろう。

ある程度以上の緊張の増大は，疲労の増大，攻撃性の増大，情緒性の高まりおよび構成度の低下を伴うから，原則的に第2の方法の方が，高圧的方法（high-pressure method）よりも好ましいであろう。

図29は以上の考察と一致するところの"神経質"な工員の生産という顕著な例である。彼女の平均水準は集団平均以上であったが，仕事の速度に極端な変動があり，しばしば欠勤した。成績記入表を使用したところ，生産は法外に高い水準まで増大し，同時に動揺は著しく減じた。

落ち着きなさは緊張が表す共通の徴候であるから，恒常性が増大し欠勤がなくなったということは，生産水準の変化が図28bの型よりもむしろ図28cの型

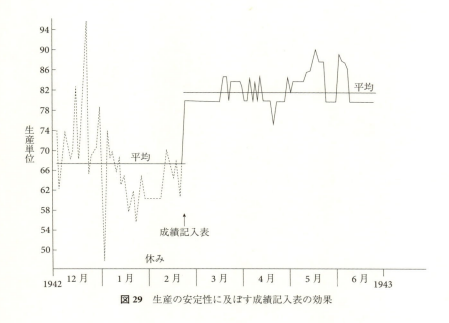

図 29　生産の安定性に及ぼす成績記入表の効果

に応ずるような力の場の変化によって成就したという事実の表れであると仮定することができる。

6. 性能 (capacity), 学習曲線および平衡

a. 能力 (ability), 困難度および困難度の変化：多くの社会的事象の水準に影響する，1つの要因は"能力"である。能力とはフランス語を語る能力，帆を操る能力というような多数の非常に異なった事実に関係する，人口に膾炙した術語である。それにもかかわらず，変化に関していえば，能力という言葉は推進よりもむしろ，規整力との関係を意味するように思われる。例えば野心，目標，欲求または恐怖に対応するような推進力とは，あるものに"向かう力"またはあるものから"遠ざかる力"であり，それは移動 (locomotion) とか変化をもたらす傾向をもっている。"規整力"は，それ自身変化の傾向と同じではなく，ただ推進力に対立している。

能力の変化は，"仕事の困難さ"の変化に等しい。事実位相空間において，力として表現するときには両者は同一である。われわれは常に個人または集団

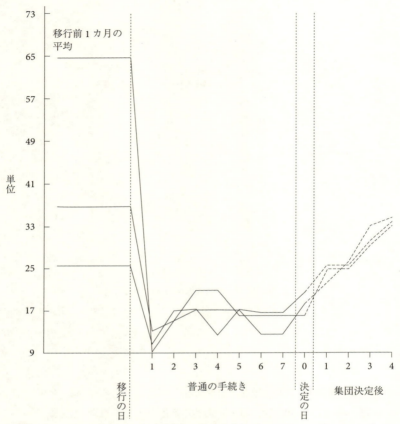

図30 移行後ののろい工具に対する集団決定の効果（Alex Bavelas からのデータ）

と仕事との関係を取り扱う。能力とか困難さとかいう術語は，この関係における変数を主体として見るか，活動として見るかに応じて使い分けられる。

　図30 は工具が同じミシンで，別の裁縫の仕事へと移動した後の仕事高の低下を示している。2つの仕事について，新来者の学習曲線と古参者の生産水準とは平均して見ると相等しいが，これは2つの仕事の困難さがもともと等しいことを示している。しかしながら移動させられた工具の，新しい仕事の成績はよくないということが見出された。移動させられた工具にとっては明らかに，新しい仕事が以前のものよりもいっそう困難なのである。

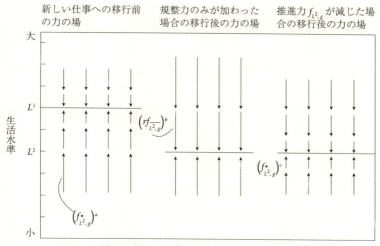

図31 新しい仕事への移行前後の力の場

　移動前の（推進力と規整力との）合力の場は，図31に表現されるような求心的な力の場に対応すると仮定しよう。新しい仕事の導入は，より強い規整力を導入すること，あるいはむしろ生産の向上に反対する規整力の場を付加することに等しい。

　新しい仕事へと移動しても力の場がその他の点においては不変であるとすれば，われわれは次のような結論を下すことができる（図31）。すなわち時点 b の第2の（より低い）水準 L^2 に加えられた規整力の強度 $(rf_{\overline{L^2,g}})^b$ は，変化前の時点 a において水準 L^2 に存する合成推進力の強度に等しい（$|rf_{\overline{L^2,g}}|^b = |f^*_{L^2,g}|^a$）。このことは産出高の低下に伴って緊張は増大することを意味するであろう。

　以上のことは次のような理論のもう1つの例にすぎない。すなわち変化の方向に力を付加することによって起こされた変化は，緊張を増大させるということである（以前のケースではわれわれはこの理論を上への変化に適用し，今度は下への変化に適用した）。

　しかしながらこの結論は観察結果とは一致せず，実際には移動後の緊張は比較的低いように思われるが，このことはより低い生産水準へと変化することがより高い産出に向かう推進力の強度低下を伴っていたことを指示している（図31）。すなわち

$$|f^*_{12,g}|^c < |f^*_{12,g}|^a$$

これらの場合における移動は，より高い生産に向かう衝動という意味における，仕事の志気の著しい低下を伴うという指標がある。もしもこのような解釈が正しいとすれば，移動後の学習は徐々に行われるはずであるが，事実上それは驚くほど緩慢である（図30）。このような工具は機械に慣れているけれども，そのスピードの改善は非常に緩慢であるために，工場としては経験工の仕事を変化するよりも新しい工具を雇う方が有利である。

おそらく，移動後の力 $f_{12,g}$ の減少には若干の要因が，結合して働いているのであろう。その業績をほこってよい地位にある工具が，もとの低い労働の地位に引き戻され，このことがその志気または熱意に影響するようである。"標準以上"の水準にある労働の目標は，移動前には実現可能性をもっていたけれども，いまやそれは"あまりにも"高くて到達不可能である。要求水準の研究では (12)，このような事態のもとにあっては人は"放棄"しがちであることが示されたが，このことによって $f_{12,g}$ の減少が説明される。集団決定後には学習曲線は上昇しているが，おそらくそれは新目標の設定がより高い水準に向かっての合力を招来するからであり，この水準なくしては学習は起こらないであろう。

b. 平衡状態考察のための基準線としての学習曲線：平衡状態が，絶対値とは別の値で規定されるところの基準線に関係づけられねばならない情勢がある。バヴェラスは，工場で初心者の訓練を託されている人に特殊訓練を施したが，これによって初心者の学習曲線は相当向上した。2，3週後特殊訓練を施された人が引退し，以前に任用されていた訓練者と入れ代わったときには，学習曲線は訓練者に訓練の施されていないときの水準に迅速に降下した。このような場合について見ると，ある事情の下ではおそらく学習曲線は，力の場を決定する基本線すなわち"等水準"線として取り扱われるであろうと思われる。

学習曲線を基準の数に入れるということは，次のような一般的原理の表現として解釈される。すなわち

(8) 社会的諸力は，社会的過程と関係集団（または個人）の能力（性能）との関係に基づいて，分析されるべきである。

この一般原理を受容するならば過程の"絶対的"標準（生産高，友好性の度合等）を，準定常的平衡状態を決定するところの諸力を分析するための関係枠として取り扱うということは，関係集団の性能がその期間中変化しない場合に限

って許される。

7. "主観的" および "客観的" 方法の結合

　一定の場合の主要変数である諸力の本質を決定するためには，種々の手続きが使用される。集団生活の認知的（"主観的"）および行動的（"客観的"）両側面の分析には，その主観的側面を開いてみせ，行為に関して検査可能な結論を下せるような諸方法をあわせ用いることを必要とする。1例をあげればここに包含される原理を例証することができよう。

　合衆国農業省計画調査部は戦争中大蔵省のために，戦事公債の購入および償還に対する動機づけの定期的な研究を行った。面接によって，国民の各方面にある個々人にとって，償還に向かいまたはそれから遠ざかる諸力中の若干のものの性質が解明された。

　最も縷々遭遇した償還に向かっての力は，病気のような現実の非常事態から発する財政的な圧力であるように考えられた。償還に反対する力は，財政的な積立によって与えられる安定への欲求，愛国心，あるいは公債を比較的長くもっていれば比較的高い利潤の返却があること等であった。

　諸力の本質についての"客観的"な材料を平衡を表すカーヴに関係づけるためには，国民の戦時公債を返還する"性能"のような，"客観的"な資料が考慮に入れられねばならない。この性能は戦時公債の未払い総額に依存するから，理論（8）によって，諸力に関する考察は，償還の水準を未払い総額のパーセンテージとして表すようなカーヴを基準とするのが適切である。

　合衆国が正式に戦争に突入した真珠湾事件当時には，償還の水準は顕著に下落した。国民との面接からすればこのことは，（償還に向かう力の減少というよりもむしろ）償還に反対する力の増大のためであり，すなわち愛国心の向上の結果であると思われた。このような説明からして，戦争の終末には逆様の変化が起こると期待される。事実上図32はその時期の償還水準の増大を示している。これは一部愛国的動機の減少の結果として理解される。

　全体として1943年4月から1944年9月，1944年10月から1945年7月および1945年8月から1946年4月の間の償還は，準定常的過程の3つの水準を表現するように思われ，その各時期は周期的動揺を典型的に表している。第1水準から第2水準への変化は大蔵省の償還易化政策の樹立と一致し，それによっ

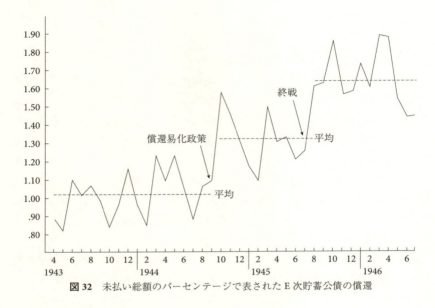

図32 未払い総額のパーセンテージで表されたE次貯蓄公債の償還

て償還に対する規整力が減少したことに対応するものである。

永久的変化の創造

1. 力の場の変化

　望ましい事態を出現する手段を論ずるには，"到達されるべき目標"という術語でなく，むしろ"現在の水準から望ましい水準へ"という変化の術語を借りなければならない。これまで論じてきたことに関連させていえば，計画した変化とは，当初の水準 L^1 における平衡に対応する力の場を，意図する水準 L^2 において平衡状態を保つような力の場によって補うということになる。少なくとも L^1 と L^2 との間の領域にある全体としての力の場が，変容されねばならないということが強調されるべきである。

　力の場を変容させる技術は，位相空間における表現だけからは十分に導き出すことができない。河の速度の水準を変化するためには，その河床が狭められたり広められたり修正されたり，または岩が除去されたりしなければならない。いかにしてこのような現実の変化を起こすべきかを決定するために，ただ1つ

の特性だけを考慮したのでは，明らかに不十分であり，全体の事情がよく検討されねばならない。社会的平衡を変化させるためにも，全体的な社会的場を考慮せねばならない。例えば，そこに包含される集団，下位集団，それらの関係およびその価値体系等がそれである。全体としての社会的場の布置が明らかにされ，社会的諸事象が異なった流れ方をするように再体制化されねばならない。位相空間による分析は，いかなる類型の効果が加えられねばならないかということを比較的多く示し，いかにしてそれが成就されるかということをあまり明らかにしない。

2. 準定常的過程と社会的 "習慣"

黒パンの消費で白パンに代用するというような変化を人々に及ぼすことは，1つの確固たる "習慣" または "社会的習慣" の破壊手段である。社会的習慣は通常変化への障害と考えられる。社会的習慣や "習慣を破ること" は力の場という術語を用いれば，いかなる意味になるであろうか。

社会的な定常的過程を準定常的平衡によって支えられているものと見なすならば，新しい力を付加することは平衡の水準を変化させると考えられる。現在の水準 L における合力はゼロであるということは周知の事実である（$f^*_{L,x} = 0$）。新しい力 $|f_{L,n}| > 0$ を加えるということはその水準を n の方向に異なった水準 $(L + \Delta)$ にまで押し動かすであろう。この場合変化の量 Δ は，次の等式で決まる。

(9) $|f^*_{(L + \Delta),L}| = |f_{L,n}|$

"社会的習慣" という観念は，1つの力 $f_{L,n}$ を加えたにもかかわらず，ある種の変化に対する "内的抵抗" のために，社会的過程の水準が必要量 Δ よりも少ない量しか変化しないということを意味する。この内的抵抗に打ち勝つためには付加的な力すなわち "習慣を破って"，習慣を "溶解させる" に十分な力が必要であると考えられる。

社会的習慣[3]からこのような "内的な変化への抵抗" の存在を否定しようとすることは可能であろう。力 $f_{L,n}$ を付加することが，知覚しうるほどの変化をきたさないというような険阻な勾配をもつ場合だけのことを，社会的習慣だというのかもしれないが，このような解釈では不十分である。それはせいぜい習慣という問題を，L の直接隣接したところでは合力の場がなぜ険阻な勾配を

示すかという問題に変形するだけである。

　社会的習慣の理論は次のように答える。歴史的恒常は"付加的な力の場"を創造し，それが社会的過程をその水準に保っておく何か他の力と提携して現在水準を維持する傾向をもつのであると。この理論には2つの叙述が含まれているが，その1つは"付加的な力の場"の存在を主張し，他方はそれが歴史的起源を有すると見る。われわれはここで主として付加的な力の場の本質に興味を寄せるであろう。

　ある特定の水準において進行しつつある社会生活は，縷々組織化された制度の樹立へと急ぐ。それらのものはある特定の社会的水準における"既得の権利"（vested interest）と同等のものになる。次に考えられる社会的習慣の源泉は価値体系，集団のエトスに関係づけられる。われわれはこのことをさらに詳細に論ずるであろう。

3. 個人の行為と集団の標準

　力の場を論ずるに際して，われわれは力の"作用点"を，あるいは個人と見，あるいは集団全体と見たが，次に個人と社会的過程の水準との関係を考察しよう。

　個人 P がそのもつ行為水準（L^P）において，ある量 n だけ集団標準を表す水準（L^{Gr}）と異なっているとする（$|L^{Gr} - L^P| = n$）。このような差異は文化が異なれば，違った程度だけ許容され，また推奨される。個人が"あまり大きく"集団標準からそれようとすると，彼は行動にさまざまの困難を引き起こし，あざけられたりひどく扱われたりして，ついには集団からのけものにされる。個人は普通，その所属または所属したいと希望する集団の標準にかなり密接につながっている。

　換言すれば，集団標準は単にその時々の事情によって決まる力 $f_{L,g}$ または $f_{L,s}$ から生ずる平衡水準ではない。縷々この水準はそれ自体価値を獲得し，個人にとってプラスの行動価をもち，個人を集団の標準に合致させるような力 $f_{P,L}$ を含む求心的力の場の特徴をもつ。

4. 社会的価値をもつ集団水準と社会的価値のない集団水準および変化への抵抗

　集団水準は，価値的性格をもっているのが普通であるけれども，それはあら

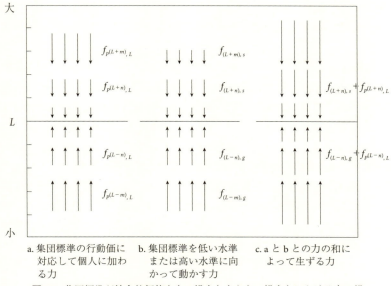

図33 集団標準が社会的価値をもつ場合ともたない場合とにおける力の場

ゆる類型の過程に妥当するわけではない。例えば戦時公債償還の水準が，1943年4月から1944年8月の間において，約1％であったことを知っている人は少数である。償還への決断に際して入ってくる価値は，償還の率をその水準以上または以下に保っておくということの価値を含んではいなかった。この点で事態は，例えば，作業集団についていこうとする個人の事態とはまったく異なっている。

ある水準が価値をもったりもたなかったりする理由が何であろうとも，この差異は変化の問題にとって重要な事柄である。

2つの集団 Gr と Gr^1 とについて，L の社会的価値を考慮しない場合の合力の場は，図33bのようなものであると仮定しよう。Gr^1 の場合でなく Gr の場合には[訳注3]，水準 L が成員にとって社会的価値をもつと仮定すれば，この価値は図33aにおいて表されている力の場に対応するはずである。いま個人の行為を g の方向に変えるために，個人に作用する力を f と仮定すれば，Gr^1 では変化の量は反対力（counterforce）$f_{(L+n),s}$ の勾配によって，Gr では反対力の結合した $f_{(L+n),g} + f_{P,L}$（図33c）によって決まるであろう。このことを言葉で言い表せば

(10) 集団の標準のもつ社会的価値が大きければ大きいほど，この水準から遠のいていこうとする場合に，個々の集団成員が受ける抵抗はいよいよ大きくなる。

　"社会的習慣"の多くの場合は社会的価値をもつ集団標準に関係するようであり，変化への抵抗は縷々理論 (10) によって説明される。もしこの理論が正しいとすれば，社会的習慣の打破に関していくつかの誘導を試みることができる。

5. 社会的行為を変化させる場合の個人的手続きと集団的手続き

　変化に対する抵抗が一部分集団標準の個人に対する価値に依存するとすれば，変化への抵抗は集団標準のもつ価値の強度を減ずるような手続き，または個人が社会的価値あるものと知覚している水準を変化するような手続きを使用する場合に，減少させることができるであろう。

　この第2の点は，対面集団 (face-to-face group) において，諸個人に接迫してくる。"集団に担われた"変化 (17) がなぜ効力をもつかということの理由の1つである。ただ1人の個人は，腹心の諸個人の集団よりも使いこなしやすいと考えられる。しかしながらリーダーシップの訓練や食習慣の変化における経験，仕事の生産性，犯罪，アルコール中毒，偏見などはすべて，諸個人を別々に変化するよりも，1つの集団を形成している諸個人を一括して変化する方が，通常容易であるということを示すように思われる (10)。集団的価値が不変である限り，個人は集団標準から遠く離れていかねばならぬほど愈々強く変化に対し抵抗するであろう。集団標準がそれ自体変化すれば，個人と集団標準との間の関係によって生じていた抵抗は除去される。

6. 変化の3段階——集団標準の溶解，移動，凍結

　高水準の集団作業に向かい変化しても縷々長続きしない。"一撃のもとに仕留めて"も集団生活は間もなく以前の水準に帰る。このことは集団作業の計画的変化の目的を，現在とは異なった水準に到達することであると定義するのでは不十分であることを示している。新水準の永続性，またはそれが望ましい期間中存続するということが目的の中に包含されていなければならない。したがって首尾よい変化とは次の3つの側面を包含するものである。すなわち（もし

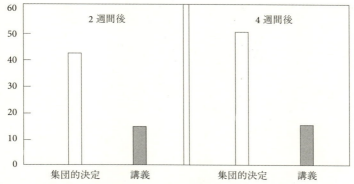

図34 集団的決定と講義後に新鮮ミルクの消費増大を報告した母親のパーセンテージ

必要とあらば）L^1 という現在水準を溶解すること（既存の水準からの解放），新水準 L^2 に移動すること（新しい水準への移行），および新水準への集団生活の凍結（新しい水準に固着させること）がそれである。いかなる水準も力の場によって決定されるがゆえに，永続性とは新しい力の場が変化に抗して比較的安定しているという意味である。

現在水準を"溶解する"ということは，場合場合に応じてまったく異なる問題を包含するであろう。オールポート（1）は，偏見を除去するに先立って必要だと考えられる"浄下療法"（catharsis）について記述している。自己満足や独善の殻を破るためには情緒的な動揺を慎重に起こすことが時々必要である。

同様なことは新水準の凍結という問題にも妥当し，安定した循環的因果過程と等価な体制的布置を樹立することが往々にして可能である。

7. 変化の手続きとしての集団的決定

集団的決定の過程に関する次の例は，中西部のある都市に住んでいる主婦に関係するもので，その幾人かは新鮮なミルクをたくさん消費することの価値についてよい講義を受けた。また，あるものは討論に参加して，ミルクの消費を増すべきであるという決定に近づいていった（16）。商人的売り付け行為は用いず，圧力を加えることは注意深く避けた。この指導に用いられる時間も両群共同一であり，ミルク消費量の変化は2週間後および4週間後に検討された。図34は集団的決定の優位を示している。同様な結果が練乳についても見出さ

第9章 集団力学の開拓線　　227

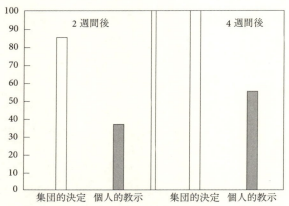

図35 オレンジジュースを与えることについて集団的決定に従った母親および個人的教示に従った母親のパーセンテージ

れた。

　個人的取り扱いの効果が，集団の決定の効果と比較された。これはアイオワ州立病院の産科病棟に来た農家の婦人の場合である。退院前の彼女等は赤ん坊に給食する適切な処方や，オレンジジュースや肝油を飲ませる当否について個人的教示を受けた。この手続きは，6人の母親からなる1つのグループが，話し合いと集団的決定によってオレンジジュースを子どもに与えることにした手続きと比較された。第1の場合には栄養士が母親1人につき約25分間を費やした。第2の場合には同量の時間を，6人の母親の集団に対して費やした。

　図35は集団的決定の手続きの優位を示す。4週間後集団的決定の母親たちは誰も，乳児にすすめられた量の肝油を与えていた。注目すべきことはいずれの手続きを加えた後にも，2週間目と4週間目との間に改良が起こっている。図36はバヴェラス(15)によって報告された，工場におけるあるチームの3つの集団的決定の効果の1例である。これは9カ月間測定された変化の永続性のまれな好例である。

　ここに報告された実験は必要な諸例のうちの2, 3のものであるにすぎない。ある場合にはこの手続きは比較的容易に実行されるが，他の場合は熟練を必要とし，またある一般的な条件を前提とする。集団的決定によって生産を上げようと，工場に突入していった支配人は失敗に出会いがちである。医学における

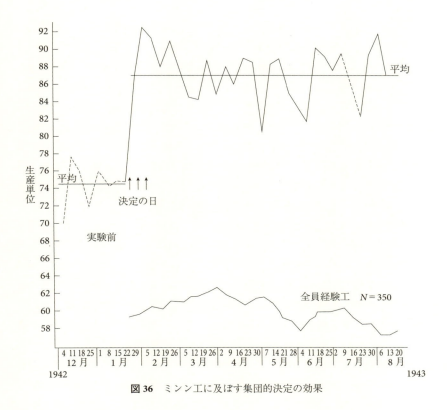

図 36 ミシン工に及ぼす集団的決定の効果

と同様社会経営においては万能薬は存在しない。おのおのの場合を注意深く打診する必要がある。集団的決定に関する実験は，しかしながら社会的変動の一般的諸問題のうちある種のものを十分に明らかにしうるほどの進歩を遂げている。

　計画的社会変動は溶解，水準変化および新水準の凍結からなっていると考えられるであろう。これら3点のすべてについて，集団的決定は集団的手続きのもつ一般的長所を具備している。

　もしも個人的手続きを使用するならば，価値標準に対する個人の依存関係に相応する力の場が，変化に対する抵抗としての作用をする。しかしながら集団標準の変化に成功するならば，この同じ力の場が個人の変化を容易にし，個人の行為を新しい集団の水準に安定させる傾向をもつであろう。

時々この対面集団の価値体系がより大きな文化的結構のもつ価値と葛藤し，集団をより大きな結構から分離する必要を生ずることもある。例えばレクリエーションの指導者を独裁的な型から民主的な型へと再訓練するときに，バヴェラス（2）は彼らをレクリエーション・センターの管理による干渉から保護するように注意していた。イデオロギーや行為を変化する場合にキャンプや研究集会が効果性をもつかどうかは，一部それらのものがその変化の間中，このような"文化的孤島"を作り出しうるか否かということに依存している。研究集会の下位文化が成員に強く受容され，それが比較的孤立していればいるほど，個人とより大きな集団の標準との関係に基づくところのある種の変化への抵抗は，よりいっそう小さくなるであろう。

　集団的決定が変化を容易にさせる理由の1つは，ウィラーマン（Willerman）（9）によって例証されている。図37は白パンの消費から黒パンの消費へと集団を変化させる熱心さの程度を示している。この変化において，単に協力を求められたにすぎない場合には，熱心さの程度は黒パンに対する個人的偏好の程度に応じきわめて多様なものである。集団的決定が行われた場合には，熱心さは個人的偏好に比較的無関係で，個人は主として"集団成員"として動作するようである。

　集団的決定に有利な第2の要因は，動機づけと動作との間の関係に関するものである。講義，特に討論は**動機づけ**を望ましい方向に樹立する場合には非常に効果があるかもしれない。しかしながら，動機づけだけでは変化を招来するのに不十分であって，動機づけと動作との結合（link）を前提とする。この結合は，決定によって与えられるものであり，講義あるいは討論によっては通常与えられない。このことは，わずか数分を要するにすぎない決定の過程が，その後何カ月間も行為に影響するという一見逆説的な事実を，少なくとも部分的には説明するものと思われる。決定は動機づけを動作に結合するが，同時にそれを"凍結する"効果をもち，その効果は一部分"自分の決定に執着する"という個人的傾向に原因し，また，一部分は"集団に対する誓約"に原因する。この第2の要因の重要性は，諸個人が一緒に滞在している学生寮の場合，時たまお互いに相まみえる同じブロック出のおかみさんたちの場合，お互いに接触することのない農村の母親たちの場合について，それぞれ異なるであろう。しかしながら，実験によれば，お互いに再び相まみえることのない人々の集団の

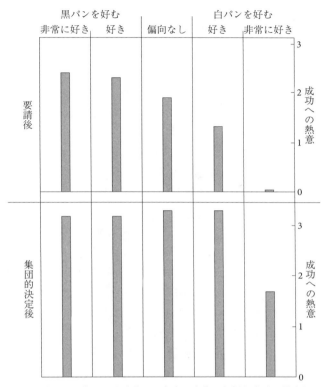

図 37 要請後および集団的決定後の，各自の食物の偏好と成功の熱意との関係

仕組みにおいてなされる個人的業績に関する決定でさえ，効果をもつことがある。

　新水準の永続性をまったく決定の凍結的効果に帰するのは正しくないのであって，多くの場合他の要因の方がさらに重要であることもある。主婦が従来よりも多くのミルクを使用しようと決定した後，ミルク屋に引き続きミルクを入れてくれるように注文するかもしれないが，このことはミルクの消費量を自動的に高めておくことになる。このような問題は社会的場の再構成の問題，特に社会的過程に対する水路開発（channeling）の問題にまで進んでいく。

　社会生活の多くの側面は準定常的過程と見なされ，それらは構造をよく規定しうるような諸力の布置という正確な意味での準定常的平衡状態と見なされる。

これらの諸力はそれぞれ確定され，量的に測定されねばならないが，十分な概念的分析がこのような段階に至る必須条件である。
　社会的諸力の科学的取り扱いは，社会的過程の本質に適合し，数学的取り扱いへの橋渡しとして役立つように巧みに調節された分析の道具を前提とする。この目的のための基礎的手段は，社会的事態を"社会的場"として表現することであり，社会的過程のある部面は"位相空間"と呼ばれる座標系によって取り扱われる。
　社会的平衡の取り扱いのために位相空間を使用するということは，過程の一定の水準における相反する力の強度，隣接範囲内外の力の場の構造，動揺と個人差の生ずる形式的諸条件の間の関係，力と性能との関係および力と緊張との関係というような分析のもたらすある種の技術的な諸問題を明確にする必要を感じさせる。
　このような技術的分析は，計画的社会変化および変化に対する抵抗の諸問題を，さらに正確に定式化することを可能にする。それは変化を起こす場合の特定の諸目的を選択するという問題のある側面について，また同じ量の変化を起こすための異なった方法について，あるいはこれらの方法の2次的効果の差異について一般的な陳述を可能にする。そこで変化への抵抗の原因の1つは個人と社会的標準のもつ価値との間の関係にあるという理論が出てくるが，この理論によれば，あるタイプの社会的平衡が変化に対して示す抵抗，水準の溶解，移動および凍結，態度や行為を変化するための集団的手続きの効果等について結論を下すことができる。
　ここに使用した分析の道具は，集団生活の文化的，経済的，社会学的，心理学的な諸部面に等しく適用することができる。これらの道具は，工場，作業集団，および個々の労働者の生産水準，一個人の能力および一国の容力の変化，文化的価値をもつときともたないときの集団的標準，ある集団の活動，集団同士，個人同士および個人と集団との相互作用等非常に多くの過程に適合する。この分析は集団生活のすべての部面やあらゆる大きさの社会的単位に同等の実在性を承認するが，その運用は過程の構造的特性およびその生起する全体事態の構造的特性に左右される。
　準定常的平衡のわれわれの考察は，分析的概念に基づいていた。それは社会科学の領域ではまず心理学において出現したものである。心理学的力，緊張，

諸力の平衡としての葛藤，力の場および誘導の場というような概念は，個人心理学の領域から社会学および文化人類学の分野であった過程や事象の領域にまで，適用の範囲を漸次広めていった。数理経済学による均衡の取り扱いについて最近学習しえたものから考えると，その取り扱いは，起源を異にし，おそらく哲学的立場を異にしているけれども，われわれの考察と十分比較しうるものであると私は確信する。

　経済学の資料を量的に測定することは容易であるが，心理学および文化の諸事象は戸惑うほど質的に豊富であることから，両領域の調査方法は別個のものであると考えられがちであった。おそらくこのような事態が，ある数理経済学者たちをして人間と文化を除外して，経済学を発展させるように試みさせたのであろう。このことはある数理的傾向をもつ心理学者たちが，有機体のない学習理論を展開させようと試みたのと同様である。しかしながら哲学的解釈はさておいて，数理経済学の方程式を事象のある特定部面に関する取り扱いだと見なすことができる。その取り扱い方は社会的過程のある特定部面の，位相空間によるわれわれの処理法と方法論的に類似するものである。いずれの場合にも，予言するためには，本質的諸特性をすべて具有している全体の社会的場に言及することが結局必要であるということを知らねばならない。社会的場のある部面を別個に分析して取り扱うという処理の限界に気づいているとすれば，この取り扱いは有用な，また実際に必要な段階であるといえよう。

　たしかに数理経済学は集団生活のある基本的部面を取り扱うための有力な分析的道具を発展させた。もしもわれわれの考察が正しければ，それは数理経済学と提携することができるという意味である。私には，例えば経済的均衡を取り扱う方法 (5, 7, 19) や競争的布置における集団化の取り扱い (20) が，社会生活の他の領域に適用不可能であるという理由は解し難い。

　数理経済学の分析の道具は，社会的諸力を測定するという個人心理学の限定された領域においてのみ可能であった仕事の実行を助成するところが大きい (3)。この仕事は3つの段階を含んでいるが，それは社会的諸力に関する分析的概念と理論の十分な発展，原則としてそれらを等式によって定量化すること，および具体的事例を測定することである。集団生活の取り扱いにおける最初の段階は十分に進歩したから，第2および第3の仕事のために，社会科学の種々の分野が共同研究することは可能だと思われる。

経済学にとって，このような融合はそこに包含されている人々の文化的および心理学的特性を考感に入れ，具体的事例を分析する能力をおおいに改良し，正確な予言をなすという可能性を意味している。経済学はある点でその分析的手続きを複雑にする準備をもたなければならないが，3段階の手続きの論議でふれた上述の認知の問題を特に再確認しなければならない。

　社会諸科学の融合によって，諸理論の検定と新しい洞察の発展にあたり，実験的手続きの示す大きな長所が経済学にも受容されるであろう。実験的および数学的手続きの結合は光，電気およびその他の物理科学的分野の研究を総合する主要な手段であり，これと同様な結合によって社会科学の総合が実現されることは決定的のように思われる。

注

[1] 力の記号法は一般に心理学的問題に対して使用してきた記号法に従う (8)。$f_{P,g}$ は g に向かう方向において人 P に作用する力を意味する。$f_{P,-g}$ は g から遠くの方向において P に作用する力を示す。$rf_{\overline{P,g}}$ [訳注1] は g の方向に動く P を引き留める規整力である。$f^{*}_{P,g}$ は g に向かう方向をもつ合力を意味する。力 $f_{P,g}$ の強度は $|f_{P,g}|$ で示される。

　個人 P の代わりに，集団 Gr が力の作用点と見なされる場合には，g に向かう力は $f_{Gr,g}$；g から遠のく力は $f_{Gr,-g}$ で表す。異なる集団 A または B に作用する力また異なる位置 A または B にある同じ集団に作用する力を述べるときは，$f_{Gr,A,g}$；$f_{Gr,B,g}$ という記号法を用い，また略して $f_{A,g}$；$f_{B,g}$ と記すこともある。しかし，$f_{A,g}$ という力が位置（または水準）A にあるというとき，位置 A における集団に力が作用していることあるいは集団がその位置にあったとすればその集団に力が作用するであろうということを意味する。このことを諸者は了とされたい。力の場という概念はこのようなポテンシャルな位置に関係する。

[2] プラスの求心的力の場は1つの領域に向けられた諸力の布置として定義される。1つの次元が時間であるような位相空間では，すべての力が1つの水準に向けられているような布置に対して，この術語を用いるであろう。

[3] "習慣" という概念は数十年間心理学の進歩を打壊してきた。今日ではそれは種々の過程の集積に関する通俗用語と見られる。それはいくつかの最も適当な概念と交換されるべきであろう（第4章参照）。

訳注

[1] 原著に $rf_{P,g}$ とあるが誤植と思われる。

[2] レヴィンがアイオワ大学の児童福祉研究所で後進を指導しつつ実施した集団研究 は Lippitt, R., and White, R. K.: An experimental study of leadership and group life. in Newcomb et al. (eds.), *Readings in Social Psychol.,* 1947 にその全貌が総括されている。*J. Edu. Rs.* 1951, No. 2, No. 3 には Classroom Dynamics が特集されている。なおカートライトとザンダー共編『集団力学』1953 年は集団力学に関する唯一のまとまった文献である。

[3] 原著の記号は逆になっていると思われる。In the case of *Gr*, but not in the case of *Gr*^{1}. とすべきであろう。$g + f_{B,L}$ は個人を集団標準に合致させておく力を意味する。

第 10 章

全体事態の関数としての行動と発達 (1946年)

　発達，人格，社会的関係，認知および動機づけに関する豊富な蓄積された事実を，所与の個人の行動を理解し，指導し，予言するという目的のために使用しようとすれば，特定時における特定の人に適用可能となるような仕方で，これらの材料が連結されねばならないであろう。この章ではこのような目的に役立つと思われる手続きや概念を論ずる。これと関連した若干の方法論的問題も考察し，認知，動機づけおよび発達のある問題も例として取り扱う。

分析，概念および理論

1. 心理学的な場

　種々の要因の効果を決定し，"遊離しよう"(isolate) とする点で，科学的な手続きは分析的である。例えば異なった強度の光，異なった程度の飢餓，あるいは失敗とか称賛が児童に影響する効果を研究するのであるが，一定の刺激効果は刺激布置およびあるときの特定の人の状態に依存するという点で意見はあまねく一致している。視的対象の知覚された形，大きさおよび色は，同一の網膜刺激に対応するものであるが，それらは視的な素地および視野の残部の性質によっておおいに変化する (46)。母親がいるときといないときとでは，部屋の中の玩具やその他の対象は 1 歳児の反応を異ならせる (6)。一般的な術語では，行動 (B) は人 (P) とその環境 (E) との関数関係 (F) である，$B = F(P, E)$。情緒的爆発に対しても，"目的的な"(purposive) 方向づけられた活動に対しても，願望，思考，あるいは会話や動作に対しても，この記述は妥当する。

　行動に関するこの公式において，人 (P) の状態とその環境 (E) の状態とは

相互に無関係ではない。児童が一定の自然の道具だてをどのように見るか（例えば凍った池は危険に見えるか否か）は，その児童の発達状態と性格とに依存し，またそのイデオロギーに依存する。新生児，1歳児，10歳児の住んでいる世界はそれぞれ，同一の物理的ないし社会的環境においてさえ異なっている。同一の児童が空腹のときや満腹のとき，ないしはエネルギーに満ちているときや疲れているときにもこのことは妥当する。換言すれば $E = F(P)$ である。逆もまた真であって，人の状態はその環境に依存し，$P = F(E)$ である。元気づけられたあとの人の状態は失意のあとの人の状態とは異なり（34），同情または安定感の領域におけるのと緊張の領域におけるのと（95），民主的集団雰囲気におけるのと独裁的雰囲気におけるのと（82）では，人の状態はそれぞれ異なっている。検査者とよく精神的な融和が保たれている雰囲気の場合とそうでない場合とでは，知能検査によって測定された児童の一時的な知的能力（MA）は異なっている。発達に対する環境の効果に関しては，環境が知能を変化させるという一致した意見はあるが，環境によってどの程度知能が変化可能であるかということについての意見はいろいろである（21，50，118，119，128）。成長しつつある個人のイデオロギーとか価値とか態度とかは，確かにその養育される文化に依存するところが大きく（38，92），その個人が特権集団に所属しているか，下層階級に所属しているかということにも依存する（27，80）。

要するに行動と発達[1]とは人の状態とその環境とに依存するということができ，$B = F(P, E)$ として表される。この等式において人（P）とその環境（E）とは，おのおの相互依存している変数と見なければならない。換言すれば，行動を理解し予言するためには，人とその環境とを，相互依存している諸要因の**1つ**の（one）布置と見なければならない。われわれはこのような諸要因の全体性をその個人の生活空間（LSp）と呼び，$B = F(P, E) = F(LSp)$ と記す。したがって生活空間は，人とその心理学的環境の両者を包含する。こうして行動を説明するという課題は，①生活空間（LSp）の科学的表示法を見出すこと，および②行動を生活空間に連結する関数（F）を決定することと同一課題になる。この関数（F）は，われわれが普通**法則**（law）と呼ぶものである。

個人の行動や発達の背後にある物語を述べる小説家は，その個人の両親，兄弟，性格，知能，職業，友人，身分についての詳細な材料をわれわれに提供するが，小説家はこれらの材料をその特殊な相互関係において，すなわち全体事

態の部分として提供してくれる。心理学は，詩的な手段ではなく科学的な手段で，同様な仕事を実行しなければならない。行動に影響する異なった諸要因は，特に区別されなければならないという点で，その方法は分析的である。科学においてはこれらの材料は，特殊事態における特定の道具だてとして表現されなければならない。相互に依存していると考えられる共在する事実の全体が，**場** (field) と呼ばれる (31)。人とその環境とを包含している生活空間は，心理学では1つの場と見なされねばならない。

　心理学的な場を科学的に分析し表現するためにいかなる手段が最も適当であるかは，行動の説明にそれらが有効であるか否かに基づいて，判断されなければならない。この点で次の一般的な点が記憶されるべきである。すなわち，

　1. 適当に児童を指導し，理論的にその行動を理解するには，先生や両親や実験者が見る事態と，児童に対してその生活空間として存在する事態との間の区別が必要条件となる。特定時に当該個人に対して存在する場を正確に表現することは，心理学における**客観性** (objectivity) の必要条件である。このような場としては，児童の友情，意識的および"無意識的"(unconscious) な目標，夢，理想，恐怖等が，何らかの自然の道具だてと同様に最小限必要なものである。このような場は年齢により個人によって異なっているから，物理学や社会学によって特色づけられるような事態——それはすべての人について同様であるが——をもって，代用させることはできない。しかしながら，物理的な条件や社会的な条件を知ることは大切である。なぜならばそれらのものは，おそらくは心理学的場の**境界条件** (boundary conditions) として（第3章および第8章参照），起こりうべき生活空間の諸様相を限定しているからである。

　2. 心理学的な事態の社会的側面は，少なくとも物理的側面と同様に重要である。このことは，きわめて年少の児童に対してさえ妥当する。

　3. 特定の目標，刺激，欲求，社会的関係のような**特殊の** (specific) 項目や，**雰囲気** (atmosphere)（例えば友好的な，緊張したまたは敵意に満ちた雰囲気のような）ないしは自由の量というような場のさらに**一般的な** (general) 特徴も，心理学的な場を適当に特徴づけるためには考慮に入れなければならない。このような**全体としての場** (field as a whole) の特徴は，例えば古典物理学における事象の説明としての，重力の場のような重要性をもっている。心理学的な雰囲気は経験的な実在であり，科学的に記述しうる事実である (82)。

4. 一定時における行動に影響する一切のものが，そのときに存在する場において表現されねばならず，そして現実の場の部分であるところの事実のみが行動に影響しうるということを，行動の規定者としての心理学的場の概念は意味している（第3章参照）。

　5. この場の"背後にある本質"は何であるかということを尋ねないで，数学的術語で表されたその部分の相互関係により心理学的場は科学的に表現されるが，それは不必要な仮定を避けるためである。すべて行動を予言するためには，こうした心理学的な場の数学的表現および心理学的法則を表現する等式を知らねばならぬ。

2. 理論と構成概念——法則と個々のケース

　他の科学も同様であるが，理論を伴わずしては，心理学は予言的な価値をもたない事実の単なる収集や記述以上に出ることはない。直接に観察しうる顕型的（phenotypical）特性の表面によって隠された**力動的**（dynamic）特性を特徴づけることをさておいて，条件とか効果の問題を取り扱うことは不可能である。

　欲　求（need），**連　合**（association），**条 件 反 射**（conditioned reflex），**興 奮 傾 向**（excitatory tendency），**ゲシュタルト**，**リビドー**および**超我**（super-ego）などは，ある根底にある力動的または原型的事実を特徴づけるために，種々の心理学派が企てたところの理論的構成概念の例である。予言または説明に必要な事実と，その事実の種々の徴候とを区別することが適切である。例えば怒りというような情緒的状態は，（喧しくなったり，極端に丁寧になったりする (25) ような) 多様にしてはなはだ異なった徴候を呈する。緊張は冷淡と同様に攻撃性を招来する (82)。同一人格が事実上は反対の動作となって現れることがある。換言すれば人の一定の状態は行動の種々相に対応し，したがってそれは外部行動と周囲の事態とを結合して決定したものからのみ推論される。行動 (B) が人と環境によって決定され（$B = F(P, E)$），人または環境のみによって決定されるものではないということを，このことは別の仕方で述べたものである。

　心理学はけっして理論を避けたことがなかったし，また避けることもできない (16, 59, 79, 101, 123)。しかし心理学は，明白な意図によらずまたは未知の方法で縷々導入される思弁的理論を除去して，明白に記述された経験的理論を利用しようとする。有効な経験的理論に対して主として所望されるものは，次

のようなものである。すなわち①ⓐいわゆる操作的定義によって，または種々の条件下における観察可能性に対応している数多の操作的定義によって，観察可能な事実（徴候）に連結される構成体，およびⓑ明らかに定義された概念的特性をもつ構成体である。このような特性はある数学的な（論理的な）概念に対位させられるが，この対位は論理的に厳密な誘導をするための必要条件である。②次に所望されるものは法則（すなわち一方では行動とある特定の構成概念によって特徴づけられた場との間の関係，あるいは他方では場を規定する種々の要因間の関係）であるが，その法則は実験によって検証されるべきものである。ある法則を有効として受容するのは，心理学のいかなる分野における材料によっても矛盾の指摘されない場合に限るべきである。この意味で法則は常に一般的でなければならない。

　一般法則と個人差の問題は，多少反対の線に沿う無関係の問題であると，往々にして考えられる。しかしながらいかなる予言も，両者の型の問題を考慮することを前提条件にしている。

　一般法則の研究と個人差の研究との間のつながりの一例を述べてみよう。カルステン（Karsten, 68）によれば，ある活動が心理学的に周辺的ではなくして，中心的であればあるほどその活動が飽和に至る速度は増大する。この命題は一般法則の性質をもっている。もしこのことが正しければ，なぜ快的な活動も不快な行動も比較的無記的なものよりも早く飽和に達するか，またなぜ女の人の着物の流行が，男の人の着物の流行よりも早く変化するかということの説明になる。同一人でも，状態の相違に応じて飽和の速度の変容を示すということが，このような法則によって説明される。例えばある特定の活動は，月経中にはそうでないときよりもいっそう中心的であるが，一般的法則にしたがって，このような活動は月経中により早く飽和する。この法則を年齢差に適用すれば，なぜ年少の子どもよりも年長の子どもにおいてある活動の飽和の速度は緩徐であるかが説明される。またある型の神経質の問題児はその年齢の平均の子どもよりも，なぜ飽和点に達するのが早いかということの説明になる。

　このような例は個人差，年齢水準，人格，特殊事態，一般法則等の問題が，密接に織りなされているということを示している。法則はある特定の変数を関係づける方程式で表現される。個人差というものは，一定の場合においてこのような変数のもっている種々の特殊な値と考えるべきである。換言すれば，一

般法則と個人差とは，単に1つの問題の両面にすぎない。両者は相互に依存し合い，一方の研究は他方の研究を俟たないでは進歩しない。種々の年齢水準について児童心理学の提供する材料が，種々の子どもの指導や理解に実際的な価値をもっているということを叙上のことは意味する。しかしながらそれは，一定時において特定の子どもの行動を支配しているところの具体的事態とこれらの材料が連結された場合に限られる。

　法則は心理学のあらゆる部分に適用されねばならないし，また適用されるのが普通であるということを，この心理学的飽和に関する例が証明している。理論と構成概念の主要な機能の1つは，数多の無連絡な学科（disciplines）に分離する傾向を有する心理学の種々の分野をすべて結合することである。

3. 心理学における微視的および巨視的単位

　種々の大きさの単位の取り扱いは，偏見のためにその研究の進歩が非常に妨害された問題である。児童心理学は，家庭の背景が子どもの学業成績に及ぼす影響や，子ども時代の両親との関係が成人後の行動に及ぼす影響と同様に，把握動作におけるいろいろの指の運動（54）や舌の運動（48）の発達，およびそれらに対する条件を知ろうとする。児童心理学は，1秒というようなわずかの時間単位（"読書動作における眼瞼反応，眼球運動"）の問題に関係し，また数年の時間単位（生活史の問題，3, 20, 26）にも関係する。

　例えば吃りの調査は，言葉における主音や音節の位置（18），文章における言葉の位置（17, 19）の研究を包含する。またテキストにおける文章の文節の重要性の研究（64），直接の社会的事態に対する言話表現の関係――1人でまたは多人数か少数の聞き手に話すこと（7, 100），吃りの子どもをもつ家庭の分類の結果（53），家庭における個人の位置――例えば兄弟順におけるその位置（104），全体としての国民中のその位置（124）およびその生活空間の一般的雰囲気等もこの調査に含まれる。換言すれば非常に異なった大きさの動作単位や，"直接の事態"とか"一般的事態"のような非常に異なったスコープの事態を研究することが必要である。

　種々の類型に適合した方法が使用されるならば，ある大きさの単位に関して客観的な信頼しうる観察を得ることができる（9, 83）。しかしながら微視的単位の観察によって，非常に大きな巨視的単位を決定しようとする企ては，他の

科学でもそうであるが心理学でも必ず失敗する（120）。その中に包含されるあらゆるイオンの運動を記述することによって，太陽の運動を記述することは技術的に不可能である。

一定の心理学的な場における行動

1. 生活空間の認知構造

a. 生活空間の種々の次元の分化：発達中における生活空間の変化の顕著な特徴は，分化の増大である。言語（49），知識（122），社会的相互関係（95），情緒（63）および動作（34）の発達に関して，この要因の重要性が示された。

新生児の生活空間は，比較的少数のただ漠然と区別しうる領域をもつ場として記述しうる（74）。その事態はおそらく，多かれ少なかれ快的な一般的状態に対応している。何ら一定の対象も人も区別されないように思われる。"私自身の身体"と呼ばれる何らの領域も存在しない。未来の事象とか期待も存在しない。これらの子どもは，手近な直接の事態によって支配される。

一定の性格を帯びる最初の若干の領域は，食物や排泄と結びつけられているように思われる。3日から6日の短期間後に，子どもは授乳の用意に反応する（88）。生活空間の大きさと分化の同様な増大は，他の点でも生起する。子どもは自分の身体や（20），その直接の自然環境を探求するようになる。最初の2, 3カ月内で，一定の社会的関係が発達する。

心理学的な時間次元に関する生活空間の増大は，成人時代まで続く。計画はさらに未来にまで拡大し，漸進的に長期に亘る持続活動が1つの単位として体制化される。例えば2歳と6歳間では遊びの諸単位の持続が増大する（9）。

現実－非現実の次元においても生活空間の分化は増大する。諸々の非現実の程度は，いろんな空想の程度に対応している。これには積極的な願望や恐怖が含まれている。力動的にいえば非現実の水準は，比較的流動的な性格をもっている媒質に対応し（15, 32），人の中心層に比較的密接に関係している。この事実は夢の心理学に対して特に重要である（42, 43）。遊びは非現実水準に密接な関係をもつところの現実水準における動作として理解される（116）。人格の研究における遊戯療法は（56），非現実水準が密接に人の中心層に関係しているという事実を利用している。

心理学的未来における非現実の水準は，未来に対する希望や恐怖に対応し，現実の水準は期待されるものに対応する。生活空間の構造での非現実と現実水準にある齟齬は，子どもの計画や生産性のための大切な要因である (9)。希望は心理学的な未来のどこかで，現実と非現実との間に十分な類似性があることに対応する。責苦 (guilt) は心理学的な過去における，現実と非現実間の一定の相違に対応する。年少の子どもでは，真実と嘘偽，知覚と想像とは年長の子どもほど明瞭に区別されていない (39, 99, 116)。このことは一部分，年少の子どもでは，成人に特有の現実と非現実の水準にまで，生活空間の分化の度合が未だ発達していないという事実のためである。

　スコープと分化の程度において生活空間が広がるスピードは，発達中におおいに変化する。知能あるいはもっと特殊な言い方をすれば精神年齢と，人の分化度および心理学的環境との間には，密接な関係が存在するように思われる (76, 77)。もしもこのことが正しければ，IQ における差異は，生活空間の分化の増大の割合の差異と考えられるであろう。同様な考え方は，運動発達 (91) にも社会的発達にも適用される。

　図 38a および b は，2 つの発達段階における全体としての生活空間のスコープおよび分化の程度を，図式的に表す。分化は心理学的環境にも人にも関係する。例えば欲求の分化の増大は，ある特定の内部人格領域の分化の増大として表現される。こうした発達段階の間の主要な差異は次のようなものである。すなわち①ⓐ何が心理学的現在の部分であるか，ⓑ心理学的過去および心理学的未来の方向における時間的展望，ⓒ現実－非現実の次元に関連して，生活空間の**スコープ** (scope) が増大すること。②多くの社会的関係および活動の領域において，生活空間のすべての水準の**分化** (differentiation) が増大すること。③**体制化** (organization) の増大。④生活空間の一般的な**流動性** (fluidity) や**硬度** (rigidity) における変化。

　この生活空間のすべての領域が，子どもに接近可能であるというのではない。自分よりも年長の子どもがある活動に従事しているのをある子どもが見るとする。それを自分もやりたいのだが，力も器用さも不十分だから参加できないことを知る。その自由運動空間の制約にさらに加わるのは，成人の禁止や他の社会的タブーである。

　生活空間における接近可能な領域と不可能な領域との間の関係，自由運動の

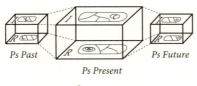

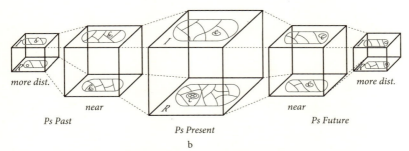

図38 2つの発達段階における生活空間

上図は比較的年少の子どもの生活空間を表す。下図は現在事態、現実－非現実次元および時間的展望に関して、比較的年長の子どもの生活空間が比較的高度に分化していることを表す。C は子ども、R は現実水準；I は非現実水準；Ps Past，心理学的過去；Ps Present，心理学的現在；Ps Future，心理学的未来。

空間の大きさ、接近可能な領域と不可能な領域との間の境界の明確さなどが、正常児と異常児の行動および発達に対しておおいに重要性をもっている (78)。

b. 退行：発達の特徴に反対方向にある全体としての生活空間の変化は、**退行** (regression) と呼ばれる（第5章参照）。退行は時間的展望における低下、分化の減退、体制の崩壊等を包含し、その結果比較的年少の年齢水準における子どもにおいて多かれ少なかれ典型的に見出されるような行動にまで逆行する。

退行は一時的でもあり永続的でもある。それは普通の現象であり、例えば病気 (63)、蹉跌〔フラストレーション〕(9)、感情的不安定 (95) ないしは情緒的緊張 (25, 63) 等のためである。退行は心理学的に現存する領域が狭くなるという意味で、例えば子どもが障害を克服しようとして熱中しすぎている場合に、情緒的緊張から由来することがある (75)。

退行は直接事態におけるこのようなフラストレーションの結果としてのみ生起するのではなくして、フラストレーションを発生させた結果としても起きる。

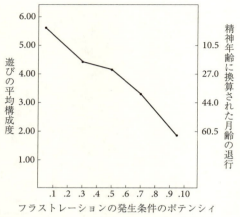

図39 種々の程度のフラストレーションを発生させる条件によって構成度が低下すること [2]

バーカー（Barker），デムボー（Dembo）およびレヴィン（Lewin）(9) は，5歳半の子どもの遊戯の構成度が，フラストレーションを発生させた結果として，3歳半の子どもの水準に退行することがあるということを示した。これは遊戯の構成度が，時間的展望，遊戯の体制化された単位内における分化の程度，および非現実と現実間の機能的関係に密接に関連しているという事実のためである。退行（児童の工夫力の減退）の量は，フラストレーションの発生条件となるもののポテンシィと共に増大する（図39）。

2. 人の位置 —— 領域内外にあること

a. 位置，隣接性，移動：生活空間内の人の位置の決定は，行動を理解するための最初の前提条件である。種々の集団内外における，その人の社会的位置が知られねばならない。いろいろの活動に関するその人の位置，その目標領域に関する位置あるいは物理的領域に関するその位置が決定されねばならない。①その直接の環境の広さ，②いかなる種類の領域が現在の領域に隣接しているか，すなわちその次の段階としていかなる可能性があるか，および③いかなる段階がその目標に向かう動作の意味をもち，いかなる段階がその目標から遠ざかる動作に対応するかは，人の定位されている領域によって決定するものであるから，叙上の事柄は基本的なものである。

たいていの行動は位置の変化として考えられ，換言すれば人の移動として考えられる（その他のケースの行動は，構造の変化である）。次にあらゆる行動が事態を変化する。人が定位されている領域の効果の，若干例をここに述べてみよう。

b. 事態に対する"順応"（Adaptation）："現在の雰囲気に対処する"という意味で，普通順応と呼ばれるものは一般的な現象である。アンダーソン（Anderson, 5）は，就学前の年齢の子どもたちが攻撃的接近には攻撃で，友好的接近には友好的態度で，反応するということを見出した。リピット（Lippitt, 83）の民主的および独裁的雰囲気に関する研究は，指導者に対して子どもたちが同様に順応することを見出した。フレンチ（French, 41）は，カレッジの新入生を用いて実験し，彼らが集団の雰囲気に対して順応することを見出した。母親の緊張が年少の子どもの情緒的状態に影響しやすいという。事例研究から得られた指標は多い。人生の最初の2，3カ月間でさえ，このような事実が生起するという指標がある。膀胱のコントロールを学習している子どもたちが，水の流れる音を聞かされると，再びベッドを濡らし始めることがあるという事実が，一般に観察されている。"その意志に反して"子どもに何かをさせるために，現在の領域に対する順応作用が往々にして使用される。授乳の位置で乳房に子どもの頭を押しつけておくことによっていやがるときでも，生後2，3週の子どもに，乳房で乳を飲むように仕向けることができる。ウェアリング（Waring），ドワイヤー（Dewyer）およびジャンキン（Junkin）（126）は，子どもと成人の両者がある特定の食物の好みを異にするとき，それぞれの目的のために通常次のようなやり方をする次第を記述している。子どもは食事事態を去ることによって（例えば便所に行くことによって），または心理学的に成人を食事事態から去らせることによって（例えば，食事の話題から外れた会話を始めることによって），成人の圧力を避けようとする。他方で成人は往々にして2つの強制法のうち一方を使用する。成人は食事事態のポテンシィを低め（後の部を参照），食事から"子どもの注意を転じさせること"によって（すなわち子どもを心理学的に異なった領域に入らせることによって），子どもの抵抗を低め，そして食物をこっそりすすめる。あるいは自身の圧力を含む食事事態のポテンシィを高め，このようにして子どもに食べさせる。あとの場合には成人は縷々，"一歩一歩の方法"（step-by-step method）すなわち子どもをテーブルにすわらせ，食物をテーブルに載せる等々

のことを使用する。

フランク (J. D. Frank, 37) は，カレッジの学生に関する実験において，一歩一歩の方法が，ただの一歩でことを運ばせる企てよりも，人を食べるように仕向ける際に，いっそう有効であるということを見出した。次の歩みを進める際に，抵抗をあまり感じないような事態が漸次受容されていくために，一歩一歩の方法は有効であると考えられる。同様な方法が往々にして，家庭的な方針や国際的な政策において使用される。ある事態に押しやられないように反抗しようとする人々は，**既定の事実** (fait accompli) を受容していくであろう。

c. 集団所属性：たいていの社会的目標は，一定の集団に所属しようとするか否かの願望として特徴づけられる。この集団は友人の集団であることもあり，運動の団体であることもあり，比較的大きな集団内の気に入った下位集団であることもある。親密な母と子の間柄というような，ただ2人からなる集団であることもある。集団に所属するかしないかは，このような集団内に位置をもつか，外に位置をもつかということと等価である。このような位置は個人の権利と義務とを決定し，個人のイデオロギーにとっては特に重要である。

ある集団に所属しようとする感情は，少数者グループに属する子どもたちにとって安定感を求める決定的な要因である (27, 80)。ある集団に入ろうとする傾向，およびある特定の子どもをその集団に保有し，または別の子どもをその集団から除外しようとする傾向は，幼稚園児においても大きな役割を演じている (85, 95)。このような傾向は，子どもたちの徒党においても重要である (113)。犯罪者に所属していることを受け入れるのを好まない感化院の少年たちは，彼らの親友の名を訊ねられても感化院外の仲好しの名をいう傾向がある (73)。

リピット (83) は集団所属の感情（例えば"私"の代わりに，"われわれ"という言葉を使用することによって表現されるような）は，独裁的クラブよりも民主的クラブにおいて強いことを見出した。独裁的事態では（図40），2つの明白な社会的層が存在し，高次のものは指導者 (L) を包含し，低次のものは子ども (C) を包含している（このような層の間の社会的距離は，図40aで太い黒環によって示されている）。民主主義では，身分の差異は比較的顕著でない（点線）。独裁的結構には，各メンバーと指導者とを包含している別個の明白な下位集団が存在する。したがって，もしも指導者が退去すると，仲間の強い結合は何ら存在しな

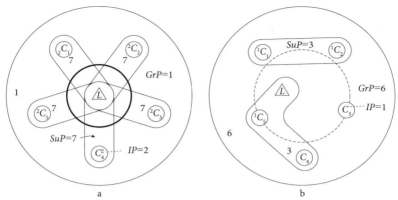

図40 (a) 独裁的および (b) 民主的結構における全体としての集団の下位集団化とポテンシィ[3]

くなる。民主主義では下位集団は可変的であり，硬度が低い。独裁的結構では，個人の目標のポテンシィ（IP）と下位集団のポテンシィ（SuP）が比較的高いけれども，それ以上に民主主義では集団全体のポテンシィ（GrP）が比較的高い。

　独裁的と民主的事態との間にこのような差異があることは，独裁主義における子どもたちは指導者に従属的であるけれども，彼らの仲間には攻撃的であるという傾向の理由を構成している。ライト（M. E. Wright, 134）によれば，ある特定のフラストレーション事態は，成人（この場合には実験者）と対立的だと子どもたちが考えるような集団構造を備えていることが一部の理由となって，このような事態では 2 人の子どもたちの間の友誼関係（集団内結合）が強められるという事態が見出された。

　バヴェラス（Bavelas, 11）は，成人の指導者が独裁的指導技術から民主的なものへと再訓練（retrain）されたあとで，1 日のキャンプにおける子どもたちの間の協調の程度が増大するということを見出した。

　領域の内にあるかその外にあるかという相違は，社会的集団の場合のみならず，すべての目標追求活動およびフラストレーションの問題の場合に基礎になる要因である。ある特定の目標を求めることは，その外側に人が定置されているような一領域に入っていく傾向に等しい。心理学的な力を論ずる場合に，この問題を取り上げよう。

3. 認知構造における変化

生活空間の構造というのは，その部分の位置的関係のことである。その構造は，生活空間のトポロジーによって表現されるであろう。人の移動すなわち一方の領域から他方の領域への位置の変化は，構造における変化の1つの類型と見られる。別の例は，"洞察" あるいは学習中に起こる変化である。無限の多様性に富んだ構造上の変化は，大雑把に次のように分類されるであろう。すなわち①領域の分化における増大すなわち下位領域の数の増大，②孤立した諸領域が1つの分化した領域に結合すること，③分化の低下すなわち領域内の下位領域の数の減少，④全体の解体すなわち以前に連結されていた一領域の下位部分が，比較的独立の領域に分離すること。⑤再構造化，すなわち分化の増大や低下ではなくして，型（pattern）が変化することである。

a. 廻り路 (detour problems) 問題と洞察：生活空間のある特定領域の再構造化は，廻り路問題の解決によって容易に観察することができる。その基礎的な問題は，簡単な例で証明できる。目標 G（図 41）は U 字型の物理的障壁 B の背後にある。1歳の精神年齢をもつ子ども C が（これは暦年齢の若い子どもであることもあり，比較的年長の精神遅滞児であることもある），通路 $w_{A,G}$ に沿い障壁に向かう動作によって，目標に到達しようとしている[4]。同じ事態のもとで，5歳の子どもは何らの困難を感じないで，通路 $w'_{A,G}$ に沿う廻り路（roundabout route）の仕方によって，目標に到達するであろう（図42）。比較的年少の子どもの遭遇する困難というのは，いったい何であろうか。子どもはいずれも，彼らの現在事態 A から，目標 G に向かって移動しようとする傾向をもっている（後で説明するように，A から G に向かう方向において，子どもに作用する心理学的な力 $f_{A,G}$ が存在するということができる）。

"G に向かう方向" が2人の子どもにとっていったい何を意味するかを考えるならば，われわれは2人の子どものもつ困難度の差異を理解することができる。年少の子どもにとって，A から G に至る方向 $d_{A,G}$ は，障壁 B に向かう方向に等しい（$d_{A,G} = d_{A,B}$）。通路 $w_{A,D}$ に沿って A から D に至る運動は，この子どもに対しては，G から遠ざかるという意味をもつ。換言すれば，D に向かう方向 $d_{A,D}$ は，G に向かう方向 $d_{A,G}$ と反対である（$d_{A,D} = d_{\overline{A,G}}$）[訳注1]。比較的年長の子どもに対しては（図42），D に向かう方向 $d_{A,D}$ は，G に至る方向に反対の性格をもっているのではなくして，それに等しいという性格をもっている

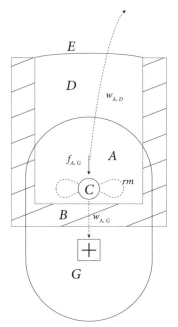 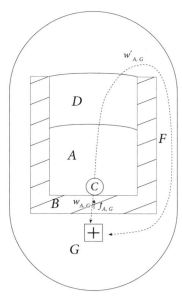

図41 年少の子どもに見られる簡単な廻り路問題

図42 比較的年長の子どもに見られるような，図41に表現されたものと同じ廻り路問題

($d_{A,D} = d_{A,G}$)。なぜならばAからDに至る段階はこの子どもにとっては，Gに向かう廻り道$w'_{A,G}$の一部と見られる。Gに向かう方向$d_{A,G}$の意味上の差異は，主として次の2つの事実による。

(1) 比較的年少の子どもにとっては，比較的年長の子どもに対するよりも直接の事態の拡がりが少ない（このことは年少の子どもの生活空間が，年長の子どもの生活空間よりも多くの面において小さいという事実の1つの結果にすぎない)。それはA，BおよびGという領域のみを包含する（図41)。年長の子どもにとっては例えば領域DおよびFを含めて比較的広い領域が，心理学的に現存している。現在事態のスコープにこのような差異の存在する結果として，比較的年少の子どもは，領域AおよびGを通過不能の障壁Bによって分離されたものとして見る。比較的年長の子どもにとっては領域AおよびGは，通過可能な領域DおよびFによって連結されている。

第10章　全体事態の関数としての行動と発達

心理学的な生活空間における方向は，全体として，特定の通路によって規定される。年長の子どもはAからDに至る段階を，Gに向かう通路A, D, F, Gの一部として見る。年少の子どもは段階A, Dを，通路A, Eの一部としてすなわちGから遠ざかるものと見なす。年少の子どもと比較的年長の子どもとに対する事態の認知構造の差異は，したがってGに向かう方向の異なる意味を招来し，そこで両方の子どもがGに到達しようとする同一傾向から異なった移動が結果として生まれる。

　(2) 年少の子どもにとっては通路 $w'_{A,G}$ は心理学的にまったく存在しない。比較的年長の子どもに対しては，Gに向かう2つの通路が心理学的に存在する。すなわち廻り道 $w'_{A,G}$ および阻止された"直接の"通路 $w_{A,G}$ である。Gに向かう"直接の"方向はこの場合に，Gに向かって見る (look) 方向として解釈することができる。"直接性"の少ない方向が，Gに向かって歩む (walk) 方向である。年少の子どもにとっては，"Gに向かう方向"がこのような2つの方向に未だ分化していなかった（このことは，比較的年少の子どもの生活空間が，比較的分化の程度の少ないことの例である）。

　同じ事態におかれた2歳児が，最初比較的年少の子どものものに対応する認知構造をもつことがある（図41）。いくつかの試みの後に事態の構造は，比較的年長の子どものものに変化するかもしれない（図42）。このような変化は屢々急激な推移 (shift) として起こる。これは**洞察** (insight) と呼ばれるものの例である (75)。

　洞察は常に，事態の認知構造における変化と見なすことができる。それは屢々連結された領域を分離し，分離された領域を連結するという意味で，分化と再構造化とを包含する。例えば，垣の背後にある目標に達するために (75)，棒切れとして木の枝を使用するには，比較的大きな木の単位内における一部としてでなしに，比較的分離した単位として枝を見ることが必要である。さらにこの枝を，垣の背後の目標と連結することが必要である。

　廻り路問題における洞察の理論から，洞察を容易にする要因に関して，ある特定の結論が導き出される。情緒的状態を現出するということは，心理学的に存在する領域を屢々狭くするに至る。したがって解決を見出すためには強い情緒性の状態は有害である。比較的大きな事態の概観ができるように十分な距離をとっておれば，知的問題の解決に助けとなる。カトナ (Katona, 69) は認知

構造の変化および新しい解決を見出すための能力に対しての種々の結構の効果について論じている。

ここで論ぜられた認知構造における変化の原理は，物理学的問題についてと同様に，数学的および社会的問題にも適用することができる。

　b. 学習と定位（orientation）：ほうれん草が好きになるように学習することや，歩行を学習することや，フランス語の単語を学習することすなわち目標または欲求の変化，姿勢の変化や筋肉の調整および知識における変化の問題のような，種々の過程についての親しみ深い言葉が学習である。したがって，学習の1つの理論は可能ではない。目標における変化の問題は，後になって論ぜられるであろう。洞察は，認知構造の変化という意味における学習の例である。このような意味の学習は，体制化の程度の変化と結びついて，われわれが以前に述べたいくつかの類型の構造の変化を包含しているのが常である。

　分化の増す方向における変化は，例えば子どもが新しい環境に位置を占めた場合に生起する。未知の環境にあることは，現在の領域の特質や下位部分も，直接隣接する領域も決定されていないという二重の意味において，構造化されていない領域にあることと等しい。定位とは構造化されない領域が構造化することを意味する。このような方法で，生活空間内の方向は決定されるに至る。定位とは，年少の子どもの生活空間の発達に比較的小規模ながら有意味の対応関係を示す過程である。

　構造化されない領域は，普通通過不可能な障害と同じ効果をもつ。構造化されない環境におれば，行動は不確実になる。なぜなら，ある動作が目標に到達することになるか目標から遠ざかることになるか，不明瞭であるからだ。隣接領域が，危険であるか好都合であるかが未決定である。反抗に好都合な比較的よくわかった状況だと子どもたちは後ほど感得するようになるが，そのような状態でよりも幼稚園に入った最初の日の食事中には，成人の忠告に比較的従順になりやすいということを，ウェアリング，ドワイヤーおよびジャンキン（126）は見出した。

　このところを結論して，反復と学習との間の関係について一言つけ加えるにとどめておく。ある活動を反復すれば，以前に未分化であった生活空間の領域が分化するに至るであろう。このことは縷々運動学習の場合に見られる。しかしながら反復を十分長く継続すれば，原始化や退化（degeneration）の効果に類

似した比較的大単位の動作の解体，分化の減退，未学習の状態および体制の崩壊のような反対効果をもたらすことがある。このような過程は，心理学的飽和や過飽和において典型的に見られる。

4. 力と力の場 (force field)

A. 力と行動価：生活空間の構造は，いかなる移動が一定時に可能であるかを決定する。いかなる変化が現実に生起するかは，心理学的な力の布置に依存する。**力** (force) という構成概念は，生活空間の一定点における，変化への傾向の方向と強さとを特徴づけるものである。この構成概念は，このような傾向の"原因"(cause) に関する付加的な仮定ではない。一定時における同一点に作用する多数の力の結合は，**合力** (resultant force) と呼ばれる。力と行動との間の関係は，こうして次のような仕方で約言することができる。すなわち合力（ゼロにあらざる）が存在する場合にはいつでも，その力の方向における移動か，あるいはこのような移動に等しい認知構造の変化が存在する。逆の場合もまたあてはまることであって，移動や構造の変化が存在する場合にはいつでも，合力はその方向に存在する[5]。

心理学的な力は，生活空間の少なくとも2つの領域間の関係に対応する。簡単な例は，目標 G に向かう方向において，子ども C に働く力 $f_{A,G}$ である（図43）。このような力は子ども C の状態に依存し，特に彼の欲求の状態および領域 G の性質に依存する。もし（活動，社会的位置，対象あるいはその他の可能な目標を表現するところの）領域 G がその人に魅力のあるものであれば，それはプラスの行動価をもつとしえよう。

このような行動価は，プラスの求心的場の構造をもつ力の場に対応する（図43）。もし他の行動価は何も存在しなければ，領域 A, B, D, E……に定位された人は，G に向かう方向に移動しようとするのが常である。換言すれば行動価 G は力 $f_{A,G}$, $f_{B,G}$, $f_{D,G}$ 等に対応する。行動の観察によって，意識的目標の決定のみならずして，フロイトの用語である"無意識の目標"の決定もできるのである。

マイナスの求心的場に対応するところの G のマイナスの行動価というのは，人が拒絶された場合である（図44）。そしてこの場は G から遠ざかる力 $f_{A,-G}$, $f_{B,-G}$, $f_{D,-G}$ 等から構成されている。

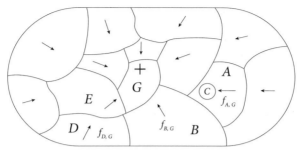

図43 プラスの行動価に対応するプラスの求心的力の場

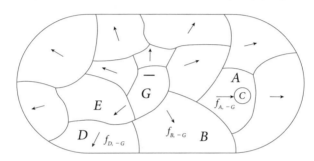

図44 マイナスの行動価に対応するマイナスの求心的力の場

　力の効果は嬰児期のはじめから観察される。お乳を飲むとき，乳房に向かってのまたは乳房から遠ざかる運動は，誕生後最初の週に記録される。対象に向かって見ること――凝視（fixation）は指向動作の一例であり，のちには把握動作が見られるが，さらに高次の指向動作は，生活空間がそれに対応していっそう高度に分化することを前提とする。年少の子どもにおいては，子どものあらゆる部分に力の直接影響することが後年よりも多いように思われる。例えば6カ月児はおもちゃを求めてそれに完全に到達しようとするとき，この方向に両方の腕や脚を動かそうとする。この子どもは口をあけ，目標に向かって頭をかがめようとする。いっそう分化した比較的年長の子どもは，からだの一部のみをもってさらに"統制された"仕方で反応するようになる。

　力の強さと，行動価の距離：われわれはあとで，いかなる力が行動価の変化を決定するかということを論ずるであろう。一定の行動価または行動価の分布が，いかなる効果を行動に対して及ぼすかということを，最初に問題にしてみ

第10章　全体事態の関数としての行動と発達　　255

よう。

　行動価に向かうないしはそれから遠ざかる力の強さは，行動価の強さおよび人と行動価との間の心理学的距離 ($e_{A,G}$) に左右される ($f_{A,G} = F(Va(G), e_{A,G})$)。

　ファヤンス (Fajans, 34) は，種々の物理的距離 (8ないし100cm) から，目標に到達しようとする子ども (年齢1歳から6歳まで) の首尾一貫した持久力 (persistence) は，距離の減少と共に増大することを見出した。距離が増すに伴って，力が低下するか，それとも障壁は打ち勝ち難いものであるということを子どもが比較的早く知るか，いずれかであることを叙上のことは意味する。もしも第1の要因が優勢であれば，情緒的緊張は距離に応じ低下する。ファヤンスは，このことが幼児の場合にのみあてはまることを見出した。比較的年長の子どもについては，第2の要因が優勢であるように考えられる。というのはこのような子どもは，障害を物理的な距離としてよりもむしろ実験者の意志に依存するものと見なすからであろう。

　ねずみに関するある実験では，目標に向かっての走行の速度が，距離の減少と共に増大することが見出された (60)。ライト (H. F. Wright, 133) によれば，幼稚園児が自分自身の方に目標 (大理石) を引っ張る実験では，このような速度勾配の矛盾なく表れる指標は見出されなかった。力の強さと身体の移動との間の関係が心理学ではどちらかといえば複雑であり，物理的および心理学的距離は異なった事態ではまったく異なった仕方で関係づけられることがある，ということを叙上のことは指示している。

　特殊な例として，人が目標間近に到達している事態を述べよう。動物でも (60) 子どもでも (133)，目標到達の完成される前，最後の実験期間で，顕著な速力弛緩が観察された。もし力が物理的距離に簡単に関係づけられるとすれば，この地点における速度の急激な低下は見られないであろう。個体が目標領域の内部に入ったあとでは，力 $f_{A,G}$ が目標領域"に向かう"方向をもはやもたないことは明らかで力 $f_{G,G}$ に変化し，この力は目標領域外に押し出されることに抵抗する傾向として，解釈されねばならないであろう (詳細は79を参照のこと)。目標領域の内にあるということは，目標の解消や目標と身体的に接触することと等価ではなくして，自身の支配力で目標を把握すること，目標を確保することと等価であることが多い。目標寸前の最後の実験期間における速力弛緩は叙上のことに起因するであろう。このことはまた，目標占有後に"関心の低下"

することを説明するものであり，次例はその例証となるであろう。生後9カ月の子どもは，その前にある2つのがらがらまで手を伸ばす。その子どもが一方を手に入れると，それでもって遊び始めないで，まだ入手されていないがらがらにのみ興味を寄せる。

マイナスの行動価をもったものからの距離と共に力の強さの低下する例は，ある食事事態において見出される (79, p. 117)。ほうれん草を好まない子どもの場合には，食事動作は一系列の比較的分離した段階からなっている。それはテーブルに手を置くこととか，スプーンをとることとか，食物をスプーンに載せることなどである。不快な食物を食べることから遠ざかろうとする力の強さ，したがって次の段階を踏むことに対する抵抗は，実際に食べる段階が近づくと共に増大する。子どもが咀嚼し始めたあとでは，この咀嚼についての事態の構造は根本的に変化する。抵抗する代わりに子どもは，咀嚼を終えようとする。これは人に作用する力の方向や強さが，人の定位されている領域に依存するということの例である。

行動価をもったものに至る距離の関係によって力の強さが変化するということは，プラスの行動価に対するのとマイナスの行動価に対するのとでは，異なっている。後者ではずっと早く減退するのが常である。低下の量もまた，プラスかマイナスの行動価をもつ領域の性質に左右される。例えば往行しうる危険な動物の場合と，不動にしてかつ不快な対象の場合における量とは異なっている。

力の強さに対する時間的距離の効果は，ある点で物理的な距離の効果と平行であると考えられる。カッツ (E. Katz, 71) は幼稚園児に関する実験において，仕事の完了に接近して中断が行われるにつれ，中断作業の再開頻数は増大するけれども，仕事の終わりに非常に近い中断ではそれが低下するということを見出した。他の囚人と同じように収容所の青年は，その釈放の時期直前に脱走を企てる。往々にして彼らは反抗的となる (35)。それは彼らの情緒的緊張が目標の時間的接近によって高められるからである。

B. 力の類型，推進力と規整力：プラスの行動価に向かっての，またはマイナスの行動価から遠ざかる力は，推進力と呼ばれる。推進力は移動を招来する。この移動は，物理的および社会的障害によって妨害されることがある。このような障害は**規整力** (restraining forces) に対応する (79)。規整力はそれ自体移動

を招来しないで，推進力の効果に影響する。

推進力と同じく規整力は，生活空間の2つの領域の間の関係の所為であり，すなわち障壁領域の性質と個人の"能力"との間の関係によるものである。したがって同一の社会的および物理的障害が別個の人にとっては違った規整力に対応することになる。

被誘発的力，自身の欲求に対応する力および非人格的な (impersonal) 力：力は人の欲求に対応する。例えば子どもが映画に行こうとし，あるいはある食物を食べようとする。子どもに作用する多くの心理学的な力は，彼自身の願望に対応するのではなくして，他の人例えば母親の願望に対応する。子どもの生活空間におけるこのような力は，**被誘発的力** (induced forces) と呼ばれる。しかもこれに対応するプラスまたはマイナスの行動価は，"被誘発的行動価"と呼ばれる（母親 M によって誘発されかつ目標 G に至る方向において子どもに作用する力は，$^{M}_{i}f_{C,G}$ と書かれる）。

子ども自身の願望にも他の人の願望にも対応するのではなくして，子どもにとって"非人格的"なあるもの，実際的要求 (demand) の性格をもっている力がある。われわれはこれを**非人格的な力** (impersonal forces) と呼ぶ。非人格的需要かそれとも他の個人の人格的意志か，いずれが優勢であるかということは，子どもの反応に対しても事態の雰囲気に対しても非常に大切である。

作用点：力は生活空間の部分に作用する。力の作用点が，人自体に対応する生活空間の領域であることが往々にして存在する。しかしながら子どもは，"人形が寝たがっている"とか"他の子どもがある特定のおもちゃを欲しがっている"ということを経験するであろう。このような場合に力の作用点は，子どもの生活空間におけるその人自体以外の領域である。このような場合はよくあることであり，例えば利他主義の問題においてそれが重要な役割を演じている。

C. 葛藤事態，葛藤の定義：葛藤事態とは，人に作用する力が，方向においては反対で強さではほとんど等しい事態と定義される。推進力について，3つのケースが考えられる。2つのプラスの行動価，2つのマイナスの行動価の間に人が定位されることがあり，あるいはプラスおよびマイナスの行動価が同じ方向にあるかもしれない。次に推進力と規整力との間の葛藤がある。最後に自身の諸力と，被誘発的力や非人格的力の種々の結合との間の葛藤がある。葛藤

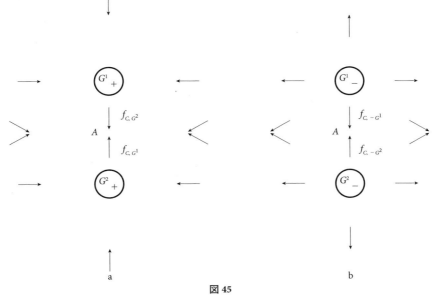

図 45
(a) 2つのプラスの行動価に対応する力の場
(b) 2つのマイナスの行動価に対応する力の場

の効果と発展とは，このような布置の差異に応じて変わるが，一方すべての葛藤が共通に一定の特性をもっている。

推進力の間の葛藤：通常**選択**（choice）と呼ばれているものは，相互に排他的な2つのプラスおよびマイナスの行動価の間に，人が定位されるということを意味する。子どもは例えば，ピクニックに行くこと（G^1，図45a）とその仲間と遊ぶこと（G^2）との間の選択をしなければならない（物理的方向と距離が，生活空間の関係枠として使用可能なほどに重要な心理学的意味をもつ事態を，図45およびあとの図のあるものは表現している。このようなケースは，準物理的な場と呼ぶことができよう）。2つのマイナスの行動価の間に子どもの介在する例は，子どもがきらいな仕事（G^2）をしないときに，罰（G^1）によって脅迫される事態である（図45b）。図45aおよびbは，これらの場合に対応する力の場を表現している。もし子どもがAに定位され，行動価の強さが等しければ，強さにおいて等しいけれども方向において反対の力がその子どもに作用するであろう。最初の例

第10章　全体事態の関数としての行動と発達　259

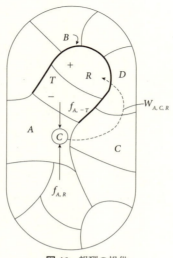

図46 報酬の提供

では,相反する力 f_{A,G^1} および f_{A,G^2} がピクニックおよび遊戯に向かって方向づけられている。第2の例では,相反する力 f_{A,G^1} および f_{A,G^2} が仕事および罰から遠ざかるように方向づけられている。

このような力の場から,行動のある相違が導出される。2つのマイナスの行動価の場合には,"場を去る"方向に合力が存在する。もし2つのマイナスの行動価が非常に大きければ,子どもは家から飛び出し,あるいは争いを避けようとする。罰の脅威を効果的にしようとすれば,このような逃避を禁ずる場面配置を創り出さねばならない (77)。すなわち仕事 T または罰 P に当面する以外の仕方で事態を去ることを,障壁 B が禁じているような牢獄様の事態を創り出さねばならない。もしも2つのプラスの行動価の間に選択の余地があるとすれば,場を去る方向には何らの力も存在しない。事実子どもはできれば両方の目的に到達しようとするであろう。

マイナスとプラスの行動価の出現のために葛藤する例は,不快な仕事をする際の報酬の約束である (図46)。この場合葛藤は,報酬 R に向かう力 $f_{A,R}$ および不快な行動 T から遠ざかる力 $f_{A,-T}$ の対立によって招来される。その事態の構造は,廻り路問題の特性に類似している。事実上,子どもは不快な活動を通

過しないで，廻り路 $w_{A,C,R}$ を通って報酬 R に達しようとすることが多い。T によってのみ R へ入っていけるように，通過不可能な障壁 B で R に至る他の通路がすべて阻止された場合にのみ，報酬は効果的である。このような場合の障壁は罰の脅迫の場合におけるように，本質的には社会的なものであるのが常である。成人がある動作を社会的な力によって妨害することを子どもは知っている。

　子どもに不快な活動 T をさせる方法と，T それ自体のマイナスの行動価をプラスの方に変化しようとする方法との間の1つの違いは，報酬のまわりに障壁を設定することが必要であるか否かによって示されている。活動 T（例えば嫌いな計算）を，異なった結構（例えばお店ごっこ）にはめ込むことによって，T における"興味の変化"が招来される。したがって子どもに対する T の意味すなわち行動価は，変化させられる。このような方法は障壁の形成を不必要にし，新しく作られたプラスの求心的場の結果として，以前に嫌われた活動に向かって，子どもの自発的な動作を確立することになる。

　プラスとマイナスの行動価の間の葛藤の別の例は，3歳の子どもが岸辺の波から，おもちゃの白鳥をつかもうとしている結構によって観察される。白鳥のプラスの行動価に対応する力に従えば，子どもは白鳥に接近するであろう。しかしながらもし子どもが波に接近しすぎるとすれば，波から遠ざかろうとする力は白鳥に向かう力よりも大きくなるであろう。この場合には，子どもは逃避するであろう。波のマイナスの行動価に対応する力は，距離が増すに伴いむしろ急速に低下する。なぜならば，波の効果の範囲は制限されているからである（図47）。白鳥のプラスの行動価に対応する力は，距離に応じはるかに徐々に減少する。したがって，これらの力が等しい E という点では，相反する力の間に均衡が存在する（$f_{E,S} = f_{E,-w}$）。これらの力の1つが，事態の変化または決断の結果として優勢になるまで，子どもたちはこのような均衡点の周囲で動揺しているのを観察することができる。

　推進力と規整力との間の葛藤：障壁 B によって目標 G に到達できないように子どもを妨害する場合に，葛藤の最も普通の型が生起する。ここで2つの基礎的なケースが区別される。①子どもが，その外側に目標をもった障壁によって囲まれる。②目標が，その外側に子どもをもった障壁によって囲まれる。最初のケースは，子どもに小さな自由運動空間を与える牢獄様の事態である。第

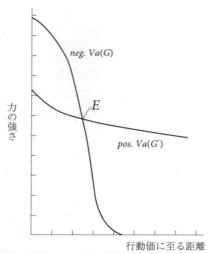

図47 プラスおよびマイナスの行動価に至る距離と共に，力の強さが変化することを図式的に表現するもの，E はプラスとマイナスの行動価に対応する力の，均衡点である。

2の場合には，子どもは領域 G に関するほかは自由である。このような場合のおのおのにおいて特殊な反応が見られる (77)。ここで，第2の場合に特有な一系列の行動をきわめて詳細に論じてみよう。

　はじめに，構造上の一定量の変化が生起するのが常である。子どもは通過可能と思われる障壁内に部分 s を見出す目的で，障害の性質を調べようとする。認知構造はこのようにして変化するが，それは廻り路問題において観察されるものに類似している。成人の援助を得れば障害が克服されるような事態に，子どもが存在するというのがきわめて一般的な場合である。このような事態で，障壁は少なくとも2つの地域よりなり，一方は物理的障害 ph に対応し（図48），他方は社会的障害 sl に対応する。既述のファヤンスの実験では，すべての子どもがはじめ障壁を物理的障害だと（きわめて大きな物理的距離として）考えるというのが実際であった。2歳以上の子どもの場合には幾時間か後に事態の社会的な側面が明白となり，目標に向かって社会的に接近するに至った（子どもたちは成人に援助を求めた）。

　障壁を横切ろうとする試みを数多く重ねてうまくいかなかったあとで，子どもに対して障壁はマイナスの行動価を獲得する。この変化は，図49に表現さ

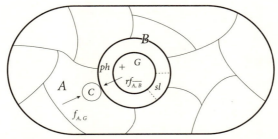

図 48 目標に対する物理的および社会的障害をもったケースの,推進力と規整力との間の葛藤。$f_{A,G}$, 推進力;$rf_{\overline{A,B}}$, 規整力;ph, 障壁 B の物理的セクター;sl, 障壁の社会的セクター

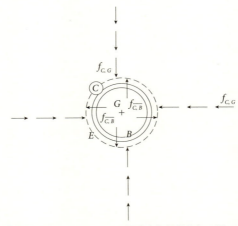

図 49 円環障壁のケースにおける推進力と規整力との間の平衡の線

れた構造から図 50 のものへと,力の場が変化することに等しい。もし障壁が障害物ではあるが,しかしながらマイナスの行動価をもっていないとすれば,それに対応する力の場は障壁を越えてあまり遠隔に及ばない(図 49)。規整力 $rf_{\overline{C,B}}$ は人を B からあまり遠ざけないで,力 $f_{C,B}$ の方向における移動を妨害するだけである。したがって推進力と規整力との間にある平衡線 E は,障壁領域に接近している。

　もし失敗後に障壁がマイナスの行動価を獲得するならば,それに対応するマイナスの求心的力の場は,比較的遠隔に拡がるであろう(図 50)。そこで目標に向かう力 $f_{C,G}$ と,障壁から遠ざかる力 $f_{C,-B}$ との間の平衡線 E は,比較的遠

第 10 章　全体事態の関数としての行動と発達　　263

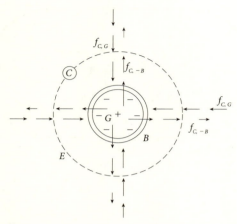

図50 障壁（図49と同じ）が，マイナスの行動価を獲得したあとの，平衡の線

距離に定位される。

　失敗が重ねられるにつれて，マイナスの行動価は増大する傾向がある。そのために平衡線と障壁との間の隔たりは，子どもが場からまったく後退してしまうまで拡大していく。

　ファヤンス（34）は，このような事態における事象の形式と系列について，詳細な報告をしている。子どもは，最初ただ一時的にのみ場から後退するのが常である。しかしながらしばらくの後には，目標に向かう力が障壁から遠ざかる力よりも大きくなり，子どもは再び戻ってくる。もし新しい試みがなお不成功であるとするならば，子どもが後退するに至るまでマイナスの行動価は再度増大する。こうした後の試みの方が，平均して持続は僅少である。最後に子どもは，場から永久に後退することになる。子どもはここで放棄するのである。バーカー，デムボーおよびレヴィン（9）は少し違うフラストレーションの結構で，2歳ないし6歳間の子どもたちについて，同様な行動の系列を報告している。

　積極的な子どもは，消極的な子どもよりも平均して持久的である（34）。しかし積極的な子どものあるものは事態を去るのが，特に早いが，それはおそらく障壁が通過不可能であるということを彼らが間もなく決断するからである。このような葛藤において平衡状態に達すると，目標へ向かう積極的な恰好だけ

の動作が見られることがある。子どもは目標の下でその腕を伸ばしてみるが，実際に届こうとする試みは何もやらない。子どもたちはその部屋から身体的に去らないで，場から心理学的に去ることが多い。彼らは別の活動に入ろうとし，白昼夢にふけり，あるいはその着物や身体を自分でいじり始めるかもしれない (6, 34, 116)。

　子どもがマイナスの行動価をもった場から去れないように，障害によって妨害された場合に，推進力と規整力との間の葛藤が起こることがある。例えば子どもがある活動の過飽和に達して，しかもその活動から去ることを妨害されたような場合ないしは何か他の牢獄様の事態に閉じ込められた場合に叙上の事態が出現する。その行動系列は，多くの点において前記のものに類似する。領域 A から遠ざかろうとする力 $f_{A, -A}$ の強さと，障壁のマイナスの行動価の増大との間の関係の結果として，後退しようとすると共に，このような試みを放棄しようとする傾向が併起する。その際往々にして高度の情緒的緊張状態が現出する。

　自身の力と被誘発的力との間の葛藤：上に論ぜられた葛藤事態はいずれも，子ども自身の欲求に対応する2つの力の対立，2つの被誘発的力間の対立，あるいは自身の力と被誘発的力との間の対立の所為である。葛藤事態の多くの効果は，このような差異とは無関係に生ずる。しかしながら自身の力と被誘発的力との間の葛藤においては一定の効果が典型的に見られる。

　子ども C に対し人 P によって誘発された力は，子どもに作用するその人の支配力の場の結果と見なされる。子どもに働く支配力をもっている人は，命令を与えることによりプラスおよびマイナスの行動価を誘導することができる。抑制するような命令によって，子ども自身の能力により通過可能な領域の性格を，通過不可能な障壁に変化することができる。換言すれば "C に対する P の支配力" とは，P の意志に対応する誘導された推進力または規整力 $i^p f_{C, G}$ を，P が作り出しうるという意味である。

　自身の力と被誘発的力との間の葛藤は，叙上のものにつけ加えて，少なくとももう1つの解決を許容するのが常である。すなわち子どもは，少なくとも葛藤の領域においては，他人の支配力を覆そうとする。食事事態における幼稚園児を観察して，自身の力と被誘発的力との間の葛藤は抗争にまで発展する傾向のあることが，ウェアリング，ドワイヤーおよびジャンキン (126) によって

第10章　全体事態の関数としての行動と発達　　265

報告された。デムボー (25) およびフランク (J. D. Frank, 37) は，学生において同様な傾向を観察した。ライト (M. E. Wright, 134) によれば，実験者によって誘発されたフラストレーションの結構において，1組の幼稚園児が実験者に対し攻撃的態度を増大することが見出された。子どもたち自身の間では，比較的大きな協調が見出された。このことは，実験者の力に相対的に彼ら自身の力の増大傾向が存在するためであろうと，一部では解釈される。レヴィン，リピットおよびホワイト (White, 82) によれば独裁的雰囲気では，子ども自身の欲求に対応する力によるよりも，被誘発的力によって支配されることが多く，攻撃的態度に向かう強い傾向が見出された。しかしながら，このような攻撃的態度は，指導者の最高の力に対して向けられるのではなくて，仲間や材料となる対象に向かって転嫁されるのが常である。指導者の規整力があまりにも大きな場合には，このような攻撃も停止する。

D. 情緒的緊張と不安，情緒的緊張と葛藤の強さ：もし相反する2つの力の強さが等しければ，諸力の絶対的強度を離れて，その合力はゼロになるのであろう。したがって弱い諸力の間と強い諸力の間とで，位置における変化に関する限りでは，葛藤に由来する影響に何らの相違も存在しないであろう。ところが事実上人の状態は，弱い葛藤と強い葛藤とではまったく異なっている。そこで主要な相違をもたらす1つの要因は情緒的緊張 (et) の強度であり，それは相反する諸力の強さの関数であるように思われる ($et = F(|f_{A,G}|)$)。既述のように，幼児たちの情緒性は手に入れがたい目標に至る距離が大きい場合よりも小さい場合に，いっそう強烈であるということが見出される。このことが廻り路やその他の知的問題の解決に際し，一定の強度水準までだけは，誘因 (incentives) の増大が有効であるということの理由の1つである。しかしながら目標への力がこのような水準以上に増大することは，必要な再構造化をいっそう困難にする。というのは，一方では人が比較的強い力に抗して移動しなければならないからであり，他方ではその結果として生ずる情緒性が原始化（退行）を招来するからである。バーカー，デムボーおよびレヴィン (9) は，消極的な情緒的行動の頻数は，フラストレーションの強度と共に増大するということを見出した。遊戯の構成度によって測定されるような，退行の量に対しても同様のことが妥当する（図39, p.246）。

不安運動の形式：情緒性の最も簡単な表現の1つは，不安運動すなわち1つ

の目標を指向しているのではなくして,単に緊張の表現であるような運動である。無方向の表現活動のあらゆる結合状態例えば落ちつきのない無目的の行動のようなものが,現に生起する(25)。安定度計測器(stabilimeter)によって測定されるような一般的活動は先の授乳からの時間が長くなるに伴い,幼児では増大することをアーウィン(Irwin, 61)は見出した。このような年齢水準において,無方向の活動の量が,空腹に伴う緊張状態を表すよい尺度であるということを,この事実は示している。

不安運動は,目標に至る力の方向に垂直に行われるのが常であり,さらに一般的にいえば,これはできるだけ平衡の線に一致するように生起する。目標に到達しようとする6カ月児の場合には,その腕と脚の不安運動が,目標方向に垂直に起こる。U字型の障壁の背後では(図41),不安運動は線 rm に沿って障壁に平行して行われる。図49または図50に対応する布置では,不安運動は線 E に随伴して円形となる。1歳半の子どもが,円形の物理的障壁 B の背後にある玩具 G に達しようとしている事態において,このことは確証される。子どもの不安運動は,その障壁の周囲で旋回するという形式をとる(詳細は79参照)。

不安運動は,現在の事態から離脱する傾向として,すなわち力 $f_{A,-A}$ に対応する運動として理解される。

5. 重畳事態

1つ以上の事態に,同時に人が所属していることが多い。最も簡単な例は注意散漫である。教室にいる子どもは先生の言うことを聞いてはいるけれども,放課後のボールゲームについて考えている。子どもに対してどちらの事態が重くかかるか,彼を包む2つの事態 S^1 および S^2 の重さは,相対的なポテンシィ,$Po(S^1)$ および $Po(S^2)$ と呼ばれる。

事態が行動に及ぼす効果は,その事態のポテンシィによって決まる。特に,力が行動に及ぼす効果は関係事態のポテンシィに比例している。

A. 重複活動:バーカー,デムボーおよびレヴィン(9)は,1次的遊戯と区別して2次的遊戯のことを,遊戯に十分の注意が払われない場合であると述べている。2次的遊戯の構成度は必ず1次的遊戯以下である。心理学的飽和についての実験では(68, 76),人は1つの活動を何回も反復していると仮定されるが,周辺的水準における2次的活動として,反復を実行する傾向がある。書字

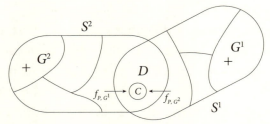

図 51 未決断の状態。S^1 および S^2, 対応目標 G^1 および G^2 に関する 2 つの可能性；D, 決断をなす領域

のような活動は，2 つの活動の重複として考えることができる。すなわち①一定の意味を伝達すること，②文字を書くこと。前者は着実に進展する動作の性質をもち，後者は反復の性質をもつ。飽和に至る速度は，活動の反復の側面に伴う相対的ポテンシィに依存する。したがって手紙を書くことは，書字のずいぶん困難な子どもにおいては，比較的早く飽和を招来するかもしれない。同様にして，成人にとってはきわめて低いポテンシィをもつのが常である歩行その他の活動も，子どもでは間もなく飽和を招来するかもしれない。

B. 決断：選択事態は重畳事態と見なされる。決断 D をなす過程にある人（図 51）は，第 1 と第 2 の可能性（S^1 および S^2）に対応する未来事態に適所を得る間で始終変化するのが常である。換言すれば，種々の可能性のポテンシィが変動する。決断がなされると，このような事態の 1 つは，優勢なポテンシィを永久に獲得する。困難の度を異にする活動における選択では，各種課題のもつ成功や失敗の確率によって，決断は影響される。エスカロナ（Escalona, 33）によれば，このような確率は，対応する未来事態のポテンシィに等しいということが示された。決断の時間はまた，相反する力が強さにおいて等しくなればなるほど増大する (8)。ライト（B. A. Wright, 132）は，利他的または利己的選択の研究において，その選択がすべて利他的であるか，あるいは利己的であるかの 8 歳児の方が，時には 1 つの類型の選択をやり，時には他の類型の選択をするような者よりも，比較的早く決断に達するということを見出した。カートライト（Cartwright, 22）は，図または意味の弁別に関する実験において，反対方向の力が等しければ，決断の時間は最大になることを見出した。最近この理論が，カートライト（Cartwright）とフェスティンガー（Festinger, 23）によって検討され，

量化された。

　決断の時間はまた，決断の重要性（目標の行動価）と共に増大する。ユクナー（Jucknat, 65）は，子どもに関する要求水準の研究において，またバーカー（8）は，幾分快適なあるいは不快な食物間の選択の研究において，選択時間は葛藤の強度に応じ増大することを見出した。2つのプラスの行動価よりも，2つのマイナスの行動価の間の選択においての方が，選択時間は比較的長い（8）。この後者の事実は諸力のいろんな布置において存在する平衡状態の相違から導出される（79）。決断時間は大きな個人的変動を示す。極端な決断の遅延は，ある種の意気消沈の場合に特有なことである（33）。

　C. 直接の事態と背景：事態の背景が行動に及ぼす影響は，直接事態と一般的な事態との重複として，理解される（9）。蹉跌（フラストレーション）の素因は，たとえ遊戯自体が外側から妨害されないとしても，遊戯の構成度を低下させる。退行の量は，蹉跌（フラストレーション）の素因のポテンシィの増大と共に増大する（図39）。

　シェフィールド（Sheffield, 115）およびその他の学者は，学校の学業成績が家庭的背景の変化によって，おおいに変化するケースを報告している。

　D. 個人に対する集団の効果：個人の行動に対する集団所属性の効果は，重畳事態の結果と見られる。一方の事態は，子ども自身の欲求および目標に対応する。他方は，集団の構成員たる子どもに対して存在する目標，規則および価値に対応する。個人が集団に順応するのは，2組の力の間のあまりにも大きな葛藤を避けるためである（79）。

　通例，子どもは家庭，学校，教会，友達のような多数の集団に所属している。家庭内部にあっては，子どもは，自分とその最も親密な同胞を含む下位集団に所属している。種々の集団の効果，特に子どもが一方または他方のイデオロギーと価値によって規制されるか否かは，そのときにおけるこれらの集団の相対的ポテンシィによって決まる。一般あるいは各自の志気（morale）の影響分が，家庭と教会とでは異なるということをシャンク（Schank, 106）は見出した。学童では社会的結構に応じ不正行為の傾向が変化する（55）。

　子ども時代に見られる多くの葛藤は，子どもが所属する種々の集団に対応する力の所為である。このような葛藤は，特に境界位置にある子どもの場合に，すなわち2つの集団間の境界にある子どもの場合に，重要である。もはや子どもの集団に所属しないが，まだ十分に成人から受け入れられていない青年がそ

の一例である。子どもの立っている地盤が不確定であるために，一方の集団の価値と他方の集団の価値との間で交互することになる。さらにまた，情緒的緊張の状態を招来しあるいは過攻撃性と引っ込み思案との間で頻繁に動揺するようになる（第6章参照）。青年がこのような行動を示す程度は，子どもと青年が文化的に分離された集団として取り扱われる程度如何による（13, 102）。

境界性の同様な効果は，他の類型の集団に関しても観察される。感化院の収容者は犯罪人と"正直な市民"との間に，境界的位置を占めている結果，情緒的緊張が高い（73）。一定の集団に所属していることが子どもに受容されれば，情緒的緊張は減弱する。肢体不自由児または他のハンディキャップのある子どもたちに対して，境界性は重要な問題である（10, 29）。少年犯罪に関し，町の境界部分に居住していることが影響をもつことをショウ（Shaw）等（114）が示した。境界性は，黒人やユダヤ人のような少数集団に属する子どもたちの場合に，重要な問題を提起する（40, 80）。その結果は，多くの点において，青年に特有なものと似ている。

場とその変化を決定する要因

前節において，われわれは認知構造の結果および行動に対する諸力の一定布置の結果を論じた。われわれはいまや諸力の布置を決定する要因を論ずるであろう。この第2の問題は，生活空間の一部分または側面が，他の部分または側面にいかに依存するかという問題に等しい。ある事態から結果する行動は，ある程度事態を変化するがゆえに，もちろん両方の問題が相互連関している。ここでは欲求に関係のある諸問題に，議論を制限しておこう。この諸問題は心理学的環境と人を表現する生活空間の領域の状態との間の関係にわたるものである。

1. 欲求，力の場，認知構造

欲求と行動価：欲求は強度においてまた分化の程度において，子どもの発達中にたえず変化しつつある。発達のいわゆるクリシスは，特に重要にしてかつ早急な欲求が変化する時期である。加うるに，飢餓や飽和や過飽和の状態に対応する短期間の欲求の変化がある。

欲求は体制的行動の性格をもつ。われわれは欲求の階層を区別することができる。1つの欲求または若干の欲求の結合により，特殊な意図に等しい誘導された欲求（準欲求）が成立することがある。

　欲求は行動価と密接に関係している。一定の対象または活動（$Va(G)$）が，いかなる行動価をもっているかは，一部はその活動（G）の性質に依存し，一部はそのときにおけるその人の欲求の状態（$t(G)$）に依存する（$Va(G) = F(G, t(G))$）。欲求（例えばレクリエーションに関する欲求）の強度における増大は，一定の活動（例えば映画に行くとか本を読むような）のプラスの行動価の増大，ないしは他の活動（例えば困難な仕事をなすような）のマイナスの行動価の増大を招来する。欲求の変化に関する何らかの叙述は，特定のプラスまたはマイナスの行動価についての叙述によって表現される。

　マイナスかまたはゼロの水準にある活動領域は，特殊な欲求の飢餓の状態に伴うプラスの行動価の増大の結果として，欲求が満足されると，プラスの行動価を獲得する。飢餓の程度が大きければ大きいほど，通常人は比較的まずしい食物で満足する（70）。

　ある活動の行動価は，欲求を満足するためのその充足価（consummatory value）に関係づけられる。しかしながらプラスの行動価をもっているすべての活動が，また払底（consumption）の場合に満足価をもっているのではない。他方行動価をもたない活動またはマイナスの行動価でさえ，満足価をもっていることがある。行動価と満足価とは，したがって明らかに区別されねばならない。行動価と充足価が現に両立することがたびたびあるが，それは驚くべきことである。カッツ（D. Katz, 70）は，その欠乏がひよこにおいて確証されたのであるが，鉱物質を含んだ食物の行動価が増大することを報告した。欠乏が満たされると行動価もまた低下する。同様な結果が子どもの場合に主張された。子どもにとってある活動の有する行動価も意味も，経験を通じて変化することがある。子どもが多くの重要な決定（例えば職業に関して）をなすのは，活動の満足価についての明白な知識に基づくというより，むしろ活動の行動価に基づいてであろう。

　欲求と認知構造：生活空間の認知構造は，欲求の状態によって影響される。常態よりも恐怖の状態において，他人の顔が，子どもたちにいっそう悪意のあるように見えることを，マレイ（Murray, 96）が見出した。一定の意味の

ない絵が，子どもの気分によって見え方を異にするということを，シテルン (Stern) とマクドナルド (MacDonald) (117) が見出した。

欲求が生活空間の構造に関してもっている効果は，**欲求の強度** (intensity of the need) および生活空間の関係領域の流動性に依存する。幻想様の願望が，高度の情緒的事態において実現されることを，デムボー (25) は見出した。もしも視野が十分に流動的であれば，その構造は意図（準欲求）によって相当変化される (51, 77)。非現実水準は現実水準よりもさらに流動的であるがゆえに，したがってそれは願望や恐怖によっていっそう影響されやすい。夢と白昼夢は子どもの欲求を反映するものであるということの原因はこれである。社会的タブーによって"公の生活"から離れて温存されている欲求が，なぜ空想や夢のうちであらわになってくるかの理由も，このことから説明される。

対象と事象の意味は非遊戯事態より**遊戯**事態においての方がいっそう流動的であることを，スリオスベルグ (Sliosberg, 116) が示した。いわゆる遊びの技法 (32, 56) やその他の投映法 (96) は，子どものより深い希望および抑圧された願望を研究するために，遊戯のもつこのような比較的大きな柔軟性 (flexibility) を利用している（しかしながら，遊戯は，往々にして，子どもの願望や恐怖よりも，現実の家庭事態を反映するということを述べておかねばならぬ）。

欲求は，心理学的現在のみならずして，心理学的未来および過去の認知構造に影響する。このことは特に要求水準の場合に重要である。もし心理学的未来に関する欲求の効果が特に大であれば，それはリアリスティックでない人のことである。心理学的過去の構造についての欲求の影響の1つの形式は，**合理化** (rationalization) と呼ばれる。別の形式は，**抑圧** (repression) や**嘘言** (lying) である。人生の初期における子どもの嘘言は，往々にして子どもの欲求と一致して，心理学的な過去が現実に変化するという性質をもつように思われる。

子どもがインクブロットを見る仕方には（ロールシャッハ・テスト），大きな個人差がある (24)。不安定な問題児は正常児よりも，願望や恐怖によって翻弄されがちであるのは，流動性が比較的大きい結果である。

2. 欲求の満足

欲求は，希望の目標または代償目標に達することによって満足される。

A. もとの目標に達することによる満足：ある動作を実行しようとする意図

は，準欲求の成立に等しい（77）。欲求が満足されない限り，目標領域の行動価に対応する力が存在し，目標の方向に向かう動作を招来する（第1章参照）。

オフシャンキナ（Ovsiankina, 97）は中断活動の再開始を研究した。彼女は，人の内的目標が到達されていない場合には，仕事を再開しようという高度の傾向（約80%）があるということを見出した。いくつかのケースで，再開後代償的満足が達せられるや否や，停止した人がある。

再開頻度は仕事の性質に依存し（それは，連続的な仕事の場合よりも一定の終末をもった仕事の場合に高い），しかも被験者の態度（欲求）に依存する。9歳と11歳の間の子どもは，成人と同様な再開のパーセンテージ（86%）を示した。実験の被験者を務めるという態度をもち，義務を果たそうという厳正にして従順な態度をもつ子どもたちは，関与（involvement）の欠如のために本気で打ち込んでいないから，再開をほとんど示さなかった。彼らは主として，被誘発的力によって支配された。カッツ（E. Katz, 71）は，幼稚園児における中断活動の再開の研究において，オフシャンキナと同様の再開頻度を，事実上見出した（88%）。知能の差異は，正常の範囲内では再開に有意義な影響を与えるものではない。

未完成作業が見えないところにある場合でも，再開始の傾向は減少しなかった（97）。他方で他人の未完成作業が出現しても，それは成人（97）あるいは子ども（2）を自発的完了に向けない（ないしはごくまれに自発的完了に至らせる）。この2つの結果は，子どもの欲求の状態が再開始に対して決定的なものであるということを示している。もし子どもが仕事をしている他の者を見守っていて，十分にその仕事に巻き込まれるならば，こうした欲求は煽動されたかもしれない（ローゼンツワイグ〔Rosenzweig, 103〕の種々の年齢の子どもに関する結果は，カッツ〔E. Katz〕やアドラー〔Adler〕やクーニン〔Kounin〕のものとは多少異なっている。このような差異は，おそらくその事態に特有な要因のためであろう）。

欲求に対応するところの目標の方向における諸力は，動作においても思考においても観察される。ゼイガルニーク（Zeigarnik, 135）は再生傾向についての準欲求の効果を研究した。やりかけのままにした仕事の，完了した仕事に対する想起率は，5歳ないし10歳の年齢間の子どもは2.5，成人の結果は1.9であるということを彼女は見出した。この指数は再開始の頻数のように，被験者の関与の程度に依存する。子どもと成人との間に差異が見られるのは，おそらく

特殊な類型の活動において，子どもは成人よりも，その仕事に熱意をもって没入し，子どもの関与が比較的大きいことおよび子どもの思考が比較的大きく行動価に直接依存するためであろう。ある種の知的欠陥児が，特に未完了の仕事に復帰しようとする傾向に執着的であることを，ゼイガルニークは見出した。一方気の散りやすい子どもたちは低い指数を示している。

マロウ（Marrow, 89）は，ゼイガルニーク指数に関して，競争事態において賞罰を課した効果を研究した。両方の場合に指数が上昇することを彼は見出した。このことは，自発的想起の方向における力の強さが，欲求の強度の関数であるということを指示する。被験者はその活動を十分に完成しうることを実験者が看取した直後，中断するように被験者に告知すると，その指数はほんのわずか1以下である。欲求の緊張が解放される決定的要因は，仕事自体の終了よりもむしろ個体の目標達成であるということを，マロウとゼイガルニークとの所見が示している。シュロート（Schlote, 107），サンドボス（Sandvoss, 105），およびパチャウリ（Pachauri, 98）による実験は，一般にゼイガルニークの所見を立証するものである。

中断によって失敗の感情が醸成されるような条件下で，ローゼンツワイグ（103）は，ゼイガルニーク指数を研究した。ある子どもたちは，未完了の仕事を比較的多く想起し，あるものは，完了した仕事を比較的多く想起した。あとの子どもたちは自尊心（pride）について比較的高い平均の評価を示すものであった。

ローゼンツワイグの仕組みでは，欲求の緊張が起因となっているところの仕事の再生方向における力は，失敗のマイナスの行動価が起因となっているところの仕事から遠ざかる力によって妨害される。自尊心に高い評価を示す子どもたちにとっては，このようなマイナスの行動価は比較的高く，そのためにローゼンツワイグの結果を生ずるものである。

B. 代償的満足：**代償**（substitution）という術語は，フロイト（Freud, 43）によって心理学に導入された。もし両者が類似性を示すならば，第1の活動は第2の活動の代償と呼ばれることが縷々ある。しかしながら，どんな2つの類型の行動でもある種の類似性を示すかのように，この術語は誤用されている。機能的に言えば，代償は活動の行動価あるいはその満足価のいずれかに連結しうる。

代償価，類似性，困難度：リスナー（Lissner, 86）は，再開始の技術を利用

してはじめの活動に向けられている欲求を満足させるために，別の活動が有する価値を研究した。代償活動の完成後には，中断されたもとの活動を再開始する量が低下することによって，代償価は測定される。①もとの活動と代償活動との間の類似の程度，および②代償活動の困難さの程度と共に，代償価は高くなる。あとの要因はさらに，骨の折れる仕事には比較的高い要求水準が対応していることに関係づけられるように思われる。

空想水準における代償：もしもとの目標（例えば他人を攻撃するような）に達することが妨害されるならば，往々にして空想または口答の水準における代償動作が観察される (28)。フロイト (Freud) は夢を代償活動と見る。このような代償活動は代償価をもっているであろうか？

マーラー (Mahler, 87) は，被験者として 6 歳から 10 歳までの子どもを使用し，実際に作業する代わりに言語的表現や思考によって，中断活動を終了する代償価を研究した。彼女もまた，再開の頻数の低下によって代償価を測定した。動作によって終了する代償価 (2.3) は，口答で終了する代償価 (1.2) よりも平均して相当高かった（僅少の差異が子どもと成人との間に見出される）。しかしながら計算 (figuring) のような活動の場合に，口答で終了することは高い代償価をもっていた。マーラーによれば，動作の代償価を決定するのと同様の要因すなわち個体の目標が達せられるかどうかが，口答の代償価に対しても決定的なものである。すなわち実際の操作的動作の実行による代償行動ほどの代償値はもたないが，話して見ることもまた代償として役立ってくる。**思考的課題** (problem tasks) の場合には，知的解決が決定力をもつ。したがって，言語的表現は非常に高い代償価をもっている。**実行的課題** (realization tasks) に対しては，物質的対象の建設（例えば箱作り）の如きが目標である。したがって言語的表現は事実上何らの代償価をももたない。頭の中で作業して報告せずにおくことは，実行的ないしは思考的課題に対して何ら測定可能な代償価をももっていなかった。満足価を帯びる条件は往々にして社会的事実にすること（他人に知らせること）であるということを，このような所見は指示している。"ごまかし" (make-believe) の方法でなされる実在性のない "魔術的" 解決でも，ある量の代償価をもつと思われるが，それは被験者が所与事態の魔術的な性質を受容し，所与課題もまたお伽咄の世界の所作のように非現実味を帯びて成立すると見えた場合のみである。このような事態の非現実味は，成人よりも子どもたち

によって比較的容易に受容される。

代償価と認知：アドラー（Adler, 1）は3つの年齢水準において，ある認知過程と代償価との間の関係を研究した（暦年齢7歳から10歳まで）。もとの仕事を中断した後で，中断された仕事に物理的に同一の第2の仕事を，子どもは完成せねばならなかった。比較的年少の子どもにとっては，メリーのために家を建てることは，ジョニーのために同じ家を建てることの代償価を有しなかった。一方でこの子どもたちは2つの活動の類似性を認めることはできた。"具体的態度"（concrete attitude）（すなわち各家を特にメリーやジョニーに関したものと見ること）に有利な事態においては，比較的年長の子どもにとっても，代償価は低かった。しかしながら，もし**範疇的態度**[訳注2]（categorical attitude）（すなわち，家を建てることならそれ自体）が強調されるとすれば，比較的年長の子どもでは2つの活動は相当の代償価を示した。比較的年少の子どもにとって，代償価は"範疇的"事態でさえ低かった。

理論的にいえば，もとの活動に対する第2の活動の代償価は，一方の満足がまた他方の満足をもたらすという仕方で2つの根底に横たわる欲求体系間の交流（communication）に依存する。リスナー，マーラー，およびアドラーの結果によれば，このような交流は一部，活動の認知的な類似性に依存することがわかる。この結果は，原始的な人であればあるほど，**具体的精神構造をもっている**（concrete-minded）という所見とも一致している（ゲルブ〔Gelb〕とゴールドシュタイン〔Goldstein〕（47）の頭脳損傷患者についての仕事；ウェルナー〔H. Werner, 129, 130〕の発達中における"客観化と抽象化"の増大に関する所見；ワイグル〔Weigl, 127〕の子どもについての実験；精神遅滞者の一般的観察）。子どもの発達中に"事態の"（situational）思考は，"抽象的な概念的な"（abstract, conceptual）思考に先行するというヴィゴツキー（Vigotsky, 125）の理論を，叙上の結果は支持している。比較的高い年齢（10歳）では，"範疇的事態"（categorical situation）が効果的になることがアドラーの実験でわかっているが，加うるにその頃には抽象的類似性を見る単なる能力は，欲求に対する代償価を形成するのに十分な重みを必ずしももたないということも指摘されている。

遊戯および非遊戯事態における代償価：目標に達することすなわち欲求の満足が特殊な方法で妨害されるとすれば，任意の代償的目標が起こるであろう。びんにわを投げようと試みて不成功であった学生が，そばの掛け金にわを投

げるのが見出された（25）。このような任意の代償動作は，デムボーによれば，往々にして何ら永続的な代償価をもたない。彼らは満足しないで情緒的状態を高めるように思われる。代償として訴えるところのある活動すなわち代償価をもつ活動は，必ずしも満足価をもたないということを，このことは指示している。普通の払底において，行動価と充足価との間に同様な懸隔のあることは既述した。

スリオスベルグ（Sliosberg, 116）は，遊戯や真剣な状態において，3歳と6歳間の子どもたちに関し，代償の行動価の研究をした。食事事態としてまったく本気な現実の事態では，子どもたちが本当のチョコレートを食べ始めたあとで，もしごまかしのお菓子が渡されるならば，子どもたちは1片のチョコレートの代償として，ごまかしのお菓子（厚紙）を受け取らないであろう。もしごまかしのお菓子がはじめから渡されるならば，3歳と4歳の子どもたちの17％がそれを受け取り，仕草に富んだ仕方で実際のお菓子であるかのように取り扱った。またごまかしの鋏（紙製の模造品）でも本物を使用する前に手渡された場合には，それが本物として（ケース中15％）受け取られた。

非現実的性格をいっそう強くもった遊戯事態では，子どもたちはケース中ほとんど100％が，ごまかしのチョコレートまたは鋏を受け取った（彼らのうちのあるものは，チョコレートの厚紙をかみ始めさえした）。代用品になりそうなごまかしの対象が，手近かな特殊の遊戯（例えばお人形遊び）に無関係に導入されるならば，受容のパーセンテージは，わずかながら75％に低下した。もし関係欲求が比較的切実な渇望の状態にあるならば，子どもはほとんど代償の対象を受容しようとはしなかった。

代償の受容または拒絶に対しては，対象および事態の意味の可塑性が重要である。玩具の動物は，小石や1片の代用粘土よりも固定した意味をもち，したがって何か他のものに対して代償として受容されることはほとんどない。代償として受容されるには，もとの対象のもつ意味の可塑性よりも，代償となる対象のもつ意味の可塑性に比較的多く左右される。遊戯において代償が比較的受容されやすいということは，社会的役割，子ども自身の位置や目標，および対象の意味に関して，遊戯が比較的大きな可塑性をもつためである。

3. 欲求と目標の変化

　代償価の出現は，欲求または行動価の変化の一例と見なされる。人の長期間の経歴においてまた瞬時の事態において欲求が起こる様相は，児童心理学の基礎的問題の1つである。新しい欲求ないしはもっと正確にいえば欲求の変化は，多様な事情から結果する (96)。その友人がある特定の動作を尊重するなら，そこで自分もその動作を価値づけるようになるということが，子どもに見出されるであろう。子どもたちがパーティに参加するというような社会的道具だての変化は，子どもの食事作法に関してその欲求の有意義な変化を招来するであろう。目標に到達することは，それに到達しないことと同様に，瞬時的なまたは永続的な仕方において行動価を変化するであろう。発達中には，以前の欲求から分化するという仕方で新しい欲求が生起する。特殊事態における行動は，通常若干の欲求の結合によって結果として生ずる。このようにしてこのような行動に対する"誘導された欲求"が，生起する。このような誘導された欲求は，**根本的欲求** (source needs) に依存していることがあり，また機能的には自動的になることがある (3)。個体の生活史の種々の時期において，ある欲求は漸次死滅していくようである。

　一般的にいえば，心理学的環境の一部の変更により，人間内部の領域の変化により，現実ならびに非現実水準の変化（例えば希望の変化）によりあるいは心理学的未来や過去の認知構造上の変化によって，欲求は変容するであろう (80)。このことは人の全体の生活空間が1つの連結された場として考えられねばならないという事実とよく一致している。欲求の発現の問題は，文化人類学，発達心理学，動機づけの心理学の交差点にある。しかしながら，若干のカテゴリー中に欲求を体系づけようとする早まった思弁的な試みによって，この研究は妨害された。次にわれわれは，これに関連する若干の問題を論ずるであろう。

　A. 欲求に影響する規整力，持久力 (persistence)：ある目標に到達することに失敗すると，一時的または永久に逃避するように力の布置が変化するまで，障害のマイナスの行動価は増大するかもしれないということを見てきた。この逃避は，闘争によく見られるところの赤裸々なまたは暗々裏の葛藤を伴うことが多い。しかしながら逃避は，目標の得られないことを充分に知ることと平行しているが，このことは実際に放棄することと等しい。すなわち接近不可能な領域は，生活空間の効果的な部分ではなくなる。接近不可能であることが"事実

問題"（matter of fact）となるような状態に子どもが到達すれば，その子どもはもはや 蹉跌 や葛藤の状態に置かれてはいない。
　　　　　フラストレーション

　通常持久力と呼ばれているものは，個体が障害に遭遇した際にどの程度早く目標が変化するかということを表したものである。1歳から6歳児が，再度同じ類型の困難に直面したとき以前に失敗しておれば，その子どもたちの持久力が低下することを，ファヤンス（Fajans, 34）は見出した。成功ならば持久力は相対的に増大する。同じ仕事が繰り返された場合，成功と賞賛と結合すれば，48％持久力を増大し，成功だけでは25％，代償の成功は6％の低下をきたし，失敗すれば48％低下する。同様な賞賛および失敗の効果をウォルフ（Wolf, 131）が発見した。目標におけるこのような変化は，認知構造における変化および嬰児にすら観察される個人差に依存すると考えられる（34）。このような目標の変化する速度がさらに，心理学的過去および社会的雰囲気に依存するということを，これらの実験は示している。ジャック（Jack, 62）とカイスター（Keister, 72）は，適当な訓練によって，幼稚園児の反応を変化して失敗に導くことができるということを見出した。持久力の増大と合理化や情緒的にしてかつ破壊的な反応の減少は，異種の活動領域への一定量の移入（transfer）を示した。

　欲求を強化する困難：困難を経験すれば，障壁の背後の対象に対する欲求は増大することがあるということを，成人や子どもに関する実験においてライト（H. F. Wright, 133）が示した。子どもたちは成人と同様に，障壁があまり強力ではなくて，両方の目標対象がまったく同一でない場合には，比較的到達困難な目標をより好むであろう。対象自体が目標の性質をもっていて，それが単に手段ではないとすれば，このような偏好が観察される。例えば，子どもはちょっと到達困難な玩具を（他のすべての条件が等しければ）より好むであろう。しかしながら，同一対象を得るための2つの手段の間で選択しなければならないとすれば，子どもは到達するのに容易な手段をより好むであろう。いわゆる（最も容易な方法を使用する）節約の法則が，心理学的な手段に対してのみ妥当するのであって，目的には妥当しないということを，ライトの研究が指示している。この後者の事実は，要求水準の問題に密接に関係している。

　B. 心理学的な飽和：すべてのあるいはたいていの欲求に関して，渇望，飽和，過飽和の状態が区別される。特殊な欲求に関連する活動領域がもつところ

のプラス，中性的およびマイナスの行動価にこのような状態は対応している。

カルステン（Karsten, 68）はカレッジの学生を被験者として，詩を読むこと，手紙を書くこと，製図，車輪をまわすことのような活動を何回も繰り返す効果を研究した。①小さな変容（variation），②大きな変容，③比較的大きな単位の動作が比較的小さな部分に崩壊し，意味を失うこと，④誤り，物忘れ，⑤疲労や同様の"身体的"徴候というような順序で飽和の主要徴候が起こることを彼女は見出した。

反復によって成立した比較的小さな単位間の連合という術語で，比較的大単位の動作の発生を説明しようとする古典理論を修正するための，1つの理由を上述の結果は構成している。反復によって，動作の比較的小単位が比較的大単位へと結合されるに至るけれども，十分な反復は比較的大きな単位を崩壊するであろう。これには，詩や文章のような有意味の材料の場合には，意味が喪失することも含まれる。同様な崩壊は事態全体に対してもまた生起するであろう。その活動が心理学的に，現実の反復すなわち進歩とは反対の同じ場所に停滞する性格をもっている場合にのみ，飽和は起こる。進歩する性格が維持される場合には，飽和の普通の徴候は表れないであろう。

心理学的飽和は往々にして，しゃがれ声のような身体的徴候または筋肉的な疲労を招来する。これが縷々子どもたちの"疲労"の主な原因となる。ヒステリーの徴候と同じようにこれら身体的徴候は，有意的な努力によっても除去されない。一方この徴候は心理学的な要因によって引き起こされる。そしてたとえ新しい活動で，事実上は同じ仕方で同じ筋肉が使用されているとしても，こうした別の活動へ推移すると共に，この徴候は消失するであろう。異なる心理学的全体に，その意味が変化するように活動をはめ込むことは，飽和においては違った活動に転ずるのと同じ効果を事実上もっている。単一文字よりも，文章全体や単語を読んだり書いたりする学習の方法の方がすぐれているのは，後者の方法が飽和をほとんどきたさないという事実に一部基づいている。多少異なった全体にはめ込まれるような仕方で，また実際に反復が起こっているというよりもむしろ"意味が進展する"という仕方で，同じ言葉を繰り返すようによい入門書は注意を払っている。

反復することは，実現される活動に関係のある欲求を変化するのみでなく，心理学的にこれと類似の活動に関係のある欲求にも影響を与える。これを共飽

和の現象という。

　飽和の速度（すなわち反復がいかに早く欲求の変化を招来するか）はカルステンによれば主として，①活動の性質（特に動作の単位の大きさ），②中心性の程度，③人の個性および状態に依存する。快および不快の活動は，他の点で等しい無記的な活動よりも，さらに早く飽和する。（意味の把握ができなくなるというようなことのない程度に）1つの活動に比較的多く注意を集中すれば，簡単に飽和を早めるように思われる。フロインド（Freund, 44）によれば綿密な課題の飽和の速度が，月経中には比較的大きいことが見出された。飽和の速度が，末梢的付随的に行われずに自我に身近な層で行われるという活動の中心性に応じて増大するということを，3つの結果はすべて指摘するものであると解釈される。人は縷々，周辺的な態度で活動をなすことによって，飽和を避けようとする。単なる反復として意識的に実行されない場合には，呼吸とか歩行のような自動的な活動は飽和を招来しない。活動の1次的および2次的側面の効果は，相対的ポテンシィの概念によって取り扱われる。

　子どもたちは，分化の程度が低いために，その人全体で活動に打ち込むようである。飽和の速度は，したがって，精神年齢と共に逆に変化するであろう。実験的な結果がこのことを確証しているようであるが，それは確実でない（77, 131）。その所見が明らかに分かれているのは，おそらく児童心理学が持久的（persisting）あるいは固執的（perseverant）行動という題目の下に，飽和の問題を取り扱う事実に起因する。さらに**持久力**（persistence）という術語が，力学的にはむしろ諸々の事態に関連して使用されるという事実に起因する（例えば，障害を克服する持久力，障害のない1つの活動を実行する持久力）。3，4，5歳の子どもの間では，年齢差なしに簡単なものの場合よりも複雑な仕事の場合に，飽和時間が長いということをシャクター（Shacter, 112）は見出した。

　ウォルフ（Wolf, 131）は，4歳と6歳の子どもに関して，賞賛および競争を含む事態と何ら誘因のない事態における飽和を研究した。子どもの個人的な目標が第一に重要性をもち，この目標は要求水準に依存することを彼女は見出した。

　クーニン（Kounin, 76）は，正常の7歳児と12, 30, 40歳の同じ精神年齢をもつ精神遅滞者との飽和および共飽和を比較した。彼は飽和の速度（いろんな型を描くこと）は，年齢が増すに伴い低下することを見出した。1つの活動を飽

和させるに必要な反復数は少ないのにもかかわらず，比較的年少の子どもは比較的大きな共飽和を示す。換言すれば，飽和の速度と共飽和の程度とは，たとえ精神年齢が恒常に保たれているとしても，暦年齢に応じ低下する。クーニン (76) およびシーショア (Seashore) とバヴェラス (110) は，カルステンが成人に関して叙述したのと同様な徴候を子どもについても見出した。

①活動と欲求との間に密接な関係があること，②根底に横たわる欲求を変革し，したがって活動のプラスの行動価をマイナスに移動する衰退 (consumption) だとして，実現活動は考察されうることを飽和現象が指摘している。このような衰退の結果として，"類似の活動"の行動価はマイナスとなり，一方ある異なった類型の活動がだんだんプラスの行動価を獲得する。

飽和したまたは過飽和の欲求は，時間の経過と共に縷々渇望の状態に逆戻りする。このような変化の条件は研究を必要とする。

C. 意図：意図 (intention) の効果は，準欲求の成立と見なされる (77)。対応する目標対象が存在すると共に，あるいはそれがなくても欲求を満足する方向に動作を創造する傾向があるという点で，準欲求は力学的に他の諸欲求に等しい。1つまたは若干の欲求の実現を図ると考えられるところの未来のある特定行動を確保するために，意図は一定の時間的展望の結果として心組まれる。新しく成立した準欲求は通常，こうした根本的欲求に依存している。

このような準欲求の緊張水準が，準欲求はその一部であるようなさらに包括的な欲求群の緊張水準に依存するということを，ビレンバウム (Birenbaum) の実験 (14) は示した。もしこのような根本的欲求がその間に満足させられたとすれば，ないしはもし全体としての人の状態が1つの高い一般的な満足に至ったとすれば，意図は失念され，すなわち履行されないであろう。

D. さらに包括的な諸欲求の一部としての欲求：目標やその他の行動価は欲求に密接に関連しているということが述べられてきた。目標の変化は欲求の相互依存に起因するところが大きい。諸欲求は，種々の仕方で相互依存しているであろう。ⓐ2つまたはそれ以上の諸欲求は，それらの欲求の緊張が付随して変化するように相互に交流可能である。われわれが見てきたように，このような関係は代償の問題の場合に重要である。ⓑ諸欲求間の相互依存とは，1つの支配あるいは被支配の関係であろう。例えば，意図に対応する準欲求は，欲求を統制することによって誘発される。相互連関の両方の場合に，欲求はさらに

包括的な欲求体系の一部になっている（第5章参照）。

ある動作の背後にある欲求の満足・不満足に関して，その完了と未成了の効果をわれわれは論じた。新しい目標の設定に関するこうした動作の効果をわれわれはここで論じよう。

要求の成熟：子どもが自分自身の努力によってついにおもちゃに到達するかどうか，おもちゃが他の誰かによって子どもの届くところにもってこられるかどうかは，腹這いになっておもちゃに届こうとしている6カ月の子どもにとって何らの差異をももたらさないようである。子どもは両方の仕方によって満足させられるであろう。階段の3段目から跳び下りようとする3歳児は，手助けされることを拒絶することがある。その子は自分自身の努力によって，ある結果に達するのでなければ満足しないのであろう。非常に小さい子どもは満足および不満足だけは知っているけれども，成功および失敗は知らないように思われる。換言すれば，その子は欲求と目標とをもっているのであって，まだ要求水準をもっているのではない。

もしこのような動作の結果が自身の能力を反映する業績と見なされるならば，われわれは動作に関する**要求**（aspiration）のことを述べているのである。もしその上種々の程度の困難さが区別されるとすれば，われわれは**要求水準**（a level of aspiration）のことを述べているのである。要求水準は，人間行為に対して，基本的な重要性をもっており，人間のたいていの目標追求に影響するものである。これと関連して，個人は何か比較的容易なものよりも，比較的困難なものをより好むことがあるという逆説がある。

フェイルズ（Fales, 4）は，6カ月の間にわたって，2歳ないし3歳児の要求の発達を研究した。彼女は，冬着をつけたり脱いだりすることを，要求を伴う活動力として観察した。援助されるのを拒絶することは，その活動について要求の存在することの最善の行動的徴候である。このように独立に対して執着するのは，自身の動作が目標の一部となったことを示している。種々の程度の困難を伴う操作を観察して，（チャックをあけること，コートから腕を出すこと，帽子をかぎにかけることのような），このような年齢の子どもが，特殊な活動に関してのみ要求をもつということを彼女は見出した。1つの決定要因は，子どもの能力である。その到達範囲以上の活動に関しては，子どもは確かに援助を拒絶することはないであろう。子どもがさらに年長となり，いっそうよく訓練され

るにつれて，要求はさらに困難な動作に関しても発現する。フェイルズはまた，社会的事態や賞賛が，要求の上昇を容易にするということを見出した。発達の早期から，社会的要素が要求に対して重要であるということを，これは指摘するものである。

　種々の類型の目標やいろんな年齢水準においてこれを達成する手続きに対応して，"要求成熟"（maturity of aspiration）の度合は異なっており，区別を設けることが可能である。棒の上に一系列の輪を投げたり，ポールで柱（tenpin）[訳注3]を打ち倒したりするような活動を使用して，2歳から8歳間の子どもに対する要求の成熟度のスケールを，アソダーソン（C. Anderson, 4）は作成した。8歳の子どもは，5つの輪投げ系列を1つの単位と考え，したがって，そのスコアを計算する前には，失策した単一の輪を再度投げるようなことはしなかった。最年少のグループの子どもたちは（3歳児）失策したあとで単一の輪を常に拾い上げ，再度それを投げたり，棒のところへ直接置いたりする。最年少の子どもは，一定の場所のうしろにいるという規則を守らない。あれやこれやの徴候によって，特殊な困難度を伴う目標を選択するという要求水準の発達は，次のようなことが前提になると考えられる。すなわち，①多数の目標が，比較的大きな目標構造内部の下位目標と見られる。②動作自体が目標の一部と考えられる。③子どもが規則の意味を理解し，これを保持しようとする。

　報酬を与えることによって，子どもに圧力を加えると，要求水準（すなわち難易度の選択）は低下する。要求水準の下向が不可能になった場合には，成熟域にある要求も，逆に退行するであろう（図52）。すなわち，比較的年少の年齢水準に特有な手続きが使用される。成熟した要求の退行現象は，情緒的事態にある成人において観察される。

　要求水準：要求水準とは，次の動作に対する目標として選択された課題の困難度を言うと，定義された（57）。ここで2つの主要問題を区別しうる。すなわち①いかなる条件下において，個人は成功と失敗を経験するか。②いかなる要因が要求水準に影響するかである。

　成功および失敗の経験に対する条件：成功失敗の経験は，関係枠内における遂行動作の水準に依存する（81）。要求水準（すなわちその動作に対して設定された主観的目標），過去の遂行動作，あるいは集団の標準などがこの基準の枠組みとなるであろう。もし優勢な関係枠に連関した一定水準が達せられるとするな

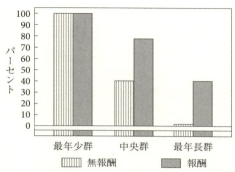

図52 3歳水準における要求の成熟と社会的圧力（報酬）下における退行の量。子どもが系列の輪を終了しないでミスした輪を棒に置いたり、単一の輪を再度投げたりする頻数 [6]。

らば、成功感が感得される。いかなる関係枠が優勢であるかは多数の要因に依存し、その要因の1つは失敗感を避ける傾向である。

まずい遂行動作のあとで、失敗感を避けるために、関係枠が縷々変わることが指摘された（36, 52, 108）。遂行動作の短所に対して手段のまずさを非難するような、種々の形式の合理化は、失敗を避ける他の方法である（36, 57）。このような仕方で、遂行動作と人の能力との間の結合が切断されるが、この結合はもともと要求の現象に対する1つの条件であることはわれわれの見てきたとおりである。

ユクナー（Jucknat, 65）は、成功感と失敗感の種々の強度を区別している。目標と遂行動作との間の懸隔の量に、これは関係づけられるべきものである。しかしながらこのことは、能力の境界水準に近い困難さの範囲内でのみ妥当する。"あまりにも容易な"あるいは"あまりにも困難な"仕事は、成功感や失敗感を招来しない。年齢に比較的大きなへだたりがあるときには、兄弟間の競争の頻数が少ないということの理由はこれである（111）。

一定の集団標準のような別の関係枠が優勢にならない場合に限って、一方では成功感と失敗感との間の関係および他方では能力の限界が作用する。たとえその仕事が現実に自分の能力の限界を越えているとしても、高度の能力をもった子どもの集団においては、精神遅滞児は失敗感をたえずもつであろう。

事例研究（67）と実験的材料（34）とによれば、集団の地位における変化（例えば愛や承認を受けること、個人あるいは比較的大きな集団によって拒絶されるこ

と)が,多くの点において成功や失敗に等しいということがわかっている。

要求水準を決定する要因:成功または失敗の経験の後に,人は放棄してしまうか,それとももより高い,等しいあるいはより低い要求水準で続行するか,いずれかである。新しい動作に対する要求水準と過去の遂行動作水準との間の差異は,要求水準と遂行動作との間の"食い違い"(discrepancy)と呼ばれる(詳細は81参照)。

要求水準の変化を決定する要因は多種多様である。ユクナー(65)は9歳から15歳の子どもおよび成人について実験し,要求水準の変化の量が成功と失敗の程度に依存するということを見出した。さらに一定系列の仕事の内部でその前の試行水準が困難度の段階の頂点に近づけば近づくほど,同じ量で成功した場合にはその食い違いは比較的小さく,同じ量で失敗した場合には比較的大きい。

要求水準は社会的要因によって非常に影響される。競争事態では要求水準が増大する(37)。集団標準の知識は,要求水準に影響するであろう(36)。例えば自分の遂行動作が自分の集団の標準以下であること,あるいは比較的低位だと考えている集団標準以下であることを人が知った場合には,要求と遂行動作との間の食い違いは比較的高い水準の要求に向かい増大した。この反対の条件があれば,食い違いは低下する。人がみずからの能力について,実際的な判断を下すその程度によっても,要求水準は影響される(37)。シアーズ(P. Sears, 108)によれば,子どもでは成功後よりも失敗後に,平均的なプラスの食い違い(すなわち要求水準が過去の遂行動作を越える量)が比較的大きく,リアリズムの程度は失敗後よりも成功後に比較的大きいことが指摘された。

同一個人における食い違いの方向と量は,多数の活動の場合にある程度恒常であるように思われる(37, 45, 108)。学校でよい地位を占める子どもよりも悪い地位を占める子どもの方が,食い違いは比較的大きいことをシアーズ(37)およびユクナー(65)は見出した。1つの活動の要求水準が他の活動の要求水準に影響する程度は,その類似度に依存し,また以前の経験がこのような活動における要求水準をいかによく安定させるかに依存する(65)。もし子どもが明らかに自分の能力は後者だと思うならば,第1の活動の成功が第2の活動における要求水準に及ぼす影響はわずかである。

心理学的過去および心理学的未来に関する時間的展望に要求水準は密接に連

関している。エスカロナ（Escalona, 33）によれば，一定時における要求水準は成功および失敗のもつ行動価の強度に依存し，そのときの成功の確率に依存する。このような確率を未来の成功や失敗事態のポテンシィとして表現することにより，要求水準に関する基礎的事実が理解される（81参照）。

E. 誘発された欲求：個人の欲求は，きわめて高度に社会的要因によって決定される。成長する子どもの欲求は徐々に変化し，多くの大小社会的集団に所属している結果として新しい欲求が誘発される。子どもが所属しようとしあるいは離脱したいと思う集団のイデオロギーや行為によっても，その欲求は影響される。母の忠告，仲間の子どもの要請，あるいは精神分析家が**超我**（super-ego）と呼ぶものの効果は，すべて社会的に誘発された欲求と密接に織りなされている。要求水準は社会的な事実に関係づけられていることを見てきた。子どもが育成される文化は事実上あらゆる欲求に影響し，すべての行動に影響するということ，および文化順応（acculturation）の問題は児童の心理学において真っ先の問題の1つであるということをわれわれはさらに一般的に述べることができる。欲求が社会的要因に連関する場合にわれわれは3つの類型を区別することができる。①個人の動作は，誰か他の人の利益のために遂行される（利他的な動作態度において），②欲求は他人または集団の支配力の場によって誘発される，③欲求は集団に所属し，その目標を堅持することによって創り出される。実際はこのような3つの類型が密接に織りなされている。

イデオロギーの源泉：バヴェラス（12）は，多数の学校で，是認と否認のソースを研究した。子どもたちが，学校における行動の賞賛または叱責の源泉として，先生をあげた頻数は，第4学年から第8学年まで比較的コンスタントであるということを彼は見出した。第4学年においては個々の級友（"子どもたち"〔children〕という概念から区別されたものとしての）が，行動の評価に対する源泉として縷々あげられた。この頻数は第8学年ではゼロになった。第4学年では学校の校長が源泉としてあげられることは事実上なかった。主に叱責の源泉として，校長をあげる頻数は後ほど増大した。

カルホーン（Kalhorn, 66）は田舎のメナナィト（Mennonite）の子どもたちとメナナィトでない（non-Mennonite）子どもたちにおいて，プラスおよびマイナスの価値ならびに価値の源泉を比較した。個人的な業績や宗教のような価値に対する強調点の相違を彼女は見出した。両親が価値の源泉として最も優勢な影

響をもっていることが，両方の集団の子どもたちによって指摘された。しかし同様な行為が異なった心理学的意味をもっていることがある。例えば教会へ行くことが，メナナイト^[訳注4]の子どもたちにとっては是認の源泉としての神と結合され，メナナイトでない子どもたちにとってはあらゆる人に結合される。教会へ行くことが，前者に関しては宗教的な事柄であり，後者に関しては社会的な事柄であることを，このことは指示している。

エゴイズムと利他主義：ムーア（Moore, 94）の実験では，2, 3歳の子どもたちが，被験者の傍にすわっている仲間と，オレンジジュースを分けるように言われた。彼女の結果は大きな個人差を示し，別の方法により決定されたものとして他人の権利を，子どもが尊重する程度と何ら相関をもってはいない。子どもたちのサービス（利他主義，協同）が観察されるようなテスト事態をハーツホーン（Hartshorne）とメイ（May）(55) は研究した。10歳および14歳間の子どもたちでは，サービスの傾向が"一般的"であるよりもむしろ"特殊的"であるということを彼らは主張する（特定質の一般性の問題についての議論は3を見よ）。マクグラース（McGrath, 90）は，質問紙法を用いて，仮定事態に対する利他的な反応が年齢と共に増大するということを報告する。ピアジェ（Piaget, 99）は，2つの心理学的に異なる道徳は2つの類型の社会的関係の自然的結果であるという見地から，子どもたちの道徳的発達に関するその所見を結論している。すなわち7歳ないし8歳までは，子どもは成人の権威に服従していて，一方的な尊敬という社会的関係が存在する。漸次各成員が比較的平等の支配部分をもつようになり，相互的尊敬の関係が始まる。

いっそう好きな玩具を自分がもっているか，あるいはそれを誰か他の者に与えるかの選択事態で，ライト（B. Wright, 132）は子どもたちを研究した。居合わせなかった他の子どもというのは，未知の誰かであるかあるいは親友であった。5歳児は事実上常に利己的であった。8歳児は相当な利他主義を示し，そして友達に対してよりも（23%気前のいい選択をした），見知らぬ者に対して利他的であった（58%気前のいい選択をした）。玩具を分配する場合に，友達と見知らぬ子どもとの間で仲裁人として動作する場合には，5歳児は見知らぬ者よりも友人に比較的贔屓することが多かった。8歳児は友人よりも見知らぬ者に比較的縷々贔屓した。

理論的にいえば，利他的および利己的な選択は生活空間の異なる領域に作用

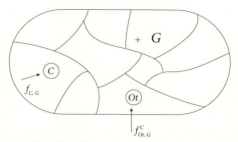

図53 利他主義の事態（種々の記号の意味は本文中に記述される）

する諸力ならびに種々の事態のポテンシィの相対的強度の結果と見なしうる。子ども C の生活空間では（図53），力 $f_{C,G}$ が目標 G に至る方向において，自分自身の人の領域に作用する。加うるに $f^C_{Ot,G}$ の力がその生活空間に存在し，同じ目標の方向において他の子ども Ot に作用している。（この事態ではただ1人のものだけが目標を獲得しうる）。この第2の力 $f^C_{Ot,G}$ は（その生活空間が表現されているところの子どもによって，知覚される限りの）他の子どもの欲求に対応し，子ども Ot の目標の支持をする子ども C のレディネスに対応する。形式的にいえば，利他的または利己的な選択は，このような2つの力の相対的強度に左右される。ライト（Wright）によれば，他の子どもの欲求は非常に年少の子どもによっては知覚されない。これは，年少の子どもで協同的遊戯が欠如している理由になるかもしれない。年齢の増大と共に，他の子どもの知覚された欲求のポテンシィが増大する。同様に外部集団のポテンシィは，内部集団（友達）のポテンシィに相対的に増大する。

　友達に向かってよりも，見知らぬ者に向かって利他主義が比較的大きいということは，見知らぬ者に向かって，子どもは主人役の位置にあると考えるが，友達に向かってはそうでないという事実，およびイデオロギーからいって懇切であることが要求されるという事実に，一部は起因すると考えられる。子どもたちは自分自身と同程度に，他の人々も利他的であるかまたは利己的であると判断した。予備的研究によれば，同じ仕組みにある成人が，8歳児よりもさらに利己的であるということを指摘しているように思われる。

　従順と社会的圧力：葛藤の問題を論ずるにあたって，目標方向で人に作用する力は，他の人の意志に対応する誘発された力によって妨害されることがある

ということを見てきた。心理学的な力と心理学的な欲求との間の関係を見るに際して，われわれは**被誘発的欲求**（induced needs）のことをも述べることができる。2人の人の間の関係は，友人関係であることもあり敵対関係であることもある。各人の欲求は，おおいに他人の支配力の場に依存している。

ウィーエ（Wiehe, 77）は見知らぬ者が子ども部屋に入って来たときの2歳ないし4歳児を観察した。彼の見出したところによれば，一定瞬時における見知らぬ者の支配力の場（power field）の強度は，子どもの見知らぬ者との間の物理的位置によって影響される。支配力の場が子どもに及ぼす影響は，子どもからの距離が小となれば増大する。もし子どもが，成人の膝の上におかれている場合には，それは非常に強い。支配力の場は見知らぬ者の前面においてよりも，見知らぬ者の背面または子どもが見えないところでは比較的弱い。換言すれば1人の人が他人に対する支配力の場の強度は，異なった領域の場合に相違している。フランク（J. D. Frank, 37）は学生を用いた実験において，ウェアリング，ドワイヤー，ジャンキン（126）は夕食時における幼稚園の子どもたちに関する実験において，共に人の間の距離が比較的小さい場合には，被誘発的力を創造するための支配力の場の効果性が，比較的大きくなることを見出した。

リピット（Lippitt）とホワイト（White）（84）は10歳児に関する実験において，誘発的支配力の場のあるときとないときの，誘発された欲求の効果をテストした。指導者が部屋を去ったときに2, 3分内で，独裁的集団における仕事の生産高の量は決定的に落下したことを彼らは見出した。これは，民主的集団雰囲気とは対照的であった。そこでは仕事は集団自体によって選択され計画され，仕事の生産高は指導者の去ったときにも不変であった。マイヤーズ（C. E. Meyers, 93）は，幼稚園の年齢の子どもたちに対する相剋する成人の権威の効果を研究した。相反する命令が子どもの遊戯の構成度を相当低めるということを見出した（その構成度のスケールにおいて $4\frac{1}{2}$ から $2\frac{1}{2}$ まで）。もし子どもが両方の権威の命令に従う方法を見出さないとすれば，子どもは（アーシニヤン〔Arsenian, 6〕によって記述されたものに類似の自己操作〔self-manipulation〕はさておき）まったく動作を中止するかもしれない。たとえ両方の成人の命令が一致するとしても，子どもの遊戯にあまりにも縷々干渉することは，その構成度を多少低める。否定的な命令は肯定的な命令よりも破壊的であり，曖昧な命令は特定のものよりも破壊的である。

自身の欲求に反対の誘発された欲求は多かれ少なかれ暗黙の葛藤の持続的状態を招来する。もしこのような葛藤が，優勢な支配力の場を破壊することによって解決されえないならば，子どもは比較的強力でない人に向かって攻撃的になるかもしれない。レヴィン（Lewin）とリピット（Lippitt）とホワイト（White）（82）は，いくつかの場合に，独裁的集団で1人の子どもが犠牲として攻撃されたということを見出した。

　ほかの目標を継承すること：誘発された欲求は徐々に，自身の欲求の方向にその性格を変化する。換言すれば，人は命令に従うのみならずして，（それらを継承するという意味で）"受容する"。ウェアリング，ドワイヤー，ジャンキン（126）は，幼稚園児を用いてこれと同じ観察をした。

　ドゥンカー（Duncker, 30）は，2歳から5歳までの子どもを用いて，英雄が2種類の食物の一方をひどく嫌い，他方を熱狂的に好むような物語をして影響を与え，子どもの食物の選択方向の変化を研究した。その食物が彼らに以前は魅惑的でなかったけれども，物語を聞いた後で，子どもは英雄の好む食物をより好むようになった。このような効果は，時と共に低下したけれども，6日後はなお見られた。トムソン（Thompson, 121）は，10歳児について，偏った（prejudical）リーダーシップの効果を研究した。もともと等しい地位をもっている子どもたちの集団内に，下層階級の少数集団をリーダーが設定した。多数のクラブの会合の後に，リーダーが部屋を去ったあとでも，特権的な多数のものは，ほかの子どもたちを下層階級として取り扱い続けた。しかしながら，このような差別はリーダーのいるときほどには強くなかった。このことはいずれも，リーダーの支配力の場の存在がある影響をもち，誘発された目標はいくらか引き継がれたことを示している。

　リピットとホワイト（84）は独裁的，民主的，放任グループの研究において，クラブにおける独裁主義を受容しようとする個人のレディネスは，一部家庭の背景に依存するということを見出した。冷たい家庭と温かい家庭の雰囲気を結合すれば，こうした目的に最も有利であるように思われる。すなわちその温かさによって，子どもが家庭と無縁になるのを防止するような相対的な独裁主義の雰囲気である。"少年の価値"（boy values）よりもむしろ"成人の価値"（adult values）をこうした子どもたちは堅持するようである。少年の価値に従う子どもたちは，彼ら自身の間で比較的社交的であるが，学校では従順の程度が少な

い。

　ホロウィッツ（Horowitz, 58）は，3歳以下の白人の子どもでは黒人に対する何らの偏見をも見出さなかった。偏見は4ないし6歳間で増大した。偏見の増大は南部でもニューヨークでも同程度であった。個見は白人の子どもの出席しているクラスでの，黒人の子どもとの知己の程度とは別問題であり，黒人の子どもの実際の身分とも別問題であった。しかしながら，偏見は白人の子どもの両親の態度に関係していた。このことは，黒人に対する偏見が誘発のためのものであり，両親の文化が子どもによって漸次継承されるためであることを指摘している。

　下層階級の集団に所属している人がいるために，自分自身の集団を憎悪することは，おそらく一部はもとの誘発された欲求の受容のためであり，一部は集団所属性の問題から起因する現象である。自分の集団に対する憎悪は往々にして，身体的にハンディキャップのある集団や，社会的に下層の集団において見られる（80）。特権的集団の価値と偏見とは，たとえそれらが低集団自体に対して向けられるとしても，社会的に低い集団の成員によって継承されてきたように思われる。このような自分の集団の憎悪は，自己憎悪を招来するかもしれない。その身分を上げること，したがって下層階級集団から自分自身を分離することは，その個人の欲求に従って増強される。

　誘発された欲求がその性格を変化するかしないか，自身の欲求になるかならないかは，往々にして決定困難である。リピットとホワイト（84）は独裁的雰囲気に対する反応の2類型を区別した。すなわち一方は**攻撃型独裁主義**（aggressive autocracy）と呼ばれ，他方は**冷淡型独裁主義**（apathetic autocracy）と呼ばれる。後者の場合には子どもたちは進んで仕事をするように思われる。不満とか阻止の徴候はまったくない。特に厳格な服従が，自由意志動作の様相を呈しているであろう。収容施設における子どもたちの行動についてもこのようなことが妥当する。このような状態であるにもかかわらず，実験で指導者が退去した結果見られるアグレッションの頻度の急増は，両方の事態における実際の食い違いが子どもの場合にいかに大きいかを示している。

　集団の成員としての子どもの欲求：上述のように，リピットとホワイトによって研究された民主的集団における子どもたちは，もしも指導者が退去しても，彼らの仕事の強度を低下しない。この仕事に対する計画は，省察を加えたのち

に大多数の投票によって決定された。このような条件下においては集団目標に対応する欲求が，誘発された欲求よりも自身の欲求に似ていることを，叙上のことは示している。この問題は密接に，"われわれ"感情と"私"感情との間の差異に連関する。言語的表現（および仕事に向かう態度）によって測定されるような"われわれ"感情が，利己的な態度の瀰漫せる独裁的集団においてよりも，民主的集団において比較的大きいことを，レヴィン，リピットおよびホワイト(82) は見出した。

集団目標が個人目標に対してもっている影響の，種類および程度には2つの要因が基礎になっていると考えられる。すなわち①集団に対する人の依存の程度。②このような依存が敵意に満ちたものか友情に満ちたものか（enmity or friendship）の性格。リピットによれば (83)，敵者の支配力の場はそれらの重なり合う領域では相互に弱化し合い，一方友人の支配力の場は相互に強化し合う。加うるに敵意から区別されるような友情は，他人の意図を受容し，支援しようとするレディネスを包含する。ライト（M. E. Wright, 134）によれば両者の特徴は，他人の支配力の場に自身の支配力の場を近づける程度によって表現される。

F. 個人差：外面的行動による分類によって，個人の特殊な特徴を決定することは不可能であることを，われわれは見てきた。その代わりに心理学的法則を表現している等式の変数に，コンスタントな値としてくり入れられる要因を探さなければならない。行動の変異性すなわち種々の事態における同一個人の行動の差異がまた，このような仕方で取り扱いを許されるようになる。こうした変異性があるといっても，行動の一定のタイプの絶対的頻数または強度が，事態に依存するということを意味するのではない。現に，一定の特定質に関する個人の列位は，異なる事態では相違しているかもしれない。例えばレヴィン，リピットおよびホワイト (82) は，10歳の少年のクラブにおいて，"他のクラブの成員から注意されたい念"あるいは"場外の会話"（out-of-field conversation）のようなある"特定質"に関して，種々の雰囲気における個人の列位は，むしろコンスタントであるということを見出した（$r = .85$, $r = .78$）。"指導者に頼る"というような他の特定質では，列位の恒常性はほとんど見られない（$r = .02$）。"攻撃性"よりも"仕事中心であること"（work-mindedness）における列位の変化が極端で比較的大きい。こうした変化は，特定の子どもに対する特定の雰囲気の意味の差異に結びつけられるように思われる。

個人差の問題と一般的法則の問題とを積極的に結合しようとする試みは，心理学においては比較的新しい。われわれは一例を述べるに留めておくがそれは，年齢，知能，人の硬度における差異に関係のある例である。精神年齢における差異は，人の分化の程度に密接に関係づけられているという理論の輪郭をレヴィン（77）は描いた。有機体の呈しうる状態の種々相，またそれに対応する行動の型の種々相は，論理的には有機体の分化度の関数と考えられなくてはならない（9）。したがって精神年齢の増大と共に，個人は行動の柔軟性（flexibility）の増大（豊富さを増すという意味で）を示すであろう。種々の精神年齢をもった個人の経験的な観察，および年少の子どもに独特の細事拘泥や強情と叙上の点は一致している。

　精神年齢の増大と共に柔軟性が増すけれども，暦年齢と共に並行すると考えられ老衰にとって重要因子だと考えられる可塑性の低下によって，それは多少妨害される。一定のタイプの精神遅滞は，同一の分化水準（同一の精神年齢）において，可塑性に欠けているという事実によって特徴づけられる（77）。もしこのような理論が正しければ，同一精神年齢の普通人に比し精神遅滞者においては，共飽和は少ないということが期待されるであろう。その暦年齢は7,12, 30歳であって精神年齢はすべて7歳であるような個人について，クーニン（76）はこのことを示した。精神遅滞者は，重なり合う事態を寛大に受け取る（tolerate）耐性が，あまり強固でないということを，先と同じ前提群から導出することができる。したがって精神遅滞者は一定条件下における習慣の変化の場合には比較的誤りが少ないが，重畳事態と非重畳事態とで遂行動作の速度は比較的大きな差異を示し，同一グループの対象をいくつかに分類させるテストでは，認知構造の変化可能性が少ないということが考えられるであろう。クーニンの実験はすべてこのような導出に十分の根拠を与えるものである。ケプケ（Koepke, 77）およびゴチャルト（Gottschaldt, 51）の結果では，精神遅滞者の代償を受容したり拒否したりするレディネスは，特定の事態によって非常に小さいこともあり大きいこともある。このような事実は，比較的硬度の高い者から期待される結果と一致している。

　一定の個人差を人の分化度や硬度における差異と対位することは，認知，強情，代償，飽和のような多様な場における行動を連結すること，および行動の外面的な矛盾を理解することを可能にする。精神遅滞者の硬度が比較的大きい

ことはまた，なぜその発達が普通児（すなわち同一の相対的 IQ をもつ）の発達よりも低調であるかおよびなぜ彼がその発達の頂点に比較的早く到達するかを説明するものである。

　個人差の問題はすべて，漸次行動および発達の一般的な心理学的法則と結合され，このような仕方で，個人差および一般的法則のより深い理解も可能であるということが期待されよう。

注

[1] 行動を決定する要因と同様な方法で，発達を決定する要因を形式的に取り扱うことができることによって，心理学的理論は相当簡略になる。私はこの着想をアダムス（Donald K. Adams）におう。
[2] この図の材料は Barker, Dembo および Lewin による研究（9）から導出された。
[3] このような表示法は Lippitt（83）によって示された，理論的分析から導出された。
[4] 心理学における方向と通路の問題の，比較的充分な議論は，レヴィン（79）に見出される。
[5] われわれはここで性質を異にする要因の複雑な問題，すなわち生活空間の境界条件と見なしうる物理的および社会的要因を論じているのではない（第 3 章および第 8 章を参照）。われわれは心理学の領域内にとどめておく。
[6] この図の材料は C. Anderson（4）の研究からとられた。

訳注

[1] 原著に $(d_{A,D} = d_{A,G})$ とあるが誤植と考えられる。
[2] Goldstein によれば，ある種の失語症患者では具体的事物の弁別はできても，例えば赤なら赤という「類」を区別する能力が失われるという，このような概念的思考を可能にする態度を範疇的態度という。
[3] tenpin：十柱戯に用いる柱，十柱戯とは若干距離に十本の柱を立て，球を投げこれを倒す遊戯である。
[4] Menno 派教徒，1523 年スイス Zürich に起こったキリスト教新教の一派で，幼児洗礼，誓言，公職就任，兵役などに反対する〔Simons Menno（1492-1559），オランダの宗教家，その主唱者〕。

付録

全体，分化および統一性の概念分析

単純な相互依存に基づく全体の分化と統一性

A. 力学的全体の相互依存関係と分化度の概念

ケーラーの物理的ゲシュタルト以来，"力学的全体"の定義は，その諸部分の依存関係に基づいて行われてきた。このような定義は，物理学的，心理学的および社会学的全体によくあてはまるものである。

最近，グレリング（Grelling）とオッペンハイム（Oppenheim）とが，機能的全体という概念の論理的分析を試みた。論理的な依存関係と因果的な依存関係との間に彼らは正確な区別を設けた。われわれがここで取り扱うのは因果的な依存関係であることは明瞭である。力学的全体の分化の問題に関わりのある依存関係の諸問題ということに，できるだけ議論をしぼってみよう。

分化，独立，および相互依存の程度：全体内部の依存関係あるいは独立ということが，程度問題であることははじめから自明の理であろう。全体内部の諸部分は相互依存しているけれども，同時にそれらはある程度独立しているのが普通である[1]。換言すれば，部分 b の変更がある限界内で行われる限り，部分 a は影響を受けないであろう。ところが，このような限界を越えて b の変化が行われるとすれば，a の状態は影響を被るであろう。

われわれは，さらに形式的に，以下のように論を進めることができる。すなわち $s^1(a)$, $s^2(a)$ は，時間1および2における領域（体系）a の状態（特質）を指示するものであるとする。$ch(a) = s^2(a) - s^1(a)$ によって，a の状態の変化を指示することができる。2領域（a と b）は，はじめに同一状態を呈するもので

あると仮定すると，$s^1(a) = s^1(b)$ である。そこで，領域 a の領域 b からの独立度 ($indep|a, b|$)[訳注1] は，a の状態を不変に保ち，あるいは a の状態変化を少量 ε 以下にとどめておくような b の最大限の変化であると定義することができる。次の公式で a の状態を不変にしておく，あるいは $ch(a) < \varepsilon$ である b における最大限の変化だということになる。

(13) [2] $indep(a, b) = ch^{max}(b)$ ただし $ch(a) < \varepsilon$

a に影響しない b の変化の程度 ($ch|b|$) は，s の諸々の値の場合に（例えば低い緊張水準と高い緊張水準とで）必ずしも同一ではない。このような問題を解消するために，同一の絶対的な開始水準，すなわち $s^1(a)$ の特定値を常に参照することが可能である。

b に対する a の依存関係の程度 ($dep|a, b|$) は，独立の逆だと定義することができる。

(14) $dep(a, b) = \dfrac{1}{indep(a, b)}$

依存関係と独立をこのように定義しても，この定義は隣接領域に限定して使用しなくてもよい。この定義はどの共存する経験的領域（場の諸部分）の場合にも使用できる。

a, b，2領域の独立の度合いはさまざまな種類の変化（いろんな特性の変化）に応じて異なるのが普通である。したがって，異なる諸事例を比較する際には，常に同種類の変化を参照する必要がある。

2領域 a と b の独立度は違った方向では異なる。すなわち，($indep|a, b| \neq indep|b, a|$)。方向が違っても両体系の特性が $dep(a, b) = dep(b, a)$ （a の b への依存度は b の a への依存度に等しい）のような等式で表せるとすれば，a と b の相互依存の度合い ($interdep|a, b|$) を次のような仕方で定義できる。

(15) $dep(a, b) = dep(b, a)$ ならば，$interdep(a, b) = dep(a, b)$

隣接領域の単純な依存関係：以下のような議論を進める場合には，隣接領域 n からの領域 a の独立度 ($indep|a, n|$) のことを述べるのが好都合である。両領域が共通の境界をもち，他の点では相互に異なっているとすれば，領域 n は a の隣接部分であるという。

このような場合には，接近の原理に従う"単純な依存関係"を取り扱う必要がある。また，$indep(a, n)$ が a の隣接部分全部にわたって等しければ，$indep(a, n)$

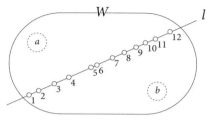

図 54 未分化の全体

W, 未分化の全体；a, b, 任意に決められた部分；l, 全体を分割する線；1, 2, 3, ……, l に沿う小領域

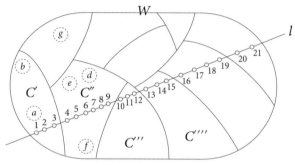

図 55 分化した全体

W, 分化した全体；C′, C″, C‴, ……, 自然的部分；a, b, c, 任意に決められた部分；l, 全体を分割する線；1, 2, 3, ……, l に沿う小領域

$\leq indep(a, y)$，ここで n は a の隣接部分であり，y は a と異なる任意の別個の領域である。この叙述は

(16)　$indep(x, n) \leq indep(x, y)$

ということで，単純な依存関係の一特性の定義が，どの領域 x をとっても妥当する。

全体内部の自然的諸部分（細胞群）と全体の分化度の定義：図 54 と図 55 に示したように，全体 W を切断する通路 l に沿って，一系列の諸点（小領域）1, 2, 3, ……を区分し，かつこのような系列のほかの領域全部からの，領域 1 の独立度を決定してみよう（$indep|1, 2|; indep|1, 3|; indep|1, 4|; ……$）。このような独立度をカーヴで表せば，図 56 [3] のような整一性格を帯びるであろうし，あるいは，図 57 のようなスロープの急激な変動の形になるであろう。

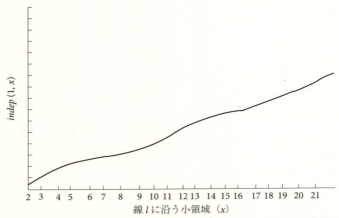

図 56 自然的下位部分を含まない全体内の諸領域の独立度。グラフは図 54 に表現された全体を表す。それは領域 1 が線に沿った領域 2, 3, 4, …から独立する程度 ($indep|1, x|$) を示す。

図 56 は図 54 で表された全体に対応するものである。図 57 は図 55 に対応する。全体を切断した結果として第 2 のタイプのカーヴができるならば，全体は分化しているといわれる。カーヴ内で，同一高原（同じ高さを示す線）に対応する諸領域は，全体のうちの同じような "自然的" 部分あるいは同じような "細胞" を構成する下位部分である。例えば，1, 2, 3 は 1 つの細胞（C'）に，4, 5, 6, 7, 8, 9 は別の細胞（C''）に，10, 11, 12 は C''' に属する。

系列内で 2 つの連続した諸点全部の独立度（$indep|1, 2|$; $indep|2, 3|$; $indep|3, 4|$ ……）を参照すれば，図 54 と図 55 における全体間の差異は，いささか異なった具合に表現できる。図 54 の場合には，図 58 に表現されるようなタイプのカーヴが結果的にできあがるであろう。図 55 の場合には，図 59 に類似のカーヴとなる。点 1, 2, 3, ……が適切に選定されるならば，隣接細胞からの 1 つの細胞の独立度は，頂点の高さによって示される（例えば，$indep|3, 4| = indep|C', C''|$）。この値は "境界の強さ" $bo(C', C'')$ とよばれる（図 59 の頂点の高さは図 57 の対応する飛躍の高さと同じでなくてもよい）。

自然的諸部分を数学的に示すための第 3 の，しかもおそらく最も十分な方法は以下のようなものである。同一領域のそれぞれの内部で，どれか 2 つの下位領域 1, 2（$1^a, 2^a$）の独立度は値 k 以下であるけれども，違った 2 つの領域内

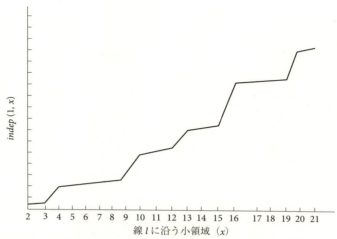

図 57 自然的下位部分を含む全体内の諸領域の独立度。グラフは図 55 に表現された全体を表す。それは領域 1 からの領域 2, 3, 4 の独立度（$indep|1, x|$）を示す。このカーヴは図 56 に見られない特定の段階を示している。

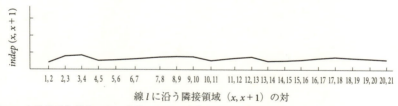

図 58 自然的下位部分のない全体における隣接領域の分化度。グラフは図 54 に表現された全体を表す。線に沿う一領域 x の次の領域（$x + 1$）からの独立度（$indep|x, x + 1|$）をこのグラフは示す。

の下位領域からどの対（1^a, 1^b, ……）をとってもその独立は k よりも大きいというように，全体内で a, b, ……領域が区別できるならば（$indep|1^a, 2^a| < k$ および $indep|1^a, 1^b| > k$），領域 a, b, ……は全体（W）の"自然的部分"あるいは"細胞"（C）である。

（17）全体の分化度（$dif^k|W|$）は，W が諸細胞に分割され，その結果 $indep(x, y)$ $\geq k$ となるような諸細胞（x, y, ……）の最大数である。

上の考察の数学的側面には，技術的改善が必要であるけれども，構想している諸関係の特徴をあげ，それによってある特定の誘導が十分に可能な考察であ

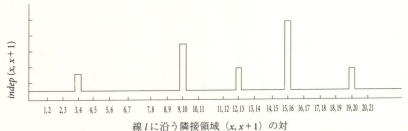

図59 自然的下位部分を含む全体における隣接領域の独立度。グラフは図55に表現された全体を表す。線に沿う一領域 x の次の領域 $(x+1)$ からの独立度（$indep|x, x+1|$）をこのグラフは示す。カーヴのピークは，全体の自然細胞（$C^1, C^2, \cdots$）間の境界に対応する。

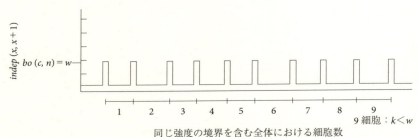

図60 すべての細胞の場合に独立が同様であるような全体の，隣接細胞の独立度。$bo(c, n)$ は c と n の間の境界の強さを示す。w 以下の強さの変化に対応して9細胞が区別できる。

る。

分化の相対性と巨視的および微視的機能水準：一全体内部で隣接細胞 n からの細胞 c の独立度すなわちその機能的境界の強さ（$bo|c, n| = indep|c, n|$）は，全体と全体についても，同じ全体内部においても，相当な強さの開きがあるといえる。一全体内のそれぞれ異なる境界に関して，次のような3つの場合が区別されよう。

ⓐすべての境界が等しい強さを有する，ⓑ少数の強度が特に強い，ⓒすべてがそれぞれ異なった強さを示している。図59と同じ表現の原則を用いて，図60，61，62によって3つの場合は例証できる。

これらの事例は分化概念の相対性を表示する助けとなる。その下位領域が，比較的小さい値 k よりも低い程度の独立を示すような細胞の特徴が分化ということである。巨視的見地からいえば，ある値 k は小さいかもしれないが，微視

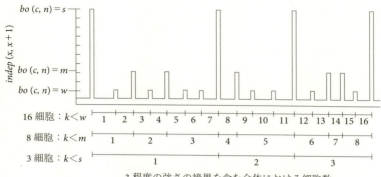

図 61 細胞と細胞を比べると独立を異にする全体の，隣接細胞の独立度。$bo(c, n) = w$ は少量の独立に対応する弱い境界を示す；$bo(c, n) = m$ はミディアムの境界；$bo(c, n) = s$ は強い境界である。w 以下に細胞状態が変化すれば 16 細胞が区別できる。w よりも大きく m よりも小さい変化であれば 8 細胞が区別できる。m よりも大きく s よりも小さい変化であれば 3 細胞が区別できる。

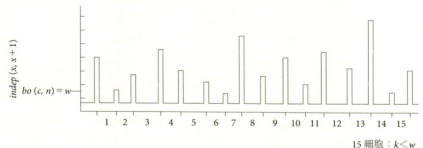

さまざまな強さの境界を含む全体

図 62 さまざまの境界の強さを含む全体の隣接細胞の独立度。w 以下の強さの変化の場合に，15 細胞が区別できる。

的な詳細にわたり分析すればこうした値は小さくないであろう。いいかえれば，2 つの下位領域が同一細胞に所属するか否かは，値 k に左右される。k 値は m よりも比較的大きい値をとるというような巨視的見地からいえば，図 61 ではまだ足らないかもしれない。$s > k > m$ というような場合には，3 細胞だけが区別可能であろう。一方，微視的見地（$k < w$）からいえば 16 細胞が区別可能であろう。

このことから分化度は k の減少関数である，という結果になる。

付録　全体，分化および統一性の概念分析　　303

(10) $dif^*(W) = F(\frac{1}{k})$　F は増加関数を意味する[訳注2]。

　しかしながら，値 k の増加に伴って，分化度は必ずしも減少するとは限らないような例を図 61 は示している。w 以下のすべての値 k について，全体の分化度は同じままである。w 以下の値から w 以上の値に k が変化すると，分化度は急激に減少する。k の値が w 以上 m 以下の場合には，分化度もコンスタントであるけれども，k の変化が m 以上の値をとると，分化度は，また低下する。そしてしまいに，$k > m$ だが $k < s$ の値になった場合，分化度は不変になる。換言すれば，k の変化が分化度（$dif^*|W|$）に影響するのは，細胞の境界の強さ独特の値を k が超過するときに限られる。したがって，このような所与の境界値 $bo(c, n) = indep(c, n)$ が，全体について自然的巨視的見解と自然的微視的見解と呼ばれるものを決めているということになる。

　すなわち，図 60 に示された例では，$k < bo(c, n)$ ならば 9 細胞であるが，$k > bo(c, n)$ ならば全体は未分化だということになる（後節参照）。

　分化の定義の意味の 1 つは，図 63 で示される。境界の強さ（$bo|c, n|$）はすべての細胞で同一だと仮定する。この場合 $k < bo(c, n)$ ならば $dif^*(W) = 22$ である。k が $k > bo(c, n)$ というように増大すれば，定義に従って全体は未分化となる。それは，細胞として必要な注文を満たす全体内の領域がないからである。

　しかしながら，隣接していない領域のことを考えた場合，$bo(c, n) < k \leq 2bo(c, n)$ ならば，その独立は k よりも大きい W で，7 領域が発見できる。比較的硬度の低い細胞だと規定して，$dif^*(W) = 7$ だということができる。このような規定の意味は研究されたことがなかったが，この規定がたまたますぐれたものだと判明する可能性はある。現在のところ 2 つの規定の実験的な意味合いは同じである。

　図 62 では，k が次の比較的高い $bo(c, n)$ の値に代わるときはいつでも，分化度は低下する。すなわち k の増大と相対的にその低下が継続する。

　心理学的にいえば，人は，図 61，図 62 によって指示されるような性格をおそらく有する全体である。

　このように考察すると，古い論争を解決するための手段になるかもしれない。全体内部でいくつの諸部分を区別できるかについて，たくさんの心理学者や哲学者は，それはまったく任意の事柄だと主張してきた。反対の見解をとった心

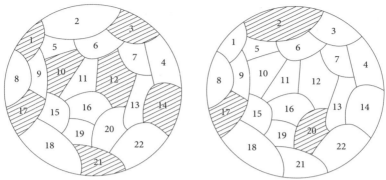

図63 k の関数としての分化度。k 値が諸細胞間の境界の強さ（$bo|c, n|$）に対応した値以下であれば、22細胞を包含する全体 W（$dif^*|W| = 22$）を左の図は表現する。$k > bo(c, n)$ であり、同時に $k < 2bo(c, n)$ であるならば、7細胞 1, 3, 10, 12, 14, 17, 21 が区別できる。$2bo(c, n) < k < 3bo(c, n)$ というように k がさらに増大するならば（右手の図）、分離した細胞数は3（2, 17, 20）に低下する。すなわち $dif^*(W) = 3$。はじめの場合には、直径はどれか2細胞、例えば $e_{1, 22}$ 間の最大距離に等しく、$dia(W) = 5$ である。第2の場合には、$e'_{1, 14}$ に等しく、$dia(W) = 2$、第3の場合には、$e''_{2, 20}$ に等しく $dia(W) = 1$（公式20を見よ。全体内のどれか2細胞間の極大距離を全体の直径という）。

理学者もある。両者の見解がある程度まで正しいことはわれわれの分析によって指摘される。全体の諸部分数は特定値 k に関連してのみ決定しうるのであって、この値は任意に規定しうるものである。しかしながら、この値が与えられると、細胞数は全体の自然的諸部分の境界の強さに左右される。さらに大切なことは、全体の分化度が k の特定値に伴ってだけ変動するということである。このような値は、任意には決定できない細胞の境界の強さにまったく左右されるものである。

B. 全体の単純な統一と分化度

全体の単純な統一度の定義と自然的全体の概念：全体の単純な統一の程度（$si\ uni|W|$）を次のような仕方で定義することができるのだが、それは上に特徴をあげたような単純な依存関係に基づく統一の場合についてである。W における領域 x と y のすべての対の依存関係の程度を比較して、次のように定義する。

(11) $si\ uni(W) = dep^{min}(x, y)$

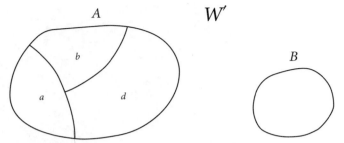

図64 自然的全体の統一度。全体 W' は領域 A と B を包含する。A は a, b, d を包含する。

x と y は W の 2 領域のどれかである。(14) から (11) は (11a) と等価だということになる。

(11a)　$si\ uni(W) = \dfrac{1}{indep^{max}(x, y)}$

特定の全体の場合には，$indep^{max}(x, y)$ は Ch によって指示される。(11) から，全体のどの部分かが Ch よりも大きな量の変動を来たすと，全体のすべての部分が影響を受けるという結果になる。

(11b)　$ch(x) > Ch$ であれば，$ch(y) > \varepsilon$ で，x と y は W 内のどれか 2 つの細胞である。

全体の統一の定義は次のような意味をもつ。全体 W' は図 64 における領域 A と B の総体として任意に決められる。$interdep(a, b) = 100$; $interdep(a, d) = 100$; $interdep(b, d) = 100$ というように A は高度に相互依存する領域 a, b および d からなる場合があるが，B と a（あるいは A のどれかの部分）との相互依存は例えば $interdep(B, a) = 2$ のように低いことがありうる。この場合，W' の統一度はまた低いわけで，すなわち，$si\ uni(W') = dep^{min}(x, y) = 2$。次の全体 W'' は図 65 のような領域 A, B, C, D の総体だと規定される。これらの領域のお互いの相互依存は，再度 2 に等しいことがあり，この場合 $si\ uni(W'') = 2$。換言すれば，W' と W'' の単純な統一の程度は等しい。もちろん，W'（図64）における領域 B が除去されると残りの (A) の単純な統一はずっと高くなるであろう（$si\ uni|A| = 100$）。一方，W''（図 65）の領域 B を除去しても，残り (A, C, D) の統一度は変わるまい（$si\ uni|A, C, D| = 2$）。

全体 W' と W'' は任意に決められた全体の例である。そこで，2 全体（A と

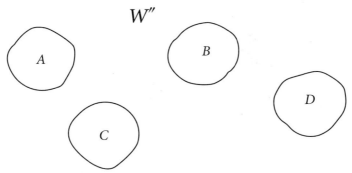

図 65 自然的全体の統一の程度。全体 W'' は領域 A, B, C, D を包含する。

B) の W' の場合と 4 全体の W'' の場合について話を進めるのが順当である。自然的全体を次のように定義することができる。

(18) もし $dep(x, y) > dep(x, z)$, ただし, x と y は W 内部のいずれかの 2 領域のことであり, $x \subset W$, $y \subset W$ であって, $Z \cdot W = 0$ (z は W 以外の領域) ならば, W は自然的全体であるといえる。

換言すれば, 自然的全体内部のどの部分間の依存関係の程度をとっても, 全体外のどれかの部分と一領域間の依存度よりも大きい。

このことから, 自然的全体 W と外部 Ou との境界が, W のどれか任意の下位部分 p の周囲の境界よりも強いといえる。すなわち,

(18a) $bo(W, Ou) > bo(p, n)$

ただし, $bo(p, n)$ によって W の残部と p は分離される。

自然的細胞からなる全体にもどって, 公式 (10) からの結果として次のように述べることができる。

(19) 自然的全体の場合には k 値が決定できるが, したがってこの k に対応して全体 W は, 未分化であるということになる。換言すれば, 自然的全体を 1 つの細胞と見なすことができる。(19) は, (19a) $bo(W, Ou) > bo(c, n)$ の叙述に等しい。ただし $bo(c, n)$ によって細胞 c は W の残部から分離される。

叙述 (19) は (18) に由来するものだが, (18) よりも必要性は少ない。例えば, 図 66 に図示される全体はどの内部の境界よりも強い外部の境界をもっている ($indep|W, Ou| > indep|c, n|$)。したがって, (19a) が満たされるような k の

付録　全体, 分化および統一性の概念分析　　307

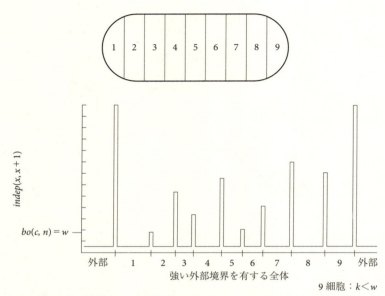

図66 相互のおよび外部からの，自然的全体の諸細胞の独立度

決定は容易である。それにもかかわらず，種々の内部の境界の強さを合計すれば，細胞1と9の相互の依存関係は，細胞9と外部の関係以下になるであろう（$dep|1,9| < dep|9, Ou|$）。この事例では，（18）に従って全体は自然的全体とはいえない〔しかし，自然的全体を定義する命題として必要性の少ない（19a）を使用することが可能であるが，ここではそのような可能性の長所を論じないことにする〕。

叙述（18）と（19）によれば図60，61および62に指示される全体は，自然的全体ではないということになる。図60に表現される例は，9つの自然的全体からなるといえる。図62の例は，1つの自然的細胞ではなしに，3つの自然的全体として考えることができる。

総括して次のようにいうことができる。外部からの独立度が高度であることは，全体内部の諸部分に高度の依存関係があるのと同様に，自然的全体にとっては必要欠くべからざる事柄である。

統一度と全体の分化との間の関係：違った説明は措くとして以下の議論は自然的全体の場合に限定される。すなわち，

1. その隣接部分（n）からの各細胞の独立度は，全体内部のすべての細胞

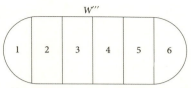

図67 全体の分化，構造，統一。全体 W''' は図13（第5章）に表現される全体 W' と同じ程度に分化している。$dif^x(W''') = dif^x(W') = 6$。しかしながら W' は比較的高度の統一を有する。それは W' では $e^{max}_{x,y} = 1$，W''' では $e^{max}_{x,y} = 5$ だからである。

(x) の場合に同一である（$indep|x, n| = const$）。
2. 同一細胞内部の下位領域の独立は，実際はゼロである。
3. 諸細胞は同じダイナミックな性質を有する（特に，$ch(x)$ によって起こる $ch(n)$ はすべての隣接部分で等しい）。
4. 拡張（spreading）のプロセスに基づいて依存関係が行われる（単純な依存関係）。

このような条件のもとにおいては，全体の統一度は主として2要因に左右される。第1に，他のすべての条件が等しくて，統一度が小であればそれに応じて，隣接細胞の独立性は大きくなる。というのは，$indep(c, n)$ が大きくなるほど，$indep^{max}(x, y)$ は大きくなるからである。

第2の要因は，細胞の数と相対的位置に関するものである。本書第5章の図13は，細胞数に大きな差異があるにもかかわらず（$k < bo(c, n)$ の場合 $dif^x(W'')$ は $dif^x(W')$ の2倍である），2つの全体 W' と W'' が同一の統一度をもつ事実を例証している（$uni(W') = uni(W'') = indep(c, n + 1)$，ただし $n + 1$ は2つの境界〔2ステップ〕によって c から分離された細胞のことである）。

全体 W'''（図67）は W'（図13）と同数の細胞をもつ（$dif^x|W'| = dif^x|W'''|$）。しかしながら，W''' の統一度は W' の統一度よりも小さいことは確かである（$uni(W''') < uni(W') = dep(c, n + 1)$）。細胞の独立および全体の統一の定義にもどって考えるならば，それはすぐ理解されるであろう。隣接部分 (n) からの c の独立度（$indep|c, n|$）は，n の最大限の変化（$ch^{max}|n|$）として定義され，n が c を変化するのは少量 ε 以下にとどまる。自然的細胞の場合にはこのような変化量を $bo(c, n)$ と呼ぶ。図67の細胞1の状態がこのような程度まで変化をきたしても，それによって細胞3は影響を受けないであろう。というのは，3の状態に影響

するには，細胞2の状態が少なくとも，$ch^{max}(n) = indep(3, 2) = bo(c, n)$ という量まで変化しなければならないからである。量 $2bo(c, n)$ まで細胞1が変化すれば，細胞3に十分な影響を与えるかどうかは断定できない。しかしながら，細胞3が影響を被り，そして細胞1が変化して $indep(3, 1) > bo(c, n)$ になるまでに，細胞1の変化量は，$indep(3, 2)$ に等しいかまたはそれ以上の変化を，細胞2で誘発できる程度の大きさであらねばならぬといえる。1の変化がなおさらに大きくなれば，細胞4, 5あるいは6に影響を及ぼせることになる。換言すれば，W''' の一細胞の細胞1との依存関係（$dep|1, y|$）は，1と y の間に比較的多くの細胞がある場合には，比較的小さいということになる。全体の統一度とは，依存関係の最少の細胞の依存度で表せるから，$uni(W''') = dep(1, 6) < dep(1, 3) = uni(W')$ という結果になる[訳注3]。

叙上の条件のもとでは，全体のどれか2細胞 x, y の依存度は，これら諸細胞の一方から他方にいたる通路によって横断される境界の最小限数に左右されるということが以上の考察によって十分論証される。ホドロジカル・スペイスにおいて x と y との距離（$e_{x,y}$）と呼ばれるものにこのような記述の依存度は等しいことになる（例えば，図63の左手のダイヤグラムでは，細胞1と3の距離は2である（$e_{1,3} = 2; e_{1,22} = 5; e_{9,14} = 5$）。換言すれば，$indep(x, y) = F|e_{x,y}|$，ただし F は単調増加関数を意味する。

$e^{max}_{x,y}$ は全体の"直径"と呼ばれる $W < (dia|W|)$。

(20) $x \subset W, y \subset W$ ならば $dia(W) = e^{max}_{x,y}$ [訳注4]

(11a) から，$indep(c, n)$ の一定値の場合に，$si\ uni(W) = F\left(\dfrac{1}{dia|W|}\right)$ という結果になる。

全体内の諸細胞の数と位置，および諸細胞の境界の強さを考慮に入れるならば，全体の統一度は隣接諸細胞の依存関係に応じ増大し，その直径に応じ低下するということができる。

(12) $si\ uni(W) = F\left(\dfrac{1}{bo(c, n), e^{max}_{x,y}}\right) = F\left(\dfrac{dep(c, n)}{dia(W)}\right)$

全体の統一はその分化度に直接左右されないで，その構造（諸細胞の数と位置）に左右されることをこの公式は指摘している。

境界の諸力，分化，および全体の統一：諸細胞の独立度は，特定の変化量という用語で規定される。この変化が緊張の変化であるならば（何か別種の変化

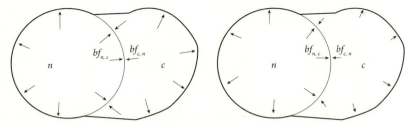

図68 境界力と合成力。n, c は全体の隣接細胞：$bf_{n,c}$ と $bf_{c,n}$ はそれぞれ c に向かって，あるいは n に向かう方向で，c と n の間の境界に作用する諸力である。左手のダイアグラムでは，反対の境界力は強さにおいて等しく，右手のダイアグラムでは，その強さは異なる。

を取り扱わねばならないことがありうるがその際にも），別の細胞の状態に影響しない１つの細胞の境界における諸力の強さに，独立度は相関するといえる。もっと正確にいえば，均衡の状態すなわち隣接細胞における諸力 $bf_{c,n}$ と $bf_{n,c}$ が等しく反対であるような場合があると仮定しよう（図68。左手のダイアグラム）。力 $bf_{c,n}$ が低下（図68。右手のダイアグラム）して $|bf_{n,c}| < |bf_{c,n}|$ の差——これを合成境界力 $bf^*_{n,c}$ と呼ぶ——が特定値に達するや否や，その低下によって c の状態は影響されるであろう。この $bf^*_{n,c}$ の値が大きければそれだけ，これら諸細胞の独立度（$indep|c, n|$）は大きくなる。したがって，隣接諸細胞の独立の定義は，次のように表現できよう[4]。

(13a) $\quad indep(c, n) = bf^{*max}_{n,c} \quad (ch(c) < \varepsilon)$

合成境界力のここでの強さは bf^* によって指示できる。公式 (13a) における bf^* の特定値は，公式 (17) の k の特定値に等しいことは明らかである。したがって，(10) から結果的に次のことがいえる。

(10a) $\quad dif^{bf^*}(W) = F\left(\dfrac{1}{bf^*}\right)$

すなわち，弱い境界力に関連して独立である諸細胞が，諸力の強化と相対的に独立するとは必ずしもいえない。(W) を再分化するのに必要な増大量は，W における細胞の境界（$bo|c, n|$）の強さに左右される。

合成境界力の増大に伴う全体の分化度の低下は，k の変容の効果に類似して，段階的に行われるのが普通である。

図61に表現された全体の事例では，$indep(n, c)$ のおのおのの値に対応する

$bf^*_{n,c}$ の値があると考えられる。$indep(n, c) = w$ は $bf^*_{n,c} = w'$ の値に対応し、$indep(n, c) = m$ は $bf^*_{n,c} = m'$ に対応し、$indep(n, c) = s$ は $bf^*_{n,c} = s'$ に対応すると仮定しよう。しからば、$bf^*_{n,c} < w'$ のとき $dif^{bf^*}(W) = 16$ である。$w' < bf^*_{n,c} < m'$ ならば $dif^{bf^*}(W) = 8$, 最後に $m' < bf^*_{n,c} < s'$ ならば $dif^{bf^*}(W) = 3$ である。

このような例をあげれば、次の点を例証することになる。全体内で（例えば有機体内部で）諸部分を相互に独立にしておくことが、いろいろの理由のために必要だとすると、そのような独立の諸部分の数は、それに相対的に諸細胞は独立であるはずの緊張（合成境界力の強さ）の差異とその緊張状態にある領域の位置とに左右される。一定の全体の分化度が諸力の増大に伴い低下する度合いは、全体内部の自然的細胞の境界の強さと位置に左右される。しかしながら、それに相対的に自然的全体は未分化だと見なければならない合成境界力の強さと、それに相対的に全体が自然的全体として取り扱えなくなるある特定の強さとを決定することは常に可能である [5]。

多様可能性と分化との間の関係を論ずる際に、こうした考察の意味はいっそう明らかになるであろう。

C. 全体の成層

すべての境界が同じ強さを有する自然的全体に議論を限定しよう。それらの機能的類似性に基づいて、全体内部に特定細胞群を区別することができる。このような、全体のうちの比較的包括的な下位部分は層と呼ぶことができる。全体の成層の程度（$stra|W|$）は、その層の数として定義できる。

中心的および周辺的領域：全体 W における 1 つの細胞 c のどれか別の細胞 y からの最大限のホドロジカルな距離 $e^{max}_{c,y}$ を考慮して、種々の程度の求心性（$cent|c|$）の諸細胞を区別することができる。

(21a) $e^{max}_{c,y} = dia(W)$ であれば、c は周辺的細胞である。その求心性の程度はゼロ（$cent|c| = 0$）である。あるいはもっと一般的にいえば、

(21) $e^{max}_{c,y} = dia(W) - m$ ならば、c の求心性の程度は、m である（$cent|c| = m$）。

このような方法で、第 1, 第 2, 第 3……の求心性の程度の諸細胞を区別できる。全体内部で最高の求心性度を有する諸細胞は、最も中心的な細胞と呼ばれる。

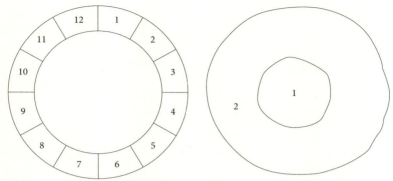

図 69 中心性。左図は 12 の周辺細胞を含み，$dif(W) = 12$，$cent(x) = const = 0$，$cen\ stra(W) = 1$，$inn\ stra(W) = 1$，である。右図は 2 つの周辺細胞を含み，その中 1 つが内部細胞であり，$dif(W) = 2$，$cent(1) = cent(2) = 0$，$cen\ stra(W) = 1$，$inn(1) = 1$，$inn(2) = 2$，$inn\ stra(W) = 2$ である。

求心性の程度が m であるような諸細胞の全体（トポロジカルな総和）は "m 番目の中心層"（$m\ cen\ lay$）と呼ばれる。

(22) m 番目の $cen\ lay$ は $cent(c) = m$ の諸細胞の総体である。$cent(c) = 0$ の諸細胞を含む層は，周辺層と呼ばれる。

全体の "求心的成層の程度（$cent\ stra|W|$）" というのはその諸細胞のうちどれか 1 つの有する最高度の求心性よりも大きい。すなわち求心性度の高いどの細胞よりも大きい。求心的成層の程度が 層（ストレイタム）の数に等しいといえるのはこの定義に拠る。

(23) $cen\ stra(W) = (cent^{max}|c| + 1)$

全体の直径とその諸細胞の最高求心性度との間に関係について，疑問が起こるであろう。例えば，中心的層は連結された領域であるのが普通であろうか。ここでこのような問題の詳細な議論に及ぶことはできないがいくつかの例によって証明すれば足りるであろう。

図 69 の左手のダイヤグラムは周辺的な 12 細胞を包含する全体を表現する。求心的成層度は，1 である。右手のダイヤグラムに表現された全体の場合にも同じことがいえる。細胞 1 は細胞 2 によって取り巻かれているけれども細胞 1 と細胞 2 とは周辺的である。

図 70 の左手のダイヤグラムは，19 細胞を包含する全体を表現する。cen

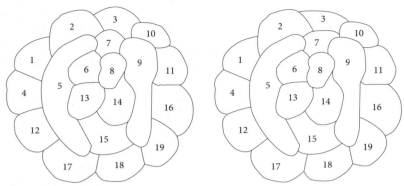

図70 成層した全体。左図においては，$dif(W) = 19$; $dia(W) = e_{c,y}^{max} = 4$; $cen\ stra(W) = 3$; $inn\ stra(W) = 3$ の成層化する全体を示す。1, 4, 10, 11, 12, 16, 19 は周辺層（$e_{c,y}^{max} = 4$），2, 3, 5, 6, 8, 9, 13, 14, 17, 18 は第1中心層（$e_{c,y}^{max} = 3$），7, 15 は第2中心層（$e_{c,y}^{max} = 2$）を構成する。1, 2, 3, 4, 10, 11, 12, 16, 17, 18, 19 は外部層（$e_{c,\,out} = 1$），5, 7, 9, 15 は第1内部層（$e_{c,\,out} = 2$）。6, 8, 13, 14 は第2内部層（$e_{c,\,out} = 3$）をなす。右図は，1細胞の変化が全体内のほかの細胞の位置に及ぼす影響を示す。細胞3と細胞7との間の境界の変化によって，最も中心的な層から，細胞15が除去されて，こんどは細胞7だけになっている。

$stra(W) = 3$。最も中心的な層は2細胞すなわち細胞7と15を包含するにすぎない。この例が連結されていない中心的層の例である。図70に示されるように細胞3の境界をわずかに変化するならば，最も中心的な層は細胞7だけになる。種々の程度の求心性を有する諸層に属する各細胞間の機能的差異は，次のように指摘される。最も中心的な細胞（例えば細胞7）は，どれかの細胞で合成境界力 bf^* が $bf^* > bf^{*max}_{n,\,c+1}$ の値をとる場合に，影響を被るであろう。どれかの細胞で $bf^* > bf^{*max}_{n,\,c+2}$ となった場合には，第1求心性度の細胞（例えば細胞2）が影響されよう。どれかの細胞で $bf^* > bf^{*max}_{n,\,c+3}$ となった場合には，周辺細胞（例えば細胞4）が影響される。換言すれば，ある細胞が中心的であればあるほど，それは全体内部の諸変化によって影響されやすい。そして，この中心的細胞の変化は，全体のほかの細胞全部に比較的容易に影響する。

　内部層（レイヤー）と外部層（レイヤー）：全体外の領域（Ou）からの細胞 c のホドロジカルな距離 $e_{c,\,Ou}$ を考慮すると，内部層と外部層が規定される。

　程度 m の内部細胞について述べると，

　　(24) $(e_{c,\,Ou}) - 1 = m$ ならば $inn(c) = m$

$(e_{c,\,Ou}) - 1 = O$ であれば，c は外部細胞と呼ばれる。外部細胞の総体が，全体の外部層である。

(25) m 番目の *inn lay* とは，$inn(c) = m$ の諸細胞の総体である。全体の"内的成層"度は層(レイヤー)に対応する。

(26) $inn\ stra(W) = (inn^{max}|c|) + 1$

例として図 69 と図 70 を再び論ずるであろう。図 69 の左手の全体の場合には，$inn\ stra(W) = 1$ である。それは外部層だけを包含する。右手に表現された全体は，外部と第 1 内部層を包含する。すなわちすでに見たごとく $cen\ stra(W) = 1$ であるが，$inn\ stra(W) = 2$ である。

図 70 の左手に表現された全体は，内部層と同数の中心層を示す。すなわち $inn\ stra(W) = cen\ stra(W) = 3$。しかしながら，3 つの層は，2 種類の成層をしたきわめて異なった諸細胞からなっている。例えば $cent(cell\ 7) = 2$，$inn(cell\ 7) = 1$; $cent(cell\ 2) = 1$，$inn(cell\ 2) = 0$ である。図 70 の細胞 3 が変化すれば，最も中心的な層に所属する細胞数が変化する。しかしながら，どの細胞も，種々の程度の外的あるいは内的層に所属しているという事実がそれで変更されることはない。

異なる内部層に所属している諸細胞間の機能的差異は，次のようにいえる。すなわち，全体の境界における合力が $bf^{*max}_{Ou}w$ よりも大きくなるや否や，外的層の細胞は影響される。外部からの比較的強い力が，第 1 内部層の細胞に影響を及ぼすために必要であるし，なおいっそう強い力が最も内部の層に影響を及ぼすために必要である。

中心的と周辺的層の成層および内的と外的層の成層間の差異の総合として，細胞が全体内部の任意の場所の変化による影響されやすさおよびこの細胞の変化の全体の残余に対する影響のしやすさを，細胞の求心性度が決定するものだといえる。特定内部層における細胞の位置は，全体の外部の変化によるその細胞の影響されやすさおよびこの細胞の変化の外部に対する影響のしやすさを決定する。

D. 全体において実現できる型の多様性

全体の等質性と異質性：2 細胞 a と b の現実の状態（特質）は，たとえ両細胞が高度に独立していても，等しいことがありうる [$s(a) = s(b)$]。しかしな

がら，2細胞の非類似の最大限度は，それらの独立度に左右される．

(27) $|s(a) - s(b)|^{max} = F[indep(a, b)]$

全体の非等質性（$inhom|W|$）を，W 内部の任意の諸細胞の状態の最大差異として定義することができる（別の定義も可能であろう）．

(28) $inhom(W) = |s(x) - s(y)|^{max}$　一定時において．

すべての細胞が同じ状態にあるならば，$inhom(W) = 0$ であるというのが，この式の意味である．

等質性は次のように定義できる．すなわち

(29) $hom(W) = \dfrac{1}{inhom(W)}$

高度に分化し，かつ成層した全体が，さらに十分に等質である可能性がある．換言すれば，$inhom(W)^{min} = 0$ であるどの種類の全体にもこの事実は妥当する．しかしながら，全体の違いにより，非等質性の最大限度は異なることがある．

全体内部の隣接諸細胞はコンスタントな独立度を伴う自然的全体であって，特定の単独変域を有する状態に再び議論を限定しておく．

(28) と (27) から次のことが結果として言える．

(30) $inhom^{max}(W) = F(indep^{max}|x, y|)$

(11a) と (12) を一緒にして (30) から

(30a) $inhom^{max}(W) = F\left(\dfrac{1}{si\ uni(W)}\right) = F[dia(W), bo(c, n)]$

換言すれば，全体の最大限の非等質性は，その直径と内部境界の強さの関数である．それは全体の統一度の逆関数である．

型の多様性：図 64 に示したように，全体 A が 3 細胞 (a, b, d) を含むことがある．2 隣接細胞の状態間の最大限の差異は g だとする．もし 1 つの細胞の状態が u であれば ($s|a| = u$)，別の細胞の状態も u に等しいことがある ($s|b| = u; s|d| = u$)．あるいはこれら 2 細胞の一方あるいは両方が u と $u \pm g$ の間のある状態を占めていることがある ($u - g \leq s|b| \leq u + g; u - g \leq s|d| \leq u + g$)．全体内部で実現できる種々の細胞の状態の諸々の布置の数は，W における型の多様性（$var|W|$）と呼べる．

型の多様性は全体内部のどれか 2 つの細胞の最大限の差異に左右され，すなわち非等質の最大限度に依存する (30)．(30a) に従えば，型の多様性は直

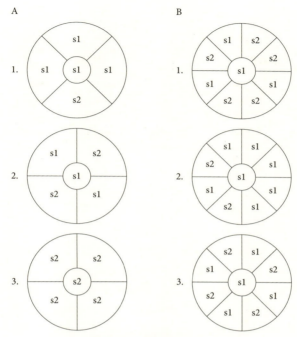

図71 型の多様性と分化度

径と全体の内部境界の強さに依存する $(var|W|) = F|inhom^{max}[W]| = F[dia(W), bo(c, n)]$。しかしながら，内部境界の強さ，直径，成層度が同じであっても，分化度が同じでないと，多様性は別に異なることがある。例えば，図71に表現される全体 A と B で，このことがいえる。$dia(A) = dia(B) = 2$; $cen\ stra(A) = cen\ stra(B) = 2$; $inn\ stra(A) = inn\ stra(B) = 2$, $bo(c, n)^A = bo(c, n)^B$。簡略化するために，S_1 と S_2 によって表した細胞の2つの状態に限り考察することにする。図71に示される (1), (2), (3) の諸相を見ると，これら要因が等しいにもかかわらず，$var(B) > var(A)$ であることが判明する。これは，可能な型の多様性に対しては分化度が重要な要因であるという意味である。

(31)　$var(W) = F[dia(W), dif^k(W), bo(c, n)]$　ただし $k < bo(c, n)$

有機的全体の型の多様性と特定諸部分をコンスタントに保つ効果：有機体内部の変化度は確かに限定されているということを考慮に入れるならば，多少さ

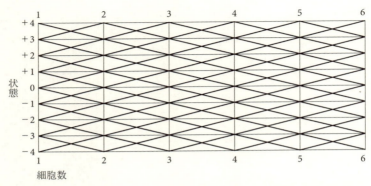

図72 全体の諸部分がコンスタントに保たれた場合の起こりうべき型の多様性。図67のそれに対応する全体における起こりうべき型の多様性をこの図は示す；$var(W) = 1829$。

らに具体的な仕方で，型の多様性の問題を取り扱うことができる。この状態が普通の状態からあまり逸脱すると，生活細胞は崩壊してしまうであろう。

9点尺度を用いて，+4と-4で最高と最低限度を，0によって普通の状態を指示することができる。議論を簡単化するために，連続的変化は考察しないで，9点尺度に対応する状態だけを考察しよう。

図67に対応する単純な全体内部の起こりうべき型の多様性を論じてみよう。隣接諸細胞の状態間の最大限の差異は，コンスタントであって，尺度の1点に等しいとする（$|s(c) - s(n)|^{max} = 1$）。このような状況のもとで，起こりうべき布置の全可能性は，$var(W) = 9 \cdot 3^5 - (2 \cdot 3^4 + 4 \cdot 3^3 + 6 \cdot 3^2 + 8 \cdot 3 + 10) = 1829$ となろう。図72は，左から右へ連続的に進展するカーヴ全部によって，グラフ式にこのような状態の可能性を表現してある。

ある理由のために，細胞1がノーマルな水準0を保持するとすれば，起こりうべき型の数（図73上図）は，$3^5 - 2 = 241$ に減少する。細胞1がそれぞれ±1，±2，±3，±4の水準を保持しているとすると，型の多様性は239, 230, 203, あるいは122 [6] にそれぞれ減少する（図73および74参照）。

換言すれば，コンスタントな水準を保持する細胞の状態がノーマルな点(0)から離脱すれば離脱するほど，起こりうべき型の多様性は小となる。このような多様性の減少は，一水準から次の水準へと次々に水準が変化するのに対応するがこの水準が極限に近づけば近づくほど，その多様性の減少はそれだ

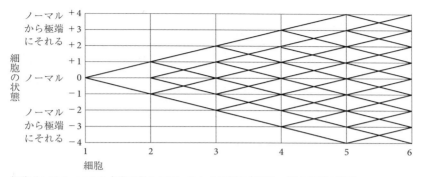

細胞#1がノーマルな水準で保たれているときの型の多様性，異なる型の数は241。

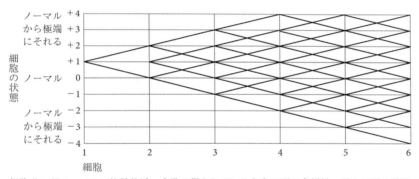

細胞#1がノーマルに比較的近い水準で保たれているときの型の多様性，異なる型の数は239。

図73 2つの異なった水準に細胞1のレベルを制限することが，起こりうべき型の多様性に対する効果。

け大きくなる。2細胞がコンスタントな水準を保持する場合，型の多様性はそのうえさらに減少する。例えば，細胞1と4がノーマルな水準を保持する場合，型の多様性は63に減少する（図75）。細胞1と4が±4の水準を保持する場合には，どの細胞もコンスタントに保たれていない場合のもとの $var(W) = 1829$ に比べ20に低下する。

全体の残余の細胞の状態は，周辺的な細胞に依存するよりも求心的細胞に比較的依存するということが指摘されてきた。したがって，型の多様性は，もし周辺的細胞よりもむしろ中心的細胞が，一定水準を保持するならばそれだけ余計に，低下するはずだということが期待されよう。しかしながら，この状態

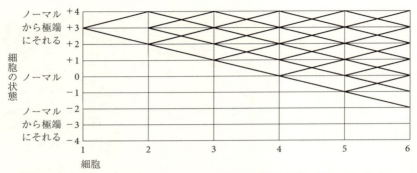

極限に比較的密接近い水準に細胞#1が保たれた場合の型の多様性，異なる型の数は203。

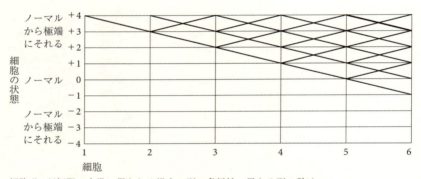

細胞#1が極限の水準に保たれる場合の型の多様性，異なる型の数は122。

図74 2つの異なった水準に細胞1のレベルを制限することが，起こりうべき型の多様性に及ぼす効果のさらなる例証。

は必ずしも正しいとはいえない。例えば，図67の単純な構造の場合にはそれがあてはまらない。細胞4は細胞1よりもさらに中心的である。しかしながら，細胞4がノーマルな水準0でコンスタントに持続するとすれば，あたかも周辺的細胞1がこの水準で持続したかのように，残余の型の多様性は同一で，すなわち243である。

それにもかかわらず，周辺的細胞よりもむしろ中心的細胞がノーマル水準から十分に隔たったところで持続するとすれば，型の多様性はさらに減少するという事実は，もっと複雑な全体の場合に妥当するのが普通である。一定状態に保たれた細胞の数，ノーマルな状態からの隔たりの増大，および極限のレベル

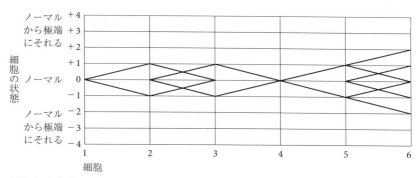

細胞#1と細胞#4とがノーマル水準に保たれた場合の型の多様性。

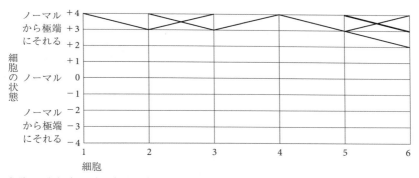

細胞#1と細胞#4とが極限の水準に保たれる場合の型の多様性。

図75 細胞1と4のレベルを特定水準に制限することが，起こりうべき型の多様性に及ぼす効果．上の図では $var(W) = 63$．下の図では $var(W) = 20$．

におかれた諸細胞の中心性度の増大に伴って，型の多様性は低下するということをこの例は指摘している．変異性の低減の条件に関して一般的叙述をする前に，種々の構造や分化度を示す全体のさらに詳細な数学的分析が必要である．心理学，生物学，そしてまた種々の社会集団の変異性の研究にも，この問題は一番重要なものであるはずである．

E. 型の多様性と退行

行動の多様性の減少が退行の徴候であり，行動の多様性には全体において実現可能な型の多様性が前提になるとすれば，退行が起こるはずの特定条件を述

べることができる。

1. 全体のほぼ大部分がコンスタントな状態に定着すると退行現象に陥る。

しかしながら，多様性がこのように減少しても，1つの周辺的細胞に限りノーマルな水準が保持されている場合には，その減少はきわめて僅少のはずである。図67で言及した全体が6細胞ではなくて20細胞を包含するとすれば，細胞1がノーマルな水準に定着しても，$var(W''')$の場合，それは実際上無意義であろう。諸細胞がコンスタントに保たれておればそれほど，諸細胞が中心的であればそれほど，諸細胞の状態がノーマリティの状態から離反すればそれほど，退行現象の度合は大きくなるはずである。

人の特定諸部分がコンスタントな状態に保持される事態はよく起こることである。例えば，満たされない欲求は，特定の人間内部のシステムの比較的コンスタントな緊張状態に対応する。環境からの圧力によって個人あるいはその人の部分は一定の緊張状態におかれることがある。人が特定操作を講じていると考えられる際には，個人の特定諸部分を一定変域内の状態に保っておくことがたびたび必要になる。

人の目覚めているすべての，あるいは少なくともたいていの状況というものは，その多少広範囲にわたる部分の状態をある限度の変域内にとどめておくことが必要である（ある見方をすれば，睡眠中にはこのような状態はおそらく大変成立しにくいであろう）。しかしながら，このような状況は退行とは呼べない，というのは，現状よりも高い発達の状態を人は実際に現したことはなかったからである。ところが，然様な外部要請がきわめて拡大されると，例えば人の相当の部分を占有するある決まりきった仕事で個人が毎日忙殺されるということになると（すなわち，その部分を特定状態またはその継続にしておく），その人は退行のある徴候を示すであろう。それにもかかわらず，このような占有された領域があまり広範囲にわたらない限りでは，周辺的な層だけが影響されている限りでは，また隣接細胞の独立度（内部境界の強さ）が十分であれば，このような退行は比較的小さいであろう。

われわれの公式に基づくこのような結論は，心理学的飽和に関する実験と驚くべきほどよく一致している。同じ活動が何回も繰り返される状況で飽和は起こるであろう。すなわち，人のある領域が多かれ少なかれコンスタントな状態に保持されるような状況である。過飽和の顕著な徴候が退行の典型的な事例だ

とよくいわれる。例えば，比較的大きい単位がだんだん小さな部分に分化する。活動を十分に周辺的なものとしておけば飽和は起こらないということが実験によってわかっている。快不快の活動両者共，中性の活動よりもいっそう迅速に飽和にいたる。両者の場合に，比較的中心的な領域が触発され，したがって人の比較的大きな領域が固定状態で持続するのが実際である。中心性を増すようなほかの何ごとも飽和速度を早めるように思われる。飽和の速度は子どもでは比較的大きい。子どもたちの分化は少なく，細胞の独立は低度であることは事実である。隣接細胞の独立が比較的大きい（共飽和およびそのほかの徴候によって測定される）精神遅滞の人たちは，同一程度の分化を内蔵する比較的年少の子どもたちよりも，もっと緩徐な飽和を示す（第10章参照）。

　情緒的緊張が増大して，その緊張が特定水準に達したとき著しい退行に至るはずだということが，われわれの以前の議論から期待される。これはデムボー(Dembo)[7]による以前の研究によって展開された理論であり，その理論はここにあげた実験や研究結果とよく一致している。

　境界の強さが低下するならば，退行現象が起こると期待されるはずである。疲労がその例であって，ゼイガルニークによれば，人が緊張体系を形成し，あるいは保持することのできないような比較的流動的な状態に疲労は対応している（類似の緊張保持の不可能な状態は，周辺的活動が続行された場合のシゾフレニーの患者で観察された）。

　こうした事例の全部で，型の多様性に加えて，別の要因が役割を演じていることはいうまでもない。

　2. 型の変容の限界は2つのどちらかといえば明白な要因群に基づくということが注目されねばならぬ。第1群では，分化度，全体の直径，および細胞の境界の強さが取り扱われるはずである。第2群では，細胞の崩壊を招来せずに，保持できる状態のスコープが取り扱われる。

　ある特定の発達傾向の見方では，両者の要因が特に明らかに区別されねばならぬ。第1要因（分化，境界の強さなど）に関しては，成人は子どもよりも明らかに変異性が大きい。第2要因に関しては，しかしながら，若い有機体の細胞は崩壊することなしに，比較的広範囲にわたって正常状態から相違することが可能であって，比較的若い人はしたがって比較的大きな変異性を現すという事実の徴候が指摘できる。正常からの逸脱しないでおく耐性が比較的強いことに

よって，いっそう成熟する人は比較的分化が大きく，分化したものは成層し，かつその人の細胞の境界の強さは比較的大きいことに由来する型の多様性の増大が阻止されているに違いないとすれば，その耐性はきわめて顕著なものであるはずだ（実際に考えられる状態よりもずっと強い）ということをわれわれの例は示している。

体制的依存と全体の体制的統一

体制的依存と統一の議論を 2，3 の一般的考察に限定して進めよう。

A. 体制的依存関係

の程度または 2 領域 a と b の独立を単純な依存関係と同じ仕方で，すなわち別領域を変化するために一領域で必要な変化量だと述べることにより定義を下すことは可能だとは思えない。体制的依存関係の場合に，a の重要特性は，b における状態変化を誘発するその支配力である。そしてこの支配力は，b に影響を及ぼすのに必要な a における変化量には何ら直接の関係をもたないように思われる。a において b により誘発される最大変化（$i^bch|a|^{max}$）として，b に対する a の体制的依存関係（$org\,dep|a,b|$）のことが定義できる。

$$(32)\quad org\,dep(a, b) = i^bch|a|^{max}$$

(32) と (13) との間の違いは，単純な依存関係と体制的依存関係の間の差異を表現する。後者の場合にはそうではないが前者の場合には，依存領域の状態は等しいという傾向が存在する。

依存関係の類似のタイプが社会心理学に存在するということをわれわれは述べた。誘発された変化よりもむしろ誘発された力を参照するならば，a におよぶ b の一定の支配力（$pow\,b/a$）は，b が a において誘発しうる最大の力の指数（$i^bf_{a,x}^{max}$）として，また a が試みうる最大のレジスタンス（$f_{a,x}^{max}$）として定義される（a が b の意志によって移行するはずの領域を x は指示する。$f_{\overline{a,x}}$ は $f_{a,x}$ に反対方向の力を示す）。

$$(33)\quad power(b/a) = \frac{i^bf_{a,x}^{max}}{f_{a,x}^{max}}$$

誘発された力と誘発された変化との間に密接な関係があるという合理的な仮

定ができるならば，(32) と (33) は等価であろう．

B. 頭部と手先

力学的全体を参照して，指導領域は"頭部"(h) = head，指導される領域は"手先"(to) = tool だといえる．この頭部と手先は次のような公式で定義できる．

(34)　$pow(h/to) > pow(to/h)$

値 $pow(h/to)$ が大きければ大きいほど，頭部が手先のこのような変化を望みどおり誘発することはいっそうたやすくなる．例えば，多くの下位領域を包含する手先を考察してみよう．下位領域の位置の相互に行われる変換されやすさは，被誘発諸力に抗して手先に作用する規整力の強さと対比された，頭部によって誘発される諸力の強さに依拠する．

C. 体制的統一

全体の体制的統一（$org\ uni|W|$）を，次のような仕方で定義することが可能である．

(35)　$org\ uni(W) = pow(hh/(W - hh))$

換言すれば，全体の体制的統一は，全体の残余（$W - hh$）に及ぶ最強の頭部（hh）の支配力に関係する．別の要因が加えられねばならないが，公式 (35) ははじめ考えられる近似値として適切に役立つであろう．

すべてが同一支配力を有する諸細胞からなる全体では，全体の体制的統一は小さい．全体の残余に対比されるどれか一細胞 c の支配力（$power\ c/(W - c)$）が小さいからである．

残余は弱い支配力しかもたず，1つの強い頭部を含む全体を取り扱えば，高度の体制的統一の簡単な事例になる．手先領域がきわめて多数の場合に，多数の下位リーダー（下位の頭部，sh）を使えるならば，頭部の有効支配力はいっそう大きくなるであろう．

全体が2つあるいはそれ以上の独立する頭部を含むとすれば，全体の体制的統一はかなり縮小するであろう．2つの頭部が敵か味方かということが重要であることはいうまでもない．しかしながら，2力が協働する限り，味方のものにプラスした頭部自体の支配力の場の強さが，最強の頭部の支配力だと解釈す

れば，公式（35）はおそらく正しいであろう。

われわれがこのような仕方で独立の頭部を理解するならば，次のように述べることができるであろう。

(36) $\ org\ uni(W) = F\left(\dfrac{1}{n(h)}\right)$　ただし $n(h)$ は独立の頭部の数を意味する。

換言すれば，ほかのすべての事柄が等しければ，全体の体制的統一の度合いは独立の頭部の数に逆の関係にある。人の体制的統一度には，重要な個人差が存在するように思われる。ある個人では，1つ，あるいは若干の欲求がほかの欲求を抑圧するに十分なほど強力であるように思われる。このような事例では，比較的高い一般的緊張水準の存在が期待できる。どちらかといえば違ったタイプの人の統一が成就されるのは，比較的等しい支配力をもつ多数の頭部が，比較的民主的な仕方で体制化される場合である。このような事例では，全体の一政策-決定部門（H）に連結した頭部群が，その階層的組織の首位を占めている。この H が1つの領域として考えられるならば，1つのまったく強力な細胞は全体に存在しないけれども，全体の統一度は高い。比較的調和的でかつのんきな人は，このようなタイプの内部体制を現すことがある。

D. 発達中および退化の際の体制的統一

発達は分化を含む。ほとんど同じ力をもつ多数の諸部分に達すると，分化の結果，体制の統一度は（35）に従って低下する。頭部の出現は体制的統一度を増大するはずである。

頭部領域が2つあるいはそれ以上の独立の頭部 h^1, h^2, h^3 に再度分化すると，これら頭部のおのおのは手先領域に比較して強力であるから，$pow(h'/(W - h'))$ の値はずいぶん低下し，したがって（36）により体制的統一度もまた低下するはずである。発達中に中心的欲求の分化が増大して，人の体制的統一の低下をまねくことがよくあるということを述べた（第5章）。しかしながら，頭部の1つが優勢であるように，あるいは以前の頭部に下位の頭部の役割を付与するような新しいより高位の頭部（hh）が出現するような仕方で，分化が進捗するならば，全体の統一度は（35）と合致して再度増大するであろう。このような事例でも，全体の階層的体制度は増大している。

体制崩壊の意味の退行は，たくさんの相反する頭部（欲求）が増す場合に期

待されるはずである。というのは，(36) と合致して，全体の体制的統一はそのとき低下するはずだからである。手先領域の流動性が少なくなると，体制的統一度もまた多少低下する。一般的緊張水準が高すぎるか，あるいは相剋する諸力によって同時に手先が支配されると，このようなことになるであろう。

注

[1] いろいろの度合いの"経験的依存関係は，プロバビリティの考えを導入することによって説明できる"ということをグレリング（Grelling）とオッペンハイム（Oppenheim）はたまたま述べている。このような定義によれば，その規則性によって（最高の程度を表すのに，相関が1だとがあるいは"合則的である"というようなことで）依存関係のいろいろの度合いが区別されるのだと想定される。いまの研究の場合の依存関係の程度という用語は，依存関係の規則性の程度のことをいっているのではなくて，一部分の変化量のことをいっているのであって，その部分がほかの部分に効果を及ぼすことには関わりがない。われわれはここで，少程度の依存関係の場合にも，厳密な"合則性"を仮定することにする。Grelling, K. and Oppenheim, P.: Der Gestaltbegriff im Licht der neuen Logik, *Erkenntnis*, 1938, 7, 211-224 を見よ。

[2] 付録の命題は第5章のものに続けて番号がつけられている。

[3] ここにあげた場合が原則的な結果だとは考えないで，わずか2次元領域だけによって，ここでは全体を表現する。ゼロ次元の領域（点）によって，全体を表現することは好郁合ではないのが普通である。それは，全体内で諸部分を区分することが要請されることが多いからである。一部分内で下位諸部分を区分したいと思うとき，全体の諸部分はまたゼロ次元以上であることを必要とする。1次元領域で表した境界は，多数の不連続点に等しいのが普通である。たいていの心理学的境界の場合に，これで十分な表現となる。さらに，緊張に対応する諸力を表現する場合には，1次元領域では不十分である。

[4] 物理学では，$bf^{*max}_{n,c}$ の値は絶対的な緊張水準とは無関係であることが多い。この公式が始終妥当するとは仮定できないために，$bf^{*}_{n,c}$ の特定開始水準について述べてある。

[5] 統一度（$uni|W|$）はこれら諸力の関数であるとはいえない。直径 $dia(W)$ は bf^* または k に伴って変化するということは正しい。しかしながら，bf^* または k の値に相対的に W 内部の細胞が規定されるがその値がどうあろうと，一定の自然的 W に対して，

$$uni(W) = F\left(\frac{dep(c, n)}{dia(W)}\right) = const$$

の公式は妥当するように思われる。
[6] このような単純な構造をもつ全体の場合の一般的公式は，細胞1がコンスタントに保たれたとして次のようになる。$var = 3^{n-1} - (3^{n+a-l-2} + 3^{n+a-l-3} + \cdots + 3^0) - (3^{n-a-l-2} + 3^{n-a-l-3} + \cdots + 3^0)$，ただし n = 細胞数，$\pm a$ = 細胞1の状態のノーマルに比した差異，l = ノーマルに比べた細胞状態の差異の最大可能性。
[7] Dembo, T.: Der Ärger als dynamisches Problem. *Psychol. Forsch.*, 1931, 15, 116-120.

訳注

[1] 読者の便宜のために，垂直線が付録の副次挿入のところで使用されることがあるが，このようなふうに使用しても，それらは，レヴィンの公式のある種のもののように，概念的要素の量を示すものではない。
[2] 全体の分化度は，その細胞が2つの別細胞として考えられねばならぬ独立度（k）に依存し，2つの値は逆の関係にある。独立度は境界の強さ $bo(c, n)$ で表す。
[3] $uni(W''') = dep(1, 6) \rightarrow e_{x,y}^{max} = 5$，$uni(W') = dep(1, 3) \rightarrow e_{x,y}^{max} = 1$，$indep(x, y) = F|e_{x,y}|$

$\therefore \quad dep(x, y) = \left(F\dfrac{1}{e_{x,y}}\right) = F\left(\dfrac{1}{dia(W)}\right)$

したがって $uni(W') > uni(W''')$
[4] x 細胞から y 細胞に至る通路によって横切られる境界の最少数が，x, y の距離 $e_{x,y}$ であって，それが全体内で最大であれば直径という。

参 考 文 献

第 4 章

1. Ach, N.: *Über den Willensakt und das Temperament: Eine experimentelle Untersuchung* (Leipzig: Quelle und Meyer, 1910).
2. Adams, Donald K.: A restatement of the problem of learning, *Brit. J. Psychol.*, 1931, 22, 150-178.
3. Barker, R., Dembo, T., and Lewin, K.: Frustration and regression: An experiment with young children, *Univ. Iowa Stud. Child Welf.*, 1941, 18, No. 1.
4. Bavelas, Alex: Morale and training of leaders. In G. Watson (Ed.): *Civilian Morale* (Boston: Houghton Mifflin Company, 1942).
5. Bergmann, G., and Spence, K.: Operationism and theory in psychology, *Psychol. Rev.*, 1941, 48, 1-14.
6. Brooks, F. D.: *Child Psychology* (Boston: Houghton Mifflin Company, 1937).
7. Buxton, C. E.: Latent learning and the goal-gradient hypothesis, *Contr. Psychol. Theor.*, 1940, 2, No. 2.
8. Dollard, J., Miller, N. E., Door, L. W., et al.: *Frustration and Aggression* (New Haven: Yale University Press, 1939).
9. Duncker, K.: Experimental modification of children's food preferences through social suggestion, *J. Abnorm. & Social Psychol.*, 1938, 33, 489-507.
10. Farber, M. L.: Suffering and time perspective of the prisoner, *Univ. Iowa Stud. Child Welf.*, 1944, 20, 153-228.
11. Festinger, Leon: A theoretical interpretation of shifts in level of aspiration, *Psychol. Rev.*, 1942, 49, 235-250.
12. Festinger, Leon: Wish, expectation, and group standards as factors influencing level of aspiration, *J. Abnorm. & Social Psychol.*, 1942, 37, 184-200.
13. Frank, J. D.: Some psychological determinants of the level of apiration, *Am. J. Psychol.*, 1935, 47, 285-293.
14. Frank, J. D.: Experimental studies of personal pressure and resistance, *J. Gen. Psychol.*, 1944, 30, 23-64.
15. Frank, L. K.: Time perspectives, *J. Social Philos.*, 1939, 4, 293-312.
16. Goldstein, Kurt: *The Organism* (New York: The Macmillan Company, 1939).
17. Gould, Rosalind: An experimental analysis of the "level of aspiration", *Genet. Psychol.*

Monogr., 1939, 21, 3-115.
18. Heider, Fritz: Environmental determinants in psychological theories, *Psychol. Rev.*, 1939, 46, 383-410.
19. Hilgard, E. R., and Marquis, D. G.: *Conditioning and Learning* (New York: D. Appleton-Century Co., 1940).
20. Hilgard, E. R., Sait, E. M., and Magaret, G. A.: Level of aspiration as affected by relative standing in an experimental group, *J. Exper. Psychol.*, 1940, 27, 411-421.
21. Hoppe, Ferdinand: Erfolg und Misserfolg, *Psychol. Forsch.*, 1930, 14, 1-62.
22. Hull, C. L.: The problem of stimulus equivalence in behavior theory, *Psychol. Rev.*, 1939, 46, 9-30.
23. Humphreys, L. G.: The effect of random alternation of reinforcement on the acquisition and extinction of conditioned eyelid reactions, *J. Exper. Psychol.*, 1939, 25, 141-158.
24. Jucknat, Margaret: Leistung, Anspruchsniveau und Selbstbewusstein, *Psychol. Forsch.*, 1937, 22, 89-179.
25. Kalhorn, Joan: Values and sources of authority among rural children, *Univ. Iowa Stud. Child Welf.*, 1944, 20, 99-151.
26. Karsten, A.: Psychische Sättigung, *Psychol. Forsch.*, 1928, 10, 142-254.
27. Katona, George: *Organizing and Memorizing* (New York: Columbia University Press, 1940).
28. Keister, M. E.: The behavior of young children in failure: An experimental attempt to discover and to modify undesirable responses of preschool children to failure, *Univ. Iowa Stud. Child Welf.*, 1937, 14, 28-82.
29. Köhler, Wolfgang: *The Mentality of Apes* (New York: Harcourt, Brace & Co., 1925). （宮孝一訳，1938『類人猿の知恵試験』岩波書店）
30. Köhler, Wolfgang: *Dynamics in Psychology* (New York: Liveright Publishing Corporation, 1940). （相良守次訳，1951『心理学における力学説』岩波書店）
31. Koffka, Kurt: *The Growth of the Mind* (New York: Harcourt, Brace & Co., 1925). （平野直人・八田真穂訳，1943『発達心理学入門』前田書房）
32. Koffka, Kurt: *Principles of Gestalt Psychology* (New York: Harcourt, Brace & Co., 1935). （鈴木正弥訳，1988『ゲシュタルト心理学の原理』福村出版）
33. Krechevsky, I.: Brain mechanisms and variability I, II, III, *J. Comp. Psychol.*, 1937, 23, 121-138, 139-163, 351-364.
34. Lashley, K. S.: Learning I: Nervous mechanisms in learning. In Carl Murchison (Ed.): *Foundations of Experimental Psychology* (Worcester: Clark University Press, 1929).
35. Lewin, Gertrud, and Lewin, Kurt: Democracy and the school, *Undersanding the Child*, 1941, 10, 7-10.
36. Lewin, Kurt: Die psychische Tätigkeit bei der Hemmung von Willensvorgängen und das

Grundgesetz der Assoziation, *Ztschr. Psychol.*, 1917, 77, 212-247.
37. Lewin, Kurt: Das Problem der Willensmessung und das Grundgesetz der Assoziation, *Psychol. Forsch.*, 1922, 1, 65-140, 191-302.
38. Lewin, Kurt: *A Dynamic Theory of Personality* (New York: McGraw-Hill Book Co., 1935).（相良守次・小川隆訳，1957『パーソナリティの力学説』岩波書店）
39. Lewin, Kurt: *Principles of Topological Psychology* (New York: McGraw-Hill Book Co., 1936).（外林大作・松村康平訳，1942『トポロギー心理学の原理』生活社）
40. Lewin, Kurt: The conceptual representation and measurement of psychological forces, *Contrib. Psychol. Theor.*, 1938, 1, No. 4.
41. Lewin, Kurt, and Lippitt, Ronald: An experimental approach to the study of autocracy and democracy: A preliminary note, *Sociometry*, 1938, 1, 292-300.
42. Lewin, K., Lippitt, R., and White, R. K.: Patterns of aggressive behavior in experimentally created "social climates", *J. Social Psychol.*, 1939, 10, 271-299.
43. Lewis, H. B.: Studies in the principles of judgments and attitudes: II The influence of political attitude on the organization and stability of judgments, *J. Social Psychol.*, 1940, 11, 121-146.
44. Piaget, Jean: *The Child's Conception of the World* (New York: Harcourt, Brace & Co., 1929).
45. Reichenbach, Hans: *Experience and Prediction: An Analysis of the Foundations and the Structure of Knowledge* (Chicago: University of Chicago Press, 1938).
46. Schwarz, Georg: Über Rückfälligkeit bei Umgewöhnung, I & II, *Psychol. Forsch.*, 1927, 9, 86-158; 1933, 18, 143-190.
47. Sears, P. S.: Levels of aspiration in academically successful and unsuccessful children, *J. Abnorm. Social Psychol.*, 1940, 35, 489-536.
48. Skeels, H. M., Updegraff, R., Wellman, B. L., and Williams, H. M.: A study of environmental stimulation, *Univ. Iowa Stud. Child Welf.*, 1938, 15, No. 4.
49. Stevens, S. S.: Psychology and the science of science, *Psychol. Bull.*, 1939, 36, 221-263.
50. Tolman, E. C.: *Purposive Behavior in Animals and Man* (New York: D. Appleton-Century Co., 1932).（富田達彦訳，1977『新行動主義心理学――動物と人間における目的的行動』清水弘文堂）
51. Vigotsky, L. S.: Thought and speech, *Psychiatry*, 1939, 2, 29-54.
52. Waring, E. B.: Guidance and punishment: Some contrasts, *Cornell Bull. Homemakers*, 1935, No. 334.
53. Werner, Heinz: *Comparative Psychology of Mental Development* (New York: Harper & Brothers, 1940).（園原太郎監修，鯨岡峻・浜田寿美男訳，2015『発達心理学入門――精神発達の比較心理学』ミネルヴァ書房）
54. Wertheimer, Max: Untersuchungen zur Lehre von der Gestalt: I. Prinzipielle Bemerkungen,

Psychol. Forsch., 1922, 1, 47-65.

第 5 章

1. Allport, Gordon W.: *Personality: A Psychological Interpretation* (New York: Henry Holt & Company, 1937). (詫摩武俊・青木孝悦・近藤由紀子・堀正訳, 1982 『パーソナリティ——心理学的解釈』 新曜社)
2. Birenbaum, Gita: Das Vergessen einer Vornahme, *Psychol. Forsch.*, 1930, 13, 218-284.
3. Bridges, K. M.: *The Social and Emotional Development of the Preschool Child* (London: Kegan, Paul, Trench, Trubner, 1931).
4. Bryan, William L.: On the development of voluntary motor ability, *Amer. J. Psychol.*, 1892, 5, 123-204.
5. Bühler, Charlotte: *From Birth to Maturity: An Outline of the Psychological Development of the Child* (London: Kegan, Paul, 1935).
6. Cameron, Norman: Reasoning, regression, and communication in schizophrenics, *Psychol. Monogr.*, 1938, 50, No. 1, 1-34.
7. Dembo, Tamara: Der Ärger als dynamisches Problem, *Psychol. Forsch.*, 1931, 15, 1-144.
8. Fenichel, Otto: *Outline of Clinical Psychoanalysis* (New York: Psychoanalytic Quarterly Press, 1934).
9. Fletcher, John M.: The wisdom of the mind, *Sigma Xi Quarterly*, 1938, 26, 6-16.
10. Freud, Sigmund: *Introductory Lectures on Psychoanalysis*. Trans, by Joan Riviere. 2nd ed. (London: Allen & Unwin, 1933). (懸田克躬・高橋義孝訳, 1971 『精神分析入門』 フロイト著作集 1, 人文書院)
11. Goldstein, Kurt: *The Organism* (New York: The Macmillan Company, 1939).
12. Goodenough, Florence L.: Anger in young children, *University of Minnesota, Monogr.*, Series No. 9.
13. Halverson, H. M.: An experimental study of prehension in infants by means of systematic cinema records, *Genet. Psychol. Monogr.*, 1931, 10, 107-286.
14. Heider, Fritz: Ding und Medium, *Symposion*, 1927, 1, 109-157.
15. Homburger, Erik: Configurations in play: Clinical notes, *Psychoanalyt. Quart.*, 1937, 6, 139-214.
16. Irwin, Orvis C.: The amount of motility of seventy-three newborn infants, *J. Comp. Psychol.*, 1932, 14, 415-428.
17. Irwin, Orvis C.: The distribution of the amount of motility in young infants between two nursing periods, *J. Comp. Psychol.*, 1932, 14, 429-445.
18. Karsten, Anitra: Psychische Sättigung, *Psychol. Forsch.*, 1928, 10, 142-254.
19. Klüver, Heinrich: *Behavior Mechanisms in Monkeys* (Chicago: University of Chicago Press,

1933).

20. Koffka, Kurt: *The Growth of the Mind: An Introduction to Child Psychology.* Trans. by Robert Morris Ogden. 2nd ed. (New York: Harcourt, Brace & Company, 1928). （平野直人・八田真穂訳，1943『発達心理学入門』前田書房）
21. Koffka, Kurt: *Principles of Gestalt Psychology* (New York: Harcourt, Brace & Company, 1935). （鈴木正弥訳，1988『ゲシュタルト心理学の原理』福村出版）
22. Kounin, Jacob S.: Experimental studies of rigidity, *Character & Pers.*, 1941, 9, 251-282.
23. Krechevsky, I.: Brain mechanisms and variability I, II, III, *J. Comp. Psychol.*, 1937, 23, 121-159; 351-364.
24. Lashley, K. S.: *Brain Mechanisms and Intelligence: A Quantitative Study of Injuries to the Brain* (Chicago: University of Chicago Press, 1929).
25. Lewin, Kurt: *Principles of Topological Psychology* (New York: McGraw-Hill Book Co., 1936). （外林大作・松村康平訳，1942『トポロギー心理学の原理』生活社）
26. Lewin, Kurt: The conceptual representation and the measurement of psychological forces, *Cont. to Psychol. Theory*, 1938, 1, No. 4.
27. McCarthy, Dorothea A.: The language development of the preschool child, *University of Minnesota, Institute of Child Welfare Monograph Series*, No. 4.
28. McDougall, William: *Outline of Abnormal Psychology* (New York: The Macmillan Company, 1922).
29. Maier, N. R. F.: The effect of cerebral destruction on reasoning and learning in rats, *J. Comp. Neurol.*, 1932. 54, 45-75.
30. Miller, Neal E., and Stevenson, Stewart S.: Agitated behavior of rats during experimental extinction and a case of spontaneous recovery, *J. Comp. Psychol.*, 1936, 21, 205-231.
31. Mowrer, O. H.: An experimental analogue of "regression" with incidental observations on "reaction formation", *J. Abnorm. & Social Psychol.*, 1940, 35, 56-87.
32. Piaget, Jean: *La Construction du Réel chez l'Enfant* (Neuchatel: Delachaux, 1937).
33. Sliosberg, Sarah: Zur Dynamik des Ersatzes in Spiel und Ernstsituationen, *Psychol. Forsch.*, 1934, 19, 122-181.
34. Smith, M. E.: An investigation of the development of the sentence and the extent of vocabulary in young children, *Univ. Iowa Stud. in Child Welf.*, 1926, 3, No. 5.
35. Spencer, Herbert: *The Principles of Psychology.* 2 Vols. (London: Williams & Norgate, 1872).
36. Wellman, Beth L.: The development of motor coordination in young children: An experimental study in the control of hand and arm movements, *Univ. Iowa Stud. in Child Welf.*, 1925, 3, No. 4.
37. Wells, F. L.: Social maladjustment: Adaptive regression. In Carl Murchison (editor): *A Handbook of Social Psychology* (Worcester: Clark University Press, 1935).

第 9 章

1. Allport, G. W.: Catharsis and the reduction or prejudice, *J. Social Issues*, 1945, 1, No. 3, 3-10.
2. Bavelas, Alex: Morale and the training or leaders. In G. Watson (Ed.): *Civilian Morale* (Boston: Houghton Mifflin Company, 1942).
3. Cartwright, D., and Festinger, L.: A quantitative theory of decision, *Psychol. Rev.*, 1943, 50, 595-621.
4. Cassirer, E.: *Substance and Function* (Chicago: Open Court, 1923).
5. Hicks, J. R.: *Value and Capital* (Oxford: The Clarendon Press, 1939).（安井琢磨・熊谷尚夫訳，1995『価値と資本——経済理論の若干の基本原理に関する研究』上下，岩波書店）
6. Köhler, Wolfgang: *The Place of Value in a World of Fact* (New York: Liveright Publishing Corporation, 1938).
7. Lange, O.: *Price Flexibility and Employment* (Chicago: University of Chicago Press, 1945).（安井琢磨・福岡正夫訳，1953『価値伸縮性と雇用』東洋経済新報社）
8. Lewin, Kurt: The conceptual representation and the measurement of psychological forces, *Contr. Psychol. Theor.*, 1938, 1, No. 4.
9. Lewin, Kurt: Forces behind food habits and methods or change, *Bull. Nat. Res. Council*, 1943, 108, 35-65.
10. Lewin, Kurt: *Resolving Social Conflicts* (New York: Harper & Brothers, 1948, Ch. 4).（末永俊郎訳，1954『社会的葛藤の解決』東京創元新社／2017，ちとせプレス）
11. Lewin, K., Lippitt, R., and White, R.: Patterns of aggressive behavior in experimentally created "social climates", *J. Social Psychol.*, 1939, 10, 271-299.
12. Lewin, K., Dembo, T., Festinger, L., and Sears, P.: Level of aspiration. In J. M. Hunt (Ed.): *Personality and the Behavior Disorders* (New York: The Ronald Press Co., 1944).
13. Lippitt, Ronald: An experimental study of democratic and authoritarian group atmospheres, *Univ. Iowa Stud. Child Welf.*, 1940, 16, 43-195.
14. Lippitt, R., and White, R.: The "social climate" of children's groups. In R. Barker, J. Kounin, and H. Wright (Eds.): *Child Behavior and Development* (New York: McGraw-Hill Book Co., 1943).
15. Maier, N. R. F.: *Psychology in Industry* (Boston: Houghton Mifflin Company, 1946).
16. Radke, M., and Klisurich, D.: Experiments in changing food habits, *J. Am. Dietet, A.*, 1947, 23, 403-409.
17. Redl Fritz: Clinical group work with children. In *Group Work and the Social Scene Today* (New York: Association Press, 1943).
18. Roethlisberger, F. J., and Dickson, W. J.: *Management and the Worker* (Cambridge: Harvard University Press, 1939).

19. Samuelson, P. A.: The stability of equilibrium: Linear and non-linear systems, *Econometrica*, 1942, 10, 1-25.
20. Von Neumann, J., and Morgenstern, O.: *Theory of Games and Economic Behavior* (Princeton: Princeton University Press, 1944).（銀林浩・橋本和美・宮本敏雄監訳，2009『ゲーム理論と経済行動』I～III，筑摩書房）

第 10 章

1. Adler, D. L.: *Types of Similarity and the Substitute Value of Activities at Different Age Levels*. Unpublished Ph. D. Dissertation, State University of Iowa, 1939.
2. Adler, D. L., and Kounin, J.: Some factors operating at the moment of resumption of interrupted tasks, *J. Psychol.*, 1939, 7, 355-367.
3. Allport, G. W.: *Personality: A Psychological Interpretation* (New York: Henry Holt & Company, 1937).（詫摩武俊・青木孝悦・近藤由紀子・堀正訳，1982『パーソナリティ——心理学的解釈』新曜社）
4. Anderson, C.: *The Development of a Level of Aspiration in Young Children*. Unpublished Ph. D. Dissertation, State University of Iowa, 1940.
5. Anderson, H. H.: Domination and social integration in the behavior of kindergarten children and teachers, *Genet. Psychol. Monogr.*, 1939, 21, 287-385.
6. Arsenian, J. M.: Young children in an insecure situation, *J. Abnorm. & Social Psychol.*, 1943, 38, 225-249.
7. Barber, V.: Studies in the psychology of stuttering: XV. Chorus reading as a distraction in stuttering, *J. Speech Disorders*, 1939, 4, 371-383.
8. Barker, R.: An experimental study of the resolution of conflict in children. In A. McNemar and M. A. Merrill (Eds.): *Studies in Personality* (New York: McGraw-Hill Book Company, 1942).
9. Barker, R., Dembo, T., and Lewin, K.: Frustration and regression, *Univ. Iowa Stud. Child Welf.*, 1941, 18, No. 1.
10. Bartos, A.: Die psychologischen Grundlagen der seelischen Erziehung bei Verkrüppelten, *Vers. f. Kinderforsch.*, 1932, 4, 244-253.
11. Bavelas, A.: Morale and the training of leaders. In G. Watson (Ed.): *Civilian Morale* (Boston: Houghton Mifflin Company, 1942).
12. Bavelas, A.: A method for investigating individual and group ideology, *Sociometry*, 1942, 5, 371-377.
13. Benedict, R.: *Patterns of Culture* (Boston: Houghton Mifflin Company, 1934).
14. Birenbaum, G.: Das Vergessen einer Vornahme, *Psychol. Forsch.*, 1930, 13, 218-285.
15. Brown, J. F.: Über die dynamischen Eigenschaften der Realitäts – und Irrealitätsschichten,

Psychol. Forsch., 1933, 18, 1-26.

16. Brown, J. F.: *Psychology and the Social Order* (New York: McGraw-Hill Book Company, 1936).
17. Brown, S. F.: Influence of grammatical function on the incidence of stuttering, *J. Speech Disorders*, 1936, 2, 207-215.
18. Brown, S. F.: A further study of stuttering in relation to various speech sounds, *Quart. J. Speech*, 1938, 24, 390-397.
19. Brown, S. F.: Stuttering with relation to word accent and word position, *J. Abnorm. & Social Psychol.*, 1938, 33, 112-120.
20. Bühler, C.: *The Child and His Family* (New York: Harper & Brothers, 1939).
21. Burks, B. S.: Mental and physical developmental pattern of identical twins in relation to organismic growth theory, *Yearbook Nat. Soc. Stud. Educ.*, 1940, 39, 85-96.
22. Cartwright, D.: Decision-time in relation to the differentiation of the phenomenal field, *Psychol. Rev.*, 1941, 48, 425-442.
23. Cartwright, D., and Festinger, L.: A quantitative theory of decision, *Psychol. Rev.*, 1943, 50, 595-621.
24. Davidson, H. H., and Klopfer, B.: Rorschach statistics: II. Normal children, *Rorschach Res. Exch.*, 1938, 3, 37-42.
25. Dembo, T.: Der Ärger als dynamisches Problem, *Psychol. Forsch.*, 1931, 15, 1-144.
26. Dollard, J.: *Criteria for the Life History* (New Haven: Yale University Press, 1935).
27. Dollard, J.: *Caste and Class in a Southern Town* (New Haven: Yale University Press, 1937).
28. Doob, L. W., and Sears, R. R.: Factors determining substitute behavior and the overt expression of aggression, *J. Abnorm. Social Psychol.*, 1939, 34, 293-313.
29. Dresdner, I.: Über Körperbehinderung und seelische Entwicklung, *Z. angew. Psychol.*, 1933, 44, 399-437.
30. Duncker, K.: Experimental modification of children's food preferences through social suggestion, *J. Abnorm. & Social Psychol.*, 1933, 33, 489-507.
31. Einstein, A.: *On the Method of Theoretical Physics* (New York: Oxford University Press, 1933).
32. Erikson, E. H.: Studies in the interpretation of play: I. Clinical observation of play disruption in young children, *Genet. Psychol. Monogr.*, 1940, 22, 556-671.
33. Escalona, S. K.: The effect of success and failure upon the level of aspiration and behavior in manic-depressive psychoses, *Univ. Iowa Stud. Child Welf.*, 1940, 16, 199-307.
34. Fajans, S.: Erfolg, Ausdauer, und Activität beim Säulgling und Kleinkind, *Psychol. Forsch.*, 1933, 17, 268-305.
35. Farber, M. L.: Imprisonment as a psychological situation, *Univ. Iowa Stud. Child Welf.*, 1944,

20. 153-228.
36. Festinger, L.: Wish, expectation, and group performance as factors influencing level of aspiration, *J. Abnorm. & Social Psychol.*, 1942, 37, 184-200.
37. Frank, J. D.: Experimental studies of personal pressure and resistance: II. Methods of overcoming resistance, *J. Gen. Psychol.*, 1944, 30, 43-56.
38. Frank, L. K.: Cultural control and physiological autonomy, *Am. J. Orthopsychiat.*, 1938, 8, 622-626.
39. Frank, L. K.: Cultural coercion and individual distortion, *Psychiatry*, 1939, 2, 11-27.
40. Frazier, E. F.: *Negro Youth at the Crossways* (Washington: American Council on Education, 1940).
41. French, J. R. P., Jr.: Organized and unorganized groups under fear and frustration, *Univ. Iowa Stud. Child Welf.*, 1944, 20, 229-308.
42. French, T.: Insight and distortion in dreams, *Internat. J. Psycho-Analysis*, 1939, 20, 287-298.
43. Freud, S.: *The Interpretation of Dreams* (New York: The Macmillan Company, 1916). （懸田克躬・高橋義孝訳，1968『夢判断』フロイト著作集2，人文書院）
44. Freund, A.: Psychische Sättigung im Menstruum und Intermenstruum, *Psychol. Forsch.*, 1930, 13, 198-217,
45. Gardner, J. W.: The relation of certain personality variables to level of aspiration, *J. Psychol.*, 1940, 9, 191-206.
46. Gelb, A.: Colour constancy. In W. D. Ellis (Ed.): *Source Book of Gestalt Psychology* (London: Kegan Paul, 1938).
47. Gelb, A., and Goldstein, K.: Über Farbennamenamnesie nebst Bemerkungen über das Wesen der amnestischen Aphasie überhaupt und die Beziehung zwischen Sprache und dem Verhalten zur Umwelt, *Psychol. Forsch.*, 1924, 6, 127-186.
48. Gesell, A., et al.: *The First Five Years of Life: A Guide to the Study of the Preschool Child* (New York: Harper & Brothers, 1940). （山下俊郎訳，1966『乳幼児の心理学——出生より5歳まで』家政教育社）
49. Gesell, A., and Thompson, H.: *Infant Behavior: Its Genesis and Growth* (New York: McGraw-Hill Book Company, 1934). （新井清三郎訳，1982『小児の発達と行動』福村出版）
50. Goodenough, F. L.: New evidence on environmental influence on intelligence, *Yearbook Nat. Soc. Stud. Educ.*, 1940, 39, 307-365.
51. Gottschaldt, K.: Über dem Einfluss der Erfahrung auf die Wahrnehmung von Figuren: I. Über den Einfluss gehäufter Einprägung vou Figuren auf ihre Sichtbarkeit in umfassenden Konfigurationen., *Psychol. Forsch.*, 1926, 8, 261-318.
52. Gould, R.: An experimental anaiysis of "level of aspiration", *Genet. Psychol. Monogr.*, 1939, 21, 3-115.

53. Gray, M.: The X family: A clinical study and a laboratory study of a "stuttering" family, *J. Speech Disorders*, 1940, 5, 343-348.
54. Halverson, H. M.: An experimental study of prehension in infants by means of systematic cinema records, *Genet. Psychol. Monogr.*, 1931, 10, 107-286.
55. Hartshorne, H., and May, M. A.: *Studies in Service and Self-control* (New York: Macmillan Company, 1929).
56. Homburger, E.: Configurations in play: Clinical notes, *Psychoanalyt. Quart.*, 1937, 6, 139-214.
57. Hoppe, E.: Erfolg und Misserfolg, *Psychol. Forsch.*, 1930, 14, 1-62.
58. Horowitz, E. L.: The development of attitude toward the Negro, *Arch. Psychol., N. Y.*, 1936, No. 194.
59. Hull, C. L: Simple trial-and-error learning: A study in psychological theory, *Psychol. Rev.*, 1930, 37, 241-256.
60. Hull, C. L: The goal gradient hypothesis and maze learning, *Psychol. Rev.*, 1932, 39, 25-43.
61. Irwin, O. C.: The distribution of the amount of motility in young infants between two nursing periods, *J. Comp. Psychol.*, 1932, 14, 429-445.
62. Jack, L. M.: An experimental study of ascendant behavior in preschool children, *Univ. Iowa Stud. Child Welf.*, 1934, 9, No. 3, 7-65.
63. Jersild, A. T.: The development of the emotions. In C. E. Skinner (Ed.): *Educational Psychology* (New York: Prentice-Hall, Inc., 1936).
64. Johnson, W., and Knott, J. R.: Studies in the psychology of stuttering: I. The distribution of moments of stuttering in successive readings of the same material, *J. Speech Disorders*, 1937, 2. 17-19.
65. Jucknat, M.: Leistung, Anspruchsniveau und Selbstbewusstsein, *Psychol. Forsch.*, 1937, 22, 89-179.
66. Kalhorn, J.: Values and sources of authority among rural children, *Univ. Iowa Stud. Child Welf.*, 1944, 20, 99-152.
67. Kanner, L.: *Child Psychiatry* (Springfield, Ill.: Charles C Thomas, 1935).
68. Karsten, A.: Psychische Sättigung, *Psychol. Forsch.*, 1928. 10, 142-154.
69. Katona, G.: *Organizing and Memorizing* (New York: Colombia University Press, 1940).
70. Katz, D.: *Animals and Men* (New York.: Longmans, Green, and Co., 1937). (山田坂仁訳, 1940『動物と人間 —— 比較心理学研究』三笠書房)
71. Katz, E.: Some factors affecting resumption of interrupted activities by pre-school children, *Inst. Child Welf. Monogr. Ser.*, No. 16, 1938, University of Minnesota Press.
72. Keister, M. E.: The behavior of young children in failure. In R. Barker, J. Kounin and H. F. Wright (Eds.): *Child Behavior and Development* (New York: McGraw-Hill Book Company,

1936).

73. Kephart, N. C.: Studies in emotional adjustment: II. An experimental study of the "disorganization" of mental functions in the delinquent, *Univ. Iowa Stud. Child Welf.*, 1937, 15, No. 1.
74. Koffka, K.: *The Growth of the Mind: An Introduction to Child Psychology* (New York: Harcourt, Brace, and Company, 1928).（平野直人・八田真穂訳，1943『発達心理学入門』前田書房）
75. Köhler, W.: *The Mentality of Apes* (New York: Harcourt, Brace, and Company, 1925).（宮孝一訳，1938『類人猿の知恵試験』岩波書店）
76. Kounin, J.: Experimental studies of rigidity. I and II, *Character and Pers.*, 1941, 9, 251-282.
77. Lewin, K.: *Dynamic Theory of Personality* (New York: McGraw-Hill Book Company, 1935).（相良守次・小川隆訳，1957『パーソナリティの力学説』岩波書店）
78. Lewin, K.: *Principles of Topological Psychology* (New York: McGraw-Hill Book Company, 1936).（外林大作・松村康平訳，1942『トポロギー心理学の原理』生活社）
79. Lewin, K.: The conceptual representation and measurement of psychological forces, *Contr. Psychol. Theor.*, 1938, 1, No. 4.
80. Lewin, K.: *Resolving Social Conflicts* (New York: Harper & Brothers, 1948).（末永俊郎訳，1954『社会的葛藤の解決』東京創元新社／2017，ちとせプレス）
81. Lewin, K., Dembo, T., Festinger, L., and Sears, P.: Level of aspiration. In J. McV. Hunt (Ed.): *Handbook of Personality and the Behavior Disorders* (New York: The Ronald Press Co., 1944).
82. Lewin, K., Lippitt, R., and White, R.: Patterns of aggressive behavior in experimentally created "social climates", *J. Soc. Psychol.*, 1939, 10, 271-299.
83. Lippitt, R.: An experimental study of the effect of democratic and authoritarian group atmospheres, *Univ. Iowa Stud. Child Welf.*, 1940, 16, No. 3, 45-195.
84. Lippitt, B., and White, R.: The "social climate" of children's groups. In R. Barker, J. Kounin, & H. F. Wright (Eds.): *Child Behavior and Development* (New York: McGraw-Hill Book Company, 1943).
85. Lippitt, Rosemary: *Popularity among Preschool Children*. Unpublished Ph. D. Dissertation, University of Iowa, 1940.
86. Lissner, K.: Die Entspannung von Bedürfnissen durch Ersatzhandlungen, *Psychol. Forsch.*, 1933, 18, 218-250.
87. Mahler, V.: Ersatzhandlungen verschiedenen Realitätsgrades, *Psychol. Forsch.*, 1933, 18, 26-89.
88. Marquis, D. P.: Can conditioned responses be established in the newborn infant? *J. Genet. Psychol.*, 1931, 39, 479-492.
89. Marrow, A. J.: Goal tension and recall, *J. Gen. Psychol.*, 1928, 19, 3-64.

90. McGrath, M. C.: A study of the moral development of children, *Psychol. Monogr.*, 1923, 32, No. 2, 1-190.
91. McGraw, M. B.: *Growth: A Study of Johnny and Jimmy* (New York: D. Appleton-Century Company, Inc., 1935).
92. Mead, M.: *Cooperation and Competition Among Primitive Peoples* (New York: McGraw-Hill Book Company, 1937).
93. Meyers, C. E.: The effect of conflicting authority on the child, *Univ. Iowa Stud. Child Welf.*, 1944, 20, 31-98.
94. Moore, E. S.: The development of mental health in a group of yound children: An analysis of factors in purposeful activity, *Univ. Iowa Stud. Child Welf.*, 1931, 4, No. 6.
95. Murphy, L. B.: *Social Behavior and Child Personality: An Explorative Study in Some Roots of Sympathy* (New York: Columbia University Press, 1937).
96. Murray, H.: *Explorations in Personality* (London: Oxford University Press, 1938).
97. Ovsiankina, M.: Die Wiederaufnahme von unterbrochener Handlungen, *Psychol. Forsch.*, 1928, 11, 302-379.
98. Pachauri, A. R.: A study of Gestalt problems in completed and interrupted tasks, *Brit. J . Psychol.*, 1935, 25. 447-457.
99. Piaget, J.: *The Moral Judgment of the Child* (New York: Harcourt, Brace, and Company, 1932). (大伴茂訳, 1957 『児童道徳判断の発達』同文書院)
100. Porter, H. von K.: Studies in the psychology of stuttering: XIV. Stuttering phenomena in relation to size and personnel of audience, *J. Speech Disorders*, 1939, 4, 323-333.
101. Reichenbach, H.: *Philosophie der Raum-Zeitlehere* (Leipzig: W. De Gruyter & Co., 1928).
102. Reuter, E. B.: The sociology of adolescence, *Am. J. Sociol.*, 1937, 43, 414-427.
103. Rosenzweig, S.: Preferences in the repetition of successful and unsuccessful activities as a function of age and personality, *J. Genet. Psychol.*, 1933, 42, 423-441.
104. Rotter, J. B.: Studies in the psychology of stuttering: XI. Stuttering in relation to position in the family, *J. Speech Disorders*, 1939, 4, 143-148.
105. Sandvoss, H.: Über die Beziehungen von Determination und Bewusstsein bei der Realisierung unerledigter Tätigkeiten, *Arch. f. d. gès. Psychol.*, 1933, 89, 139-192.
106. Schanck, R. L.: A study of a community and its groups and institutions conceived of as behaviors of individuals, *Psychol. Monogr.*, 1932, 43, No. 2, 1-133.
107. Schlote, W.: Über die Bevorzugung unvollendeter Handlungen, *Ztschr. f. Psychol.*, 1930, 117, 1-72.
108. Sears, P. S.: Levels of aspiration in academically successful and unsuccessful children, *J. Abnom. & Social. Psychol.*, 1940, 35, 498-536.
109. Sears, R. R., and Sears, P. S.: Minor studies in aggression: V. Strength of frustration-reaction

as a function of strength of drive, *J. Psychol.*, 1940, 9, 297-300.
110. Seashore, H. E., and Bavelas, A.: A study of frustration in chidren, *J. Genet. Psychol.*, 1942, 61, 279-314.
111. Sewall, M.: Some causes of jealousy in young children, *Smith Coll. Stud. Soc. Work*, 1930, 1, 6-22.
112. Shacter, H. S.: A method for measuring the surtained attention of preschool children, *J. Genet. Psychol.*, 1933, 42, 339-371.
113. Shaw, C. R: Juvenile delinquency – a group tradition, *Bull. State Univ. Iowa, New Ser.*, 1933, No. 700.
114. Shaw, C. R., et al.: *Delinquency Areas: A Study of the Geographic Distrbution of School Truants, Juvenile Delinquents, and Adult Offenders in Chicago* (Chicago: University of Chicago Press, 1929).
115. Sheffield, A.: *Social Insight in Case Situations* (New York: D. Appleton-Century Company, 1937).
116. Sliosberg, S.: Zur Dynamik des Ersatzes in Spiel- und Ernstsituationen., *Psychol. Forsch.*, 1934, 19, 122-181.
117. Stern, W., and MacDonald, J.: Cloud pictures: A new method of testing imagination, *Character and Pers.*, 1937, 6, 132-147.
118. Stoddard, G. D., and Wellman, B. L.: *Child Psychology* (New York: Macmillan Company, 1934).
119. Terman, L. M.: *The Intelligence of School Children* (Boston: Houghton Mifflin Company, 1919).
120. Thomas, D. S.: An attempt to develop precise measurements in the social behavior field, *Sociologus*, 1932, 8, 436-456.
121. Thompson, M. M.: *The Effect of Discriminatory Leadership on the Relations Between the More and Less Privileged Subgroups.* Unpublished Ph. D. Dissertation, University of Iowa.
122. Tolman, E. C.: *Purposive Behavior in Animals and Men.* (New York: D. Appleton-Century Company, 1932). (富田達彦訳, 1977 『新行動主義心理学――動物と人間における目的的行動』清水弘文堂)
123. Tolman, E. C.: Psychology versus immediate experience, *Phil. Sci.*, 1931, 2, 356-380.
124. Travis, L. E., Johnson, W., and Shover, J.: The relation of bilingualism to stuttering, *J. Speech Disorders*, 1937, 3, 185-189.
125. Vigotsky, L. S.: Thought in schizophrenia, *Arch. Neurol. & Psychiat.*, 1934, 31, 1063-1077.
126. Waring, E. B., Dwyer, F. M., and Junkin, E.: Guidance: The case of Ronald, *Cornell Bull. Homemakers*, 1939, No. 418, 1-112.
127. Weigl, E.: On the psychology of so-called processes of abstraction, *J. Abnorm. & Social.*

Psychol., 1941, 36, 3-33.
128. Wellman, B. L.: The effect of preschool attendance upon the IQ, *J. Exp. Educ.*, 1932, 1, 48-69.
129. Werner, H.: *Comparative Psychology of Mental Development* (New York: Harper & Brothers, 1940).（園原太郎監修，鯨岡峻・浜田寿美男訳，2015『発達心理学入門――精神発達の比較心理学』ミネルヴァ書房）
130. Werner, H.: Perception of spatial relationships in mentally deficient children, *J. Genet. Psychol.*, 1940, 57, 93-100.
131. Wolf, T. H.: The effect of praise and competition on the persistent behavior of kindergarten children, *Inst. Child Welf. Monogr. Ser.*, 1938, No. 15, University of Minnesota Press.
132. Wright, B. A.: Altruism in children and the perceived conduct of others, *J. Abnorm. & Social Psychol.*, 1942, 37, 218-233.
133. Wright, H. F.: The influence of barriers upon the strength of motivation, *Contr. Psychol. Theor.*, 1937, 1, No. 3.
134. Wright, M. E.: The influence of frustration upon the social relations of young children, *Character and Pers.*, 1943, 12, 111-122.
135. Zeigarnik, B.: Über das Behalten von erledigten und unerledigten Handlungen, *Psychol. Forsch.*, 1927, 9, 1-85.

訳者あとがき

　ケーラー，ウェルトハイマー，コフカと共にゲシュタルト心理学を今日あらしめた1人であるクルト・レヴィンは，1890年ドイツ，モギルノに生まれた。フライブルグ大学，ミュンヘン大学に学び，1909年からベルリン大学のシュツンプ教授の下にあってそこで学位を得た。1927年から1933年までベルリン大学の教授の地位にあった。しかしナチスのユダヤ人排斥のため，1936年には追われてアメリカのアイオワ大学に移った。1945年マサチュセッツに移ったレヴィンはそこで集団力学の研究室を主宰し（Massachusetts Institute of Technology 中の Research Center for Group Dynamics），死に至るまで（1947年）社会の実際問題と集団活動の理論を考究した。この研究所は今日ミシガン大学にあり，研究活動を続けている。

　レヴィンの関心は最初科学論に向けられ，さらにそれまで実験的方法を適用し難いと考えられていた情緒意志などを中軸とする問題領域に向けられた。このような問題領域における数多の児童との接触は，彼をして児童心理学者たらしめ，おのずと児童研究の時期を形成した。この児童の研究は彼らを取り巻く環境の分析を要請し，それがしだいに社会心理学の研究へと彼を馳り立てていった。さらに人の情意的側面から全体構造を明らかにしようと試みた理論は，アメリカではクーニンの硬さの概念の中に受け継がれ，バーカー，ライト等も同じ流れに属するものであるが，一方アメリカの文化は社会的側面に彼を向かわせた。レヴィンからパーソナリティの力学を学ぶか，集団力学を学ぶかは重要な問題である。

　彼の活躍初期における主な論述を摘出すれば，
　1917年：意志過程の抑制における心理作用と連合法則。
　1922年：意志測定の問題と連合の根本法則。
　1922年：物理学，生物学および発達史における発生の概念。
　1926年：比較科学論の理論と課題。
　1927年：心理学における法則と実験。

1927年：実験的意志心理学の発達と精神療法，などである．

ゲシュタルト学派がまだドイツにあって主流を占めていた頃，その機関誌は『心理学研究』(*Psychologische Forschung*) であり，レヴィンはこの誌上にその門下を指導しつつ労作を寄せたが，1926年彼自身の「意図・意志および欲求」と「心理的力とエネルギーおよび精神の構造についての緒言」に始まって，動作および情緒心理学の研究は1938年同誌終刊まで20篇を数えた．この中にはゼイガルニークの研究「完了未完了動作の把持」(1927年)，カールステンの「心理的飽和」(1928年)，オブシャンキナの「中断動作の再開始の傾向」(1928年)，ビレンバウムの「ある意図の忘却」(1930年)などが発表され，ホッペの「成功と失敗」(1931年)，デムボーの「力学的問題としての怒り」(1931年)などは学界の注目を浴びたものであるが，これについで，マーラーの「諸種の実在度における代償動作」(1933年)，リスナーの「代償行動における欲求緊張の解消」(同年)，スリオスベルグ「遊戯的場面および真面目な場面における代償の力学について」(1934年)などが発表された．このような論文の背後にはレヴィンがいつもついていて，こうした論文題目による論題はすべてレヴィンの2論文中にその成果が展望されている．この2論文の抜粋（精神の構造について），および「近代心理学におけるアリストテレス的とガリレオ的の構想の相剋」(1931年)，あるいはその後の「報酬と処罰を伴う心理学的事態」「児童の行動における環境の力と発達」「精神遅滞児の力学」等は集大成されて，

1935年：『パーソナリティの力学説』
1936年：『トポロギー心理学の原理』
1938年：『心理学的力の概念的表現と測定』

として出版された．この3つの単行本は彼のトポロジーおよびベクトル心理学の展開を物語っている．

レヴィンの社会心理学に関する論文は，

1948年：『社会的葛藤における解決』
1950年：『社会科学における場の理論』

の二書にまとめられている．前者は例えば文化と再教育の問題，家族や工場での小規模な対面集団における葛藤の問題，あるいは少数集団，特にユダヤ人集団の社会心理学的諸問題等社会生活の実際問題の診断や打開策を中心的論題としているのに対し，後者は心理学における科学論的問題の考察，あるいは，学

習，発達，社会心理学，集団力学など多方面の諸問題を理論的に取り扱った論文がカートライトによって編集されたものである。本訳書はこの書を訳出したものであり。そのテキストは次の通りである。

Lewin, K., *Field Theory in Social Science*, edited by Dorwin Cartwright: New York, Harper, 1950. [編集部注1]

　社会心理学の方面で彼が指導した研究にはこのほか主な論稿として，リピットその他の「実験的につくられた社会的気風における侵攻的行動の型」(1939年) や「民主的および独裁的集団雰囲気の効果の実験的研究」，ライト「児童の利他主義と他人の行動」(1942年)，カルホーン「田舎の児童における価値と権威の根源」(1945年) 等がある。ところで前述の「要求水準」の研究はのちに多くの研究を進捗させたが，その諸成果はハント編『人格と行動異常』第1巻にレヴィン，デムボー，フェスティンガーの連名で書かれている「要求水準」という論文に概括されている。

　レヴィンは物理学に現れた2つの思想類型であるアリストテレス流の構想とガリレオ流の構想との対立が心理学でも見られるとして，前者は実体と属性の論理であり，概念を抽象的分類的に構成し，事実を合則的のものと偶然的のものとに分け，そして法則は地理的歴史的事象と同一次元に立てられる。しかるに後者では，事象を個別的に見ないで一体的に取り扱い，関数的概念が定立される。法則としては地理的歴史的現象の背後にある発生的原型が求められるが，現代心理学はこのような理論構成をとるという。心理学における行動は有機体と環境の関数関係として表現されるものであり，心理学的環境は実在的な有機体が実在的環境世界と交渉し，知覚・認識その他を通じてその有機体に成立した世界であり，それぞれの有機体に独自の世界である。この世界には自己や対象領域が分節し，客観的物理的世界に応ずる準物理的領域や客観的社会に応ずる準社会的領域，客観的論理的世界に応ずる準概念的領域などがそれぞれ文脈的に成態して存在し，その全体がまた統一されている世界である。これをレヴィンは「生活空間」と名づけているがそれは「起こりうべき事象の総体」として約言できよう。このような心理学的世界が心理学的出来事を規定する「場」である。心理学的世界に何らかの事象の変化，出来事の起こるのは心理学的力の存在を知らせるものである。この力はその場がゲシュタルトとして未完結，欠如的結構を備えるときに働く。この事態の完結化，よいゲシュタルトの実現

訳者あとがき　　345

が自己の動作によって達成されるものであるとき，場の力は自己を動かすように働きかける。それに応じて自己は緊張を感じ，動機づけられる。このような行動の場面において捉えられた心理学的力が「欲求」である。レヴィンは欲求に応ずる場の力が生活空間の中にいかに働くかをトポロジーおよびベクトル心理学において考察し，動作の法則化を企図している。生活空間は種々の心理学的性質を備える領域に分節しているが，自己と目的対象との間に介在する領域の移動可能な通路に向かって力は働く。このような通路の成立を方式化したものがトポロジー（位置解析）心理学である。また成立した場の力すなわち方向をもつベクトルは，その欲求の性質に応じて一定の終局情態が現出するまでやまない力系であり，このような力系の構造，その強さなどを方式化しようとするのがベクトル心理学である。

　レヴィンは過去の心理学的事象が現在のそれを約制するというときには，直接的にはその過去の残効が現在の事態に存するものでなければならぬとし，また未来に目指している意図というものも同様に現在の事態における因子としてあるものとし，それらを引っくるめて現在の心理学的事態が成立するといっているが，これは過去や未来を現在の同時的部分に構成しようとする試みである。「行動」という一時的な現象と「発達」という持続的な現象とが，一貫した角度からすなわち共に「生活空間」の関数として考察される。また社会は個人の生活空間の外側にある環境の1つであり，個人に対しては物理的環境とともにその生活空間の境界域にふれることによってのみ，心理学的出来事に関与しうる条件になるものであった。

　レヴィンの体系は行きすぎであると評するものもあり，またイヴァン・ロンドン（I. D. London, *Psychological Review*, 1944）のように児戯に類したものと評するものもある。しかしレヴィンが繰り返し強調するように数化と定式化は所与材料の成熟が許容する程度にのみなされるべきであり，このことを念頭においた一義的概念の生産（elaboration）はますます必要であり，高度の法則性と斉一性をもった体系を要望するならば，高度の水準の構材による場の理論をとらなければならない。

　集団力学研究所は社会科学の基礎的理論的研究をなすと同時に，成果を実際の社会問題の解決に適用しようとする。労働管理，労資闘争の問題，人種的偏見の問題，集団がどんな働きをしているか，集団に属する人はなぜそのような

特定の行動をとるか，住宅建設の問題，会議の運営の問題，指導者の訓練の問題，教育等を取り上げている。レヴィンなきあとはカートライトが中心となってあまねく社会に貢献している。この書の翻訳が今日このような形となって世に出た動機はカートライト（Dorwin Cartwright）の直接の示唆によるところ大である。戦後新着の雑誌中に散見されるレヴィンの論文を暇をみて少しずつ訳しておいたのであるが，この書の入手によって訳出した論文が内容と一致するもの多く，全部の訳出を志した。しかし原本にあたると挿入，変更，切除多く結局はまたはじめから訳し直さざるをえなかった。こうして5, 6年の歳月が流れたが，筐底にほうむるのもいささか残念に思っていたとき機会あってカートライトより示唆を受け出版を思い立った。またレヴィン夫人の親切な慫慂も忘れることができない。極端に専門的なこの翻訳書の刊行をあえて引き受けられた誠信書房，柴田乙松氏，川島喜代詩氏の御厚情に対して御礼を申し上げたい。

出版にあたってできるだけ忠実に最初からもう一度すっかり訳し直したのであるが，思わぬ誤解や誤訳も多かろうと思う。御叱正を願うものである。

なお，この訳書ができあがるまでには直接間接に多くの人々の御世話になっているが，ここに謹んで感謝の微意を捧げる。

さらにこの書物の世に出ることを期待しつつ2月24日眠るが如く他界した父の霊前に，いいつくせぬ感慨をもって本書を捧げる次第である。

  1956年6月

猪　股　佐　登　留

なおこの書の付録「全体，分化，および統一性の概念分析」の項は都合で除外してあったが，今回これを添付すると共に全体的に訂正を加えた。

  1979年3月

猪　股　佐　登　留

編集部注

[1] Lewin, K.: *Resolving Social Conflicts and Field Theory in Social Science* (Washington, DC: American Psychological Association, 1997) の第2巻として刊行するにあたり，1979年に誠信書房より発行された翻訳書（増補版）をもとにした。その際，一部の表現を現代的表現に改めた。

索　引

あ行

後もどり　93
異質性　124
位相空間　46, 202, 232
依存関係　34, 297
位　置　39, 135, 246
移　調　163, 166
一体性　110
一般法則　241
一歩一歩の方法　79, 247
イデオロギー　41
意　図　282
移　動　39, 247
運動系　105
SR理論　34
応用心理学　168
嘘　言　272

か行

会　見　163
解　釈　155, 158
回　心　82
外的層（外部層）　123, 314
概念的次元　38
外部細胞　315
科　学　3, 155
　　——の発達　190
　　——の比較論　133, 190
学　習　68, 72, 253
学習曲線　220
確　率　59
型の多様性　124, 316

価　値　41, 181
葛　藤　40, 79, 183, 258
葛藤事態　27
活動と興味の領域　113
環　境　237
関　係　193
関係枠の内容　186
観　察　155, 158
関数関係　237
記　憶　71
幾何学　7, 25, 67, 149
規整力　217, 257
　　——の場　210
期　待　41
偽退行　96
既定の事実　135, 248
既得の権利　224
希　望　41
客観性　239
求心性　312
求心的成層度　313
教　育　167
境界条件　65, 239
境界人　141
境界性　270
強　制　162
恐　怖　40
共飽和　280
緊　張　6, 34, 108, 214
緊張体系　6
空　間　149
具体的精神構造　276

349

経験科学　190
経験的空間　150
経済学　233
経路　185
経路説　175
ゲシュタルト　145, 163, 240
結婚生活　196
決断　268
決定傾向　5, 26, 69
現在の状態　171
原始化　78, 94, 114
現実水準　55
現実－非現実次元　77, 243
効果の法則　26, 69
攻撃型独裁主義　208, 292
攻撃性　208
工場　228
恒常　200
構成概念　32, 38, 64, 133, 144, 240
合成境界力　311
構成的方法　33, 64
構成の要素　35
構造の特性　192
硬度　27, 244, 294
行動　49, 237
　——の社会的側面　155
　——の体制化　100
　——の多様性　98, 113
　——の物理的側面　155
行動価　80, 254, 255, 271, 278
行動主義　132
購入　183
勾配　206, 214
興奮傾向　240
合理化　272
合力　254
個人差　241, 294
根本的欲求　278

さ行

罪業　41
再構造化　250
細胞　117, 300
差別待遇　187, 202
時間的展望　41, 55, 71, 77, 103, 139, 244, 286
　——の分化　140
持久力　279, 281
思考の課題　275
自己統制　165
仕事の困難さ　217
事実発見　151, 199
自然の全体　307
実験　164
実験心理学　130
実行器官　125
実行的課題　275
実在水準　55
実在性　192, 194
質的研究　31
失敗　284
質問紙　163
支配的行動　212
支配欲求　109
支配力　41
　——の場　28, 34, 41, 125, 265, 290
社会科学　189
社会学　129
社会現象　191
社会工学　173
社会集団　144
社会心理学　131
社会的移動　135
社会的価値　225
社会的傾向　172
社会的行動　99
社会的事実　129, 191
社会的習慣　223

社会的障害	262	心理学的変化	185
社会的知覚	157	心理学的問題	132
社会的場	201, 232	推進力	217, 257
社会的雰囲気	28, 66, 159, 211	数学化	4
自由運動の空間	66, 102, 114, 261	スカラー	23, 52
習　慣	5, 55, 71, 223	スコープ	244
充足価	271	生活空間	28, 65, 102, 107, 126, 139, 196, 238, 243, 250, 289
集　団	28, 144	生活集団	166
集団実験	165, 194, 207	生活標準	214
集団所属性	248, 269, 292	ゼイガルニーク指数	13
集団的緊張	204	成　功	284
集団的決定	227	生産水準	214
集団標準	224	生産性	27
柔軟性	294	性　質	36
周辺（的）層	121, 313	精神分析学	23, 45, 52, 64, 88
周辺的細胞	312	成　全	104
循環的因果過程	199, 213	青年期	134
準定常的過程	173, 202, 212	生理学的問題	132
準定常的平衡	202, 212	戦事公債の償還	221
順　応	247	全体の統一性	119
準欲求	6, 108, 282	選　択	259
消　去	55	層	312
条件づけ	55	相互依存	104, 145, 297
条件反射	23, 45, 69, 240	操作的定義	36, 39, 65, 194, 241
少数集団	141	相対的ポテンシィ	186, 268
情　緒	99	測　定	39
情緒的緊張	266	組織化された制度	187
賞　罰	79	存　在	190
食習慣	171		
——の変化	184	**た行**	
所属集団	135	退　行	27, 87, 93, 113, 124, 245, 321
所属性	186	——の代償理論	91
身　体	138	事態の——	97
心理学	129	定着した——	97
心理学的位置	39	代　償	274
心理学的環境	106	代償価	27, 275
心理学的距離	256	体制化	104, 107, 244
心理学的生態学	60, 171		

行動的単位の―― 113
　　　人の―― 113
体制的依存関係　324
体制的相互連関　117
体制的統一　125, 325
対面集団　226
単純な依存　116
知覚のリアリズム　112
力　40, 254, 256
力の場　34, 40, 205
　　　――の強度　214
　　　求心的な――　212
　　　付加的な――　224
逐次接近の方法　21, 148
知　識　59, 99
知　能　23
中心（的）層　121, 313
中心的細胞　312
中　断　16, 273
超　我　240, 287
重畳事態　268
定　位　253
抵　抗　201
定式化　4
手　先　325
テンソル　23
統一科学　132
統一度　305
動機づけ　69, 70, 78, 85, 181, 221, 230
動　作　230
洞　察　75, 252
等質性　316
頭　部　125, 325
時－場－単位　54
独裁的雰囲気　207, 248
特殊理論　8
独　立　297, 311
独立度　298

トポロジー　7, 67, 91, 149, 250

な 行

内的層（内部層）　123, 314
内的抵抗　223
内部細胞　314
内部領域　105
認知構造　27, 40, 71, 81, 84, 178, 197, 252, 262, 271
能　力　217

は 行

場　239
　　　――のスコープ　102
　　　全体としての――　239
発　達　77, 87, 139, 173, 238, 243
場の理論　45, 63, 133, 171, 201
範疇的態度　276
パンの消費　230
反　復　76
ヒエラルキー的体制　101, 110, 125
非現実水準　55
非人格的な力　258
人　237
被誘発的行動価　258
被誘発的欲求　290
被誘発的力　258, 265
病歴回想　51
不安運動　267
複雑な体制　101
物理的事実　132
物理的障害　262
フラストレーション　27, 32, 35, 245
雰囲気　27, 66, 239
分　化　74, 103, 113, 116, 244, 302
　　　人格の――　27
文化的事実　132
分化度　294

文化の差異　82
平　衡　40
ベクトル　7, 23, 52, 67
変　化　200
法　則　238
放任的雰囲気　210
飽　和　80, 105, 241, 267, 280, 322
補強勾配仮説　57
ポテンシィ　246, 268, 289
　——関係枠の　185
ホドロジー空間　25, 149

ま行

廻り路　74, 250
ミルクの消費　227
民主主義　78
民主的雰囲気　207, 248
目　標　27, 40, 70, 256, 273
目標勾配説　57
門　番　176, 183

や行

遊　戯　246, 267, 272, 277
要　求　283
要求水準　27, 83, 283
要求成熟　284
抑　圧　272

欲　求　6, 27, 99, 105, 108, 182, 240, 278, 282
　——の強度　272

ら行

リアリズムの低下　114
力学的依存関係　131
力学的全体　144, 297
力学的体系　65
力学的特性　144
力動的全体　192
力動的特性　240
リーダー　82
リーダーシップ　161
利他主義　288
リビドー　2, 88, 240
流動性　12, 244, 272
量的研究　31
量的等式　38
利用度　185
理　論　1
理論心理学　169
類似性　145
冷淡型独裁主義　209, 292
連　合　69, 240

わ行

われわれ感情　209, 293

クルト・レヴィン(Kurt Lewin)
　1890年ドイツに生まれる。ベルリン大学にて学位を取得し,ベルリン大学に勤める。その後アメリカに渡り,コーネル大学,アイオワ大学にて教鞭をとる。1945年にマサチュセッツ工科大学に招かれ,グループ・ダイナミックス研究センターを創設する。1947年逝去。
　ベルリン大学時代はゲシュタルト心理学派の有力メンバーとして活躍。渡米後は,パーソナリティ研究,そしてグループ・ダイナミックス研究へと関心を移し,多大な業績をあげる。

猪股 佐登留(いのまた・さとる)
　1925年生まれ。京都大学文学部卒,京都大学大学院特別研究生,滋賀大学教授を経て,島根大学教授。1997年逝去。主著に,『態度の心理学』(培風館,1982年),『教養心理学』(誠信書房,1983年,共編)など。

［社会的葛藤の解決と社会科学における場の理論 II］

社会科学における場の理論

2017 年 12 月 25 日　第 1 刷発行
2022 年 4 月 30 日　第 2 刷発行

著　者　クルト・レヴィン
訳　者　猪股 佐登留
発行者　櫻井 堂雄
発行所　株式会社ちとせプレス
　　　　〒157-0062
　　　　東京都世田谷区南烏山 5-20-9-203
　　　　電話　03-4285-0214
　　　　http://chitosepress.com
装　幀　髙林 昭太
印刷・製本　大日本法令印刷株式会社

Printed in Japan
ISBN 978-4-908736-07-0　C1011

価格はカバーに表示してあります。
乱丁，落丁の場合はお取り替えいたします。

社会的葛藤の解決と社会科学における場の理論 I

社会的葛藤の解決
クルト・レヴィン
末永俊郎 訳

社会の実際問題をどのように把握し，解決の道筋を見出すことができるのか。レヴィンの実践的洞察の到達点。